CRIATIVIDADE

Mihaly Csikszentmihalyi

Criatividade
O flow e a psicologia das descobertas e das invenções

TRADUÇÃO
Roberta Clapp e Bruno Fiuza

Copyright © 1996 by Mihaly Csikszentmihalyi

Grafia atualizada segundo o Acordo Ortográfico da Língua Portuguesa de 1990, que entrou em vigor no Brasil em 2009.

Título original
Creativity: Flow and the Psychology of Discovery and Invention

Capa
Alceu Chiesorin Nunes

Preparação
Milena Varallo

Índice remissivo
Gabriella Russano

Revisão
Ana Maria Barbosa
Natália Mori

Dados Internacionais de Catalogação na Publicação (CIP)
(Câmara Brasileira do Livro, SP, Brasil)

Csikszentmihalyi, Mihaly, 1934-2021
    Criatividade : O flow e a psicologia das descobertas e das invenções / Mihaly Csikszentmihalyi ; tradução Roberta Clapp, Bruno Fiuza. — 1ª ed. — Rio de Janeiro : Objetiva, 2023.

    Título original : Creativity : Flow and the Psychology of Discovery and Invention.
    Bibliografia.
    ISBN 978-85-390-0776-9

    1. Criatividade 2. Criatividade – Aspectos sociais 3. Criatividade – Desenvolvimento 4. Psicologia I. Título.

23-168826   CDD-153.35

Índice para catálogo sistemático:
1. Criatividade : Teoria : Psicologia   153.35

Eliane de Freitas Leite — Bibliotecária — CRB-8/8415

Todos os direitos desta edição reservados à
EDITORA SCHWARCZ S.A.
Praça Floriano, 19, sala 3001 — Cinelândia
20031-050 — Rio de Janeiro — RJ
Telefone: (21) 3993-7510
www.companhiadasletras.com.br
www.blogdacompanhia.com.br
facebook.com/editoraobjetiva
instagram.com/editora_objetiva
twitter.com/edobjetiva

Sumário

1. Preparando o palco 7

PARTE I: O PROCESSO CRIATIVO

2. Onde fica a criatividade? 29
3. A personalidade criativa 58
4. O trabalho da criatividade 84
5. O flow da criatividade 115
6. Ambientes criativos 135

PARTE II: AS VIDAS

7. Os primeiros anos 159
8. A idade adulta 192
9. Envelhecer com criatividade 221

PARTE III: OS DOMÍNIOS DA CRIATIVIDADE

10. O domínio da palavra 247
11. O domínio da vida 275
12. O domínio do futuro 302
13. A formação da cultura 330
14. Aprimorando a criatividade individual 358

Anexo A. Resumo biográfico dos entrevistados 389
Anexo B. Protocolo de entrevista utilizado no estudo 412

Agradecimentos 419
Notas 421
Referências bibliográficas 443
Índice remissivo 455

1. Preparando o palco

Este livro é sobre a criatividade, e se baseia em histórias de pessoas que a conhecem em primeira mão.[1] Ele começa com uma descrição do que é criatividade, analisa a maneira como as pessoas criativas trabalham e vivem, e termina com ideias sobre como tornar sua vida mais parecida com a dos profissionais criativos que estudei. Aqui, não há soluções simples, e algumas das sugestões são inusitadas. A verdadeira história da criatividade é mais complexa e esquisita do que a maioria dos relatos excessivamente otimistas costuma afirmar. Uma ideia ou um produto que merece o rótulo de "criativo" surge da sinergia de muitas fontes, não só da mente de uma única pessoa. É mais fácil estimular a criatividade mudando as condições do ambiente do que tentando fazer as pessoas pensarem de forma mais criativa. E um feito genuinamente criativo quase nunca é resultado de um insight repentino, de uma lâmpada que se acende no escuro, mas sim fruto de anos de trabalho duro.

A criatividade é uma fonte central de significado em nossa vida, por diversas razões. Aqui, quero mencionar apenas as duas principais. Primeiro, a maioria das coisas interessantes, importantes e *humanas* é consequência da criatividade. Compartilhamos 98% de nossa composição genética com os chimpanzés. O que nos torna diferentes — a linguagem, os valores, a expressão artística, a compreensão científica e a tecnologia — é resultado da engenhosidade individual que foi reconhecida, recompensada e transmitida por meio do ensino. Sem a criatividade, seria muto difícil distinguir os humanos dos macacos.[2]

A segunda razão pela qual a criatividade é tão fascinante é que, quando estamos envolvidos com ela, temos a sensação de estar vivendo mais plenamente que durante os outros momentos da vida. A euforia do artista diante da tela ou do cientista no laboratório aproxima-se da realização ideal que todos esperamos obter da vida e que raramente acontece. Talvez apenas o sexo, os esportes, a música e o êxtase religioso — por mais que essas experiências sejam efêmeras e não deixem frutos — proporcionem uma sensação tão profunda de fazer parte de uma entidade maior que nós mesmos. Mas a criatividade também tem uma consequência que aumenta a riqueza e a complexidade do futuro.

Em um trecho de uma entrevista, Vera Rubin, astrônoma que contribuiu para a nossa compreensão da dinâmica das galáxias, descreveu sua descoberta de que as estrelas pertencentes a uma galáxia não giram todas na mesma direção; suas órbitas podem ser em sentido horário ou anti-horário no mesmo plano galáctico. Esta, como muitas outras, não foi uma descoberta planejada, mas resultado da observação acidental de duas imagens da análise espectral da mesma galáxia obtidas com um ano de diferença. Ao comparar as tênues linhas espectrais que indicam as posições das estrelas nas duas imagens, Rubin notou que algumas se moveram em determinado sentido durante aquele intervalo e que outras se moveram em sentido oposto. Rubin teve a sorte de estar entre o primeiro grupo de astrônomos a ter acesso a análises espectrais tão claras de galáxias próximas — alguns anos antes, os detalhes não seriam visíveis. Mas ela só pôde dispor dessa sorte porque, durante anos, tinha estado profundamente envolvida com os pequenos detalhes dos movimentos das estrelas. A descoberta foi possível porque ela estava interessada nas galáxias por si só, não porque queria comprovar uma teoria ou construir uma reputação. Eis a história dela:

É preciso muita coragem para ser um cientista pesquisador. Precisa mesmo. Quer dizer, você investe uma parcela enorme de si, da sua vida, do seu tempo, e pode ser que isso não dê em nada. Você pode passar cinco anos trabalhando em um problema e perceber que estava tudo errado antes mesmo de terminar. Ou alguém pode fazer uma descoberta quando você está na conclusão e que faz com que tudo esteja errado. Essa é uma possibilidade muito concreta. Acho que tive sorte. De início, entrei nessa [carreira] com uma sensação muito forte que meu papel como astrônoma, como observadora, era apenas coletar dados muito bons. Eu via o meu papel como sendo o de coletar dados valiosos para a comunidade astronômica e, na maioria dos casos, acabou sendo mais que isso. Eu não ficaria decepcionada se tivesse sido apenas isso. Mas descobertas são sempre boas. Acabei de fazer uma descoberta sensacional na última primavera, e lembro como foi divertido.

Esse relato condensa anos de trabalho duro, dúvida e confusão. Quando tudo vai bem, o esforço é redimido pelo sucesso. O que fica são os pontos altos: a curiosidade ardente, o deslumbramento com um mistério prestes a ser revelado, o deleite ao tropeçar em uma solução que torna visível uma ordem inimaginada. Os inúmeros anos de cálculos tediosos se justificam pela explosão de novos conhecimentos. Mas, mesmo que não haja sucesso, as pessoas criativas encontram alegria em um trabalho bem-feito. Aprender por si só é recompensador, mesmo que não resulte em uma grande descoberta. Como e por que isso acontece é uma das questões centrais que este livro explora.

A EVOLUÇÃO NA BIOLOGIA E NA CULTURA

Durante a maior parte da história, a criatividade foi considerada uma prerrogativa dos seres supremos. Religiões do mundo inteiro se baseiam em mitos fundadores nos quais um ou mais deuses moldaram os céus, a terra e as águas. Em algum ponto dessa trajetória, eles também criaram os homens e as mulheres — seres insignificantes e indefesos sujeitos à cólera dos deuses. Só muito recentemente, na história da espécie humana, as narrativas foram invertidas: agora os homens e as mulheres são os criadores, e os deuses, as invenções de sua imaginação. Se isso começou na Grécia ou na China 2500 anos atrás, ou em Florença 2 mil anos depois, não importa; o que importa é sua contemporaneidade.[3]

Portanto, mudamos nossas visões sobre a relação entre deuses e humanos. Não é tão difícil ver por que isso aconteceu. Quando surgiram os primeiros mitos da criação, os humanos, indefesos, estavam à mercê do frio, da fome, das feras e uns dos outros. Não faziam ideia de como explicar as grandes forças que viam ao seu redor — o nascer e o pôr do sol, o movimento das estrelas, o ciclo das estações. O espanto permeou a busca por um ponto de apoio nesse mundo misterioso. Então, devagar no início, e com velocidade crescente nos últimos mil anos, começamos a entender como as coisas funcionam — de micróbios a planetas, da circulação sanguínea às marés do oceano —, e, no fim das contas, os humanos não pareciam mais tão indefesos. Grandes máquinas foram construídas, energias foram coletadas, toda a face da Terra se transformou graças à habilidade e ao apetite dos seres humanos. Não surpreende, portanto, que, enquanto cavalgávamos na crista da evolução, tenhamos assumido o título de criadores.

Ainda não está claro se essa transformação irá ajudar a espécie ou provocar sua ruína. Seria de grande valia se percebêssemos a incrível responsabilidade que esse novo papel representa. Os deuses dos antigos, como Shiva ou Jeová, eram construtores e destruidores. O universo resistia em um equilíbrio precário entre a misericórdia e a ira deles. O mundo no qual habitamos atualmente também oscila entre se tornar o belo jardim ou o deserto estéril que nossos impulsos contraditórios se esforçam para provocar. É provável que o deserto prevaleça, caso ignoremos nosso potencial de destruição e continuemos a abusar cegamente das nossas conquistas.

Embora não possamos prever as eventuais consequências da criatividade — da tentativa de impor nossos desejos à realidade, de nos tornarmos a principal potência que decide o destino de todas as formas de vida no planeta —, podemos minimamente tentar entender melhor o que é essa força e como ela funciona. Porque, para o bem ou para o mal, nosso futuro está intimamente ligado à criatividade humana. O desfecho vai ser determinado em grande parte pelos nossos sonhos e pela luta para concretizá-los.

Este livro, que busca reunir trinta anos de pesquisa sobre como pessoas criativas vivem e trabalham, é uma tentativa de tornar mais compreensível o misterioso processo pelo qual homens e mulheres concebem novas ideias e novos objetos.[4] Meu trabalho nessa área me convenceu de que não é possível compreender a criatividade olhando apenas para as pessoas que parecem fazer acontecer. Assim como o som de uma árvore caindo na floresta não é ouvido se ninguém estiver lá para ouvi-lo, as ideias criativas desaparecem se não houver um público receptivo para captá-las e implementá-las. É necessário que haja a avaliação de pessoas competentes que não participaram do processo criativo para que tais ideias sejam validadas.

De acordo com essa visão, a criatividade resulta da interação de um sistema composto por três elementos: uma cultura que contém regras simbólicas, uma pessoa que traz novidades para o domínio simbólico, e um campo de especialistas que reconhecem e validam a inovação. Os três são necessários para que uma ideia, um produto ou uma descoberta criativos aconteçam. Por exemplo, no relato de Vera Rubin sobre sua descoberta astronômica, é impossível imaginar isso acontecendo sem o acesso à enorme quantidade de informações sobre movimentos celestes que vem sendo coletada há séculos, sem o acesso às instituições que controlam os grandes telescópios modernos, sem o ceticismo crítico e o eventual apoio de outros astrônomos. Na minha opinião, esses não são coadjuvantes da originalidade individual, mas sim componentes essenciais do processo criativo, em pé de igualdade com as contribuições individuais em si. Por esse motivo, neste livro, dedico quase tanta atenção ao domínio e ao campo quanto aos indivíduos criativos.

A criatividade é o equivalente cultural do processo de mudanças genéticas que resultam na evolução biológica. Essas mudanças resultam no aparecimento súbito de uma nova característica física em uma criança, e, se o traço for uma melhora em relação ao que existia, maior a chance de ser transmitido aos seus descendentes. A maioria das novas características não melhora as chances de sobrevivência e pode desaparecer algumas gerações depois. Mas algumas sobrevivem, e são elas que respondem pela evolução biológica.[5]

Na evolução cultural, não existem mecanismos equivalentes a genes e cromossomos. Portanto, uma nova ideia ou invenção não é transmitida automaticamente para a próxima geração. Instruções sobre como usar o fogo, a roda ou a energia atômica não são incorporadas ao sistema nervoso das crianças nascidas após tais descobertas. Cada um tem que aprendê-las novamente desde o início. A analogia com os genes na evolução cultural são os memes, ou unidades de informação que precisamos aprender para que a cultura permaneça.[6] Idiomas, números, teorias, músicas, receitas, leis e valores são todos memes que passamos para nossos filhos para que sejam lembrados. O que uma pessoa criativa muda são esses memes, e se um número suficiente de pessoas certas enxergar a mudança como uma melhoria, ela passa a fazer parte da cultura.

Portanto, para entender a criatividade, não basta estudar os indivíduos que parecem ser os principais responsáveis por uma ideia ou uma coisa nova. A contribuição deles, apesar de necessária e importante, é apenas um elo de uma cadeia, uma etapa de um processo. Dizer que Thomas Edison inventou a eletricidade ou que Albert Einstein descobriu a relatividade são simplificações convenientes. Satisfazem nossa antiga predileção por histórias simples e que envolvem heróis sobre-humanos. Mas as descobertas de Edison ou Einstein seriam inconcebíveis sem o conhecimento prévio, sem a rede intelectual e social que estimulou o raciocínio deles, e sem os mecanismos sociais que identificaram e difundiram suas inovações. Dizer que a teoria da relatividade foi criada por Einstein é como dizer que é a faísca a responsável pelo fogo. A faísca é necessária, mas sem o ar e a lenha não haveria chama.

Este livro não trata das coisas engraçadas que as crianças costumam dizer ou da criatividade que todos nós possuímos só porque temos um cérebro e a capacidade de raciocínio. Não trata de grandes ideias para fechar negócios, de novas maneiras de cozinhar determinado alimento nem de formas originais de decorar a sala de estar para uma festa. Esses são exemplos de criatividade com c minúsculo, um ingrediente importante da vida cotidiana e que, sem dúvida, devemos tentar aprimorar. Mas, para fazer isso bem, é necessário primeiro compreender a Criatividade — e é esse o objetivo deste livro.[7]

ATENÇÃO E CRIATIVIDADE

A criatividade, pelo menos do jeito que abordo neste livro, é um processo pelo qual um domínio simbólico na cultura é alterado. Novas músicas, novas ideias, novas máquinas: é disso que se trata a criatividade. No entanto, como essas mudanças não acontecem automaticamente — é o caso na evolução biológica —, é preciso computar o preço que temos que pagar para que a criatividade exista. É preciso um esforço para mudar tradições. Por exemplo, os memes precisam ser aprendidos antes que possam ser alterados: um músico tem que aprender a tradição musical, o sistema de notação, a forma como os instrumentos são tocados antes de poder pensar em compor uma nova música; antes que um inventor possa melhorar o design do avião, ele precisa estudar física e aerodinâmica e entender por que os pássaros não despencam do céu.

Se queremos aprender alguma coisa, precisamos prestar atenção às informações a serem aprendidas. E atenção é um recurso limitado: existe um limite de informação que podemos processar em determinado momento.[8] Não sabemos exatamente quanto, mas é claro que, por exemplo, não temos como aprender física e música ao mesmo tempo. Tampouco podemos ter um aprendizado de qualidade enquanto fazemos outras coisas que precisam ser feitas e requerem atenção, como tomar banho, trocar de roupa, preparar o café da manhã, dirigir, conversar com nosso cônjuge e assim por diante. Grande parte do nosso suprimento limitado de atenção está comprometido com as tarefas diárias de sobrevivência. Ao longo de uma vida inteira, a quantidade de atenção que sobra para aprender um domínio simbólico — como música ou física — é uma fração pequena de uma quantia já bastante limitada.

Essas premissas simples dão origem a algumas consequências importantes. Para alcançar a criatividade em um domínio existente, é preciso haver um excedente de atenção disponível. É por isso que centros de criatividade — como a Grécia do século V a.C., a Florença do século XV e a Paris do século XIX — eram lugares onde a riqueza permitia que os indivíduos aprendessem e experimentassem acima e além do que era necessário à sobrevivência. Também parece verdade que os centros de criatividade tendem a estar na interseção de diferentes culturas, onde crenças, estilos de vida e conhecimentos se misturam e permitem que os indivíduos enxerguem novas combinações de ideias com maior facilidade. Em culturas uniformes e rígidas, é preciso um maior investimento de atenção para alcançar novas formas de pensar. Em outras palavras, é mais provável que a criatividade esteja presente em lugares nos quais o esforço para que novas ideias sejam percebidas é menor.

À medida que as culturas evoluem, torna-se cada vez mais difícil assimilar mais de um domínio do conhecimento. Ninguém sabe ao certo quem foi o último nome do Renascimento, mas, algum tempo depois de Leonardo da Vinci, ficou impossível aprender o suficiente sobre todas as artes e ciências para ser especialista em mais do que uma pequena parte delas. Os domínios se dividiram em subdomínios, e um matemático que domina álgebra pode não saber muito sobre teoria dos números, combinatória, topologia — e vice-versa. Enquanto no passado um artista normalmente pintava, esculpia, fundia ouro e projetava edifícios, agora todas essas habilidades especiais tendem a ser dominadas por diferentes pessoas.

Ou seja, conforme a cultura evolui, o conhecimento especializado é favorecido em detrimento do conhecimento generalizado. Vamos supor que existam três pessoas: uma que estuda física, outra que estuda música e outra que estuda ambas. Em condições normais, a pessoa que estuda música e física terá que dividir sua atenção entre dois domínios simbólicos, enquanto as outras duas podem focar sua atenção exclusivamente em um único domínio. Consequentemente, os dois indivíduos especialistas podem estudar seus domínios com maior profundidade, e a experiência deles será preferida em comparação à do generalista. Ao longo do tempo, a tendência é que os especialistas assumam a liderança e o controle de todas as instituições culturais.

É claro que essa tendência à especialização não é necessariamente algo bom. Ela pode facilmente levar a uma fragmentação cultural, como a descrita na história bíblica da construção da Torre de Babel. Além disso, como o restante deste livro demonstra em larga medida, a criatividade geralmente envolve o cruzamento das fronteiras entre os domínios, de modo que, por exemplo, um químico que toma a mecânica quântica da física e a aplica a ligações moleculares pode dar uma contribuição mais substancial à química do que um que permanece exclusivamente dentro dos limites dela. No entanto, também é importante reconhecer que, dada a pouca atenção que temos à disposição para trabalhar, e dada a quantidade cada vez maior de informações que são constantemente adicionadas aos domínios, a especialização parece inevitável. Essa tendência pode talvez ser revertida, mas somente se fizermos um esforço consciente para encontrar uma alternativa; sem nenhuma interferência, está fadada a persistir.

Outra consequência da limitação da atenção é que os indivíduos criativos são frequentemente vistos como esquisitos — e às vezes como arrogantes, egoístas e obstinados.[9] É importante ter em mente que essas não são características de pessoas criativas, mas aquelas que o resto de nós atribui a elas com base em nossas percepções. Quando encontramos uma pessoa que concentra toda a sua atenção na física ou na música e nos ignora a ponto de esquecer nosso nome, a chamamos de "arrogante", ainda que ela pudesse ser extremamente humilde e amigável caso lhe sobrasse alguma atenção. Se essa pessoa está tão envolvida com seu interesse a ponto de não levar em conta os nossos desejos, a chamamos de "insensível" ou "egoísta", embora essa não seja a sua intenção. Da mesma forma, se ela segue seu trabalho independentemente dos planos de outras pessoas, a chamamos de "obstinada". No entanto, é praticamente impossível aprender um domínio com profundidade suficiente a ponto de provocar uma mudança sem dedicar toda a atenção a ele, e, consequentemente, parecer arrogante, egoísta e obstinado para aqueles que acreditam ter direito à atenção da pessoa criativa.

Na verdade, pessoas criativas não são obstinadas, especializadas nem egoístas. Elas, inclusive, parecem ser o oposto disso: adoram fazer conexões com áreas de conhecimento adjacentes. Tendem a ser — a princípio — atenciosas e sensíveis. No entanto, as demandas da posição que ocupam inevitavelmente as empurram para a especialização e o egoísmo. Dos muitos paradoxos da criatividade, esse talvez seja o mais difícil de evitar.

QUAIS OS BENEFÍCIOS DO ESTUDO DA CRIATIVIDADE?

Existem duas razões principais pelas quais é válido analisar de perto a vida dos indivíduos criativos e os contextos de suas realizações. A primeira é a mais óbvia: os resultados da criatividade enriquecem a cultura e assim, indiretamente, melhoram a qualidade da vida de todo mundo. Mas, com esse conhecimento, também podemos aprender a tornar nossa própria vida diretamente mais interessante e produtiva. No último capítulo, resumi sugestões desse estudo para enriquecer a existência cotidiana de qualquer um.

Algumas pessoas argumentam que estudar a criatividade é uma forma refinada de nos distrairmos dos problemas mais prementes que temos diante de nós. Deveríamos concentrar todas as nossas energias no combate ao crescimento populacional excessivo, à pobreza ou às patologias mentais. Segundo esse argumento, a preocupação com a criatividade é um luxo desnecessário. Mas essa postura é um pouco míope. Em primeiro lugar, novas soluções viáveis para a pobreza ou a superpopulação não aparecerão magicamente por si sós. Os problemas são resolvidos apenas quando dedicamos muita atenção a eles — e fazendo isso de forma criativa. Segundo, para termos uma vida boa, não basta removermos dela o que está errado. Também precisamos de um objetivo positivo; se não, por que insistir? A criatividade é uma resposta a essa pergunta: ela oferece um dos mais emocionantes modelos de vida. Por meio do estudo de casos patológicos, os psicólogos fizeram muitas descobertas sobre como os seres humanos saudáveis pensam e se sentem. Pacientes com danos cerebrais, neuróticos e delinquentes forneceram contrastes que indicam como o funcionamento normal pode ser mais bem compreendido. Mas, por outro lado, aprendemos pouco com pessoas extraordinárias no sentido positivo. No entanto, se quisermos descobrir o que pode estar faltando em nossa vida, faz sentido estudar vidas ricas e gratificantes. Essa é uma das principais razões pelas quais este livro foi escrito: para entender melhor um modo de ser que é mais satisfatório.

Cada um de nós nasce com dois conjuntos contraditórios de instruções: uma tendência conservadora, composta por instintos de autopreservação, autoengrandecimento e economia de energia, e uma tendência expansiva, composta por instintos de exploração, de prazer de novidade e de risco — a curiosidade que leva à criatividade pertence a esse conjunto.[10] Precisamos desses dois programas. Porém, enquanto a primeira tendência exige pouco incentivo ou apoio externos para motivar o comportamento, a segunda pode murchar se não for cultivada. Se houver poucas oportunidades de curiosidade à disposição, se muitos obstáculos estiverem no caminho do risco e da exploração, a motivação para se dedicar ao comportamento criativo desaparece com facilidade.[11]

Alguém poderia pensar que, dada sua importância, a criatividade seria de alta prioridade entre as nossas preocupações. E, de fato, muito se fala sobre ela da boca para fora. Contudo, se olharmos para a realidade, vemos uma imagem diferente. A pesquisa científica mais básica é menosprezada em detrimento de aplicações práticas imediatas. As artes são cada vez mais vistas como luxos dispensáveis, que precisam provar seu valor no grande mercado. Em uma empresa após a outra, à medida que vão sendo feitos cortes de funcionários, os CEOs afirmam que não vivemos uma época propícia à inovação, mas à responsabilidade fiscal, que não há clima para construir e arriscar, mas para cortar despesas. No entanto, conforme a competição econômica esquenta em todo o mundo, é necessária, justamente, a estratégia oposta.

E o que vale para as ciências, as artes e a economia também se aplica à educação. Quando os orçamentos das escolas apertam e as notas oscilam, mais e mais escolas optam por dispensar os "excessos" — normalmente relacionados às artes e às atividades extracurriculares — para se concentrar no que é supostamente fundamental.[12] Isso não seria ruim se as competências básicas fossem ensinadas de forma a encorajar a originalidade e o pensamento criativo; infelizmente, não costuma ser o caso. Os alunos tendem a achar as disciplinas escolares básicas ou ameaçadoras ou maçantes; as oportunidades que eles têm de usar a mente de forma criativa surgem no trabalho no jornal estudantil, no curso de teatro ou na orquestra. Portanto, se a próxima geração precisa encarar o futuro com entusiasmo e autoconfiança, devemos educá-la para ser original e competente.

COMO FOI CONDUZIDO O ESTUDO

Entre 1990 e 1995, eu e meus alunos da Universidade de Chicago gravamos entrevistas com um grupo de 91 indivíduos excepcionais. A análise aprofundada dessas entrevistas ajuda a ilustrar como são as pessoas criativas, como funciona o processo criativo e quais condições incentivam ou dificultam a geração de ideias originais.

Havia três condições principais para a seleção dos entrevistados: a pessoa tinha que ter feito a diferença em um domínio cultural importante — fosse das ciências, das artes, dos negócios, do governo ou do bem-estar humano em geral; tinha que estar ainda ativamente envolvida naquele domínio (ou em outro); e deveria ter, no mínimo, sessenta anos (em poucos casos, quando as circunstâncias justificavam, entrevistamos indivíduos um pouco mais novos). A lista dos entrevistados consta no Anexo A.[13]

O processo de seleção foi lento e demorado. Comecei a entrevistar um número igual de homens e mulheres que atendiam aos nossos critérios. Um desejo complementar era o de obter uma amostragem o mais representativa possível de diferentes universos culturais. Com essas condições em mente, comecei a fazer listas de pessoas que continham essas características. Nessa tarefa, me vali dos melhores conselhos de colegas e de especialistas de diferentes disciplinas. Algum tempo depois, os alunos de pós-graduação envolvidos no projeto também sugeriram nomes, e novos participantes foram fornecidos pelos entrevistados após cada entrevista, produzindo o que costuma ser chamado de "amostragem bola de neve" ou "não probabilística".

Quando a equipe de pesquisa estava de acordo que os feitos de uma pessoa indicada para a amostra justificavam sua inclusão, era enviada uma carta que explicava o estudo e solicitava a participação. Caso não houvesse resposta em três semanas, repetíamos a solicitação e, depois, tentávamos contato por telefone. Das 275 pessoas inicialmente contatadas, pouco mais de um terço recusou, o mesmo número aceitou, e um quarto ou não respondeu ou não foi localizado. Entre os que aceitaram, havia muitos indivíduos cuja criatividade era amplamente reconhecida; havia catorze prêmios Nobel entre os entrevistados (quatro de física, quatro de química, dois de literatura, dois de fisiologia ou medicina, um da paz e um de economia). A maior parte dos feitos dos outros era da mesma ordem, por mais que não fossem tão amplamente reconhecidos.[14]

Alguns recusaram por motivos de saúde, e, muitos outros, por falta de tempo. O secretário do romancista Saul Bellow escreveu: "O sr. Bellow me informou que continua a ser criativo na segunda metade da vida, pelo menos em parte, porque não se permite ser objeto de 'estudos' de outras pessoas. De todo modo, ele não está disponível no verão". O fotógrafo Richard Avedon rabiscou apenas "Desculpe, muito pouco tempo de sobra!". O secretário do compositor György Ligeti disse o seguinte:

Ele é criativo e, por isso, totalmente sobrecarregado. Portanto, a própria razão pela qual você deseja estudar o processo criativo dele é também a razão pela qual ele (infelizmente) não tem tempo para ajudá-lo nesse estudo. Ele também gostaria de acrescentar que não pode responder sua carta pessoalmente porque está tentando desesperadamente terminar um concerto para violino que irá estrear no outono. Ele conta com a sua compreensão.

O sr. Ligeti gostaria de acrescentar que acha o seu projeto extremamente interessante e que está muito curioso para ler os resultados.

Às vezes, a recusa se deveu à crença de que estudar a criatividade era uma perda de tempo. O poeta e romancista Czesław Miłosz respondeu: "Sou cético quanto à investigação da criatividade e não me sinto inclinado a me submeter a entrevistas sobre esse assunto. Acho que suspeito de alguns erros metodológicos na base de todas as discussões sobre a 'criatividade'". Já o escritor Norman Mailer escreveu: "Sinto muito, mas nunca aceitei ser entrevistado sobre o meu processo de trabalho. Vale o princípio da incerteza de Heisenberg". Peter Drucker, especialista em administração e professor de arte oriental, desculpou-se nestes termos:

Fico muito honrado e lisonjeado por sua gentil carta de 14 de fevereiro, pois admiro você e o seu trabalho há muitos anos e aprendi muito com ele. Mas, meu caro professor Csikszentmihalyi, receio ter de desapontá-lo. Eu não poderia responder às suas perguntas. Dizem-me que sou criativo — não sei o que isso significa. [...] Eu só continuo seguindo meu rumo como dá. [...]

[...] Espero que não me julguem presunçoso ou rude se eu disser que um dos segredos da produtividade (na qual acredito, ao passo que não acredito na criatividade) é ter um cesto de papel MUITO GRANDE para dar conta de TODOS os convites como o seu — a produtividade, na minha experiência, consiste em NÃO fazer nada que ajude o trabalho de outras pessoas, e, em vez disso, dedicar todo o tempo ao trabalho que o bom Deus nos concebeu para fazer, e fazê-lo bem.

A taxa de aceitação variou entre as disciplinas. Mais da metade dos cientistas da natureza, não importa quão velhos ou ocupados fossem, concordou em participar. Artistas, escritores e músicos, por outro lado, tenderam a ignorar ou recusar nossas cartas — menos de um terço dos que foram abordados aceitou. Seria interessante descobrir as causas dessa diferença de adesão.

O mesmo percentual de homens e mulheres aceitou nosso convite, mas, como em certos domínios as mulheres criativas conhecidas são sub-representadas, não conseguimos alcançar a proporção esperada de 50% de cada. Em vez disso, a divisão é de cerca de 70% de homens para 30% de mulheres.

Em pesquisas na área de psicologia, normalmente é preciso se certificar de que os indivíduos estudados são "representativos" da "população" em questão — nesse caso, a população de pessoas criativas. Se a amostra não for representativa, o que você encontra não pode ser extrapolado para a população em questão. Aqui, entretanto, não procuro chegar a generalizações que valham para todas as pessoas criativas. O que tento fazer, ocasionalmente, é *refutar* determinadas suposições generalizadas. A vantagem da refutação em relação à prova na ciência é que, enquanto um único caso pode refutar uma generalização, nem mesmo todos os casos do mundo são suficientes para gerar uma prova positiva conclusiva. Se eu fosse capaz de achar um único corvo branco, seria o suficiente para refutar a afirmação "Todos os corvos são pretos". Mas posso apontar milhões de corvos pretos sem que isso confirme a afirmação de que todos o são. Em algum lugar, pode haver um corvo branco escondido. Essa mesma falta de simetria entre a chamada refutabilidade e a prova vale até mesmo para as leis mais sagradas da física.

Para os propósitos deste livro, a estratégia de refutação é amplamente suficiente.[15] As informações que coletamos não poderiam provar, por exemplo, que todos os indivíduos criativos tiveram uma infância feliz, ainda que todos os entrevistados tivessem dito que sua infância havia sido feliz. Mesmo uma única criança infeliz pode refutar essa hipótese — assim como uma criança feliz pode refutar a hipótese oposta, de que indivíduos criativos precisam ter infâncias infelizes. Portanto, o tamanho relativamente pequeno da amostra, ou sua falta de representatividade, não é um impedimento real para extrair conclusões sólidas dos dados.

É verdade que, nas ciências sociais, as afirmações geralmente não são nem verdadeiras nem falsas, apenas confirmam a superioridade estatística de uma hipótese sobre outra. Podemos dizer que há tantos corvos pretos a mais do que corvos brancos que esse fato não pode ser explicado pelo acaso, simplesmente. Portanto, chegamos à conclusão de que "os corvos, em sua maioria, são pretos" e ficamos satisfeitos em poder afirmar minimamente isso. Neste livro, não me valho de estatísticas para testar as comparações que serão relatadas, por diversas razões. Em primeiro lugar, porque a capacidade de refutar algumas convicções profundamente arraigadas sobre a criatividade me parece suficiente, e aqui estamos em terra firme. Em segundo, porque as características dessa amostra em particular violam a maioria das suposições sobre a segurança da condução de experimentos estatísticos. Terceiro, porque não existe um "grupo de comparação" significativo para que as tendências encontradas na amostra sejam testadas.

Com raríssimas exceções, as entrevistas foram realizadas no escritório ou na residência dos entrevistados; foram gravadas em vídeo e, posteriormente, transcritas na íntegra. Duraram cerca de duas horas, em média. Mas as entrevistas são apenas a ponta do iceberg no que diz respeito às informações sobre essa amostra. A maioria dos entrevistados escreveu livros e artigos; alguns redigiram autobiografias ou outras obras que puderam ser analisadas. Na verdade, todos deixaram um rastro tão extenso por escrito que segui-lo até o fim levaria várias vidas; no entanto, o material é extremamente útil para complementar nossa compreensão de cada indivíduo e de sua vida.

Nossos roteiros tinham uma série de perguntas em comum que procuramos fazer a todos os entrevistados (uma cópia dela está no Anexo B). No entanto, não necessariamente as fizemos na mesma ordem, ou nem sempre usamos exatamente as mesmas palavras; minha prioridade era manter a entrevista o mais próximo possível de uma conversa natural. É claro que existem vantagens e desvantagens em ambos os métodos. Senti, no entanto, que seria ofensivo, e, portanto, contraproducente, forçar esses entrevistados a responder a um conjunto de perguntas estruturadas mecanicamente. Como eu esperava obter respostas genuínas e ponderadas, deixei que as trocas se desenvolvessem em torno dos temas que me interessavam, em vez de encaixá-las em uma forma.

As entrevistas são ricas e abrangentes — graças, em grande parte, ao excelente quadro de estudantes de pós-graduação que ajudaram a coletá-las.[16]

Quando comecei a escrever o livro, me vi diante de tantas opções que não sabia o que fazer com elas. Milhares de páginas clamavam por atenção, mas não pude fazer justiça a mais do que uma pequena parte do material. As escolhas eram muitas vezes dolorosas — inúmeros relatos maravilhosos tiveram que ser descartados ou extremamente condensados. As entrevistas que cito extensivamente não são necessariamente as das pessoas mais famosas ou mesmo as mais criativas, mas as que abordam com maior clareza o que acredito serem as questões teóricas fundamentais. Logo, o critério é pessoal. No entanto, estou confiante de que não distorci seus significados nem o consenso do grupo como um todo.

Ainda que a voz de alguns entrevistados não esteja representada por uma única citação que seja, o conteúdo de suas falas está presente nas generalizações que são ocasionalmente apresentadas, de forma verbal ou numérica. E espero que eu, meus alunos ou outros acadêmicos venham a explorar as partes desse rico material que fui obrigado a resumir.

BOM DEMAIS PARA SER VERDADE?

Ao contrário do imaginário popular, as entrevistas apresentam uma imagem da criatividade e dos indivíduos criativos que é otimista e positiva. Em vez de suspeitar que essas histórias sejam invenções, eu as aceito da forma como foram contadas — desde que não sejam contrariadas por fatos conhecidos sobre a pessoa ou por evidências internas.

No entanto, muitos cientistas sociais nos últimos cem anos assumiram a tarefa de expor a hipocrisia, o autoengano e o interesse próprio subjacentes aos traços do comportamento humano que nunca foram questionados cientificamente antes do final do século XIX. Poetas como Dante ou Chaucer estavam, é claro, intimamente familiarizados com as fraquezas da natureza humana. Mas foi só depois que Freud explicou a possibilidade da repressão, que Marx apresentou o poder da falsa consciência, e que os sociobiólogos demonstraram como nossas ações são resultado de pressões seletivas, que passamos a ter insights sistemáticos sobre por que nossos relatos sobre nós mesmos podem ser tão enganosos.

Infelizmente, a compreensão que nos faz ter uma imensa dívida intelectual com Freud e com o resto desses grandes pensadores foi prejudicada, até certo ponto, pela aplicação indiscriminada de suas ideias a todos os aspectos do comportamento. Em consequência disso, nas palavras da filósofa Hannah Arendt, nossa disciplina corre o risco de se rebaixar ao papel de "empreitada de desmascaramento", baseado mais em ideologias que em evidências. Mesmo um estudante novato da natureza humana aprende a desconfiar das aparências — não como uma precaução metodológica sensata com a qual qualquer bom cientista concorda, mas como uma convicção no dogma de que nada pode ser tomado por aquilo que é. Consigo imaginar o que alguns colegas sofisticados fariam com a seguinte afirmação feita por um de nossos entrevistados: "Tenho um casamento de 44 anos com uma pessoa que eu adoro. Ele é físico. Temos quatro filhos, todos eles com doutorado em ciência; todos têm uma vida feliz".

Eles provavelmente dariam um sorriso irônico e veriam, nessas frases, uma tentativa, por parte da entrevistada, de ocultar uma vida familiar infeliz. Outros veriam como uma tentativa de impressionar o público. Há ainda aqueles que poderiam achar que o rompante de otimismo dessa pessoa é simplesmente um truque narrativo que surgiu no contexto da entrevista, não porque seja verdade, mas porque as conversas têm sua própria lógica e verdade. Ou veriam como a expressão de uma ideologia burguesa, na qual os títulos acadêmicos e o status confortável da classe média são vistos como sinônimo de felicidade.

Mas e se houver evidências reais de que essa mulher está casada há 44 anos, que, apesar de sua agenda lotada como uma cientista de ponta, ela criou quatro filhos que trabalharam em carreiras profissionais exigentes, e que ela passa a maior parte de seu tempo livre com o marido, em casa ou viajando? E que seus filhos parecem contentes com a vida, a visitam com frequência, e estão constantemente em contato com os pais? Não deveríamos ceder e admitir, ainda que a contragosto, que o sentido disso está mais próximo das intenções da entrevistada que dos significados alternativos que atribuí ao crítico imaginário?

Permita-me apresentar uma passagem de outra entrevista, que também ilustra o otimismo típico desses relatos. É da escultora Nina Holton, que foi casada com um famoso (e criativo) acadêmico.

Gosto da expressão "Faz o espírito cantar" e a uso com bastante frequência. Porque, no quintal de casa, temos uma grama alta, que, ao observar, falo: "É grama cantando, eu a escuto cantar". Tenho uma necessidade dentro de mim, de certa alegria, entende? Uma expressão de alegria. Sinto isso. Imagino que seja uma felicidade por estar viva, por ter um homem que eu amo e uma vida que aprecio, e coisas nas quais trabalho que às vezes fazem meu espírito cantar. E espero que todo mundo tenha esse sentimento internamente. Sou grata por ter um espírito dentro de mim que canta com frequência.

Sinto que faço coisas que fazem a diferença para mim e que me dão grande satisfação. E sempre posso debatê-las com o meu marido, e encontramos grandes paralelos, sabe como é, de quando ele tem uma ideia quando trabalha em algo e nos reunimos e falamos sobre os nosso dia e o que temos feito. É um vínculo muito forte. E ele também se interessa muito pelo que estou fazendo e, de certa forma, é muito envolvido no meu mundo. Ele fotografa as coisas que eu faço e tem muito, muito interesse. Não é como se eu estivesse trabalhando no escuro. Sempre posso recorrer a ele e ele vai me dar algum conselho. Nem sempre aceito, mas ainda assim ele está lá. A vida é mais rica assim. Sem dúvida.

Mais uma vez, uma leitura cínica poderia levar alguém a concluir que, bem, deve ser bom para um casal independente e de longa data curtir a vida quando os dois são criativos, mas não é senso comum que, para se conquistar algo novo e importante, principalmente nas artes, uma pessoa precisa ser pobre, sofredora e estar cansada do mundo? Portanto, vidas como essas ou representam apenas uma parcela ínfima da população criativa ou não se deve confiar no que é dito, ainda que todas as evidências apontem para que seja verdade.

Não estou dizendo que todas as pessoas criativas são prósperas e felizes. Tensão familiar, ciúmes profissionais e ambições frustradas ficaram evidentes nas entrevistas. Além disso, é provável que um viés de seleção tenha influenciado nisso. O foco em pessoas com mais de sessenta anos eliminou aquelas que podem ter levado um estilo de vida de maior risco e, portanto, morrido jovens. Alguns dos indivíduos a que pedimos para participar e que não responderam ou recusaram podem ter se tornado menos felizes e menos bem ajustados que aqueles que aceitaram. Dois ou três dos que inicialmente concordaram em ser entrevistados ficaram tão doentes e deprimidos que pediram para ser dispensados mesmo depois de terem se comprometido. Assim, aqueles que acabaram fazendo parte da amostra são enviesados no sentido de uma boa saúde, tanto física quanto psicológica.

No entanto, depois de vários anos de escuta e leitura intensiva, cheguei à conclusão de que o estereótipo do gênio torturado é, em grande parte, um mito criado pela ideologia romântica e sustentado por evidências de períodos históricos isolados e — espera-se — atípicos. Em outras palavras, se Dostoiévski e Tolstói exibiam uma bela cota de patologias, isso se deveu menos às exigências do trabalho criativo deles do que aos sofrimentos pessoais causados pelas condições insalubres de uma sociedade russa à beira do colapso. Se tantos poetas e dramaturgos norte-americanos cometeram suicídio ou acabaram viciados em drogas e álcool, não foi a criatividade que fez isso, mas uma cena artística que prometeu muito, deu pouco e negligenciou, quando não ignorou completamente, nove entre dez artistas.

Devido a essas considerações, acho mais realista, ainda que seja mais difícil, abordar essas entrevistas com um ceticismo aberto, tendo em mente o viés a favor da felicidade que essas pessoas exibem e o que aprendemos sobre a tendência humana de disfarçar e embelezar a realidade. No entanto, ao mesmo tempo, estou pronto para aceitar um cenário positivo quando ele parece justificado. Tenho a sensação de que esse é um risco que vale a pena correr, porque concordo com as impressões do romancista canadense Robertson Davies:

O pessimismo é um caminho muito fácil de tomar quando olhamos para o que a realidade é de fato, porque o pessimismo é um ponto de vista míope da vida. Se olhamos para o que está acontecendo ao nosso redor hoje e para o que aconteceu desde que nascemos, não temos como deixar de achar que a vida é uma rede terrível de problemas e doenças. No entanto, se olhamos para trás alguns milhares de anos, vamos ver que avançamos fantasticamente desde o dia em que a primeira ameba rastejou para fora do lodo e se aventurou em terra firme. Se olharmos a longo prazo, não vejo como é possível ser pessimista em relação ao futuro da humanidade ou ao futuro do mundo. Podemos adotar um ponto de vista míope e achar que tudo está um caos, que a vida é feita de trapaças e golpes, e é claro que vamos nos sentir desesperados. Eu me divirto muito com alguns dos meus colegas, particularmente com os que estudam literatura, que dizem que a visão pessimista, trágica, é a única chave verdadeira para compreender a vida — o que acho que isso é apenas um absurdo autoindulgente. É muito mais fácil ser trágico que cômico. Conheço pessoas que abraçam a visão trágica da vida, e isso se torna uma desculpa. Elas simplesmente se sentem péssimas em relação a tudo, e isso é absurdamente cômodo. Porém, se tentamos ver as coisas com um pouco mais de equilíbrio, é surpreendente o emaranhado de comédias, ambiguidades e ironias que aparecem. E isso, acho, é o que é vital para um romancista. Somente escrever romances trágicos é bastante fácil.

A crítica de Davies se aplica de forma ampla, e não somente ao campo literário. É igualmente fácil explicar a criatividade de uma forma que apenas expõe, desmascara, reduz, desconstrói e racionaliza os feitos das pessoas criativas, ignorando a alegria genuína e as conquistas presentes na vida delas. Fazer isso, no entanto, nos cega para a mensagem mais importante que podemos aprender com as pessoas criativas: como encontrar propósito e prazer no caos da existência.

No entanto, não escrevi este livro para defender um argumento. As descobertas das quais eu trato surgiram dos dados coletados. Não são uma revisão dos meus preconceitos nem dos de nenhuma outra pessoa. São as pessoas extraordinárias cujas vozes enchem estas páginas que contam a história da investigação da criatividade. Esse enredo não pode ser reduzido a definições rasas nem a técnicas superficiais. Em sua riqueza e complexidade, ele é, sim, uma história que revela os potenciais mais profundos do espírito humano. Tendo apresentado alguns dos temas que serão desenvolvidos nos próximos capítulos, agora é hora de dar continuidade ao espetáculo.

Parte I

O processo criativo

2. Onde fica a criatividade?

A resposta é óbvia: a criatividade é um tipo de atividade mental, um insight que ocorre dentro da cabeça de algumas pessoas especiais. Mas essa suposição é enganosa. Se por criatividade entendemos uma ideia ou ação que é nova e valiosa, então não podemos simplesmente aceitar o relato de uma pessoa como critério para sua existência. Não temos como saber se um pensamento é novo senão em comparação a alguns padrões, do mesmo modo como não temos como saber o que é valioso até que passe pelo crivo social. Portanto, a criatividade não acontece somente dentro da cabeça das pessoas, mas é algo que passa pela interação entre os pensamentos de uma pessoa e um contexto sociocultural. É um fenômeno sistêmico, não individual. Alguns exemplos ilustram o que estou querendo dizer.[1]

Quando eu era estudante de pós-graduação, trabalhei em meio período por alguns anos em uma editora de Chicago. Pelo menos uma vez por semana recebíamos pelo correio um manuscrito de um autor desconhecido que afirmava ter feito uma grande descoberta. Às vezes era um calhamaço de oitocentas páginas tentando provar algo como: na Odisseia, ao contrário da leitura consagrada, Ulisses não navegou pelo Mediterrâneo. Em vez disso, de acordo com os cálculos do autor, se alguém prestasse atenção aos pontos de referência, às distâncias percorridas e ao padrão das estrelas mencionados por Homero, era óbvio que Ulisses tinha de fato viajado pela costa da Flórida.

Ou podia ser um guia para a construção de discos voadores, com projetos extremamente precisos — que, em uma análise mais detalhada, tinham na verdade sido copiados do manual de um eletrodoméstico. O que tornava a leitura desses manuscritos deprimente era o fato de que seus autores realmente acreditavam ter encontrado algo novo e importante, e, além disso, que seus esforços criativos não eram reconhecidos simplesmente por causa de uma conspiração por parte de filisteus como eu e os profissionais de todas as outras editoras.

Há alguns anos, o mundo científico ficou em rebuliço com a notícia de que dois químicos tinham conseguido realizar a fusão a frio em laboratório. Se fosse verdade, isso significava que algo muito semelhante à máquina de movimento perpétuo — um dos sonhos mais antigos da humanidade — estava prestes a se concretizar. Depois de alguns meses frenéticos, durante os quais laboratórios do mundo inteiro tentaram replicar o que havia sido inicialmente alegado — alguns com aparente sucesso, mas a maioria sem —, ficou cada vez mais claro que os experimentos em que se baseavam essas alegações tinham falhas. Assim, os pesquisadores que a princípio tinham sido aclamados como os maiores cientistas criativos do século se transformaram em um constrangimento para o meio acadêmico. No entanto, até onde sabemos, eles acreditavam piamente que estavam certos e que a reputação deles tinha sido arruinada por colegas invejosos.

Jacob Rabinow, ele próprio um inventor, mas também um avaliador de invenções para o National Bureau of Standards, em Washington, tem muitas histórias parecidas para contar sobre pessoas que acreditam ter inventado máquinas de movimento perpétuo. Ele disse:

> Conheci muitos inventores desses que inventam algo que não tem como funcionar, ou que é teoricamente impossível. Mas eles passaram três anos desenvolvendo aquilo, alimentando um motor sem eletricidade, apenas com ímãs. Você explica a eles que não vai funcionar, que isso viola a segunda lei da termodinâmica, e eles respondem: "Não me venha com as suas malditas leis de Washington".

Quem tem razão: o indivíduo que acredita em sua própria criatividade ou o meio social que a nega? Se tomarmos partido do indivíduo, a criatividade se torna um fenômeno subjetivo. Tudo o que é preciso para ser criativo, então, é uma garantia interior de que o que penso ou faço é novo e valioso. Não há nada de errado em definir a criatividade dessa forma, desde que saibamos que este não é o sentido original do termo — que é o de trazer à existência algo genuinamente novo, que seja valorizado o bastante para ser incorporado à cultura. Por outro lado, se decidirmos que a confirmação social é necessária para que algo seja classificado como criativo, a definição tem que abranger mais do que o indivíduo. O que conta, então, é se a certeza interna é validada pelos devidos especialistas — como os editores, no caso dos manuscritos inusitados, ou os outros cientistas, no caso da fusão a frio. Não é possível fazer concessões e dizer que às vezes basta a convicção interna se há casos nos quais precisamos de confirmação externa. Esse meio-termo cria diversas brechas para determinar se algo é ou não criativo.

O problema é que o termo "criatividade", da forma como em geral é usado, é extremamente amplo. Faz referência a entidades muito distintas, o que causa grande confusão. Para esclarecer essa questão, identifico pelo menos três fenômenos diferentes que podem legitimamente ser chamados por esse termo.

O primeiro uso, popular nas conversas do dia a dia, se refere às pessoas que expressam pensamentos incomuns, que são interessantes e estimulantes — em suma, pessoas que parecem ser extraordinariamente brilhantes. Um interlocutor brilhante, isto é, uma pessoa com interesses variados e uma mente rápida, pode ser chamado de criativo nesse sentido. A menos que essa pessoa também contribua com algo relevante e permanente, no entanto, refiro-me a ela como *brilhante*, não como criativa — e, de modo geral, não falo muito sobre as pessoas brilhantes neste livro.[2]

A segunda forma pela qual o termo pode ser empregado é para se referir a pessoas que experimentam o mundo de maneiras novas e originais. São indivíduos cujas percepções são atuais, cujos juízos são perspicazes, que podem fazer descobertas importantes às quais só eles têm acesso. Refiro-me a essas pessoas como *pessoalmente criativas* e tento analisá-las na medida do possível (principalmente no capítulo 14, dedicado a esse tópico). Mas, dada a natureza subjetiva dessa forma de criatividade, é difícil lidar com ela, por mais importante que seja para quem a experimenta.[3]

O último uso do termo designa indivíduos que, como Leonardo da Vinci, Thomas Edison, Pablo Picasso ou Albert Einstein, mudaram nossa cultura em algum aspecto importante. São os *criativos*, sem nenhum outro adjetivo. Como suas realizações são, por definição, públicas, é mais fácil escrever sobre eles — e as pessoas incluídas em meu estudo pertencem a esse grupo.[4]

A diferença entre essas três definições não é apenas uma questão de grau. O último tipo de criatividade não é meramente uma manifestação mais sofisticada dos dois primeiros. Na verdade, são maneiras diferentes de ser criativo, cada uma em grande parte sem relação com as outras. Acontece com muita frequência, por exemplo, que algumas pessoas brilhantes, que todos consideram excepcionalmente criativas, não deixem nenhum feito, nenhum vestígio de sua existência — exceto, talvez, nas memórias daqueles que as conheceram. Por outro lado, algumas das pessoas que tiveram maior impacto na história não demonstraram nenhuma originalidade ou brilhantismo em suas atitudes, exceto pelas realizações que deixaram para trás.

Leonardo da Vinci, por exemplo, que foi certamente uma das pessoas mais criativas no terceiro sentido do termo, era aparentemente recluso e tinha um comportamento quase compulsivo. Se você o tivesse conhecido em uma festa, o teria achado um chato e teria se afastado dele o mais rápido possível. Nem Isaac Newton nem Thomas Edison teriam sido vistos como convidados indispensáveis em uma festa e, para além de suas preocupações científicas, eles teriam parecido desinteressantes e obsessivos. Os biógrafos de criadores de destaque lutam bravamente para fazer com que seus biografados sejam interessantes e brilhantes, mas na maioria das vezes seus esforços são em vão. As realizações de um Michelangelo, um Beethoven, um Picasso ou um Einstein eram impressionantes em seus respectivos campos, mas a vida privada deles, suas atividades e ideias cotidianas dificilmente mereceriam a mínima atenção se seus feitos enquanto especialistas não tivessem tornado interessante qualquer coisa dita ou feita por eles.

Pela definição que estou usando aqui, uma das pessoas mais criativas deste estudo é John Bardeen. Ele foi a primeira pessoa a receber duas vezes o Nobel de Física: primeiro, por ter desenvolvido o transistor; em seguida, por seu trabalho sobre a supercondutividade. Poucas pessoas se aventuraram tão profundamente no reino da física do estado sólido, ou tiveram insights tão importantes. Mas conversar com Bardeen sobre qualquer assunto além de seu trabalho não era fácil. Sua mente seguia por caminhos abstratos enquanto ele falava devagar, hesitante e sem muita dedicação nem interesse sobre os temas da "vida real".

É perfeitamente possível dar uma contribuição criativa sem ser brilhante ou pessoalmente criativo, assim como é possível — e até provável — que alguém *pessoalmente criativo* jamais dê qualquer contribuição à cultura. Todos os três tipos de criatividade enriquecem a vida, tornando-a mais interessante e gratificante. Mas, nesse contexto, me concentro principalmente no terceiro uso do termo e exploro o que está envolvido no tipo de criatividade que deixa um rastro cultural.

Para deixar as coisas mais complicadas, vejamos mais dois termos que às vezes são usados de forma intercambiável com a criatividade. O primeiro é *talento*. O talento difere da criatividade porque se concentra na capacidade inata de fazer algo muito bem. Poderíamos dizer que Michael Jordan é um atleta talentoso, ou que Mozart foi um pianista talentoso, sem implicar que qualquer um dos dois tenha sido criativo. Em nossa amostra, alguns indivíduos eram talentosos em matemática ou música, mas a maioria alcançou resultados criativos sem que nenhum talento excepcional fosse evidente. Claro, talento é um termo relativo, então podemos argumentar que, em comparação com o "indivíduo médio", os criativos são talentosos.

O outro termo que é frequentemente usado como sinônimo de "criativo" é gênio. Novamente, há uma sobreposição. Talvez devêssemos pensar em gênio como alguém brilhante e criativo ao mesmo tempo. Mas, sem dúvida, uma pessoa pode mudar a cultura de forma significativa sem ser um gênio. Embora várias pessoas em nossa amostra tenham sido chamadas de gênio pela mídia, tanto elas quanto a maioria dos indivíduos criativos que entrevistamos rejeitam essa designação.[5]

O MODELO DE SISTEMAS

Vimos que a criatividade, com C maiúsculo, do tipo que muda algum aspecto da cultura, nunca se restringe à mente de uma única pessoa. Por definição, um sujeito criativo em si *não* se trata de um caso de criatividade cultural. Para ter algum efeito, a ideia deve ser formulada em termos que sejam compreensíveis para os outros, deve ser aprovada pelos especialistas da área e, por fim, deve ser incluída no domínio cultural ao qual pertence. Então, a primeira pergunta que faço sobre a criatividade não é o *que* ela é, mas *onde* está?

A resposta que faz mais sentido é que a criatividade só pode ser observada nas inter-relações de um sistema formado por três partes principais. A primeira delas é o *domínio*, que consiste em um conjunto de regras e procedimentos simbólicos. A matemática é um domínio, ou, em uma definição mais refinada, a álgebra e a teoria dos números podem ser vistas como domínios. Os domínios, por sua vez, estão abrigados no que costumamos chamar de cultura, isto é, no conhecimento simbólico compartilhado por determinada sociedade ou pela humanidade.

O segundo componente da criatividade é o *campo*, que inclui todos os indivíduos que atuam como guardiões do domínio. É tarefa deles decidir se uma nova ideia ou produto deve ser incluído no domínio. Nas artes visuais, o campo é composto por professores de arte, curadores de museus, colecionadores de arte, críticos e administradores de fundações e órgãos governamentais que lidam com a cultura. É este campo que seleciona as novas obras de arte que merecem ser reconhecidas, preservadas e lembradas.

Por fim, o terceiro componente do sistema criativo é o *indivíduo*. A criatividade ocorre quando um indivíduo, usando os símbolos de determinado domínio, como a música, a engenharia, os negócios ou a matemática, tem uma nova ideia ou enxerga um novo padrão, e quando essa novidade é selecionada pelo campo apropriado para inclusão no domínio relevante. A geração seguinte vai se deparar com essa novidade enquanto parte do domínio ao qual está exposta. Se for criativa, por sua vez, ela irá transformar a novidade ainda mais. Às vezes, a criatividade envolve a criação de um novo domínio: podemos argumentar que Galileu inaugurou a física experimental e que Freud esculpiu a psicanálise para além do domínio preexistente da neuropatologia. Mas se Galileu e Freud não tivessem conseguido atrair seguidores que se reuniram em campos distintos para promover seus respectivos domínios, suas ideias teriam tido muito menos impacto, ou até mesmo nenhum.

Portanto, a definição que se segue dessa perspectiva é: a criatividade é qualquer ato, ideia ou produto que altera um domínio existente, ou que transforma um domínio existente em um novo. A definição de indivíduo criativo é: alguém cujos pensamentos ou ações mudam um domínio ou estabelecem um novo. É importante lembrar, no entanto, que um domínio não pode ser alterado sem o consentimento explícito ou implícito de um campo responsável por ele.

Essa forma de ver as coisas tem inúmeras consequências. Por exemplo, não precisamos supor que a pessoa criativa seja necessariamente diferente de qualquer outra. Em outras palavras, um traço individual de "criatividade" não é o que determina se uma pessoa será criativa. O que conta é se a novidade que essa pessoa produz é aceita para inclusão no domínio. Isso pode ser fruto do acaso, da perseverança ou de se estar no lugar certo na hora certa. Como a criatividade é constituída conjuntamente pela interação entre domínio, campo e indivíduo, o traço de criatividade individual pode ajudar a gerar a novidade que irá mudar um domínio, mas não é condição suficiente nem obrigatória para tal.

Uma pessoa não pode ser criativa em um domínio ao qual não está exposta. Não importa quantos dons matemáticos uma criança tenha, ela não será capaz de contribuir para a matemática sem aprender suas regras. Mas, mesmo que as regras sejam aprendidas, a criatividade não pode se manifestar na ausência de um campo que reconheça e legitime as novas contribuições. Uma criança pode aprender matemática por conta própria ao encontrar os livros e os mentores certos, mas não pode fazer uma diferença no domínio a menos que seja reconhecida por professores e editores de periódicos que testemunhem a pertinência da contribuição dela.

Daí, também, deriva o fato de que a criatividade só pode se manifestar em domínios e campos já existentes. Por exemplo, é muito difícil ouvir algo como "esta pessoa é muito criativa em cuidar dos outros" ou "esta pessoa é muito criativa em sua sabedoria", porque cuidado e sabedoria, ainda que sejam extremamente importantes para a sobrevivência humana, são domínios vagamente organizados, com poucas regras e prioridades definidas de modo geral, e carecem de um campo de especialistas que possam determinar a legitimidade das afirmações. Portanto, estamos na situação paradoxal de que a novidade é mais óbvia em domínios que em geral são relativamente triviais, mas fáceis de mensurar. Em domínios que são mais essenciais, por outro lado, é muito difícil determinar a novidade. Pode haver consenso em relação ao fato de um novo jogo de computador, uma nova canção de rock ou nova fórmula econômica serem mesmo uma novidade e, portanto, algo criativo, mas não é tão fácil chegar a um acordo sobre o grau de novidade de um ato de compaixão ou de um insight sobre a natureza humana.

O modelo também prevê as oscilações muitas vezes misteriosas na atribuição da criatividade ao longo do tempo.[6] Por exemplo, a reputação de Rafael como pintor aumentou e diminuiu várias vezes desde seu auge na corte do papa Júlio II. Gregor Mendel não ganhou fama como criador da genética experimental até meio século após sua morte. A música de Johann Sebastian

Bach foi descartada por várias gerações por ser considerada antiquada. A explicação convencional é que Rafael, Mendel e Bach sempre foram criativos, mas a reputação deles mudou de acordo com os caprichos do reconhecimento social. O modelo de sistemas presume, porém, que a criatividade não pode ser separada de seu reconhecimento. Mendel não foi criativo durante seus anos de relativa obscuridade porque suas descobertas experimentais não foram tão importantes até que um grupo de geneticistas britânicos, no final do século XIX, reconheceu suas implicações para a evolução.

A criatividade de Rafael oscilava conforme as mudanças no conhecimento histórico da arte, nas teorias críticas da arte e na sensibilidade estética da época. De acordo com o modelo de sistemas, faz todo o sentido dizer que Rafael foi criativo nos séculos XVI e XIX, mas não entre um e outro ou depois disso. Rafael foi criativo quando a comunidade se emocionava com seu trabalho e descobria novas possibilidades em suas pinturas. Mas quando suas pinturas pareciam afetadas e triviais para aqueles que entendem de arte, Rafael só podia ser chamado de grande desenhista, de colorista sutil — talvez até mesmo um indivíduo pessoalmente criativo —, mas não de criativo com C maiúsculo. Se a criatividade é mais do que uma percepção individual e é cocriada por domínios, campos e indivíduos, então ela pode ser construída, desconstruída e reconstruída várias vezes ao longo da história. Eis um dos nossos entrevistados, o poeta Anthony Hecht, comentando essa questão:

> As reputações literárias estão em constantemente mudança. Às vezes, de formas insignificantes e frívolas. Houve uma ex-colega minha que, em uma reunião recente do Departamento de Inglês, disse que achava que agora não era mais importante ensinar Shakespeare, porque, entre outras coisas, ele tinha uma compreensão muito vaga sobre as mulheres. Isso me parece a observação mais fútil que pode ser feita, mas ela quer dizer que, se você levar isso a sério, ninguém tem um lugar muito seguro no cânone, que muda constantemente. E isso é bom e é ruim. A relevância de John Donne no século XIX era nenhuma. O *Oxford Book of English Verse* tinha apenas um poema dele. Hoje ele foi ressuscitado por Herbert Grierson e T.S. Eliot e é uma das grandes figuras da poesia do século XVII. Mas nem sempre foi assim. Isso vale para a música também. Bach foi eclipsado por duzentos anos e redescoberto por Mendelssohn. Isso significa que estamos constantemente reavaliando o passado. E isso é uma prática boa, valiosa e extremamente necessária.

Essa maneira de ver as coisas pode parecer insana para alguns. O modo comum de pensar sobre essa questão é imaginar que alguém como Van Gogh foi um grande gênio criativo, mas seus contemporâneos não reconheceram isso. Por sorte, hoje descobrimos o grande pintor que ele era, então sua criatividade foi vingada. O que estamos dizendo é que sabemos muito mais sobre o que é a grande arte do que os contemporâneos de Van Gogh — aqueles filisteus burgueses. O que — além de uma presunção inconsciente — dá suporte a essa crença? Uma descrição mais objetiva da contribuição de Van Gogh é que a criatividade dele surgiu quando um número suficiente de especialistas em arte teve a sensação de que suas pinturas davam uma contribuição importante ao domínio artístico. Sem essa reação, Van Gogh teria continuado a ser o que foi, um homem perturbado que pintava quadros estranhos.

Talvez a implicação mais importante do modelo de sistemas seja que o nível de criatividade em determinado lugar, em determinado momento, não depende apenas do nível de criatividade individual. Ele depende, igualmente, de quão adequados são os respectivos domínios e campos para reconhecer e divulgar ideias novas. Isso pode fazer uma grande diferença prática nos esforços para o aumento da criatividade. Hoje, muitas empresas norte-americanas gastam tempo e dinheiro tentando ampliar a originalidade de seus funcionários, esperando assim obter uma vantagem competitiva no mercado. Mas esses programas não fazem diferença se a diretoria não aprender, também, a identificar as ideias valiosas em meio às muitas ideias novas e, então, encontrar formas de implementá-las.

Por exemplo, Robert Galvin, ex-CEO da Motorola, estava preocupado justamente com o fato de que, para sobreviver entre os fabricantes de eletrônicos do Círculo do Pacífico, sua empresa precisava fazer da criatividade uma parte intencional de seu processo produtivo. Ele também tinha razão ao notar que, para isso, primeiro era preciso incentivar os milhares de engenheiros que trabalhavam para a empresa a fim de gerar o maior número possível de novas ideias. Portanto, foram instituídas várias formas de brainstorming, que consistiam em estimular os funcionários a fazer livres associações sem o medo de que fosse impossível executá-las. Mas as etapas seguintes são menos óbvias. Como o campo (neste caso, a diretoria) deve escolher, em meio à miríade de novas ideias, aquelas nas quais valem a pena insistir? E como as ideias escolhidas podem ser incluídas no domínio (neste caso, o cronograma de produção da

Motorola)? Como estamos acostumados a pensar que a criatividade começa e termina no indivíduo, é fácil não perceber que o maior estímulo para ela pode vir de mudanças externas.

CRIATIVIDADE NO RENASCIMENTO

Um bom exemplo foi o súbito surto de criatividade artística que ocorreu em Florença entre 1400 e 1425. Esses foram os anos dourados do Renascimento, e costuma haver consenso de que algumas das novas obras de arte mais influentes da Europa foram criadas nesse quarto de século. Qualquer lista das obras-primas incluiria a cúpula da catedral construída por Brunelleschi, os "Portões do Paraíso", feitos por Ghiberti para o batistério, as esculturas de Donatello para a igreja de Orsanmichele, o ciclo de afrescos de Masaccio na Capela Brancacci, e as pinturas de Gentile da Fabriano da Adoração dos Magos na Igreja da Santa Trindade.[7]

Como explicar esse florescimento da grande arte? Se a criatividade é algo completamente intrínseco ao indivíduo, teríamos que argumentar que, por alguma razão, um número extraordinário de artistas criativos nasceu em Florença nas últimas décadas do século XIV. Talvez alguma mutação genética inusitada tenha ocorrido, ou uma mudança drástica na educação das crianças florentinas tenha subitamente feito com que elas se tornassem mais criativas. Mas uma explicação envolvendo o domínio e o campo é muito mais sensata.

No que diz respeito ao domínio, o Renascimento foi possível, em parte, pela redescoberta dos antigos métodos romanos de construção e escultura que haviam se perdido nos séculos da chamada Idade das Trevas. Em Roma e em outros lugares, ao final do século XIV, estudiosos ávidos escavaram ruínas clássicas, copiando e analisando os estilos e as técnicas dos antigos. Esse lento trabalho preparatório deu frutos na virada para o século XV, levando os artistas e artesãos da época ao conhecimento de técnicas havia muito esquecidas.

A catedral de Florença, Santa Maria Novella, ficou aberta por oitenta anos, porque ninguém conseguia achar uma forma de construir uma cúpula sobre sua enorme abside. Não havia nenhum método conhecido para evitar que as paredes desabassem assim que a curvatura da cúpula avançasse além de determinada altura. Todos os anos, jovens artistas ansiosos e empreiteiros de renome apresentavam planos à Opera del Duomo, o conselho que supervisionava a construção da catedral, mas seus planos não eram convincentes. A Opera era composta pelos líderes políticos e empresariais da cidade, e a reputação deles estava em jogo nessa escolha. Durante oitenta anos eles nunca tiveram a sensação de que qualquer solução proposta para a conclusão da cúpula fosse digna da cidade e deles próprios.

Mas, eventualmente, estudiosos humanistas se interessaram pelo Panteão de Roma, mediram sua enorme cúpula e analisaram sua construção. O Panteão tinha sido reconstruído pelo imperador Adriano no século II. O diâmetro de sua cúpula era de 21,5 metros, e a altura era de 43 metros. Nada nessa escala havia sido construído em mais de mil anos, e os métodos que permitiram aos romanos erguer uma estrutura que se sustentasse sem desabar tinham sido esquecidos nos séculos sombrios das invasões bárbaras. Porém, agora que a paz e o comércio estavam revitalizando as cidades italianas, o conhecimento aos poucos era recuperado.

Brunelleschi, que em 1401 supostamente visitou Roma para estudar suas antiguidades, compreendeu a importância dos estudos do Panteão. Sua ideia de como completar a cúpula em Florença se baseou em uma estrutura de arcos de pedra internos, que ajudariam a conter o empuxo, e no aparelho em padrão espinha de peixe entre eles. Mas seu projeto não era apenas uma reafirmação do modelo romano — era influenciado também por toda a arquitetura dos séculos intermediários, principalmente os modelos góticos. Quando ele apresentou seu plano à Opera, eles o reconheceram como uma solução viável e bonita. Depois que a cúpula foi construída, ela se tornou uma forma nova e libertadora que inspirou centenas de construtores, incluindo Michelangelo, que se baseou nela para o projeto da cúpula da basílica de São Pedro, em Roma.

Contudo, por mais influente que tenha sido a redescoberta das formas de arte clássicas, o Renascimento florentino não pode ser explicado apenas em termos da súbita disponibilidade de informações. Caso contrário, o mesmo desabrochar de novas formas artísticas teria ocorrido em todas as outras cidades expostas aos modelos da Antiguidade. Embora isso realmente tenha acontecido até certo ponto, nenhum outro lugar se equiparou a Florença na intensidade e na profundidade das realizações artísticas. Por quê?

A explicação é que o campo da arte passou a ser particularmente propício à criação de novas obras quase ao mesmo tempo em que houve a redescoberta dos antigos domínios da arte. Florença havia se tornado uma das cidades mais ricas da Europa, primeiro graças ao comércio, depois pela fabricação de lã e de outros tecidos e, por fim, devido à expertise financeira de seus ricos comerciantes. No final do século XIV, havia uma dúzia de grandes banqueiros na cidade — entre os menores estavam os Médici —, que recebiam juros substanciais todos os anos dos vários reis e potentados estrangeiros a quem haviam emprestado dinheiro.

Porém, enquanto os cofres dos banqueiros ficavam mais cheios, a cidade em si passava por problemas. Homens sem posses eram explorados impiedosamente, e as tensões políticas alimentadas pela desigualdade econômica ameaçavam explodir a qualquer momento. O embate entre o papa e o imperador, que dividiu todo o continente, foi reproduzido dentro da cidade pela luta entre as facções dos guelfos e dos gibelinos. Para piorar a situação, Florença estava cercada por Siena, Pisa e Arezzo, cidades zelosas de suas riquezas e ambições e sempre prontas para arrebatar tudo o que pudessem do comércio e do território florentinos.

Foi em meio a essa atmosfera de prosperidade e incerteza que os líderes urbanos decidiram investir para tornar Florença a cidade mais bonita da cristandade — nas palavras deles, "uma nova Atenas". Construindo igrejas magníficas, pontes impressionantes, palácios esplêndidos e encomendando grandes afrescos e majestosas estátuas, eles devem ter tido a sensação de conceber um feitiço protetor em torno de suas casas e seus negócios. De certa forma, não estavam errados: quando, mais de quinhentos anos depois, Hitler ordenou que as tropas alemãs em retirada explodissem as pontes sobre o Arno e arrasassem a cidade, o comandante de campo se recusou a obedecer, alegando que muita beleza seria apagada do mundo — e Florença foi salva.

O importante é perceber que quando os banqueiros, os sacerdotes e os chefes das grandes guildas decidiram transformar Florença em uma cidade assustadoramente bonita, eles não encheram os artistas de dinheiro e ficaram simplesmente esperando para ver o que acontecia. Eles se envolveram intensamente no processo de estímulo, avaliação e seleção dos trabalhos que desejavam ver concluídos. Foi pelo fato de os principais cidadãos, assim como as pessoas comuns, estarem tão seriamente preocupados com o resultado de seus trabalhos que os artistas foram pressionados a atuar além dos limites prévios. Sem esse encorajamento e o escrutínio dos membros da Opera, a cúpula da catedral provavelmente não teria ficado tão bonita quanto acabou ficando.

Outro exemplo de como o campo da arte operava em Florença nessa época diz respeito à construção da porta norte e, principalmente, da porta leste do batistério, uma das incontestáveis obras-primas do período, que Michelangelo declarou estar à altura dos "Portões do Paraíso" quando viu sua beleza comovente. Nesse caso, também foi formada uma comissão especial para supervisionar a construção das portas desse edifício público. O conselho era composto por personalidades eminentes, em sua maioria os líderes da guilda de tecelões de lã, que estava financiando o projeto. O conselho decidiu que cada porta deveria ser de bronze e ter dez painéis ilustrando temas do Antigo Testamento. Em seguida, escreveram para alguns dos mais notáveis filósofos, escritores e sacerdotes da Europa, pedindo a opinião deles sobre quais cenas da Bíblia deveriam ser incluídas nos painéis e como deveriam ser representadas. Depois que as respostas chegaram, eles elaboraram uma lista de especificações para as portas e, em 1401, anunciaram um concurso para o projeto.

Das dezenas de desenhos apresentados, o conselho escolheu cinco finalistas — Brunelleschi e Ghiberti entre eles. Esses finalistas teriam um ano para preparar uma maquete de bronze de um dos painéis. O tema seria "O sacrifício de Isaac" e deveria incluir pelo menos um anjo e uma ovelha além de Abraão e seu filho. Durante aquele ano, o conselho pagou generosamente aos cinco artistas pelo tempo e pelos materiais usados. Em 1402, o júri se reuniu novamente para avaliar as novas propostas e escolheu o painel de Ghiberti, que mostrava excelência técnica e uma composição maravilhosamente natural e clássica ao mesmo tempo.

Lorenzo Ghiberti tinha 21 anos na época. Ele passou os vinte anos seguintes concluindo a porta norte e depois mais 27 terminando a famosa porta leste. Esteve envolvido com o aperfeiçoamento das portas do batistério de 1402 a 1452, um período de meio século. É claro que, nesse ínterim, ele terminou muitas outras encomendas e estátuas esculpidas para os Médici, os Pazzi, a guilda de banqueiros mercantes e outras figuras notáveis, mas sua reputação repousa sobre os Portões do Paraíso, que mudaram a concepção de arte decorativa no mundo ocidental.

Se Brunelleschi tinha sido influenciado pela arquitetura romana, Ghiberti tinha estudado e tentado emular a escultura romana. Teve de reaprender a técnica de fundição de grandes formas de bronze e estudou os perfis clássicos esculpidos em túmulos romanos, nos quais se inspirou para as expressões dos personagens que fez emergir dos painéis das portas. Além disso, combinou os clássicos redescobertos à escultura gótica mais recente produzida em Siena. No entanto, pode-se afirmar sem exagero que o que deixou os Portões do Paraíso tão bonitos foi o cuidado, a preocupação e o apoio de toda a comunidade, representada pelos juízes que supervisionaram sua elaboração. Se Ghiberti e seus companheiros se superaram, foi graças à intensa competição e à atenção que o trabalho deles atraiu. O sociólogo da arte Arnold Hauser descreve apropriadamente esse período: "Na arte do início da Renascença, [...] o ponto de partida da produção é encontrado majoritariamente não no impulso criativo, na autoexpressão subjetiva e na inspiração espontânea do artista, mas sim na tarefa definida pelo cliente".[8]

Está claro que as grandes obras da arte florentina jamais teriam sido concretizadas simplesmente porque o domínio da arte clássica havia sido redescoberto, ou porque os governantes da cidade decidiram embelezar a cidade. Sem os artistas, como indivíduos, o Renascimento não teria acontecido. Afinal, foi Brunelleschi quem construiu a cúpula da Santa Maria Novella e foi Ghiberti quem passou a vida fundindo os Portões do Paraíso. Ao mesmo tempo, é preciso admitir que, sem os modelos anteriores e o apoio da cidade, Brunelleschi e Ghiberti não poderiam ter feito o que fizeram. Além disso, com a conjunção favorável entre campo e domínio, caso esses dois artistas não tivessem nascido, outros teriam ocupado o lugar deles e projetado a cúpula e as portas. Em última análise, é graças a essa conexão inseparável que a criatividade deve ser vista não como algo que acontece dentro de uma pessoa, mas como um conjunto de relações inerentes a um sistema.

DOMÍNIOS DE CONHECIMENTO E AÇÃO

Parece que todas as espécies de seres vivos, com exceção da nossa, entendem o mundo em termos de respostas mais ou menos programadas a determinadas sensações. As plantas se voltam para o sol. Amebas sensíveis à atração magnética orientam seus corpos em direção ao polo Norte. Os filhotes de mariposa-azul (uma espécie de pássaro) aprendem a identificar os padrões das estrelas conforme espiam para fora de seus ninhos e são capazes de voar grandes distâncias à noite sem se perder. Os morcegos respondem aos sons, os tubarões ao cheiro, e as aves de rapina têm uma visão incrivelmente desenvolvida. Cada espécie experimenta e capta as informações do ambiente ao redor nos termos que seu equipamento sensorial está programado para processar.

O mesmo vale para os humanos. Mas, além das estreitas janelas para o mundo que os nossos genes nos proporcionaram, conseguimos abrir novas perspectivas sobre a realidade a partir de informações mediadas por símbolos. Linhas paralelas perfeitas não existem na natureza, mas, postulando a existência delas, Euclides e seus seguidores foram capazes de elaborar um sistema para representar relações espaciais muito mais preciso do que aquilo que o olho nu e o cérebro podem alcançar. Apesar das diferenças entre uma e outra, a poesia lírica e a espectroscopia por ressonância magnética são formas de tornar acessíveis informações que, de outra forma, jamais poderíamos imaginar.

O conhecimento mediado por símbolos é extrassomático — não é transmitido por meio dos códigos químicos inscritos em nossos cromossomos, mas precisa ser intencionalmente repassado e aprendido. É essa informação extrassomática que compõe o que chamamos de cultura. O conhecimento transmitido por símbolos é agrupado em domínios distintos — geometria, música, religião, sistemas jurídicos e assim por diante. Cada domínio é composto por seus próprios elementos simbólicos, suas próprias regras, e normalmente tem seu próprio sistema de notação. De muitas formas, cada domínio representa um pequeno universo isolado no qual uma pessoa pode pensar e agir com clareza e concentração.[9]

A existência de domínios é talvez a melhor evidência da criatividade humana. O fato de existir tanto o cálculo quanto o canto gregoriano significa que podemos experimentar padrões de ordenamento que não foram programados pela evolução biológica em nossos genes. Ao aprender as regras de um domínio, imediatamente superamos os limites da biologia e entramos no reino da evolução cultural. Cada domínio expande as limitações da individualidade e amplia nossa sensibilidade e nossa capacidade de nos relacionarmos com o mundo. Cada indivíduo está cercado por um número quase infinito de domínios que são potencialmente capazes de abrir novos mundos e dar novos poderes àqueles que assimilam suas regras. Portanto, é surpreendente como poucos de nós se preocupam em investir energia mental bastante para aprender as regras de um domínio que seja, vivendo, em vez disso, exclusivamente sob as restrições da existência biológica.

Para a maioria das pessoas, os domínios são principalmente formas de ganhar a vida. Escolhemos enfermagem ou hidráulica, medicina ou administração de acordo com as nossas capacidades e com as chances de conseguirmos um emprego bem remunerado. Mas há indivíduos — e os criativos geralmente estão neste grupo — que escolhem certos domínios devido a um poderoso chamado. Para eles, essa escolha se encaixa tão bem que agir dentro das regras do domínio é gratificante por si só. Eles continuariam a fazer o que fazem apenas pela atividade em si, ainda que não fossem pagos para isso.

Apesar da multiplicidade de domínios, existem algumas razões comuns para persegui-los simplesmente pelo que são. A física nuclear, a microbiologia, a poesia e a composição musical compartilham poucos símbolos e regras entre si, mas a vocação para esses diferentes domínios é muitas vezes surpreendentemente semelhante. Trazer ordem à experiência, criar algo que perdure após a morte, fazer algo que permita à humanidade ir além de seus poderes atuais são temas bastante recorrentes.

Quando lhe perguntaram por que decidiu se tornar poeta aos sete anos, György Faludy respondeu: "Porque eu tinha medo de morrer". Ele explicou que criar padrões com palavras, padrões que, devido à verdade e à beleza, tinham a chance de sobreviver por mais tempo do que o corpo do poeta, foi um ato de desafio e de esperança que deu sentido e direção à sua vida pelos 73 anos seguintes. Esse desejo não é muito diferente da descrição do físico John Bardeen de seu trabalho sobre supercondutividade, que pode levar a um mundo sem atrito, da esperança do físico Heinz Maier-Leibnitz, de que a energia nuclear forneça um dia energia ilimitada, ou da tentativa do físico bioquímico Manfred Eigen de entender como a vida evoluiu. Os domínios são maravilhosamente diferentes, mas a busca humana que eles representam converge em alguns aspectos. De muitas formas, a obsessão de Max Planck por entender o Absoluto era subjacente à maior parte das tentativas humanas de transcender as limitações de um corpo condenado à morte após um curto período.

Existem várias formas pelas quais os domínios podem estimular ou atrapalhar a criatividade. Três grandes dimensões são particularmente relevantes: a clareza da estrutura, a centralidade dentro da cultura e a acessibilidade. Digamos que as empresas farmacêuticas A e B estejam competindo no mesmo mercado. A quantidade de dinheiro que elas dedicam à pesquisa e ao desenvolvimento, bem como o potencial criativo de seus pesquisadores, é idêntica. Queremos prever se a empresa A ou a B vai apresentar os novos medicamentos mais eficazes, pautando nossa previsão apenas nas características do domínio. As perguntas que faríamos são as seguintes: Qual empresa possui os dados mais detalhados sobre produtos farmacêuticos? Em qual delas os dados estão mais bem organizados? Qual dá mais ênfase em sua cultura à pesquisa, em relação a outras áreas, como produção e marketing? Em qual delas o conhecimento farmacêutico merece mais respeito? Qual empresa dissemina melhor o conhecimento entre seus funcionários? Em qual empresa é mais fácil testar uma hipótese? A empresa na qual o conhecimento for mais bem estruturado, mais central e mais acessível provavelmente vai ser aquela onde — mantendo-se a igualdade nos demais fatores — acontecerão inovações criativas.

Fala-se com frequência que a maior capacidade em alguns domínios — como a matemática ou a música — fica evidente mais cedo na vida do que em outros — como a pintura ou a filosofia. De maneira análoga, já foi sugerido que os desempenhos mais criativos em alguns domínios vêm do trabalho dos mais novos, enquanto em outros domínios os mais velhos têm vantagem. Acredita-se que o verso lírico mais criativo seja aquele escrito pelos jovens, enquanto os épicos tendem a ser escritos por poetas mais maduros. O gênio da matemática atinge o auge aos vinte anos, o da física aos trinta, mas grandes obras filosóficas geralmente emergem mais tarde.[10]

A explicação mais provável para essas diferenças está nas formas distintas como esses domínios são estruturados. O sistema simbólico da matemática é organizado de forma relativamente rígida. Sua lógica interna é estrita: o sistema maximiza a clareza e a ausência de redundância. Portanto, é fácil para um jovem assimilar as regras rapidamente e saltar para a vanguarda do domínio em poucos anos. Pelas mesmas razões estruturais, quando uma novidade é proposta — como a tão esperada solução do último teorema de Fermat apresentada por um matemático relativamente jovem em 1993 —, é imediatamente identificada e, se for viável, aceita. Por outro lado, os cientistas sociais e os filósofos demoram décadas para assimilar seus domínios e, caso produzam uma nova ideia, o campo leva muitos anos para avaliar se vale a pena adicioná-la à base de conhecimento.

Heinz Maier-Leibnitz contou a história de um pequeno seminário de física que ele ministrou em Munique. Naquele dia, foi interrompido por um estudante de pós-graduação que propôs uma nova forma de representar na lousa o comportamento de uma partícula subatômica. O professor admitiu que a nova representação era melhor e elogiou o aluno por ter pensado nela. Ao final da semana, disse Maier-Leibnitz, ele começou a receber ligações de físicos de outras universidades alemãs, perguntando: "É verdade que um de seus alunos teve uma ideia de tal e tal jeito?". Na semana seguinte, começaram a chegar ligações das universidades da costa Leste norte-americana. Em duas semanas, colegas da Caltech, de Berkeley e Stanford estavam fazendo a mesma pergunta.

Uma história como essa nunca poderia ter sido contada no meu ramo, a psicologia. Se um aluno se levantasse em um seminário de psicologia em qualquer universidade do mundo e expressasse suas ideias mais profundas, não haveria repercussão para além das paredes da sala de aula. Não porque os estudantes de psicologia sejam menos inteligentes ou originais que os de física. Nem porque meus colegas e eu estamos menos atentos às novas ideias de nossos alunos. Mas porque, com exceção de alguns subdomínios altamente estruturados, a psicologia é um sistema de pensamento tão difuso que leva anos de escrita intensa para qualquer um dizer algo que outros admitam como novo e relevante. O jovem estudante da turma de Maier-Leibnitz acabou por ser agraciado com o Nobel de Física, algo que jamais aconteceria a um psicólogo.

Isso significa que um domínio mais bem estruturado — onde é mais fácil de identificar a criatividade — é, em certo sentido, "melhor" do que um mais difuso? Que é mais importante, mais avançado, mais sério? De jeito nenhum. Se isso fosse verdade, então o xadrez, a microeconomia ou programação de computadores, que são domínios claramente bem estruturados, teriam que ser considerados mais avançados do que a moralidade ou a sabedoria.[11]

Mas, sem dúvida, é verdade que hoje em dia um domínio quantificável, com fronteiras claras e regras bem definidas, é levado mais a sério. Em uma universidade típica, é muito mais fácil conseguir financiamento para um departamento assim. Também é mais fácil justificar a promoção de um professor em um domínio estritamente definido: dez colegas escreverão de bom grado cartas de recomendação afirmando que o professor X deve ser promovido porque é a autoridade mundial nos hábitos de acasalamento do rato-canguru ou no uso do subjuntivo nas línguas dravídicas. É muito menos provável que dez estudiosos estejam de acordo sobre quem é autoridade mundial no desenvolvimento da personalidade. Logo, é fácil cometermos o lamentável erro de deduzir que o desenvolvimento da personalidade é um domínio cientificamente menos respeitável do que aquele que estuda as práticas de acasalamento do rato-canguru.

No clima histórico atual, os domínios mensuráveis têm alguma vantagem sobre aqueles que não o são. Acreditamos que as coisas que podem ser medidas são reais e ignoramos aquelas que não sabemos dimensionar. Em consequência disso, as pessoas levam a inteligência muito a sério, porque a capacidade mental que chamamos por esse nome pode ser medida por testes, ao passo que poucos se preocupam com o quão sensível, altruísta ou solícita uma pessoa é, porque ainda não existe uma boa forma de medir essas qualidades. Às vezes, esse viés tem consequências profundas — por exemplo, na forma como definimos progresso e realização social. Um dos objetivos de vida da futurista Hazel Henderson era convencer os governos mundiais a começar a computar tendências mais difíceis de mensurar no PNB (Produto Nacional Bruto, ou *Gross Natural Product*, em inglês). Enquanto os custos da poluição, do esgotamento dos recursos naturais, do declínio da qualidade de vida e vários outros custos humanos forem deixados de fora do cálculo do PNB, afirma ela, o resultado serão imagens totalmente distorcidas. Assim, um país pode se orgulhar de todas as suas novas rodovias ainda que as emissões dos automóveis resultantes do seu uso provoquem enfisemas em larga escala.

CAMPOS DE REALIZAÇÃO

Se é necessário um domínio simbólico para que um indivíduo inove, é necessário um campo para determinar se vale a pena fazer um alarde sobre essa inovação. Apenas um percentual bem pequeno do grande número de novidades produzidas acabará se tornando parte da cultura. Por exemplo, cerca de 100 mil novos livros são publicados todos os anos nos Estados Unidos. Quantos deles serão lembrados daqui a uma década? Da mesma forma, cerca de 500 mil norte-americanos declaram em seus formulários do censo que são artistas. Se cada um pintasse apenas um quadro por ano, seriam cerca de 15 *milhões* de novas pinturas por geração. Quantas delas irão parar nos museus ou nos livros didáticos de arte? Uma em 1 milhão, dez em 1 milhão, uma em 10 mil? Uma única?

George Stigler, ganhador do Nobel de Economia, fez a mesma observação sobre as novas ideias produzidas em seu domínio, e o que ele disse pode ser aplicado a qualquer outro campo da ciência:

> Os profissionais são ocupados demais para ler muito. Sempre digo aos meus colegas do *Journal of Political Economy* que toda vez que recebemos um artigo que quinze colegas nossos, dentre os 7 mil assinantes, leram com atenção, é porque deve ser realmente um dos artigos mais importantes daquele ano.

Esses números sugerem que a competição entre as ideias que chegam até nós é tão acirrada quanto a competição entre as nossas informações químicas, que chamamos de genes. Para sobreviver, as culturas precisam eliminar a maioria das novas ideias que seus integrantes produzem. Culturas são conservadoras por um bom motivo. Nenhuma delas seria capaz de assimilar todas as novidades que as pessoas produzem sem se dissolver no caos. Imagine que você tivesse que prestar a mesma atenção às 15 milhões de pinturas — quanto tempo teria de sobra para comer, dormir, trabalhar ou ouvir música? Em outras palavras, ninguém pode se dar ao luxo de prestar atenção a mais do que uma fração muito pequena das coisas novas produzidas. No entanto, uma cultura não poderia sobreviver por muito tempo sem que todos os seus membros prestassem atenção a pelo menos algumas dessas mesmas coisas. Inclusive, podemos dizer que uma cultura existe quando a maioria das pessoas concorda que a pintura X merece mais atenção do que a Y, ou que a ideia X merece mais reflexão do que a Y.

Devido à escassez de atenção, precisamos ser seletivos: lembramos e reconhecemos apenas uma fração das obras de arte produzidas, lemos apenas alguns poucos dos novos livros escritos, compramos apenas alguns poucos dos novos dispositivos que estão sendo inventados. Normalmente, são vários os filtros que nos ajudam a escolher, em meio à enxurrada de novas informações, as ideias nas quais vale a pena prestar atenção. Um campo é composto por especialistas em determinado domínio, cujo trabalho envolve julgar o desempenho dentro desse domínio. Eles escolhem, entre as novidades, aquelas que merecem ser incluídas no cânone.[12]

Essa competição também significa que uma pessoa criativa precisa convencer seus pares de que fez uma inovação valiosa.[13] Isso nunca é uma tarefa fácil. Stigler destacou o caráter inescapável dessa difícil luta pelo reconhecimento:

Eu acho que devemos aceitar o julgamento dos outros. Porque, se uma pessoa pudesse julgar sua própria ideia, todos teríamos sido presidentes dos Estados Unidos, recebido todas as medalhas, e assim por diante. Então, acho que o que me dá mais orgulho são as coisas que fiz e aquelas com as quais consegui impressionar outras pessoas. Essas são justamente as áreas de trabalho em que recebi o prêmio Nobel, por exemplo. Portanto, esses e alguns outros trabalhos dos quais meus colegas gostaram são, no que diz respeito à minha vida profissional, as coisas das quais mais me orgulho.

Sempre enxerguei a responsabilidade de convencer os pares da legitimidade e da validade de seu pensamento como parte da tarefa de um cientista. Ele não tem direito a uma recepção calorosa a priori. Ele precisa conquistá-la, seja por habilidade em expor suas ideias, seja pelo ineditismo delas, ou o que for. Escrevi sobre assuntos que achei promissores, mas que não foram muito longe. Tudo bem. Isso pode ser sinal de que o meu julgamento não foi bom, porque não acho que o julgamento de uma só pessoa seja tão bom quanto aquele que surge com base na reunião dos seus melhores colegas.

Os campos variam muito em termos de especialização versus abrangência. Em alguns domínios, o campo é tão amplo quanto a própria sociedade. Cabia à população inteira dos Estados Unidos decidir se a receita da New Coke era uma inovação que valia a pena ser mantida. Por outro lado, diz-se que apenas quatro ou cinco pessoas no mundo entenderam a princípio a teoria da relatividade de Einstein, mas a opinião delas teve peso suficiente para fazer com que seu nome se tornasse familiar. Mas, mesmo no caso de Einstein, a sociedade em geral teve voz para decidir que o trabalho dele merecia um lugar central em nossa cultura. Até que ponto, por exemplo, sua fama dependia do fato de ele parecer um cientista dos filmes de Hollywood? Do fato de ele ter sido perseguido por nossos inimigos, os nazistas? De que muitos tenham interpretado suas descobertas como um argumento a favor da relatividade dos valores e, portanto, como um novo ponto de vista no qual ancorar as normas e as crenças sociais? De que, ao mesmo tempo em que ansiamos por derrubar velhas crenças, também temos sede de novas certezas, e se dizia que Einstein tinha apresentado uma nova verdade importante? Embora nenhuma dessas considerações tenha a ver com a teoria da relatividade, todas faziam parte da forma como a mídia retratava Einstein — e foram essas características, não a complexidade de sua teoria, que supostamente convenceram a maioria das pessoas de que valia a pena incluí-la no panteão cultural.

Os campos podem afetar o grau de criatividade de pelo menos três formas. A primeira é se ele é um campo reativo ou proativo. Um campo reativo não pede nem estimula a inovação, enquanto um campo proativo o faz. Uma das principais razões para o Renascimento ter sido tão frutífero em Florença é que os patronos exigiam ativamente novidades dos artistas. Nos Estados Unidos, nos esforçamos para ser proativos em termos de estímulo à criatividade científica dos jovens: feiras de ciências e prêmios de prestígio, como o Westinghouse, que todos os anos reconhece os cem melhores projetos de ciências do ensino médio, são alguns exemplos. Mas é claro que muito mais poderia ser feito para estimular o pensamento inovador na ciência desde o início. Da mesma forma, algumas empresas, como a Motorola, levam a sério a ideia de que uma maneira de aumentar a criatividade é que o campo seja proativo.

A segunda maneira de o campo influenciar a taxa de inovação é a opção por um filtro amplo ou estreito na seleção de novidades. Alguns campos são conservadores e só permitem que alguns poucos novos itens integrem o domínio de cada vez. Eles rejeitam a maioria das novidades e selecionam apenas as que consideram as melhores. Outros são mais liberais em permitir a entrada de novas ideias em seus domínios e, em consequência disso, mudam com maior velocidade. Nos extremos, ambas as estratégias podem ser perigosas: é possível destruir um domínio tanto ao privá-lo de novidades quanto ao admitir novidades demais não assimiladas.

Por fim, os campos podem incentivar a inovação se estiverem bem conectados ao resto do sistema social e forem capazes de canalizar apoio para seu próprio domínio. Por exemplo, após a Segunda Guerra Mundial, foi fácil para os físicos nucleares obterem todo tipo de financiamento para a construção de novos laboratórios, centros de pesquisa, reatores experimentais e para a formação de novos físicos, porque políticos e eleitores ainda estavam muito impressionados com a bomba atômica e suas implicações para o futuro. Durante alguns anos na década de 1950, o número de estudantes de física teórica na Universidade de Roma passou de sete para duzentos. No resto do mundo, as proporções não eram muito distantes disso.[14]

Existem várias maneiras pelas quais domínios e campos podem afetar uns aos outros. Às vezes, os domínios determinam em grande parte o que o campo pode ou não fazer. Isso provavelmente é mais comum nas ciências, cujas bases de conhecimento restringem severamente o que o establishment científico tem como reivindicar. Não importa o quanto um grupo de cientistas queira que sua teoria seja aceita, ela não será se for contra o consenso previamente constituído. Nas artes, por outro lado, muitas vezes é o campo que tem precedência: o establishment artístico decide, sem diretrizes firmes ancoradas no passado, quais novas obras de arte merecem ser incluídas no domínio.

Às vezes, campos que não são competentes no domínio assumem o controle. A Igreja interferiu nas descobertas astronômicas de Galileu. O Partido Comunista dirigiu por algum tempo não apenas a genética soviética, mas também a arte e a música. Fundamentalistas estão tentando ter voz no ensino da história evolutiva nos Estados Unidos. De formas mais sutis, as forças econômicas e políticas sempre influenciam, de modo intencional ou não, o desenvolvimento dos domínios. Nosso conhecimento de línguas estrangeiras seria ainda menor se o governo norte-americano parasse de custear os programas de apoio a estudantes de ensino superior. A ópera e o balé praticamente desapareceriam sem apoio externo contínuo. O governo japonês está fortemente empenhado em estimular novas ideias e aplicações em microcircuitos, enquanto o governo holandês, de forma compreensível, incentiva trabalhos pioneiros na construção de barragens e dispositivos hidráulicos. O governo romeno estava ativamente envolvido na destruição das formas de arte de suas minorias étnicas para manter a pureza da cultura dácia.[15] Os nazistas tentaram destruir o que chamavam de arte judaica "degenerada".

Às vezes, os campos se tornam incapazes de representar bem um domínio específico. Um dos principais filósofos do nosso estudo defende que, se um jovem quiser aprender filosofia hoje em dia, seria melhor mergulhar diretamente no domínio e evitar completamente o campo: "Eu diria a ele ou ela para ler os grandes livros da filosofia. E eu diria para não fazer pós-graduação em nenhuma universidade. Acho que nenhum departamento de filosofia é bom. São todos péssimos". Em geral, no entanto, a jurisdição sobre determinado domínio é oficialmente deixada nas mãos de um grupo de especialistas. Estes podem ser desde professores do ensino fundamental até professores universitários, incluindo qualquer pessoa que tenha o direito de decidir se uma nova ideia ou um novo produto é "bom" ou "ruim". É impossível compreender a criatividade sem entender como os campos operam, como eles decidem se uma novidade deve ou não ser incluída no domínio.

AS CONTRIBUIÇÕES DO INDIVÍDUO

Chegamos, finalmente, aos indivíduos responsáveis por gerar as novidades. A maioria das pesquisas se concentra na pessoa criativa, partindo da crença de que, ao entendermos como a mente dela funciona, será encontrada a chave para a criatividade. Mas esse não é o caso, obrigatoriamente. Porque, apesar de ser verdade que por trás de cada ideia existe uma pessoa, não podemos concluir, com base nisso, que tais indivíduos tenham uma habilidade única.

Talvez ser criativo seja mais como estar envolvido em um acidente de carro. Existem algumas características que aumentam a probabilidade de alguém sofrer um acidente — ser jovem e homem, por exemplo —, mas geralmente não podemos explicar os acidentes com base apenas na descrição do motorista. Há muitas outras variáveis envolvidas: a condição da estrada, o outro motorista, o trânsito, o tempo e assim por diante. Acidentes, assim como a criatividade, são propriedades de um sistema mais amplo, e não decorrentes exclusivamente de um indivíduo.

Tampouco podemos dizer que é o indivíduo quem dá início ao processo criativo. No caso do Renascimento florentino, pode-se dizer que ele foi iniciado pela redescoberta da arte romana, ou pelo incentivo fornecido pelos banqueiros da cidade. Brunelleschi e seus amigos se viram em meio a um movimento, a uma corrente de pensamento que começou antes mesmo de eles terem nascido, e então se deixaram levar. A princípio, temos a impressão de que foram eles que deram início às grandes obras que tornaram a época famosa, mas, na verdade, foram apenas catalisadores de um processo muito mais complexo, com muitos participantes e muitas contribuições.

Quando perguntamos a pessoas criativas o que explica o sucesso delas, uma das respostas mais frequentes — talvez a mais frequente — foi que elas tiveram sorte. Estar no lugar certo na hora certa é uma explicação quase universal. Vários cientistas que estavam na pós-graduação no final dos anos 1920 ou 1930 lembram-se de estar entre os primeiros grupos a ser expostos à teoria quântica. Inspirados no trabalho de Max Planck e Niels Bohr, aplicaram a mecânica quântica à química, à biologia, à astrofísica, à eletrodinâmica. Alguns deles, como Linus Pauling, John Bardeen, Manfred Eigen e Subrahmanyan Chandrasekhar receberam o prêmio Nobel por estender a teoria a novos domínios. Muitas cientistas que ingressaram na pós-graduação na década de 1940 disseram que não teriam sido aceitas pelas faculdades, e que com certeza não teriam recebido bolsas e atenção especial dos supervisores, não fosse pelo fato de haver pouquíssimos alunos do sexo masculino contra os quais competir, porque a maioria deles estava combatendo na guerra.

A sorte é, sem dúvida, um ingrediente importante nas descobertas criativas. Um artista de muito sucesso, cujas obras vendem bem, estão na parede nos melhores museus, e que pôde comprar uma enorme propriedade com cavalos e uma piscina, certa vez admitiu com tristeza que talvez existisse pelo menos mil artistas tão bons quanto ele — mas que eram desconhecidos, e seus trabalhos não eram apreciados. A única diferença dele para os demais, disse, era que anos atrás, em uma festa, ele tinha conhecido um homem com quem tomou alguns drinques. Eles se deram bem e se tornaram amigos. O homem acabou por se tornar um negociante de arte de sucesso, que fez o possível para impulsionar o trabalho de seu amigo. Uma coisa levou à outra: um rico colecionador começou a comprar as obras do artista, os críticos começaram a prestar atenção, um grande museu acrescentou uma de suas obras à sua coleção permanente. E, uma vez que o artista se tornou bem-sucedido, o campo descobriu a criatividade dele.

É importante enfatizar o quão tênue é a contribuição individual para a criatividade, porque ela costuma ser superestimada. No entanto, podemos também incorrer no erro oposto e negar qualquer crédito ao indivíduo. Alguns sociólogos e psicólogos sociais afirmam que a criatividade é uma questão de atribuição. A pessoa criativa é como uma tela em branco, na qual o consenso social projeta qualidades excepcionais. Como precisamos acreditar que existem pessoas criativas, dotamos alguns indivíduos dessa qualidade ilusória. Isso também é uma simplificação excessiva. Porque, apesar de o indivíduo não ser tão importante quanto comumente se supõe, também não é verdade que a novidade possa surgir sem a contribuição dos indivíduos nem que todos têm a mesma probabilidade de produzir inovações.

Apesar de ser a explicação preferida dos indivíduos criativos, é fácil superestimar o papel da sorte. Muitos jovens cientistas da geração de Linus Pauling foram expostos à chegada da teoria quântica, vinda da Europa. Por que eles não viram o que essa teoria implicava para a química do mesmo jeito que ele viu? Muitas mulheres gostariam de se tornar cientistas na década de 1940. Por que tão poucas aproveitaram a oportunidade quando as portas da pós-graduação foram abertas para elas? Estar no lugar certo na hora certa é sem dúvida importante. Mas muitas pessoas nunca percebem que estão em uma convergência espaço/tempo propícia e poucas sabem o que fazer quando percebem.

INTERNALIZANDO O SISTEMA

Uma pessoa que deseja dar uma contribuição criativa não só precisa trabalhar dentro de um sistema criativo, como também precisa reproduzir esse sistema em sua mente. Em outras palavras, ela deve aprender as regras e o conteúdo do domínio, assim como os critérios de seleção, as preferências do campo. Na ciência, é praticamente impossível dar uma contribuição criativa sem internalizar o conhecimento fundamental do domínio. Todos os cientistas concordariam com as palavras de Frank Offner, cientista e inventor: "O importante é que você tenha uma base boa e muito sólida nas ciências físicas antes de ser capaz de fazer qualquer progresso na compreensão". A mesma afirmação é feita em relação a todas as outras disciplinas. Artistas concordam que um pintor não pode dar uma contribuição criativa sem olhar incansavelmente para a arte produzida anteriormente e sem saber o que outros artistas e críticos consideram bom e ruim na arte. Escritores dizem que uma pessoa precisa ler, ler e ler um pouco mais, e conhecer os critérios dos críticos para o que é uma boa escrita, antes de poder escrever de forma criativa.

Um exemplo extremamente lúcido de como funciona a internalização do sistema foi dado pelo inventor Jacob Rabinow. Num primeiro momento, ele falou sobre a importância do que chamei de *domínio*:

São necessárias três coisas para alguém ser um pensador original. Primeiro, você precisa ter uma quantidade enorme de informações — um grande banco de dados, se quiser soar refinado. Se você é músico, deve entender muito de música, ou seja, já ouvir música, lembrar de músicas, ser capaz de repetir uma música, se for preciso. Em outras palavras, se você nasceu em uma ilha deserta e nunca ouviu música, provavelmente não será um Beethoven. Você pode, mas não é provável. Você pode imitar pássaros, mas não vai escrever a *Quinta sinfonia*. Ou seja, é preciso crescer em uma atmosfera que permita armazenar muitas informações.

Além disso, você tem que ter o tipo de memória necessária ao tipo de atividade que quer executar. Deve dar prioridade às coisas que são fáceis e deixar de lado aquelas que são difíceis, então ficará cada vez melhor em fazer as coisas que faz bem, e eventualmente se tornará um grande jogador de tênis, ou um bom inventor, ou qualquer outra coisa, porque você tende a fazer as coisas que faz bem e, quanto mais as faz, mais fácil fica, e quanto mais fácil fica, melhor você faz. Por fim, você se torna um tanto especializado, mas você é muito bom nisso e péssimo em todo o resto, que é o que não faz bem. Isso é o que os engenheiros chamam de feedback positivo. Dessa forma, as pequenas diferenças no começo da vida se tornam enormes quando você passa quarenta, cinquenta, oitenta anos fazendo isso, como aconteceu comigo. De qualquer modo, primeiro você precisa ter o grande banco de dados.

A seguir, Rabinow trouxe à tona a contribuição que o *indivíduo* precisa dar, que é principalmente uma questão de motivação, ou do prazer que se sente ao brincar (ou trabalhar?) com os conteúdos do domínio:

Você tem que estar disposto a correr atrás das ideias, porque tem interesse nelas. Agora, algumas pessoas têm capacidade de fazer isso, mas não se dão ao trabalho. Estão interessadas em fazer outra coisa. Então, se você pede, elas respondem como quem está fazendo um favor: "Sim, posso pensar em alguma coisa". Mas existem pessoas, como eu, que *gostam* de fazer isso. É divertido ter uma ideia, e se ninguém se interessar por ela, eu não estou nem aí. É divertido inventar algo estranho e diferente.

Por fim, focou a importância de reproduzir na mente os critérios de julgamento que o *campo* utiliza:

E, aí, você precisa ser capaz de se livrar do lixo em que pensa. Ninguém tem apenas boas ideias, ou escreve apenas belas composições. É preciso pensar em muitas músicas, muitas ideias, muitas poesias, muito o que for. E, se você for bom, deve ser capaz de jogar fora o lixo na mesma hora, sem nem pensar. Em outras palavras, surgem muitas ideias, e você as descarta porque está bem treinado e diz: "Isso é lixo". E, quando vê uma coisa boa, você diz: "Opa, isso parece interessante. Vou insistir nisso um pouco mais". E você começa a desenvolvê-la. Mas as pessoas não gostam dessa explicação. Elas dizem: "O quê? Você pensa em lixo?". Eu digo: "Sim. É fundamental". Você não pode ter apenas em boas ideias, a priori. Não pode imaginar apenas grandes sinfonias. Algumas pessoas fazem isso com muita rapidez. É uma questão de prática. E, a propósito, se você não é bem treinado, mas tem ideias e não sabe se elas são boas ou ruins, basta mandar para o National Institute of Standards, onde eu trabalho, ou para o Instituto Nacional da Propriedade Industrial, e *nós* avaliamos. E *nós* jogamos elas fora.

Ele foi perguntado sobre o que significa "lixo". É algo que não funciona, ou...

... ou que é ultrapassado, ou você sabe que não vai decolar. Subitamente, você percebe que aquilo não é bom. Que é complicado demais. Que não é aquilo que os matemáticos chamam de "elegante". Você sabe, não é uma boa poesia. E isso é uma questão de prática. Se é bem treinado em tecnologia, você vê uma ideia e diz: "Ah, meu Deus, isso é péssimo". Em primeiro lugar, é complicado demais. Em segundo, já tentaram aquilo antes. Em terceiro, aquilo poderia ter sido feito de três formas diferentes e mais fáceis. Em outras palavras, você pode avaliar a coisa. Isso não significa que ela não era original. Mas simplesmente não basta. Se fosse bem treinada, se tivesse a experiência que eu tinha, se tivesse bons chefes e trabalhasse com ótimas pessoas, a pessoa seria capaz de dizer que aquela não era uma boa ideia. É uma ideia, mas não é uma *boa* ideia. Então você conversa com as pessoas. Você diz: "Olha, esse não é um bom caminho. Veja só o número de peças que você está juntando. Veja só a quantidade de energia que vai exigir. Está claro que não é bom". E o cara diz: "Mas, pra mim, é uma novidade". Respondo: "Sim. Pra você é novidade. Pode ser novidade pro mundo. Mas ainda não está bom".

Para poder afirmar que algo é belo, é preciso pegar um grupo de pessoas sofisticadas, que conhecem aquela arte em particular e que já viram muita coisa. Essas pessoas vão dizer se aquilo é boa arte, ou boa música, ou uma boa invenção. Isso não significa que todo mundo tenha voz nem todo mundo entenda o suficiente. Mas se um grupo de engenheiros que trabalha com inovações olha para aquilo e diz: "Isso é muito bom", é porque eles sabem. E sabem porque foram treinados.

E uma boa pessoa criativa é bem treinada. Então, antes de qualquer coisa, ela tem um volume enorme de conhecimento naquele campo. Em segundo lugar, tenta combinar ideias, porque gosta de compor música ou gosta de inventar. Por fim, tem o discernimento para dizer: "Isso é bom, vou insistir nisso".

É muito difícil fazer uma descrição melhor do que essa de como funciona o modelo de sistemas depois de internalizado. Com base em mais de oitenta anos de experiência diversificada, Rabinow destilou com grande perspicácia o que estava em jogo para um inventor criativo. Como as palavras dele sugerem, o mesmo processo vale para outros domínios, seja a poesia, a música ou a física.

3. A personalidade criativa

Para ser criativa, uma pessoa precisa internalizar todo o sistema que faz com que a criatividade seja possível. Então, que tipo de pessoa tem maior probabilidade de fazer isso? Essa pergunta é muito difícil de ser respondida. Indivíduos criativos são notáveis por sua capacidade de se adaptar a quase qualquer situação, fazer o que estiver a seu alcance para atingir os objetivos. É isso que os distingue do resto de nós, acima de tudo. Mas não parece existir um conjunto de habilidades específicas que uma pessoa precisa ter para apresentar uma ideia criativa. O que John Reed, o CEO do Citicorp, disse sobre empresários pode ser aplicado também a pessoas criativas em outros domínios:

Bem, por causa do meu trabalho, costumo conhecer os caras que dirigem as cinquenta, cem maiores empresas do país, e a variedade é muito grande. Tem muito pouco a ver com a indústria. O curioso é que existe uma consistência no que as pessoas enxergam nos empresários, mas não existe consistência no estilo e na abordagem, na personalidade, e assim por diante. Não existe uma norma em relação a qualquer coisa além do desempenho dos negócios.

Personalidade, estilo. Tem aqueles que bebem demais, que estão atrás de mulher; tem os conservadores, que não fazem nenhuma das duas coisas; tem os que são muito sérios e workaholics. É incrível a variedade de estilos. Você é pago para administrar empresas, para observar com bastante atenção os resultados. Mas há uma incrível falta de consistência em qualquer outra dimensão. A forma como cada um faz isso varia. Não existe um padrão claro. Há tipos de personalidade extremamente diferentes. E isso também não parece ter a ver com o tipo de indústria.

O mesmo vale para cientistas: os fatores que levam a uma descoberta de peso não importam, desde que você siga as regras. Ou para artistas: você pode ser um extrovertido feliz como Rafael, ou um introvertido mal-humorado como Michelangelo — a única coisa que importa é se as suas pinturas são consideradas boas.[1] Tudo isso é muito bom e verdadeiro, mas, ao mesmo tempo, é um pouco decepcionante. Afinal de contas, dizer que o que torna uma pessoa criativa é sua criatividade é uma tautologia. Podemos fazer melhor do que isso? Não temos pistas muito fortes, que dirá provas concretas, mas podemos arriscar alguns palpites.

Talvez o primeiro traço que estimule a criatividade seja uma *predisposição genética* para determinado domínio. Faz sentido que uma pessoa cujo sistema nervoso seja mais sensível à cor e à luz tenha vantagem em se tornar um pintor, enquanto alguém nascido com um ouvido absoluto se sairá bem na música. Sendo melhores em seus respectivos domínios, essas pessoas vão se interessar mais a fundo por sons ou cores, aprender mais sobre cada um deles e, assim, estarão em condições de inovar na música ou nas artes visuais com maior facilidade.

Por outro lado, uma vantagem sensorial não é, de forma alguma, uma característica obrigatória. El Greco parece ter sofrido de uma doença do nervo ótico, e Beethoven era funcionalmente surdo quando compôs algumas de suas maiores obras. Embora a maioria dos grandes cientistas pareça ter sido atraída por números e experimentos no início da vida, o quão criativos eles acabaram por se tornar tem pouca relação com o quão talentosos eram quando crianças.

Mas uma vantagem sensorial especial pode ser responsável por desenvolver precocemente um *interesse pelo domínio*, o que, sem dúvida, é um ingrediente importante da criatividade. O físico John Wheeler se lembrava de seu interesse por "mecanismos dos brinquedos, coisas que disparassem elásticos, brinquedos de construir, trenzinhos elétricos, lâmpadas, interruptores, campainhas". Seu pai, que era bibliotecário, costumava levá-lo à Universidade do Estado de Nova York e o deixava no escritório da biblioteca enquanto ia dar aula. John era fascinado pelas máquinas de escrever e por outros aparelhos, principalmente as calculadoras manuais: "Você apertava um botão e girava uma manivela, e me intrigava imensamente saber como a coisa toda funcionava". Aos doze anos, ele construiu uma calculadora primitiva que tinha engrenagens de madeira.

Sem uma boa dose de curiosidade, fascínio e interesse por como as coisas são e como elas funcionam, é difícil identificar um problema interessante. A abertura à experiência, uma atenção que processa constantemente os eventos ao redor, é uma grande vantagem na hora de perceber uma novidade em potencial. Toda pessoa criativa é mais do que amplamente dotada dessas características. Veja como a historiadora Natalie Davis escolhia os projetos históricos nos quais focar:

> Bem, eu sou apenas muito curiosa em relação a algum problema. Me apego com muita força. Na hora não sei por que preciso investir tanta curiosidade e paixão no projeto. Parece apenas extremamente interessante e relevante para o campo. Talvez eu nunca saiba que fatores em particular estão relacionados, além da minha curiosidade e do meu deleite.

Sem um interesse desse tipo, é difícil se envolver em um domínio com profundidade suficiente a ponto de alcançar seus limites e depois expandi-los. É verdade que é possível fazer uma descoberta criativa, até mesmo uma muito importante, por acaso e sem grande interesse pelo tema. Mas contribuições que exigem uma vida inteira de esforço são impossíveis sem curiosidade e amor pelo assunto.

Uma pessoa também precisa de *acesso a um domínio*. Isso é algo que depende muito da sorte. Nascer em uma família abastada, ou perto de boas escolas, bons mentores e professores é obviamente uma grande vantagem. Não adianta ser extremamente inteligente e curioso se não posso aprender o que é preciso para operar em determinado sistema simbólico. Deter aquilo que o sociólogo Pierre Bourdieu chama de "capital cultural" é um grande recurso. Aqueles que o têm proporcionam a seus filhos a vantagem de um ambiente cheio de livros interessantes, conversas estimulantes, expectativas de avanço educacional, modelos, tutores, conexões úteis e assim por diante.[2]

Mas, também nesse aspecto, sorte não é tudo. Algumas crianças vencem a batalha para entrar nas escolas certas, enquanto seus colegas ficam para trás. Manfred Eigen foi capturado por tropas russas aos dezessete anos e levado para um campo de prisioneiros de guerra no final da Segunda Guerra Mundial porque havia sido convocado para servir em uma unidade antiaérea dois anos antes. Mas ele estava determinado a voltar a estudar ciências, mesmo tendo tido que largar o ensino médio aos quinze anos e não ter concluído os estudos. Ele escapou do campo de prisioneiros, atravessou metade da Europa e foi direto para Göttingen, pois tinha ouvido falar que a melhor faculdade de física estaria se reestabelecendo ali depois dos estragos da guerra. Chegou à cidade antes mesmo de a universidade abrir, mas foi admitido mais tarde na primeira turma de alunos, embora não tivesse o diploma do ensino médio. Em meio à dedicação ascética do pós-guerra às bolsas de estudos, liderada pelos professores mais experientes, e cercado por outros alunos igualmente dedicados, ele fez progressos rapidamente. Alguns anos depois, concluiu o doutorado e, em 1967, ganhou o Nobel. É verdade que, na primeira infância, Eigen pôde contar com um capital cultural substancial, porque sua família tinha sido musical e intelectualmente ambiciosa. No entanto, poucas pessoas lançadas tão longe de seus círculos de conhecimento pelo destino acharam um novo caminho com tanta rapidez e segurança quanto ele.

O *acesso a um campo* é igualmente relevante. Algumas pessoas são absurdamente bem instruídas, mas tão incapazes de se comunicar com seus colegas que acabam ignoradas ou deixadas de lado nos primeiros anos de suas carreiras. Michelangelo era recluso, mas em sua juventude conseguiu interagir com os principais membros da corte dos Médici por tempo suficiente para impressioná-los com sua habilidade e dedicação. Isaac Newton era igualmente solitário e rabugento, mas de alguma forma convenceu seu tutor em Cambridge de que merecia uma bolsa de estudos permanente na universidade, sendo por isso capaz de dar continuidade ao seu trabalho sem ser perturbado por muitos anos. Alguém que não é reconhecido e apreciado pelas pessoas relevantes tem muita dificuldade em concretizar algo que será visto como criativo. Essa pessoa pode não ter a oportunidade de aprender as informações mais recentes, pode não ter a oportunidade de trabalhar e, caso consiga concretizar algo novo, essa novidade provavelmente será ignorada ou ridicularizada.

Nas ciências, estar na universidade certa — aquela onde estão sendo feitas as pesquisas mais avançadas, nos laboratórios mais bem equipados, pelos cientistas com maior visibilidade — é extremamente importante. George Stigler descreveu isso como um processo do tipo bola de neve, no qual um cientista excepcional recebe financiamento para fazer pesquisas interessantes, atrai outros professores, depois os melhores alunos — até se formar massa crítica com um apelo irresistível a qualquer jovem que entre no campo. Nas artes visuais, a atração está mais nos centros de distribuição, como na cidade de Nova York, onde ficam as principais galerias e os maiores colecionadores, da mesma forma como, um século atrás, jovens aspirantes a artistas achavam que precisavam ir a Paris se quisessem ser reconhecidos. Hoje eles têm a sensação de que, se não vencerem o desafio que Manhattan representa, não têm a menor chance. Pode-se pintar belos quadros no Alabama ou em Dakota do Norte, mas é provável que as obras sejam mal expostas, ignoradas e esquecidas, a não ser que recebam o selo de aprovação de críticos, colecionadores e outros guardiões do campo. O trabalho de Eva Zeisel recebeu o *imprimatur* do establishment artístico depois que suas cerâmicas foram exibidas no MoMA. O mesmo vale para as outras artes: Michael Snow passou dez anos em Nova York para se atualizar no campo do jazz, assim como muitos escritores precisam fazer conexões com os agentes e os editores de seu campo.

O acesso aos campos costuma ser extremamente restrito. É preciso atravessar muitos portões com diversas barreiras. Escritores que querem chamar a atenção de um editor por tempo suficiente para ter seu trabalho lido precisam competir com milhares de escritores igualmente esperançosos que também enviaram seus originais. O editor normalmente tem apenas alguns minutos para dedicar ao trabalho de cada escritor, supondo que olhe para o manuscrito. Conseguir um agente literário para vendê-lo também não é a solução, pois é tão difícil conquistar a atenção de um bom agente quanto a de um editor.

Por causa desses gargalos, o acesso a um campo normalmente é determinado pelo acaso ou por fatores irrelevantes, como ter boas conexões. São tantos os alunos que se candidatam às melhores universidades em determinadas disciplinas, e possuem credenciais tão boas, que é difícil classificá-los de uma forma significativa. No entanto, há poucas vagas, por isso é preciso fazer seleção. Daí a piada de que o comitê de admissão joga todos os formulários de inscrição do alto de uma escada, e os alunos cujas fichas chegam mais longe são aceitos.

AS DEZ DIMENSÕES DA COMPLEXIDADE

O acesso ao domínio e o acesso ao campo são muito bons, mas quando vamos lidar *de fato* com as características dos indivíduos criativos? Quando vamos chegar à parte interessante — as almas torturadas, os sonhos impossíveis, a agonia e o êxtase da criação? O motivo pelo qual hesito em escrever a fundo sobre a personalidade das pessoas criativas é que não tenho certeza de que haja muito sobre o que escrever,[3] pois a criatividade é propriedade de um sistema complexo, e nenhum de seus componentes isoladamente pode explicá-la. A personalidade de um indivíduo que vai fazer algo criativo precisa se adaptar ao domínio em particular, às condições de um campo, que variam de acordo com a época e com o domínio.

Em 1550, Giorgio Vasari observou com desgosto que as novas gerações de pintores e escultores italianos pareciam muito diferentes de seus predecessores do início do Renascimento. Eles tendiam a ser loucos e selvagens, escreveu o bom Vasari, ao passo que os bons e velhos tinham sido mansos e sensatos. Talvez Vasari estivesse reagindo aos artistas que abraçaram a ideologia do maneirismo, estilo introduzido por Michelangelo perto do fim de sua longa carreira, que contava com curiosas distorções nas figuras e com gestuais elaborados. Cem anos antes, esse estilo teria sido considerado feio, e os pintores que o empregaram teriam sido isolados. Porém, alguns séculos depois, no auge do período romântico, um artista que não fosse pelo menos um pouco selvagem e louco não seria levado muito a sério, porque essas características eram *de rigueur* para as almas criativas.[4]

Na década de 1960, quando o expressionismo abstrato era o estilo reinante, os estudantes de arte que tendiam a ser mal-humorados, taciturnos e antissociais eram tidos como muito criativos por seus professores. Eles receberam incentivo e ganharam os prêmios e bolsas de estudo. Infelizmente, quando esses alunos deixaram a escola e tentaram estabelecer carreiras no mundo da arte, descobriram que ser antissocial não os levava muito longe. Para chamar a atenção de negociantes e críticos, eles tinham que dar festas desvairadas e ser constantemente vistos e falados. Daí veio a hecatombe dos artistas introvertidos: a maioria foi preterida e acabou por dar aulas de arte no Meio-Oeste ou trabalhar vendendo carros em Nova Jersey. Então Warhol e companhia substituíram os expressionistas abstratos, e eram os artistas jovens, com personalidades descoladas, inteligentes e irreverentes, que projetavam uma aura de criatividade. Isso também era uma máscara passageira. A questão é que ninguém pode assumir o manto da criatividade apenas por adotar determinada personalidade. É possível ser criativo tanto como monge quanto curtindo a vida loucamente. Michelangelo não gostava muito de mulheres, já Picasso não se cansava delas. Ambos mudaram o domínio da pintura, embora suas personalidades tivessem pouca coisa em comum.

Não existem, então, traços que distingam as pessoas criativas? Se eu tivesse que expressar em uma palavra o que faz com que suas personalidades sejam diferentes das demais, seria *complexidade*. Com isso, quero dizer que elas demonstram tendências de pensamento e de ação que a maioria das pessoas costuma evitar. Elas contêm extremos contraditórios — em vez de ser um "indivíduo", cada uma delas é uma "multidão". Assim como a cor branca, que condensa todas as tonalidades do espectro, elas tendem a reunir dentro de si toda a gama de possibilidades humanas.[5]

Essas características estão presentes em todos nós, mas geralmente somos treinados para desenvolver apenas um dos polos da dialética. Podemos crescer cultivando o lado agressivo e competitivo de nossa natureza, desprezando ou reprimindo o lado protetor e colaborativo. Um indivíduo criativo tem maior probabilidade de ser agressivo e colaborativo, ao mesmo tempo ou em diferentes ocasiões, dependendo das circunstâncias. Ter uma personalidade complexa significa ser capaz de expressar toda a gama de traços potencialmente presentes no repertório humano, mas que costumam se atrofiar porque pensamos que um extremo é "bom", enquanto o outro é "ruim".

Esse tipo de pessoa tem muitos traços em comum com o que o suíço Carl Jung, fundador da psicologia analítica, considerava uma personalidade madura. Ele também afirmava que cada um de nossos pontos fortes tem um lado sombrio reprimido, ao qual a maioria de nós se recusa a dar espaço. A pessoa metódica demais pode desejar ser espontânea, a pessoa submissa pode desejar ser dominante. Enquanto negarmos essas sombras, jamais seremos completos nem satisfeitos. No entanto, é isso que geralmente fazemos e, portanto, continuamos a lutar contra nós mesmos, tentando viver de acordo com uma imagem que distorce nosso verdadeiro ser.[6]

Uma personalidade complexa não é uma posição intermediária entre dois polos. Ela não implica, por exemplo, que sejamos insossos, de modo a nunca sermos nem muito competitivos nem muito cooperativos. Em vez disso, ela envolve a capacidade de passar de um extremo ao outro conforme a ocasião exige. Talvez um meio-termo perfeito seja o local de escolha, aquilo que os desenvolvedores de softwares chamam de condição-padrão. Mas as pessoas criativas definitivamente conhecem os dois extremos e experimentam ambos com igual intensidade, sem que haja conflito interno. Pode ser mais fácil ilustrar essa conclusão em dez traços de personalidades aparentemente contraditórios que muitas vezes estão presentes em tais indivíduos.

1. Indivíduos criativos têm muita energia física, mas também costumam ficar em repouso, sossegados. Trabalham por longas horas, com grande concentração, ao mesmo tempo em que projetam uma aura de frescor e entusiasmo. Isso sugere uma dotação física superior, uma vantagem genética. No entanto, é surpreendente a frequência com que indivíduos que, ainda que em seus setenta e oitenta anos exalem energia e saúde, se lembram de uma infância atormentada por doenças. Heinz Maier-Leibnitz ficou de cama por meses nas montanhas suíças se recuperando de uma doença pulmonar. György Faludy costumava ficar doente quando criança, assim como o psicólogo Donald Campbell. Os médicos não acreditavam que a cientista política Elisabeth Noelle-Neumann sobreviveria, mas uma cura homeopática melhorou tanto sua saúde que, trinta anos depois, ela trabalhava mais que quatro pessoas com metade de sua idade. Parece que a energia dessas pessoas é gerada internamente e se deve mais à concentração mental do que à superioridade dos genes. (Embora seja preciso dizer que alguns dos entrevistados, como Linus Pauling, tenham citado "bons genes" quando lhes foi perguntado o que explicava seus feitos.)

Isso não significa que as pessoas criativas sejam hiperativas, sempre "ligadas", em constante agitação. Na verdade, elas costumam descansar e dormir bastante. O importante é que a energia delas esteja sob controle — não sendo controlada pelo calendário, pelo relógio, por uma programação externa. Quando necessário, podem direcioná-la como um laser; quando não, imediatamente começam a recarregar as baterias. Consideram que o ritmo de atividade seguido de ócio ou reflexão é muito importante para o sucesso de seu trabalho. Isso não é um fator que tenham herdado geneticamente, mas algo aprendido por tentativa e erro, como uma estratégia para atingir suas metas. Um exemplo bem-humorado disso foi dado por Robertson Davies:

Isso me faz lembrar de uma coisa que acho que foi muito importante na minha vida e que soa bobo e um tanto banal. Sempre insisti em tirar uma soneca depois do almoço — herdei isso do meu pai. Uma vez eu disse a ele: "Você se saiu muito bem no mundo, sabe? Você veio para o Canadá como um menino imigrante, sem nada, e se deu muito bem. A que você atribui isso?". E ele respondeu: "Bom, o que me levou a ser meu próprio chefe era que o que eu mais queria era poder tirar uma soneca todos os dias depois do almoço". Pensei: que impulso extraordinário para incentivar um homem! Mas funcionava. Ele sempre dormia vinte minutos depois do almoço. E eu faço o mesmo. Acho que é muito importante. Se você não deixar que a vida dite o seu rumo e o maltrate, provavelmente vai aproveitá-la mais.

Uma das manifestações de energia é a sexualidade. As pessoas criativas também são paradoxais a esse respeito. Elas parecem ter uma forte dose de erotismo, de energia libidinal generalizada, que alguns expressam diretamente na sexualidade. Ao mesmo tempo, certo celibato espartano também faz parte da constituição delas — a abstinência tende a andar de mãos dadas. Sem o erotismo, seria difícil viver a vida com vigor; sem a contenção, a energia poderia facilmente se dissipar.

2. Indivíduos criativos tendem a ser inteligentes, mas ao mesmo tempo ingênuos. Quão inteligentes eles realmente são é uma questão em aberto. Provavelmente é verdade que o que os psicólogos chamam de fator g — no sentido de um núcleo de inteligência geral — é alto entre as pessoas que dão importantes contribuições criativas. Mas não devemos levar a sério as listas que costumavam ser impressas nos livros de psicologia, indicando que John Stuart Mill devia ter um QI de 170 e Mozart um QI de 135. Se tivessem feito o teste na época, talvez tivessem tido uma pontuação ainda mais alta. Talvez não. Quantas crianças no século XVIII não teriam pontuado ainda mais alto, mas não fizeram nada de memorável?

O primeiro estudo longitudinal de habilidades mentais superiores, iniciado na Universidade Stanford pelo psicólogo Lewis Terman em 1921, mostra de forma bastante conclusiva que crianças com QI muito alto se saem bem na vida, mas depois de certo ponto o QI não parece mais estar correlacionado com qualquer desempenho superior na vida.[7] Estudos posteriores sugerem que o ponto de corte é em torno de 120. Pode ser difícil fazer um trabalho criativo com um QI mais baixo, mas, além do 120, um aumento no QI não implica necessariamente maior criatividade.[8]

Os motivos pelos quais um baixo grau de inteligência interfere na realização criativa são bastante óbvios. Mas ser intelectualmente brilhante também pode ser prejudicial à criatividade. Algumas pessoas com QI alto se tornam complacentes e, seguras demais de sua superioridade mental, perdem a curiosidade essencial à conquista de coisas novas. Apreender os fatos, jogar de acordo com as regras dos domínios existentes, pode ser algo tão fácil para uma pessoa de alto QI que ela não tem nenhum incentivo para questionar o conhecimento existente e aprimorá-lo. Foi provavelmente por isso que Goethe, entre outros, disse que a ingenuidade é o atributo mais importante do gênio.

Outra forma de expressar essa dialética é pelos polos contrastantes da sabedoria e da infantilidade. Como Howard Gardner observou em seu estudo sobre os principais gênios criativos do século XX, certa imaturidade, tanto emocional quanto intelectual, pode andar de mãos dadas com insights mais profundos. Mozart nos vem imediatamente à cabeça.[9]

Além disso, pessoas que promovem uma novidade aceitável em um domínio parecem ser capazes de usar bem duas formas opostas de pensar: a *convergente* e a *divergente*.[10] O pensamento convergente é medido por testes de QI e envolve a solução de problemas bem definidos e racionais que têm uma única resposta certa. O pensamento divergente não leva a uma solução preestabelecida. Ele envolve fluência, ou a capacidade de gerar uma grande quantidade de ideias, flexibilidade, ou a capacidade de mudar de uma perspectiva para outra, e originalidade na escolha por associações incomuns de ideias. Essas são as dimensões do pensamento que a maioria dos testes de criatividade mede e que os workshops buscam aprimorar.

Provavelmente, é verdade que em um sistema que conduz à criatividade, uma pessoa cujo pensamento seja fluente, flexível e original tenha maior probabilidade de apresentar novas ideias. Portanto, faz sentido cultivar o pensamento divergente em laboratórios e grandes empresas — principalmente se a diretoria for capaz de escolher e implementar as ideias mais apropriadas dentre as muitas que são geradas. No entanto, há a incômoda suspeita de que, nos graus mais altos de realização criativa, a geração de novidade não é a principal questão. Um Galileu ou um Darwin não tinham tantas ideias novas assim, mas aquelas a que eles se fixaram eram tão centrais que mudaram toda a cultura. Da mesma forma, os indivíduos em nosso estudo frequentemente afirmavam ter tido apenas duas ou três boas ideias em toda a carreira, mas cada ideia era tão produtiva que os manteve ocupados por uma vida inteira de testes, repetições, elaborações e aplicações.

O pensamento divergente não tem muita serventia sem a capacidade de distinção do que é uma ideia boa e uma ruim — e essa seleção envolve o pensamento convergente. Manfred Eigen é um dos inúmeros cientistas que afirmam que a única diferença entre eles e seus colegas menos criativos é que eles são capazes de dizer se um problema tem solução ou não, o que economiza bastante tempo e muitas tentativas inúteis. George Stigler enfatizou a importância da fluidez, ou seja, do pensamento divergente de um lado, e da capacidade de perceber a viabilidade (ou não) de uma questão do outro:

> Acho que tenho uma boa intuição e um bom julgamento sobre quais os problemas merecem dedicação e sobre quais linhas de trabalho valem o esforço. Eu costumava dizer (e acho que isso era me gabar) que, enquanto a maioria dos estudiosos tem ideias que dão certo não mais do que, digamos, 4% das vezes, as minhas têm êxito 80% das vezes.

3. Um terceiro traço paradoxal refere-se à inter-relação de ludicidade e disciplina, ou de responsabilidade e irresponsabilidade. Não há dúvida de que uma postura leve e alegre é típica dos indivíduos criativos. John Wheeler disse que a coisa mais importante em um jovem físico é "um ímpeto, que eu sempre associo à diversão na ciência, de analisar as coisas por diversos ângulos. Não é bem brincadeira, mas tem um pouco da leveza da brincadeira. É explorar ideias". David Riesman, ao descrever a atitude de "apego desapegado" que o torna um observador astuto da cena social, ressaltou o fato de que ele sempre "quis ser ao mesmo tempo irresponsável e responsável".

Mas essa brincadeira não vai muito longe sem sua antítese, uma espécie de obstinação, de resistência, perseverança. É necessário muito trabalho duro para concluir uma nova ideia e superar os obstáculos com os quais uma pessoa criativa inevitavelmente se depara. Quando questionado sobre o que lhe permitiu resolver os problemas de física que o tornaram famoso, Hans Bethe respondeu com um sorriso: "São necessárias duas coisas. Uma é um cérebro.

A segunda é a disposição de passar muito tempo pensando, com a possibilidade concreta de que não dê em nada".

Nina Holton, escultora americana cujos germes selvagens das ideias eram a gênese de sua obra, foi bastante incisiva em relação à importância do trabalho duro. Disse:

Basta dizer a qualquer pessoa que você é escultora e ouvir: "Ah, que emocionante, que maravilhoso!". Costumo comentar: "O que tem de tão maravilhoso?". Quer dizer, é como ser pedreiro, ou carpinteiro, metade do tempo. Mas elas não querem saber disso porque só visualizam mesmo a primeira parte, a parte emocionante. Porém, como Khrushchev disse uma vez, isso "não frita panquecas", sabe como é. Uma simples ideia não ergue uma escultura sozinha. Então, o estágio seguinte, claro, é o trabalho duro. Você é mesmo capaz de traduzir a ideia em uma escultura? Ou vai ser uma coisa selvagem, que só parecia interessante enquanto você estava sentada sozinha no estúdio? Vai parecer alguma coisa? Você pode dar uma forma física a ela de fato? Você pode, em pessoa, dar essa forma física? O que você tem de material? Então a segunda parte é muito trabalhosa. E escultura é isso, veja só. É a combinação de ideias maravilhosas e malucas com muito trabalho duro.

Jacob Rabinow usava uma técnica mental interessante para desacelerar quando o trabalho pedia mais perseverança do que intuição:

Sim, tem um truque que eu uso nessa hora. Quando eu tenho um trabalho desse tipo para fazer, no qual você tem que executar algo lento e que exige muito esforço, finjo que estou preso. Não é pra rir. Se estou preso, o tempo não importa. Em outras palavras, se levar uma semana para acabar, vai levar uma semana. O que mais eu tenho para fazer? Vou ficar aqui por vinte anos. Vê? Esse é um tipo de truque mental. Porque, senão, você diz: "Meu Deus, não está dando certo", e então comete erros. Mas, da outra forma, você diz que o tempo não tem absolutamente nenhuma importância. Se as pessoas começam a perguntar: quanto vai custar meu tempo? Se eu trabalho com outra pessoa, são cinquenta dólares por hora, cem dólares. Um absurdo. Você simplesmente esquece de tudo, com exceção do fato de que aquilo tem que ficar pronto. E eu não tenho problemas em fazer isso. Eu trabalho rápido, normalmente. Mas se alguma coisa vai levar um dia para grudar e no dia seguinte eu vou ter de colar o outro lado — ou seja, vai demorar dois dias —, isso não me incomoda nem um pouco.

Apesar do ar despreocupado que muitas pessoas criativas exalam, a maioria delas trabalha até tarde da noite e insiste mais do que os indivíduos menos motivados. Vasari escreveu,[11] em 1550, que, quando o pintor renascentista Paolo Uccello estava elaborando as leis da perspectiva, ele andava de um lado para o outro a noite toda, murmurando para si mesmo, "Que coisa linda é essa perspectiva!", enquanto sua esposa o chamava de volta para a cama, sem sucesso. Quase quinhentos anos depois, o físico e inventor Frank Offner descreveu o tempo em que estava tentando entender como funciona a membrana do ouvido:

> Ah, a resposta pode chegar no meio da noite. Minha esposa, quando eu estava nessa coisa de membrana pela primeira vez, me chutava no meio da noite e dizia: "Agora tira as membranas da sua cabeça e dorme".

4. Indivíduos criativos alternam entre imaginação e fantasia de um lado, e um senso de realidade bem enraizado do outro. Ambos os estados são necessários para romper com o presente sem perder o contato com o passado. Albert Einstein escreveu uma vez que a arte e a ciência são duas das maiores formas de fuga da realidade que os humanos inventaram. Em certo sentido, ele estava certo: a grande arte e a grande ciência envolvem um salto de imaginação em direção a um mundo diferente do presente. O resto da sociedade muitas vezes vê essas novas ideias como fantasias irrelevantes para a realidade da época. Eles estão certos, mas o objetivo da arte e da ciência é ir além do que agora consideramos real e criar uma nova realidade. Ao mesmo tempo, essa "fuga" não é para uma Terra do Nunca. O que faz com que uma ideia nova seja criativa é o fato de que, uma vez vista, mais cedo ou mais tarde vamos acabar admitindo que, por mais estranha que seja, ela representa uma verdade.

Essa dialética se reflete na forma como, há muitos anos, os artistas que estudamos responderam aos chamados testes psicológicos projetivos, como o Rorschach, ou ao teste de apercepção temática. Esses testes exigem que você invente uma história se baseando em estímulos, como manchas de tinta ou desenhos, que podem representar praticamente qualquer coisa. Os artistas mais criativos deram respostas definitivamente mais originais, com elementos inusitados, coloridos e detalhados. Mas eles nunca deram respostas "bizarras", algo que as pessoas normais ocasionalmente fazem. Uma resposta bizarra é aquela que, ainda que com toda a boa vontade do mundo, não pode ser visualizada.

Por exemplo, se uma mancha de tinta se parece vagamente com uma borboleta e você diz que ela se parece com um submarino, sem ser capaz de dar uma pista sensata sobre o que a mancha de tinta fez você dizer isso, a resposta seria classificada como bizarra. Pessoas normais raramente são originais, mas às vezes são bizarras. Pessoas criativas, ao que parece, são originais sem ser bizarras. As novidades que elas enxergam têm raízes na realidade.

A maioria de nós presume que artistas — músicos, escritores, poetas, pintores — são mais fantasiosos, ao passo que cientistas, políticos e empresários são realistas. Isso pode ser verdade em relação às atividades típicas do dia a dia. Mas, quando uma pessoa começa a trabalhar criativamente, tudo se torna imprevisível — o artista pode ser tão realista quanto o físico, e o físico tão imaginativo quanto o artista.

É fato que enxergamos os banqueiros, por exemplo, como detentores de uma visão bastante razoável, senso comum, daquilo que é real e do que não é. No entanto, um líder do setor financeiro como John Reed dizia que muitas coisas faziam essa visão se dissipar. Em sua entrevista, ele voltou várias vezes ao tema de que a realidade é relativa e está em constante mudança, perspectiva essa que ele julga essencial para encarar o futuro de forma criativa:

Acho que não existe isso de realidade. Existem descrições muito variadas da realidade, e você precisa estar alerta para quando elas mudam e para o que está acontecendo de fato. Ninguém é capaz de entender tudo perfeitamente, mas é preciso se manter ativo de verdade nesse sentido. Isso faz com que você tenha uma perspectiva variada.

O que existe é um conjunto de realidades simultâneas. Sempre tenho uma espécie de modelo em minha mente sobre o que acho que está acontecendo no mundo. Estou sempre ajustando [o modelo] e tentando obter insights diferentes conforme observo as coisas, buscando relacioná-lo às implicações que isso traz para o nosso negócio, ou, melhor dizendo, para a forma como as pessoas se comportam.

Isso não significa dizer que não há nada que ocupe uma posição central. Só acho que podemos olhar para isso [a realidade] de maneiras diferentes. Nesse momento, no meu negócio, os bancos são tidos como bem-sucedidos com base nos coeficientes de capital. Dez anos atrás, não havia o conceito de "coeficiente de capital". Fracassei completamente em perceber o impacto que a crise da poupança e dos empréstimos teria no Congresso, nas agências reguladoras e na indústria.

O mundo em que vivo hoje tem pouca semelhança com aquele em que eu vivia dez anos atrás, no que diz respeito ao que era considerado importante. Assim, definimos uma realidade que, como eu disse, não é vazia, mas está próxima de ser.

Assim como todo mundo, demorei a me dar conta da nova realidade. Compreender esse tipo de coisa acaba sendo extremamente relevante, porque, do contrário, seu grau de liberdade fica comprometido. Tive de fazer um grande ajuste para passar a jogar um jogo diferente do que o que era jogado. Mas é uma realidade em mudança. Sei muito bem que esses coeficientes de capital não são suficientemente robustos para ser indicadores decentes, de longo prazo, e daqui a cinco anos as pessoas que se preocupam em como precificar as ações dos bancos não vão estar olhando para eles. Chamo o sucesso de sucesso *evolutivo*.

O que Einstein comentou sobre a arte e a ciência reaparece nesse relato sobre instituições bancárias: é um processo *evolutivo*, onde a realidade atual se torna rapidamente obsoleta, e é preciso estarmos atentos para a forma das coisas que estão por vir. Ao mesmo tempo, a realidade emergente não é um conceito fantasioso, mas algo inerente ao aqui e agora. Seria fácil descartar a ótica visionária de Reed por considerá-la uma visão romântica de um homem de negócios que se deparou demasiado com a realidade, mas, aparentemente, sua abordagem pouco ortodoxa funciona: uma edição da *Newsweek* afirmou: "John Reed pode ser perdoado por um ligeiro exibicionismo. [...] Desde os seus dias mais sombrios, três anos atrás, ele proporcionou o impressionante retorno de 425% para os investidores que compraram ações do Citicorp".[12] Um analista acrescenta que os investimentos realizados por Reed no exterior tinham sido considerados péssimos cinco anos atrás, mas hoje são ações disputadíssimas. "Nada mudou, se não a percepção", disse o especialista financeiro, ecoando a opinião de Reed sobre a realidade do mercado.

5. Pessoas criativas parecem abrigar tendências opostas no continuum entre extroversão e introversão. Normalmente, tendemos a ser uma coisa ou outra e preferimos estar ou no meio da multidão ou sentados em um canto, observando o desenrolar do espetáculo. De fato, na pesquisa psicológica atual, extroversão e introversão são considerados os traços de personalidade mais estáveis que diferenciam as pessoas e que podem ser medidos com segurança. Indivíduos criativos, por outro lado, parecem expressar ambas as características.[13]

O estereótipo do "gênio solitário" é forte, e nossas entrevistas também dão amplo suporte a ele. Afinal, normalmente é preciso estarmos sozinhos para escrever, pintar ou fazer experimentos em um laboratório. A partir de estudos com jovens talentosos, sabemos que adolescentes que não suportam ficar sozinhos tendem a não desenvolver suas habilidades, porque praticar música ou estudar matemática demanda uma solidão que eles temem. Apenas os adolescentes que toleram ficar sozinhos são capazes de dominar o conteúdo simbólico de um domínio.[14]

Em paralelo, a importância de ver pessoas, ouvi-las, trocar ideias e conhecer o trabalho e a mente delas é reforçada por indivíduos criativos o tempo todo. O físico John Wheeler expressava esse ponto com sua franqueza habitual: "Se você não troca ideias com as pessoas, você está perdido. Ninguém, eu sempre digo, pode se tornar alguém sem que haja outras pessoas por perto".

O físico Freeman Dyson comunicava com sutileza as fases opostas dessa dicotomia em seu trabalho. Na entrevista, ele apontou para a porta de seu escritório e disse:

A ciência é um negócio muito gregário. É, em suma, a diferença entre essa porta estar aberta ou fechada. Quando estou fazendo ciência, a porta fica aberta. Quer dizer, isso é meio que simbólico, mas é verdade. Você quer estar, o tempo todo, conversando com as pessoas. Chega a ponto de você se sentir feliz em ser interrompido, porque é só por meio da interação com os outros que se consegue fazer algo interessante. É essencialmente um empreendimento coletivo. Há coisas novas acontecendo o tempo todo, e você precisa se manter a par, ciente do que está acontecendo. É preciso conversar o tempo todo. Mas, claro, escrever é diferente. Quando estou escrevendo, a porta fica fechada, e mesmo assim entra muito ruído, então várias vezes, quando eu estou escrevendo, me escondo na biblioteca. É uma atividade solitária. Portanto, acho que a principal diferença é essa. Mas aí, depois, é claro que o feedback é muito forte, e você obtém um tremendo aprendizado em consequência disso. Muitas e muitas pessoas me escrevem cartas simplesmente porque escrevi livros que se dirigem ao grande público, então entro em contato com um círculo de amizade muito mais amplo. Isso aumentou muito meus horizontes. Mas é só depois que a parte da escrita está terminada, não enquanto ela está acontecendo.

John Reed estabelecia uma alternância entre reflexão interna e interação social intensa em sua rotina diária:

Eu sou um cara madrugador. Acordo todo dia às cinco da manhã, saio do banho por volta das 5h30, normalmente tento trabalhar ou em casa ou no escritório, e é aí que ocorre uma boa parte do meu pensamento e da definição de prioridades. Eu sou ótimo em fazer listas. Tenho sempre umas vinte listas de coisas para fazer. Se tenho cinco minutos livres, eu sento e faço uma lista de coisas com as quais deveria me preocupar ou que eu deveria fazer. Normalmente, chego ao escritório por volta das 6h30. Procuro ter um período de relativo isolamento até as 9h30 ou dez horas. Aí, você tem que se envolver em muitas interações. Ser o CEO de uma empresa é como ser um chefe tribal. As pessoas entram no seu escritório e falam com você o tempo todo.

Mesmo no domínio um tanto íntimo das artes, a capacidade de interagir é essencial. A escultora Nina Holton descreveu bem o papel da sociabilidade em sua obra:

É impossível trabalhar completamente isolada no seu canto. Você quer que um colega artista venha e fale com você sobre as coisas: "Isso te toca de alguma forma?". Você tem que ter algum tipo de feedback. Você não pode ficar sentada lá sozinha sem se expor em nenhum momento. Então, um dia, sabe, quando você começa a aparecer, você precisa ter toda uma rede. Tem que conhecer as pessoas das galerias, tem que saber quem são as que trabalham na sua área que estão envolvidas. Você pode decidir se quer fazer parte disso ou não, mas é impossível não fazer parte de uma comunidade, sabe?

Jacob Rabinow, mais uma vez, colocou em palavras claras o dilema que muitos indivíduos criativos enfrentam:

Eu me lembro de uma vez em que demos uma grande festa, e a Gladys [esposa dele] disse que às vezes eu funciono em outro ritmo. Em outras palavras, estou tão envolvido em uma ideia na qual estou trabalhando, fico tão absorto, que não existe mais ninguém. Não escuto o que ninguém diz. Isso às vezes acontece. Quando surge uma nova ideia, temos a sensação de que ela é muito boa e ficamos tão envolvidos que não prestamos atenção em ninguém. E tendemos a nos afastar das pessoas. É muito difícil, para mim, ser objetivo. Não sei. Sou social, gosto de pessoas, gosto de contar piadas, gosto de ir ao teatro. Mas, provavelmente, é verdade que há momentos em que a Gladys gostaria que eu prestasse mais atenção a ela e à família. Eu amo meus filhos, eles me amam, e temos um relacionamento maravilhoso. Mas pode ser que talvez, se não fosse inventor, mas tivesse um trabalho rotineiro, passasse mais tempo em casa e prestasse mais atenção neles, e o trabalho seria algo de que eu não gostaria tanto. Então, quem sabe, as pessoas que não gostam de seus empregos amem mais os seus lares. É muito provável.

6. Indivíduos criativos também são notadamente humildes e orgulhosos ao mesmo tempo. É marcante quando encontramos uma pessoa famosa, que esperamos que seja arrogante ou desdenhosa, e em vez disso nos deparamos com autodepreciação e timidez. No entanto, há boas razões para que assim seja. Em primeiro lugar, esses indivíduos são bastante cientes de que estão "nos ombros de gigantes", nas palavras de Newton. O respeito pelo domínio no qual atuam os torna conscientes da extensa fila de contribuições anteriores a eles, o que põe sua própria contribuição em perspectiva. Em segundo lugar, eles também estão cientes do papel que a sorte desempenhou em seus próprios feitos. Em terceiro, eles costumam estar tão focados em projetos futuros e desafios atuais que suas realizações passadas, não importa quão extraordinárias tenham sido, não são mais muito interessantes. A resposta de Elisabeth Noelle-Neumann à pergunta "Olhando para todas as suas realizações em retrospecto, de qual você diria que tem mais orgulho?" foi emblemática:

Nunca penso no que me deixa orgulhosa. Nunca olho para trás, exceto para procurar os erros. Porque é difícil lembrar dos erros e extrair conclusões deles. Pensar nas coisas das quais me orgulho, entretanto, me parece perigoso. Quando as pessoas me perguntam se tenho orgulho de alguma coisa, apenas dou de ombros e tento escapar o mais rápido possível. É importante explicar que meu jeito é sempre olhar para a frente. Todos os meus pensamentos agradáveis são sobre o futuro. Tem sido assim desde que eu tinha vinte anos. Começo todos os dias do zero. O mais importante para mim é manter o instituto de pesquisa, manter a pesquisa empírica.

Apesar de suas grandes realizações e de sua reputação no campo, a neuropsicóloga Brenda Milner conta que é bastante autocrítica e que tem grandes dúvidas sobre se é ou não criativa. O artista canadense Michael Snow atribuía a experimentação incansável, que lhe proporcionou tantos êxitos, a uma sensação de confusão e insegurança que ele vem tentando dissipar.

Outro indicativo de modéstia é a frequência com que essa pergunta foi respondida em termos da família, e não dos feitos que tornaram uma pessoa famosa. Por exemplo, a resposta de Freeman Dyson foi: "Imagino que seja ter sustentado seis filhos e tê-los criado para se tornarem pessoas interessantes. No fundo, acho que é disso que eu mais me orgulho". E a de John Reed: "Ah, meu Deus. É verdade. [...] Acho que é ter sido pai. Eu tenho quatro filhos. Se tivesse que dizer o que me surpreendeu e me deu muito prazer, diria que é estar junto aos meus filhos e aproveitar a companhia deles, e eu jamais teria imaginado que isso seria tão divertido quanto se tornou".

Ao mesmo tempo, é claro, por mais modestos que sejam esses indivíduos, que eles sabem que, em comparação com outros, seus feitos são muitos. O fato de estarem cientes disso proporciona uma sensação de segurança, até mesmo orgulho. Muitas vezes isso se manifesta como uma sensação de autoconfiança. Por exemplo, a física médica Rosalyn Yalow mencionou repetidas vezes que, ao longo da vida, jamais duvidou que seus projetos teriam êxito. Jacob Rabinow concordava: "Existe uma outra coisa que você faz quando inventa. É o que eu chamo de Prova de Existência. Significa que você tem que presumir que aquilo pode ser concretizado. Se você não presumir isso, não vai nem tentar. E eu sempre presumo não só que algo possa ser feito, como que eu posso fazê-lo". Em alguns indivíduos a humildade se destaca, em outros é a autoconfiança, mas, na verdade, todas as pessoas que entrevistamos pareciam ter uma boa dose das duas.

Outra forma de expressar essa dualidade é vê-la como um contraste entre *ambição* e *abnegação*, ou competição e cooperação. Muitas vezes, é necessário que os indivíduos criativos sejam ambiciosos e agressivos. No entanto, ao mesmo tempo, muitas vezes eles estão dispostos a sacrificar o próprio conforto e o progresso pessoal em nome do sucesso de um projeto em que estejam trabalhando. A agressividade é necessária principalmente em campos onde a competição é acirrada, ou em domínios onde a introdução de novidades é difícil. Nas palavras de George Stigler:

Todo acadêmico, eu acho, é agressivo em algum sentido. Ele tem que ser agressivo se quiser mudar sua disciplina. Agora, se você pega um John Maynard Keynes ou um Milton Friedman, eles também são agressivos no sentido de que querem mudar o mundo, assim se tornam figuras públicas esplêndidas. Mas esse é um jogo muito difícil de ser jogado.

Brenda Milner afirma que sempre foi muito agressiva verbalmente. John Gardner, estadista e fundador de várias organizações políticas nos Estados Unidos, descreveu bem os instintos pacíficos e agressivos que coexistem dentro de um mesmo indivíduo:

Eu era presidente da Carnegie Corporation. Tinha uma vida muito interessante, mas sem muitos desafios, não era uma vida turbulenta. Estava bem protegido. Quando fui a Washington, descobri muitas coisas sobre mim que não sabia. Descobri que gostava de políticos. Que me dava bem com eles. Que gostava de lidar com a imprensa, na medida do possível. E, por fim, descobri que gostava de uma briga política, que era o mais distante possível da imagem que eu tinha de mim mesmo. Sou um cara muito tranquilo. Mas coisas assim aparecem. A vida as faz emergir e, como eu disse, demoro a aprender, mas em meus cinquenta e poucos anos aprendi algumas coisas interessantes.

Várias pessoas disseram que, ao longo de suas carreiras, a motivação migrou das metas egocêntricas para interesses mais altruístas. Por exemplo, em sua entrevista, Sarah LeVine, que começou como antropóloga e depois se tornou escritora de ficção, disse o seguinte:

Até bem recentemente, eu costumava pensar em produção apenas para minha própria glória, na verdade. Não vejo mais as coisas assim. Quer dizer, é bom quando alguém recebe reconhecimento pelo que faz, mas muito mais importante é deixar algo com que outras pessoas possam aprender, e acho que isso vem com a meia-idade.

7. Em todas as culturas, os homens são educados para ser "masculinos" e para desconsiderar e reprimir os aspectos de seu temperamento que a cultura considera "femininos", enquanto se espera que as mulheres façam o oposto. Indivíduos

criativos, até certo ponto, escapam desse estereótipo rígido de papéis de gênero. Quando são aplicados testes de masculinidade/feminilidade aos jovens, repetidamente se descobre que as meninas criativas e talentosas são mais dominantes e assertivas do que as demais, e os meninos criativos são mais sensíveis e menos agressivos do que seus colegas do sexo masculino.

Essa tendência à androginia às vezes é entendida em termos puramente sexuais e, portanto, se confunde com a homossexualidade. Mas a androginia psicológica é um conceito muito mais amplo, referindo-se à capacidade de uma pessoa de ser ao mesmo tempo agressiva e carinhosa, sensível e rígida, dominante e submissa, independentemente do gênero. Uma pessoa psicologicamente andrógina acaba por duplicar seu repertório de respostas e pode interagir com o mundo por meio de um espectro de oportunidades muito mais rico e variado. Não surpreende que indivíduos criativos sejam mais propensos a possuir não apenas os pontos fortes de seu próprio gênero, mas também os do outro.[15]

Entre as pessoas que entrevistamos, essa forma de androginia era difícil de ser detectada — sem dúvida, em parte, porque não usamos nenhum teste-padrão para medir sua presença. No entanto, era óbvio que as artistas e cientistas tendiam a ser muito mais assertivas, autoconfiantes e abertamente agressivas do que as mulheres em geral são criadas para ser em nossa sociedade. Talvez a evidência mais marcante da "feminilidade" dos homens da amostra tenha sido a grande preocupação deles com a família e a sensibilidade a aspectos sutis do ambiente, que outros homens tendem a descartar como se fossem irrelevantes. Mas, apesar de possuir esses traços não habituais de gênero, eles mantinham os traços específicos de gênero. Em geral, as mulheres eram perfeitamente "femininas" e os homens completamente "masculinos", além de possuírem traços do gênero oposto.

8. Geralmente, as pessoas criativas são consideradas rebeldes e independentes. No entanto, é impossível ser criativo sem antes internalizar algum domínio da cultura. É preciso que uma pessoa acredite na importância de tal domínio para aprender suas regras, motivo pelo qual ela precisa ser, até certo ponto, tradicionalista. Logo, é difícil ver como uma pessoa pode ser criativa sem ser *tradicional e conservadora* e ao mesmo tempo *rebelde e iconoclasta*. Ser apenas tradicional deixa o domínio como está; arriscar o tempo todo sem levar em conta o que foi valorizado no passado raramente conduz à novidade que é aceita como uma

melhoria. Apesar de dizer que a tradição popular com a qual trabalha é a "sua casa", a artista Eva Zeisel produzia cerâmicas que foram reconhecidas pelo MoMA como obras-primas do design contemporâneo. Isto é o que ela disse sobre a inovação por si só:

> A ideia de criar algo diferente não é o meu objetivo e não deve ser o de ninguém. Porque, em primeiro lugar, se você é um designer ou uma pessoa brincalhona em qualquer um desses ofícios, precisa ser capaz de sobreviver por muito tempo, e nem sempre pode tentar ser diferente. Quero dizer, diferente do diferente do diferente. Em segundo lugar, querer ser diferente não pode ser a motivação do seu trabalho. Além disso — se eu estiver falando demais, me avisa —, ser diferente é uma motivação negativa, e nenhum pensamento ou objeto criativo nasce de um impulso negativo. Um impulso negativo é sempre frustrante. Ser diferente significa "não se parecer com isso" e "não se parecer com aquilo". E o "não se parecer" é o motivo pelo qual o pós-modernismo, com seu prefixo "pós", não deu certo. Nenhum impulso negativo tem como funcionar, ou produzir qualquer criação feliz. Só um impulso positivo.

Mas a vontade de correr riscos, de romper com a segurança da tradição, também é necessária. O economista George Stigler foi bastante enfático a respeito disso:

> Eu diria que um dos defeitos mais comuns das pessoas capacitadas é a falta de coragem. Eles vão mais pelo que é seguro. Pegam o que a literatura já está fazendo e acrescentam alguma coisinha. Em nosso campo, por exemplo, estudamos o duopólio, que é uma situação em que existem apenas dois vendedores. Então, por que não tentar ser o terceiro e ver onde isso dá. Ou seja, é uma aposta segura. Na inovação, você tem que fazer apostas menos seguras, se quiser ser interessante. Não tem como prever que tudo vá dar certo.

9. A maioria das pessoas criativas é *apaixonada* pelo seu trabalho, mas também pode ser extremamente *objetiva*. A energia gerada por esse conflito entre apego e desapego tem sido mencionada por muitas pessoas como parte importante de seu trabalho. O porquê disso é relativamente claro. Sem a paixão, logo perdemos o interesse por uma tarefa difícil. Mas, sem objetividade, nosso trabalho

não sai muito bom e carece de credibilidade. Assim, o processo criativo tende a ser o que alguns entrevistados chamam de alternância yin-yang entre esses dois extremos. Eis como a historiadora Natalie Davis descreveu isso:

> Às vezes sou como uma mãe tentando trazer o passado à tona novamente. Amo o que faço e amo escrever. Invisto muito afeto em trazer essas pessoas à vida de alguma forma. Não significa que eu ame meus personagens, obrigatoriamente, essas pessoas do passado. Mas adoro descobrir sobre elas e recriá-las, ou recriar a realidade delas. Acho que é muito importante achar uma forma de nos desapegarmos daquilo que escrevemos, para não nos identificarmos tanto com o trabalho a ponto de não aceitar críticas e reações, e é esse risco de se apegar tanto quanto eu me apego. Mas estou ciente disso e de quando acho que é particularmente importante se desapegar do trabalho. A idade ajuda a ter essa noção melhor.

10. Por fim, a abertura e a sensibilidade dos indivíduos criativos muitas vezes os expõem ao *sofrimento e à dor, mas também a uma grande cota de prazer*. A parte do sofrimento é fácil de ser compreendida. Uma maior sensibilidade pode nos fazer sentir desprezos e ansiedades que normalmente não são percebidos pelas outras pessoas. A maioria concordaria com as palavras de Rabinow: "Os inventores têm um baixo limiar de dor. Tudo os incomoda". Uma máquina mal projetada provoca dor a um engenheiro inventivo, assim como o escritor criativo sofre ao ler uma prosa ruim. Estar sozinho na vanguarda de uma disciplina também nos deixa expostos e vulneráveis. O destaque é um convite a críticas e a ataques frequentemente cruéis. Se um artista investe anos para fazer uma escultura, ou um cientista para desenvolver uma teoria, é devastador quando ninguém se importa.

Desde a emergência do Romantismo, alguns séculos atrás, espera-se dos artistas que sofram como forma de demonstrar a sensibilidade de suas almas. De fato, pesquisas mostram que artistas e escritores têm taxas extraordinariamente altas de psicopatologias e vícios.[16] Mas o que é causa e o que é efeito? O poeta Mark Strand comentou o seguinte:

> Houve muitos infelizes casos de escritores, pintores, que ficaram melancólicos, deprimidos, tiraram a própria vida. Mas acho que essas pessoas seriam deprimidas, ou alcoólatras, suicidas, seja o que for, mesmo que não escrevessem. Acho que é

só parte do que elas eram. Se suas características pessoais as levaram a escrever ou pintar, assim como ao álcool ou ao suicídio, não sei. O que eu sei é que existe uma quantidade enorme de escritores e pintores saudáveis que não pensa em suicídio. Eu acho que é um mito, de maneira geral. Cria uma aura especial, uma fragilidade, em torno do artista, para dizer que ele vive muito perto do limite. Ele é tão vulnerável ao mundo ao seu redor, tão sensível, tão motivado a reagir a isso, que é quase insuportável. Logo, ele precisa escapar por meio das drogas, do álcool, ou pelo suicídio por fim, desse enorme fardo que é a lucidez. Mas o fardo da lucidez é maravilhoso para pessoas que não querem — você sabe — tirar a própria vida.

Também é verdade que o profundo interesse e envolvimento em assuntos obscuros muitas vezes não são recompensados, ou até mesmo são ridicularizados. O pensamento divergente é muitas vezes visto como desviante pela maioria, e assim a pessoa criativa pode se sentir isolada e incompreendida. Esses riscos são inerentes à atividade, por assim dizer, e é difícil ver como uma pessoa pode ser criativa e ao mesmo tempo insensível a eles.

Talvez a coisa mais difícil para um indivíduo criativo suportar seja a sensação de perda e vazio experimentada quando, por qualquer motivo, ele não consegue trabalhar. Isso é particularmente sofrido quando uma pessoa sente que sua criatividade está se esgotando. É quando toda a percepção de si é comprometida, como sugeriu Mark Strand:

Sim, existe uma serenidade momentânea, uma sensação de satisfação quando você tem uma ideia e acha que vale a pena correr atrás dela. Uma outra manifestação é quando você conclui, quando fez o máximo que pôde com uma ideia que achou que valia a pena ser trabalhada. Então você meio que se regozija no resplendor da conclusão por um dia, talvez. Toma mais uma ou duas taças de vinho à noite, sabe, porque não tem aquela sensação de que precisa voltar e conferir mais nada.

E aí, então, tudo recomeça. Espera-se. Às vezes, o hiato não dura apenas um dia, mas semanas, meses, anos. E quanto maior o hiato entre os livros que você se compromete a terminar, mais dolorosa e frustrante a vida se torna. Quando digo "dolorosa", provavelmente é um termo forte demais para a frustração mesquinha que se sente. Mas, se isso persiste, e você desenvolve o que as pessoas chamam de bloqueio de escritor, é doloroso porque sua identidade está em jogo. Se você é um escritor reconhecido como tal, mas não está escrevendo, o que você é, então?

No entanto, quando a pessoa trabalha em sua área de especialidade, as preocupações e os cuidados desaparecem e são substituídos por uma sensação de felicidade. Talvez a característica mais importante, aquela presente de modo mais consistente em todos os indivíduos criativos, seja a capacidade de apreciar o processo de criação por si só. Sem esse traço, os poetas deixariam de buscar a perfeição e escreveriam jingles comerciais, os economistas trabalhariam para bancos nos quais ganhariam pelo menos o dobro do que ganham na universidade, os físicos deixariam de fazer pesquisas básicas e ingressariam em laboratórios industriais onde as condições são melhores e as expectativas, mais previsíveis. Inclusive, o prazer é uma parte tão importante da criatividade que dedicamos o capítulo 5 só para falar disso. Relato a seguir um único exemplo, apenas como lembrete, para não perdermos de vista esse componente essencial.

Margaret Butler foi uma cientista da computação e matemática e foi a primeira mulher eleita para a American Nuclear Society. Ao descrever seu trabalho, como a maioria de nossos entrevistados, ela insistiu diversas vezes nesse elemento de diversão, de prazer. Em resposta à pergunta "Dos seus feitos no trabalho, qual é aquele de que você mais se orgulha?", ela disse:

Bem, no meu trabalho, acho que as coisas mais interessantes e emocionantes que fiz foram nos primeiros dias em Argonne, quando estávamos montando computadores. Trabalhamos em equipe para projetar um dos primeiros computadores. Desenvolvemos um software de análise de imagens com o pessoal da divisão de biologia para escanear cromossomos e tentar fazer cariotipagem automática, e acho que foi a coisa mais divertida que fiz em todos os meus mais de quarenta anos de laboratório.

É interessante ver que essa resposta, com ênfase na diversão e na emoção, veio em reação a uma pergunta sobre aquilo de que ela mais se orgulhava em seu trabalho. Mais adiante, ela disse:

Eu trabalhei sem parar. É trabalho duro. Você tenta dar o seu melhor. Quando estávamos no projeto do cromossomo, Jim [o marido dela] e eu passávamos a noite inteira trabalhando. Saíamos de manhã, com o sol raiando. Ciência é uma coisa muito divertida. E acho que as mulheres devem ter a oportunidade de se divertir.

Posso trabalhar tanto quanto Butler, por ambição ou pelo desejo de ganhar dinheiro. Mas a menos que eu também sinta prazer na tarefa, minha mente não vai estar totalmente concentrada. Minha atenção vai passar o tempo todo para o relógio, para devaneios sobre coisas melhores para se fazer, para eu me ressentir do trabalho e desejar que ele acabe. Esse tipo de atenção dividida, de envolvimento indiferente, é incompatível com a criatividade. E as pessoas criativas em geral gostam não só do trabalho, mas também de muitas outras atividades em sua vida. Margaret Butler, ao descrever o que fazia após sua aposentadoria formal, usou a palavra *desfrutar* em referência a tudo: ajudar o marido a continuar com sua pesquisa matemática, escrever um guia de carreira para mulheres a pedido da American Nuclear Society, trabalhar com professores para despertar o interesse das meninas pela ciência, organizar grupos de apoio para mulheres cientistas, ler e se envolver com a política local.

Esses dez traços de personalidade contrastantes podem ser a característica mais reveladora das pessoas criativas. Claro, essa lista é até certo ponto arbitrária. Pode-se argumentar que muitos outros traços importantes foram deixados de fora. Mas o que é importante ter em mente é que esses traços conflitantes — ou quaisquer outros — geralmente são difíceis de ser encontrados em uma mesma pessoa. No entanto, sem o segundo polo, novas ideias não terão espaço. Além disso, sem o primeiro, elas não serão desenvolvidas até o ponto da aceitação. Portanto, a novidade que sobrevive a ponto de mudar um domínio geralmente é fruto do trabalho de alguém que pode operar em ambos os extremos desses polos — esse é o tipo de pessoa que chamamos de "criativa".

4. O trabalho da criatividade

Existe um processo mental responsável por produzir as novidades que resultam na mudança de um domínio? Ou, em outras palavras, todo produto criativo é o resultado de um único "processo criativo"? Muitos indivíduos e programas de treinamento empresarial afirmam que sabem em que consiste o "pensamento criativo" e que podem ensiná-lo. Indivíduos criativos geralmente têm suas próprias teorias — muitas vezes bem diferentes umas das outras. Robert Galvin disse que a criatividade consiste em antecipação e compromisso. Antecipar envolve visualizar algo que se tornará importante no futuro antes que outra pessoa o faça; já compromisso é a crença que mantém a pessoa trabalhando para concretizar o foi visualizado, acima de qualquer dúvida ou desânimo.[1]

Por outro lado, o guru da administração Peter Drucker listava quatro motivos que explicam suas realizações (além do quinto, que é nunca participar de estudos como este):

(a) Tenho conseguido produzir porque sempre fui um solitário e não tive que perder tempo mantendo subordinados, assistentes, secretários e outros desperdiçadores de tempo, porque (b) nunca pus os pés no escritório da minha universidade — dou aulas, e, se os alunos querem me ver, eu almoço com eles, porque (c) sou workaholic desde os vinte anos e (d) porque eu funciono sob pressão e começo a definhar se não houver prazo. Caso contrário, se me permite o atrevimento, nasci como a sentinela do *Fausto II*, de Goethe:

Zum Sehen geboren
Zum Schauen bestellt

("Nasci para ver, minha tarefa é vigiar")

Dado que os domínios são diferentes uns dos outros, no entanto, e dada a variedade de tarefas e os diferentes pontos fortes e fracos dos indivíduos, não devemos esperar muita convergência nas formas como as pessoas chegam a uma nova ideia ou produto. Contudo, determinadas semelhanças parecem extrapolar as fronteiras dos domínios e as idiossincrasias individuais e podem responder pelas características centrais do que é necessário para abordarmos um problema de uma forma que, provavelmente, levará a um resultado que o campo perceberá como criativo. Vamos exemplificar esse processo com uma descrição de como a autora italiana Grazia Livi escreveu um de seus contos.

A ESCRITA DE UM CONTO

Um dia, Livi foi ao banco conversar com uma consultora financeira que administrava sua carteira de investimentos. A consultora era uma mulher que Livi já conhecia. Ela lhe parecia o epítome da mulher contemporânea, empenhada no sucesso da carreira e em nada mais, impecavelmente arrumada, fria, dura, impaciente. Uma pessoa sem vida pessoal, sem sonhos, exceto dinheiro e progresso. Naquele dia em particular, a conversa começou como sempre: a consultora parecia distante e fria, fazendo perguntas com um tom de voz seco e desinteressado. Então, o telefone tocou e a conversa foi interrompida. Para surpresa de Livi, quando a mulher se virou para atender a ligação, seu rosto mudou — as feições marcadas se suavizaram, até o cabelo rijo como um capacete se tornou sedoso —, sua postura relaxou, sua voz ficou baixa e carinhosa. Livi mentalizou imediatamente uma imagem da pessoa do outro lado da linha: um arquiteto bonito, bronzeado e descontraído que dirigia um Maserati. Depois de sair do banco, ela fez algumas anotações em seu diário e, ao que parecia, se esqueceu do incidente.

Alguns meses mais tarde, relendo o diário, ela viu uma conexão entre as anotações do episódio no banco e os registros sobre uma mulher vestida de modo formal que passou horas sentada em um salão de beleza e sobre outros tipos com os quais ela havia se deparado ao longo dos últimos anos. Livi foi tomada por um forte sentimento de descoberta emocional: eis ali uma visão sobre a situação atual das mulheres — divididas entre demandas contrastantes — que poderia render um verdadeiro conto. Verdadeiro não no sentido de representar o que ela tinha visto — a mulher no banco poderia estar conversando com a mãe ou o filho —, mas no sentido de fiel a uma condição generalizada dos nossos tempos, em que muitas mulheres sentem que precisam ser agressivas e frias para competir no mundo dos negócios, mas ao mesmo tempo não podem abrir mão daquilo que consideram sua feminilidade. Então ela se sentou para escrever sobre uma executiva que passa o dia todo se arrumando para um encontro que nunca acontece — e virou um conto sensacional. Não por causa do enredo, que é mais velho que andar para a frente, mas porque as correntes emocionais de sua personagem refletiam de forma tão dolorosa e precisa a experiência do nosso tempo.

O conto de Livi pode não mudar o domínio da literatura e, portanto, não é um exemplo do mais alto nível criativo. Mas pode muito bem ser incluído em futuras coletâneas de contos, porque é um excelente exemplo de um gênero contemporâneo. E, na medida em que expande o domínio, qualifica-se como uma conquista criativa. Existe alguma forma de analisar o que Livi fez, de modo a vermos com mais clareza quais foram seus processos mentais enquanto escrevia o conto?

O processo criativo tem sido tradicionalmente descrito em cinco etapas.[2] A primeira é um período de preparação, de imersão, consciente ou não, em um conjunto de questões problemáticas que são interessantes e despertam a curiosidade. No caso de Grazia Livi, o dilema emocional da mulher moderna foi algo que ela experimentou pessoalmente, enquanto escritora correndo atrás de prêmios, resenhas e publicação, e como uma mulher tentando equilibrar as responsabilidades da maternidade com a escrita.

A segunda fase do processo criativo é um período de incubação, durante o qual as ideias são revolvidas abaixo do limiar da consciência. É nesse período que provavelmente serão feitas as conexões mais inusitadas. Quando queremos conscientemente resolver um problema, processamos as informações de maneira lógica e linear. Mas quando as ideias chamam umas às outras por conta própria, sem as conduzirmos por um caminho estreito e reto, podem surgir combinações inesperadas.

O terceiro componente do processo criativo é o insight, às vezes chamado de "momento eureca", em referência à exclamação de Arquimedes quando entrou na banheira, que é quando as peças do quebra-cabeça se encaixam. Na vida real, pode haver vários insights intercalados com períodos de incubação, avaliação e elaboração. Por exemplo, no caso do conto de Livi, há pelo menos dois momentos significativos de insight: quando ela viu a consultora de investimentos ser transformada pelo telefonema e quando notou a conexão entre os registros semelhantes no diário.

O quarto componente é a avaliação, quando a pessoa precisa decidir se o insight tem valor e se vale a pena insistir nele. Essa é muitas vezes a parte mais emocionalmente difícil do processo, quando nos sentimos mais hesitantes e inseguros. É também quando os critérios internalizados do domínio e a visão internalizada do campo em geral se tornam proeminentes. Essa ideia é mesmo novidade ou é batida? O que os meus colegas vão achar dela? É o momento da autocrítica, das ponderações íntimas. Para Grazia Livi, grande parte dessa triagem ocorreu enquanto ela lia seu diário e decidia quais ideias iria desenvolver.

O quinto e último componente do processo é a elaboração. É provavelmente aquele que toma mais tempo e que envolve o trabalho mais duro. É a isso que Edison se referia quando disse que a criatividade consiste em 1% de inspiração e 99% de transpiração.[3] No caso de Livi, a elaboração consistia em selecionar as personagens da história, escolher um enredo e, em seguida, traduzir as emoções captadas em uma sequência de palavras.

Mas essa estrutura clássica, que vai da preparação à elaboração, fornece uma imagem bastante distorcida do processo criativo se for tomada de maneira muito literal. Uma pessoa que dá uma contribuição criativa nunca se limita ao último estágio de elaboração. Essa parte do processo é constantemente interrompida por períodos de incubação e pontuada por pequenas epifanias. Muitos novos insights surgem quando, supostamente, estamos apenas dando os retoques finais no insight inicial. Enquanto Grazia Livi lutava para encontrar palavras para descrever sua personagem, as próprias palavras sugeriam novas emoções que às vezes eram mais "corretas" para a personalidade que ela estava tentando criar do que aquelas que havia pensado inicialmente. Esses novos sentimentos, por sua vez, sugeriam ações, reviravoltas na trama nas quais ela não havia pensado. A personagem foi ficando mais complexa, mais matizada, à medida que a escrita progredia. O enredo ficou mais sutil e intrigante.

Portanto, o processo criativo é menos linear e mais recursivo. O número de repetições pelos quais ele passa, de loopings envolvidos, de insights necessários, depende da profundidade e da amplitude das questões tratadas. Às vezes, a incubação dura anos; às vezes, algumas horas. Às vezes, a ideia criativa inclui um insight profundo e vários outros menores. Em alguns casos, como na formulação da teoria da evolução de Darwin, o insight básico pode aparecer aos poucos, em flashes esparsos e desconexos que levam anos para se fundir em uma ideia coerente. Quando Darwin entendeu claramente a implicação de sua teoria, já não era mais um insight, porque todos os seus componentes tinham surgido em seu pensamento em momentos diferentes no passado e se conectado lentamente ao longo do caminho. Foi um estrondoso "Eureca!" construído ao longo da vida, composto por um coro de pequenos insights.[4]

Um relato mais linear é a descrição de Freeman Dyson do processo criativo que proporcionou fama no campo científico.[5] Dyson foi aluno de Richard Feynman, que, no final da década de 1940, estava tentando tornar a eletrodinâmica compreensível em termos dos princípios da mecânica quântica. Êxito nessa tarefa seria traduzir as leis da eletricidade para que se conformassem às leis mais básicas do comportamento subatômico. Seria uma enorme simplificação, uma ordenação bem-vinda do domínio da física. Infelizmente, ainda que a maioria dos seus colegas achasse que Feynman estava envolvido em algo profundo e importante, muitos não conseguiam compreender os poucos rabiscos e esboços que ele usava para defender suas hipóteses, principalmente porque ele em geral ia de A direto para Z sem escalas. Na mesma época, outro físico, Julian Schwinger, também estava trabalhando na unificação dos princípios quânticos e eletrodinâmicos. Schwinger era, em muitos aspectos, o oposto de Feynman: ele trabalhava lenta e metodicamente e era tão perfeccionista que nunca se sentiu pronto para reivindicar uma solução para o problema no qual estava trabalhando. Freeman Dyson, trabalhando na órbita de Feynman na Universidade Cornell, foi exposto a uma série de palestras de Schwinger. Isso deu a ele a ideia de juntar os lampejos intuitivos de Feynman com os cálculos meticulosos de Schwinger e desvendar de uma vez por todas o enigma de como o comportamento dos quanta se relacionava aos fenômenos elétricos. Depois que Dyson concluiu seu trabalho, as teorias de Feynman e Schwinger tornaram-se compreensíveis, e os dois receberam o Nobel de Física. Vários colegas acharam que, se alguém merecia o prêmio, era Dyson. Eis como ele descreveu o processo que levou ao seu feito:

Era o verão de 1948, eu tinha 24 anos. Havia um grande problema no qual essencialmente toda a comunidade de físicos estava concentrada. A física em geral é assim — existe um problema particularmente fascinante no qual todo mundo está trabalhando e tende a ser uma coisa de cada vez. Naquela época o grande problema se chamava eletrodinâmica quântica, que era uma teoria envolvendo radiação e átomos. A teoria estava uma bagunça, e ninguém sabia como fazer cálculos baseando-se nela. Era uma espécie de impasse a qualquer tipo de desenvolvimento futuro. Logo, alguém tinha que aprender a fazer cálculos com essa teoria. Não era uma questão de a teoria estar errada, mas de alguma forma não estar organizada apropriadamente, de modo que as pessoas tentavam fazer cálculos e sempre obtinham resultados estúpidos, como zero, infinito ou algo do gênero. De qualquer maneira, naquele momento surgiram duas grandes ideias que estavam associadas a duas pessoas, Schwinger e Feynman, ambos cerca de cinco anos mais velhos do que eu. Cada um deles produziu uma nova teoria da radiação que parecia que ia funcionar, embora houvesse problemas em ambas. Fiquei feliz de estar naquela posição, familiarizado com as duas, conhecendo os dois, e comecei a trabalhar.

Passei seis meses trabalhando muito para entender as duas com clareza, o que significava simplesmente muito, muito trabalho de cálculo. Eu passava dias e dias sentado com grandes pilhas de papéis fazendo cálculos para poder entender exatamente o que Feynman estava dizendo. Ao fim de seis meses, saí de férias. Peguei um ônibus de viagem para a Califórnia e passei algumas semanas apenas passeando. Isso foi logo depois que cheguei da Inglaterra, então eu nunca tinha estado na costa Oeste antes. Depois de duas semanas na Califórnia, onde eu não estava fazendo nenhum trabalho, apenas turismo, peguei o ônibus de volta para Princeton e, de repente, no meio da noite, quando estávamos passando pelo Kansas, tudo meio que ficou claro como a água. Aquilo foi uma grande revelação para mim, foi um momento eureca ou qualquer nome que tenha. Subitamente, todo o panorama ficou claro: Schwinger se encaixava lindamente e Feynman se encaixava lindamente, e o resultado disso foi uma teoria que era útil de verdade. Esse foi o maior momento criativo da minha vida. Em seguida, tive que passar mais seis meses trabalhando nos detalhes, escrevendo tudo, e assim por diante. Por fim, concluí com dois longos artigos na *Physical Review*, e esse foi o meu passaporte para o mundo da ciência.

Seria difícil imaginar um exemplo mais claro da versão clássica do processo criativo. No caso de Dyson, começava com ele imerso no campo da física, percebendo, graças aos seus professores e colegas, onde estava a próxima oportunidade de acrescentar algo importante ao domínio. Ele tinha acesso privilegiado tanto ao domínio quanto ao campo — conhecia pessoalmente os dois indivíduos centrais envolvidos. Tendo encontrado seu problema — reconciliar as duas principais teorias do domínio —, ele passava por um período de seis meses de preparação árdua e conscientemente dirigida. Em seguida, passava duas semanas relaxando, um período durante o qual as ideias reunidas ao longo do semestre anterior tinham a chance de se incubar, se organizar e se revolver. Isso era seguido pelo insight repentino que ocorria espontaneamente durante uma viagem noturna de ônibus. E, por fim, vinha mais meio ano de trabalho duro avaliando e elaborando o insight. A ideia, tendo sido aceita pelo campo — nesse caso, os editores da *Physical Review* —, era então acrescentada ao domínio. Como costuma ser o caso, a maior parte do crédito pela realização não ia diretamente para o autor, mas para aqueles que serviram de base ao seu trabalho.

A visão de cinco etapas do processo criativo pode ser um tanto simplificada e traiçoeira, mas oferece uma forma relativamente válida e simples de organizar as complexidades envolvidas. Portanto, uso essas categorias para descrever como as pessoas criativas trabalham, começando pela fase inicial, a de preparação. No entanto, é essencial lembrar a seguir que as cinco etapas na realidade não acontecem isoladas e que geralmente se sobrepõem e se repetem várias vezes até que o processo seja concluído.

A EMERGÊNCIA DE PROBLEMAS

Às vezes, é possível chegarmos a uma descoberta criativa sem nenhuma preparação. O sortudo apenas tropeça em uma situação totalmente imprevisível, como Röntgen fez quando tentou descobrir por que suas chapas fotográficas estragavam, descobrindo assim a radiação. Mas, em geral, os insights tendem a vir para as mentes preparadas, ou seja, para aqueles que refletiram bastante sobre determinado conjunto de questões problemáticas. Existem três fontes principais a partir das quais os problemas costumam surgir: experiências pessoais, exigências do domínio e pressões sociais. Embora essas três fontes de inspiração sejam em geral sinérgicas e entrelaçadas, é mais fácil analisá-las separadamente, como se atuassem de forma independente, o que, na prática, não é o caso.

A vida como fonte de problemas

A ideia de Grazia Livi para um conto sobre o conflito entre carreira e feminilidade, como vimos, foi influenciada por suas próprias experiências como mulher. Desde pequena, seus pais esperavam que seus dois irmãos fossem educados e bem-sucedidos, enquanto Grazia e a irmã deveriam virar donas de casa tradicionais. Ao longo de sua vida, Livi se rebelou contra o papel desenhado para ela. Por mais que tenha se casado e tido filhos, ela decidiu se tornar bem-sucedida por conta própria. É essa experiência direta em sua vida que a tornou sensível aos episódios envolvendo as mulheres independentes que anotou em seu diário.

A origem dos elementos problemáticos na experiência de vida é mais fácil de ser percebida no trabalho de artistas, poetas e humanistas em geral. Eva Zeisel, que era considerada a "burra" de uma família que acabou por contar com dois ganhadores do Nobel e muitos outros cientistas de destaque do sexo masculino, também resolveu provar seu valor rompendo com os interesses familiares tradicionais e se tornando uma artista independente. A maioria das ideias criativas para sua cerâmica vem de uma tensão entre exigências contrastantes e autoimpostas: fazer vasos que se ajustem à mão humana, que sejam pautados na tradição e que ao mesmo tempo possam ser produzidos em massa de forma barata pela tecnologia moderna.

Poetas como Anthony Hecht, György Faludy e Hilde Domin faziam anotações sobre impressões rotineiras, eventos e principalmente sobre sentimentos em fichas ou em cadernos, e esses depósitos de experiência eram a matéria-prima a partir da qual o trabalho deles evoluía.[6] "Eu tinha um amigo, um poeta chamado Radnòty, que escrevia poemas que eu considerava pavorosos", disse Faludy. "E então, depois de sofrer nos campos de concentração, isso o mudou totalmente, e ele escreveu versos maravilhosos. O sofrimento não é ruim: ele ajuda bastante. Você conhece um romance sobre a felicidade? Ou um filme sobre pessoas felizes? Somos uma raça perversa, só o sofrimento nos interessa."[7] Ele então relatou como uma vez, quando estava sentado em uma cabana na bela ilha de Vancouver, tentando encontrar inspiração para começar um poema, não conseguia pensar em nada interessante. Por fim, lhe veio um conjunto de imagens fortes: cinco agentes secretos chegam em um barco, invadem a cabine, jogam seus livros no mar pela janela, levam-no a 5 mil milhas até a Sibéria e o espancam sem piedade — um cenário perfeito para um poema, com o qual o poeta, infelizmente, estava bastante familiarizado.

A historiadora Natalie Davis descreveu o projeto em que estava trabalhando, um livro sobre três mulheres do século XVII, uma judia, uma católica e uma protestante, explorando as "fontes de aventura para as mulheres":

> Todas elas eram uma espécie de "eu", no sentido de que todas eram mães de meia-idade, embora uma fosse avó — o que eu também sou —, de forma que persiste a sensação de que não é coincidência que eu tenha dado início a esse projeto tão diferente.

O pintor Ed Paschke arrancava dezenas de imagens fascinantes todos os dias de revistas e jornais e guardava esses recortes, tanto esquisitos quanto engraçados, em caixas às quais retornava de vez em quando para se inspirar. Vasculhando esses ícones de cada época, ele eventualmente encontrava um que projetava na parede e usava como ponto de partida para um comentário sarcástico. Outro pintor, Lee Nading, recortava manchetes de jornal que tinham a ver com o conflito entre natureza e tecnologia — REPRESA AMEAÇA ESPÉCIE RARA DE PEIXE ou TREM CHEIO DE LIXO DESCARRILA EM IOWA — e usava uma delas para inspirar uma tela. Para entender por que Nading era particularmente sensível a esse tipo de acontecimento, é válido saber que ele tinha um amado irmão mais velho que cometeu suicídio no momento em que sua carreira estava se tornando um sucesso. Esse irmão trabalhava em um dos mais prestigiados laboratórios de pesquisa científica, mas se desiludiu com a competitividade e com o desprezo às pessoas que via ao seu redor. Nading jamais perdoou a ciência por ter contribuído para a morte de seu irmão e encontrava nas ameaças representadas pelos frutos da ciência a fonte de suas questões artísticas.

Artistas encontram inspiração na vida "real" — emoções, como amor e ansiedade, eventos, como nascimento e morte, os horrores da guerra e uma tarde tranquila no campo. Veremos, daqui a pouco, que os artistas também sofrem influência do domínio e do campo na escolha de suas questões. Diz-se que cada pintura é uma resposta a todas as pinturas anteriores e que cada poema reflete a história da poesia. No entanto, pinturas e poemas também são claramente inspirados pelas experiências de cada artista.

As experiências dos cientistas são importantes para as questões com os quais eles lidam de uma forma muito mais geral, mas talvez não menos relevante. Isso se deve ao interesse e à curiosidade fundamentais que o cientista empresta à tarefa. Um dos primeiros estudos sobre cientistas criativos, conduzido por Ann Roe, concluiu que os químicos e os físicos de sua amostra se interessaram pelas propriedades da matéria desde criança porque os interesses normais da infância não estavam disponíveis para eles. Seus pais eram emocionalmente distantes, tinham poucos amigos, não eram muito afeitos a esportes. Talvez seja uma generalização muito ampla, mas a ideia básica subjacente a ela — a de que as primeiras experiências de vida contribuem para a predisposição de um jovem de se interessar por determinada gama de questões— provavelmente é válida.[8]

O físico Victor Weisskopf, por exemplo, descreveu com grande emoção o fascínio e o êxtase que experimentava quando, na juventude, ele e um amigo escalavam os Alpes austríacos. Muitos dos grandes físicos de sua geração, como Max Planck, Werner Heisenberg e Hans Bethe, afirmaram que o que os inspirou a tentar entender o movimento dos átomos e das estrelas foi o prazer que sentiam ao observar picos tão altos e o céu noturno.

Linus Pauling se interessou por química quando seu pai, um farmacêutico de Portland na virada do século XIX para o XX, o deixou misturar pós e poções nos fundos da farmácia. O jovem Pauling ficou fascinado com o fato de que duas substâncias distintas podiam se transformar em uma terceira. Ele experimentou uma sensação divina de ser capaz de criar algo inteiramente novo. Aos sete anos já havia lido e praticamente memorizado a enorme *Pharmacopeia*, que continha o conhecimento dos elementos básicos e das misturas que se esperava que um farmacêutico conhecesse. Foi essa curiosidade precoce sobre como a matéria poderia ser transformada que alimentou a carreira de Pauling nos oitenta anos seguintes. O psicólogo Donald Campbell afirmou que a diferença entre um acadêmico que apresenta novas ideias e um que não as apresenta envolve a curiosidade:

> Muitos dos meus amigos professores, que sabem que deveriam continuar pesquisando, olham em volta e não encontram nenhum problema que os fascine. Ao passo que eu tenho uma pilha de problemas diletantes e dispersos nos quais adoraria trabalhar e para os quais tenho a sensação de que há uma solução possível. Muitas pessoas talentosas não conseguem pensar em nada que achem que valha a pena ser feito. Então acho que sou abençoado pelo fato de ser capaz de me empolgar tanto com problemas triviais.

Sem uma curiosidade ardente, um interesse vivo, é improvável que insistamos por muito tempo para dar uma contribuição nova e significativa. Esse tipo de interesse raramente é apenas de natureza intelectual. Em geral, a raiz dele parte de sentimentos profundos, de experiências memoráveis que precisam de algum tipo de resolução — e que só pode ser alcançada por meio de uma nova expressão artística ou de uma nova forma de compreensão. Uma pessoa motivada apenas pelo desejo de se tornar rica e famosa pode se esforçar muito para crescer, mas raramente terá estímulo suficiente para trabalhar além do necessário, para se aventurar além do que já se sabe.

A influência do conhecimento prévio

A outra principal fonte de problemas é o próprio domínio. Assim como as experiências pessoais produzem tensões que não podem ser resolvidas em termos de soluções comuns, o mesmo acontece com o trabalho dentro de um sistema simbólico. Repetidas vezes, tanto nas artes quanto nas ciências, a inspiração para uma solução criativa vem de um conflito sugerido pelo "estado da arte". Cada domínio tem sua própria lógica interna, seu padrão de desenvolvimento, e aqueles que trabalham nele precisam reagir a essa lógica. Um jovem pintor da década de 1960 tinha duas opções: pintar no estilo expressionista abstrato em voga, ou descobrir uma forma viável de se rebelar contra ele. Os cientistas naturais do início do século XX se viram confrontados pelo desenvolvimento da teoria quântica na física: muitos dos problemas mais desafiadores em química, biologia, astronomia e física surgiram da possibilidade de se aplicar a teoria quântica a esses novos reinos. A preocupação de Freeman Dyson com a eletrodinâmica quântica é apenas um exemplo.

Gerald Holton, um físico que mais tarde se voltou para a história da ciência, faz um relato lúcido de como uma questão problemática no domínio pode se fundir a um conflito individual de modo a sugerir um tema para o trabalho de uma vida toda. Como estudante de pós-graduação em Harvard, Holton estava imerso na atmosfera inebriante do positivismo lógico. Seus professores e colegas estavam empenhados em demonstrar que o conhecimento científico poderia ser reduzido a fundamentos absolutamente lógicos. Nada de intuitivo ou de metafísico era admitido naquele novo domínio. Mas Holton, que tinha lido sobre a forma como Kepler e Einstein trabalhavam, começou a ter a sensação de que o tipo de ciência que todos ao seu redor davam como garantido não se aplicava a algumas das mais celebradas descobertas científicas.

> Descobri que esses modelos não funcionam muito bem, que, na prática, o tipo de pressupostos de que essas pessoas mais gostam não está presente na história do processo científico. Não é verdade, por exemplo, que a forma certa de pensar sobre a ciência seja em termos de sentenças protocolares, da teoria de verificação do significado e todas aquelas coisas que são muito caras a elas. Mas esses pressupostos eram aquilo em que os mais talentosos estavam dispostos a investir dinheiro, reputação, tempo, a própria vida, e a insistir neles mesmo contra todas as evidências. Essas pessoas ficaram fascinadas com uma ideia para a qual, de fato, não havia nenhuma prova. Foi muito difícil para mim aceitar isso.
>
> E foi nesse ponto que eu encontrei a noção de *proposição temática*, o fato de que algumas pessoas estão imbuídas de ideias anteriores capazes de sobreviver a um período de desconfiança. E isso não fazia parte da lógica do positivismo nem do empirismo.

Holton descreve a gênese de sua própria questão intelectual como uma conjunção do interesse pessoal com a sensação de que havia algo estranho no ambiente intelectual:

> Um projeto de pesquisa é definido, em parte, por algum fascínio interno que não pode ser explicado em detalhes, uma preparação que é única por causa da trajetória de vida da pessoa, por sorte, e por algo "contra" o qual trabalhar. Ou seja, por uma insatisfação diante do que as outras pessoas estão fazendo.

Um problema intelectual não se restringe a um domínio específico. Inclusive, alguns dos avanços mais criativos ocorrem quando uma ideia que funciona bem em um domínio é enxertada em outro e o revitaliza. Este foi, sem dúvida, o caso com as aplicações generalizadas da teoria quântica da física em disciplinas vizinhas, como a química e a astronomia. Pessoas criativas ficam sempre atentas ao que os colegas ao lado do muro estão fazendo. O químico alemão Manfred Eigen reuniu conceitos e procedimentos experimentais da física, da química e da biologia. As ideias surgiram, em parte, de conversas ao longo dos anos com colegas de diferentes disciplinas — a quem ele convidou para encontros informais de inverno na Suíça.

A grande maioria dos nossos entrevistados foi inspirada por uma tensão em seu domínio que ficou óbvia quando vista pela perspectiva de outro domínio. Por mais que não pensem em si mesmos como interdisciplinares, seus melhores trabalhos fazem uma ponte entre diferentes reinos de ideias. A trajetória deles tende a lançar dúvidas sobre as vantagens da superespecialização, que faz com que jovens brilhantes sejam treinados para se tornarem especialistas exclusivamente em um campo e fugir do generalismo como quem foge da peste.

E, por fim, existem pessoas que experimentam problemas na vida "real" e que não podem ser alocadas no sistema simbólico de qualquer domínio existente. Barry Commoner, formado em biofísica, decidiu abandonar as formalidades da abordagem acadêmica e enfrentar questões como a qualidade da água e o descarte de lixo. Seus problemas eram definidos por preocupações da vida real, não pelas disciplinas. Ele disse:

Eu construí uma reputação muito boa em bioquímica e biofísica. No começo, todos os trabalhos eram publicados em revistas acadêmicas. Mas, de várias maneiras e por várias razões, fui cada vez mais me encaminhando no sentido de fazer um trabalho relevante para os problemas do mundo real. De vez em quando, um trabalho meu aparece em uma revista acadêmica, mas só por acaso.

À medida que a geração de cientistas da Segunda Guerra Mundial começou a envelhecer, o mundo acadêmico se isolou muito do mundo real. O trabalho acadêmico era ditado pela disciplina e orientado pela disciplina, o que é realmente muito sem graça, na minha opinião.

A filosofia predominante na vida acadêmica é a do reducionismo, justamente o oposto da minha abordagem, e não tenho interesse nenhum em adotá-lo.

Essa é uma típica reação a um domínio que se torna confinado demais, cujos membros confundem o sistema simbólico no qual operam com a realidade mais ampla da qual fazem parte. A sensação que Commoner descreveu deve ser parecida com a que os jovens estudiosos de Bizâncio tiveram quando os concílios da Igreja passaram um tempo enorme debatendo quantos anjos podiam dançar na cabeça de um alfinete. Quando um campo se torna muito autorreferente e desvinculado demais da realidade, corre o risco de se tornar irrelevante. Muitas vezes, é a insatisfação com a rigidez dos domínios que abre espaço aos grandes avanços criativos.

Não é possível, é claro, uma pessoa ser inspirada por um domínio sem antes aprender suas regras. Por isso, todas as pessoas com quem conversamos, sejam artistas ou cientistas, enfatizaram diversas vezes a importância do conhecimento básico, da familiaridade profunda com a informação simbólica e com os procedimentos elementares da disciplina. György Faludy era capaz de recitar longos trechos dos versos de Catulo que memorizara em latim sessenta anos antes, além de ter lido toda a poesia grega, chinesa, árabe e europeia que conseguiu encontrar. Traduziu mais de 1,4 mil poemas de todo o mundo para dominar seu ofício, embora seus poderosos poemas sejam simples, discursivos e baseados em sua experiência pessoal. Na ciência, o domínio das ferramentas simbólicas básicas é igualmente importante. Praticamente todo mundo repete o que Margaret Butler dizia aos alunos do ensino médio:

A mensagem que estamos tentando transmitir é que, por mais que você não saiba o que quer ser, estude pelo menos ciências e matemática. Principalmente matemática, para que, quando entrar na faculdade, se mudar de ideia e gostar mais de ciências ou de matemática, ou quiser optar por elas, terá a formação básica necessária. Muitas mulheres descobrem mais adiante que não têm formação básica [em matemática] porque desistiram dela cedo demais.

Ninguém pode transformar um domínio sem primeiro entender completamente como ele funciona. Isso significa que é preciso adquirir as ferramentas da matemática, aprender os princípios básicos da física e tomar consciência do estado atual do conhecimento. Mas o velho ditado italiano parece se aplicar: *Impara l'arte, e mettila da parte* (Aprenda o ofício e deixe-o de lado). Não se pode ser criativo sem aprender o que os outros sabem, mas também não se pode ser criativo sem ficar insatisfeito com esse conhecimento e rejeitá-lo (ao menos parte dele) em nome de um caminho melhor.

As pressões do ambiente humano

A terceira fonte de ideias e problemas é o campo de atuação. Durante a vida, uma pessoa criativa é exposta à influência de professores, mentores, colegas de estudo e de trabalho e, mais tarde, às ideias de seus próprios alunos e seguidores. Além disso, as instituições para as quais se trabalha e os eventos da sociedade como um todo fornecem influências poderosas, que podem mudar os rumos de uma carreira e orientar o pensamento de uma pessoa a novas direções.

De fato, se observarmos a criatividade baseando-se nessa perspectiva, a experiência pessoal e o conhecimento do domínio podem perder força em comparação com a contribuição do contexto social na hora de determinar os problemas que serão abordados. O que um artista pinta é uma resposta não apenas ao cânone, mas também ao que os outros estão pintando naquele momento. Cientistas não aprendem somente com livros ou com os experimentos que realizam, mas também com seminários, reuniões, workshops e artigos de jornais que os mantêm informados sobre o que está acontecendo, ou prestes a acontecer, em algum lugar. Quer vá com a multidão, quer tome um caminho diferente, em geral é impossível ignorar o que acontece no campo.

Muitas pessoas são apresentadas às maravilhas de um domínio por um professor. Com frequência, um professor em particular identifica a curiosidade ou o talento da criança e começa a cultivar determinada disciplina na mente dela. Algumas pessoas criativas têm uma longa lista de professores assim. O crítico e especialista em retórica Wayne Booth contou que todos os anos, na escola, ele escolhia um professor diferente e tentava corresponder às expectativas dele. No seu caso, como em vários outros, as mudanças de uma direção de carreira para outra — da engenharia para a literatura — ocorreram em resposta à qualidade dos professores encontrados.

Para alguns, a introdução ao domínio vem depois. John Gardner entrou na faculdade com a intenção de se tornar escritor, mas encontrou nos departamentos de psicologia de Berkeley e em seguida de Stanford uma comunidade intelectual que satisfez sua curiosidade, bem como seu desejo por boas companhias.

O campo é algo primordial para indivíduos que trabalham em contexto corporativo. John Reed, do Citicorp, precisou interagir constantemente com diversos grupos para assimilar as informações de que precisava para tomar decisões difíceis. Cerca de duas vezes por ano, ele se reunia por alguns dias com meia dúzia de dirigentes dos bancos da Alemanha, do Japão e outros para trocar impressões sobre as tendências da economia mundial. Com maior frequência, teve reuniões semelhantes com os CEOs da General Motors, da General Electric ou da IBM. Ainda mais recorrentes eram os encontros com os principais executivos de sua própria empresa. Sua rede interna consistia em cerca de trinta pessoas às quais ele confiava a tarefa de lhe fornecer as informações necessárias para navegar em uma corporação multibilionária em tempos de constantes mudanças. Reed passava pelo menos metade de suas manhãs falando ao telefone ou pessoalmente com membros dessa rede e nunca tomava uma decisão importante envolvendo a empresa sem consultar pelo menos uma parte deles.

Outra abordagem corporativa pode ser vista em Robert Galvin, presidente da Motorola. Galvin enxergava sua empresa como um gigantesco empreendimento criativo, com mais de 20 mil engenheiros prevendo tendências, reagindo a elas com novas ideias, criando novos produtos e novos processos. Encarava o seu trabalho como o de um maestro de todo esse esforço, como um modelo para todos os outros. Nos casos em que a responsabilidade é liderar um grupo de pessoas em novas direções, o trabalho geralmente é ditado não por um domínio simbólico, mas pelas exigências da própria organização. Pode-se dizer para eles, tomando emprestada a frase de Marshall McLuhan, que o meio é a mensagem. Em outras palavras, o que eles fazem dentro da sua estrutura corporativa *é* a realização criativa deles.

Cientistas também mencionam a importância de determinadas instituições de pesquisa. O Bell Labs, o Instituto Rockefeller e o Argonne National Laboratory são alguns dos lugares que permitiram aos jovens cientistas correr atrás de seus interesses em um ambiente de estímulo e apoio. Não é surpresa que muitos deles tenham grande lealdade a tais instituições e estejam mais do que dispostos a seguir suas políticas de pesquisa. Muitos vencedores de prêmios Nobel obtiveram êxito por lidarem com problemas que surgiram de contextos institucionais similares.

Novas ideias também surgem quando alguém tenta criar uma nova organização ou talvez um novo campo. Manfred Eigen fundou em Göttingen o Instituto Max Planck, com caráter interdisciplinar, para replicar experimentalmente as forças evolutivas em laboratório. George Klein construiu o centro de pesquisa de biologia tumoral no Instituto Karolinska, em Estocolmo, empregando um enorme quadro de doutores. Iniciativas desse tipo não apenas permitem que o pesquisador principal dê continuidade à sua pesquisa, mas também possibilitam o surgimento de uma nova disciplina. Se o laboratório for bem-sucedido, conjuntos inteiramente novos de problemas são abertos para investigação e, com o tempo, um novo sistema simbólico — ou domínio — pode se desenvolver.

Por fim, alguns indivíduos criativos buscam fundar organizações inteiramente novas fora do âmbito das instituições científicas, acadêmicas ou comerciais aceitas. Hazel Henderson dedicava a maior parte do tempo ao desenvolvimento de grupos que iriam promover sua visão. Ela se via como a progenitora de inúmeros grupos de interesse especial reunidos em torno de sua consciência ecológica. Da mesma forma, Barry Commoner posicionou seu centro propositalmente em uma "terra de ninguém", onde ele podia atuar sem as restrições impostas pelas pressões das conformidades acadêmica ou política. Quando John Gardner fundou a Common Cause, insistiu em financiá-la apenas por meio de pequenas contribuições independentes, para evitar as grandes influências que vêm com grandes doações. Ao criar novas formas de associação, esses indivíduos esperavam ver o surgimento de novos problemas, capazes de levar a soluções que não poderiam ser tentadas por meio das velhas formas de pensar.

Mas as organizações estão inseridas em grupos humanos maiores e processos históricos mais amplos. Uma crise econômica ou uma mudança nas prioridades políticas irão estimular uma linha de pesquisa e passar outra para o ostracismo. De acordo com George Stigler, foi a Crise de 1929 que levou ele e muitos de seus colegas a estudar economia na pós-graduação. A disponibilidade de reatores nucleares construídos para apoiar projetos da Segunda Guerra Mundial estimulou muitos estudantes brilhantes a se formar em física. György Faludy passou muitos anos em campos de concentração por ter escrito um poema crítico a Ióssif Stálin.

Guerras costumam interferir nos rumos da ciência e, indiretamente, das artes também.[9] Tomemos a psicologia como exemplo. O domínio das testagens intelectuais, incluindo todo o conceito do teste de QI e seus usos, deve muito de seu sucesso à necessidade do Exército dos Estados Unidos de ter uma forma de selecionar recrutas para a Primeira Guerra Mundial. Posteriormente, a tecnologia do teste foi transportada para o campo da educação, onde alcançou uma proeminência que muitos educadores acham preocupante. Os testes de criatividade devem sua existência à Segunda Guerra Mundial, quando a Força Aérea contratou J. P. Guilford, psicólogo da Universidade do Sul da Califórnia, para estudar o tema. A força aérea queria selecionar pilotos que, diante de uma emergência — a falha inesperada de um equipamento ou instrumento —, reagissem com uma atitude original apropriada, salvando a si mesmos e ao avião. Os testes usuais de QI não tinham sido projetados para explorar a originalidade e, portanto, Guilford recebeu financiamento para desenvolver o que, mais tarde, ficou conhecido como testes de pensamento divergente.

Como mencionei, a Segunda Guerra Mundial foi especialmente benéfica para cientistas mulheres. Várias disseram que provavelmente não teriam sido admitidas na pós-graduação se tantos homens não tivessem sido convocados e os departamentos de pós-graduação não estivessem desesperados à procura de alunos qualificados. Depois de se formarem, essas mesmas mulheres encontraram empregos em laboratórios de pesquisa patrocinados pelo governo, envolvidos com o esforço de guerra ou com as tentativas posteriores de manter a superioridade científica alimentada pela Guerra Fria. Margaret Butler recordava com carinho os primeiros anos do pós-guerra em Argonne, onde se envolveu com o nascimento e a infância da ciência da computação. Eram tempos emocionantes, quando eventos históricos externos, avanços tecnológicos e novas descobertas científicas se fundiam em um único estímulo para trabalhar duro e solucionar problemas importantes.

A influência dos eventos históricos nas artes é menos direta, mas provavelmente não menos importante. É possível argumentar, por exemplo, que a ruptura com os estilos literários, musicais e artísticos clássicos, tão emblemática do século XX, tenha sido uma reação indireta à desilusão das pessoas diante da incapacidade da civilização ocidental de evitar o derramamento de sangue na Primeira da Guerra Mundial.[10] Não é coincidência que a teoria da relatividade de Einstein, a teoria do inconsciente de Freud, a poesia de forma livre de Eliot, o dodecafonismo de Stravinsky, a coreografia abstrata de Martha Graham, as figuras deformadas de Picasso e a técnica do fluxo de consciência de James

Joyce tenham todas sido criadas — e aceitas pelo público — na mesma época em que impérios caíram e os sistemas de crenças rejeitaram velhas certezas.

O escritor egípcio Naguib Mahfouz passou muitas décadas narrando imaginativamente as forças que estão destruindo o tecido antigo de sua cultura: o colonialismo, a mudança de valores, a mobilidade social, que cria nova riqueza e nova pobreza, e as mudanças nos papéis de homens e mulheres. Segundo afirmou, suas ideias tinham origem:

[...] no processo de vivência. Aprendemos a seguir com a vida antes mesmo de pensar em escrever sobre ela. Existem eventos em particular que penetram mais fundo no nosso coração do que outros. Minhas preocupações sempre foram políticas. A política me atrai muito. Política, relacionamentos interpessoais e amor. Os oprimidos da sociedade. Essas eram as coisas que mais me atraíam.

Para Nina Grunenberg, que foi editora associada e editorialista do semanário alemão *Die Zeit*, os acontecimentos mundiais que se desenrolam oferecem um fluxo constante de questões problemáticas. O desafio dela estava em extrair os elementos essenciais dos conflitos humanos envolvidos, o contexto sociocultural em que o drama se desenrola e, em seguida, expressar de forma concisa sua impressão particular desses eventos. Nas semanas anteriores à entrevista que concedeu para nosso estudo, ela foi ao Texas para cobrir o Fórum Econômico Mundial, a Londres para a cúpula da Otan, e à Rússia para uma reunião entre o chanceler alemão Helmut Kohl e o presidente russo Mikhail Gorbatchóv.

Sabe, eu dirijo um jornal semanal e normalmente fico muito orgulhosa nas manhãs de quarta, depois que o jornal sai das máquinas, quando está pronto e fresco e estou satisfeita com o meu artigo. A última vez em que fiquei muito satisfeita foi depois que o chanceler Kohl foi ao Cáucaso e conversou com o presidente Gorbatchóv. Isso foi na segunda-feira, e voltamos no mesmo dia à noite. Cheguei aqui em Hamburgo na terça de manhã e o artigo tinha que ser escrito naquela noite. Era a última matéria, era o acontecimento da semana, então tive que escrever um artigo que parecia muito relevante para mim e todos os meus colegas. Mas eu estava cansada, exausta. Então de fato tive alguma dificuldade em fazer aquilo do meu jeito, em me concentrar. Mas depois disso, na manhã seguinte, fiquei muito feliz!

O processo criativo começa com a sensação de que existe um quebra-cabeça em algum lugar, ou uma tarefa a ser realizada. Talvez algo não esteja certo, em algum lugar há um conflito, uma tensão, uma necessidade a ser satisfeita. A questão problemática pode ser desencadeada por uma experiência pessoal, por uma falta de encaixe no sistema simbólico, pelo estímulo dos colegas ou por uma necessidade pública. De qualquer forma, sem uma tensão perceptível a ponto de atrair a energia psíquica da pessoa, não existe a necessidade de uma nova resposta. Portanto, sem um estímulo desse tipo, é improvável que o processo criativo tenha início.

PROBLEMAS DADOS E PROBLEMAS DESCOBERTOS[11]

As pessoas veem os problemas de modo diferente, mas a maioria dos problemas já está formulada. Todo mundo sabe o que fazer, falta apenas a solução. Os empregadores, os financiadores ou alguma outra pressão externa esperam que a pessoa se dedique à solução de um quebra-cabeça. Estes são os problemas "dados". Mas existem também situações em que ninguém fez ainda a pergunta, ninguém sabe sequer que existe um problema. Nesse caso, a pessoa criativa identifica tanto o problema quanto a solução. Aqui temos um problema "descoberto". Einstein, entre outros, acreditava que os avanços realmente importantes na ciência surgem como resultado da reformulação de problemas antigos ou da descoberta de novos, e não só da solução dos problemas existentes. Ou, como disse Freeman Dyson: "É típico da vida científica que seja fácil quando você tem um problema para resolver. A parte difícil é encontrar o seu problema".

Frank Offner ilustrou assim o processo de solução de um problema dado:

Quando estava entrando no mundo das aeronaves, tive um grande amigo que me apresentou à Hamilton Standard, fabricante de hélices, e que hoje é parte da United Technology. Ele sugeriu que eu fosse me encontrar com eles para ver se eu tinha como ajudá-los, e o gestor da área de vibração da empresa me disse: "Bem, Frank, temos um problema há meses. Não conseguimos descobrir como obter o valor máximo positivo e o valor máximo negativo da voltagem para pegar a soma deles e determinar a tensão total. Não sabemos como escolher um resistor. O capacitor tem que estar de acordo com o resistor, porque se o resistor estiver muito alto, fica lento demais, e se estiver muito baixo, você perde um antes de chegar ao outro". Antes que ele terminasse de falar eu já sabia a resposta. Eu disse: "Não usa um resistor, usa um pequeno relé e você encurta o capacitor...".

Já Robert Galvin descreveu um problema descoberto. Seu pai havia fundado a Motorola no início do século para fabricar rádios automotivos. Por várias décadas o negócio foi uma pequena operação de uma única sala, com talvez uma dúzia de engenheiros e sem grandes contratos, de modo que o pai de Galvin se esforçava bastante para sobreviver. Em 1936, ele teve a sensação de que finalmente poderia tirar férias. Levou sua esposa e o jovem Robert em viagem pela Europa. Enquanto conheciam a Alemanha, o velho Galvin ficou convencido de que, cedo ou tarde, Hitler daria início a uma guerra. Ao voltar para casa, fez jus a sua desconfiança e enviou Don Mitchell, um de seus assistentes, a Camp McCoy, no Wisconsin, para aprender como o exército transmitia informações entre suas várias unidades.

Mitchell dirigiu até Wisconsin, tocou a campainha no portão do campo e se sentou com o major encarregado. Em pouco tempo, descobriu que, no que dizia respeito às comunicações, não havia mudado nada no exército desde a Primeira Guerra Mundial: um fio de telefone corria desde a linha de frente até as trincheiras mais ao fundo. Ao ser informado disso, os ouvidos de Galvin se animaram. "Don", ele deve ter dito, "se somos capazes de fabricar um rádio que cabe em um carro e recebe sinais, será que não temos como juntar um pequeno transmissor a ele, acrescentar algum tipo de bateria e colocá-lo em uma caixa, para que uma pessoa possa segurá-lo e falar da trincheira da frente com a trincheira de trás via rádio, em vez de passar um fio?" Eles chegaram à conclusão de que aquilo era uma boa ideia e foram ao trabalho. Quando Hitler invadiu a Polônia, a Motorola estava pronta para produzir o que se tornou o SCR 536, o walkie-talkie da Segunda Guerra Mundial. Robert Galvin usa essa história para ilustrar o que ele entende por antecipação e compromisso: por um lado, ter a visão de como você pode contribuir para o futuro, lucrando, assim, com isso, e, por outro, ter fé em sua intuição e trabalhar duro para concretizá-la.

Os problemas dados geralmente exigem muito menos tempo de preparação para ser resolvidos do que os problemas descobertos. Às vezes, a solução surge com a rapidez do exemplo de Frank Offner. Embora possa exigir pouco tempo e esforço, uma nova solução para um problema dado pode mudar o domínio de forma significativa e, portanto, ser considerada criativa. Mesmo nas artes, algumas das pinturas mais emblemáticas da Idade Média e do Renascimento foram encomendadas por mecenas que especificavam o tamanho da tela, o número de figuras, de que tipo, a quantidade do caro pigmento lápis-lazúli a ser utilizado, o peso da folha de ouro a ser aplicada na moldura, nos mínimos detalhes. Bach produzia uma nova cantata a cada poucas semanas para satisfazer as demandas de seu mecenas por hinos religiosos. Esses exemplos mostram que, quando abordados com o desejo de encontrar a melhor solução possível, mesmo os problemas mais rigidamente predefinidos podem ter como desfecho resultados criativos.

No entanto, os problemas descobertos têm uma oportunidade de fazer maior diferença na forma como vemos o mundo. Um exemplo é o lento desenvolvimento da teoria da evolução. Darwin foi contratado para viajar com o *Beagle* pela costa da América do Sul e descrever a fauna e flora majoritariamente não catalogadas que havia por lá. Essa não era uma tarefa que exigia uma solução criativa, e Darwin fez o que se esperava dele. Mas, ao mesmo tempo, ficou cada vez mais interessado e intrigado pelas sutis diferenças entre espécies semelhantes que vivem no que hoje chamaríamos de nichos ecológicos distintos. Ele viu a conexão entre características físicas específicas e oportunidades ambientais correspondentes, como o formato do bico de um pássaro e o tipo de alimento disponível. Essas observações levaram ao conceito de adaptação diferencial, que por sua vez, após muitas observações mais detalhadas, levou à ideia de seleção natural e, por fim, ao conceito de evolução das espécies.

A teoria da evolução respondeu a um grande número de perguntas, desde por que os animais são tão diferentes uns dos outros até de onde vêm os homens e as mulheres. Mas, talvez, a característica mais notável do feito de Darwin tenha sido o fato de que essas questões nunca haviam sido formuladas de uma forma passível de ser respondidas, de modo que ele teve que formular o problema e propor uma solução para ele. A maioria das grandes mudanças em um domínio compartilha dessa característica do trabalho de Darwin: elas tendem a estar mais próximas dos problemas descobertos do que dos problemas dados no continuum de situações problemáticas.

O TEMPO MISTERIOSO

Depois que uma pessoa criativa tem a sensação de que existe algo que não se encaixa, que há um problema que pode valer a pena encarar, o processo de criatividade geralmente fica incubado por algum tempo. A prova disso vem de relatos sobre descobertas nas quais o criador fica intrigado com uma questão e se recorda de ter tido um insight repentino sobre a natureza de um problema, mas não se lembra de nenhuma etapa intelectual consciente intermediária. Por conta desse hiato entre perceber um problema e intuir sua solução, presumiu-se que exista um estágio indispensável de incubação em um recesso do processo consciente.

Devido à sua qualidade misteriosa, a incubação é muitas vezes vista como a parte mais criativa de todo o processo. As sequências conscientes podem ser analisadas, até certo ponto, pelas regras da lógica e da racionalidade. Mas o que acontece nos espaços "escuros" desafia a simples análise e evoca o mistério original que envolve a obra do gênio: sente-se a necessidade de recorrer ao misticismo, de invocar a voz da Musa como explicação.

Nossos entrevistados concordaram de modo unânime que é importante deixar os problemas decantarem abaixo do limiar da consciência por algum tempo. Um dos relatos mais eloquentes da importância desse estágio veio novamente do físico Freeman Dyson. Ao descrever seu trabalho, ele disse:

> Estou de bobeira, sem fazer nada, o que provavelmente significa que este é um período criativo, embora, é claro, não dê para saber até que acabe. Acho que é muito importante não fazer nada. Quer dizer, todo mundo sempre diz que Shakespeare não fazia nada entre uma peça e outra. Não estou me comparando a Shakespeare, mas as pessoas que se mantêm ocupadas o tempo todo geralmente não são criativas. Então, eu não tenho vergonha de não fazer nada.

Frank Offner era igualmente convicto em sua crença na importância de nem sempre pensar sobre o problema:

> Vou lhe dizer uma coisa que encontrei tanto na ciência quanto na tecnologia: se você tem um problema, não se sente e tente resolvê-lo. Porque eu nunca consigo resolvê-lo se ficar apenas sentado pensando sobre ele. A solução vai vir talvez no meio da noite, enquanto estiver dirigindo ou tomando banho, ou algo assim.

O tempo exigido pelo período de incubação varia de acordo com a natureza do problema. Pode ir de algumas horas a várias semanas, ou até mais. Manfred Eigen disse que ia dormir todas as noites remoendo algum problema não resolvido em sua cabeça, algum procedimento experimental que não funcionava, algum processo de laboratório que não estava certo. Milagrosamente, quando acordava no dia seguinte, tinha a solução clara em mente. Hazel Henderson corria ou fazia jardinagem quando as ideias se esgotavam e, quando retornava ao computador, elas normalmente voltavam a fluir sem amarras. Elisabeth Noelle-Neumann precisava de bastante sono, caso contrário tinha a sensação de que seus pensamentos se tornavam banais e previsíveis. Donald Campbell era bastante claro sobre a importância de deixar as ideias fazerem conexões entre si sem distrações externas:

Uma das vantagens de ir para o trabalho andando é deixar a mente divagar. Ou, caso esteja dirigindo, não ligue o rádio do carro. Bem, não me considero especialmente criativo, mas essa criatividade tem que ser um processo profundamente dispendioso. E essa divagação da mente é um processo essencial. Se você deixa que a sua mente seja conduzida pelo rádio, pela televisão ou pelas conversas das outras pessoas, está apenas desperdiçando seu tempo de exploração intelectual.

Esses curtos períodos de incubação, geralmente relacionados a um problema "dado", tendem a resultar em mudanças minúsculas, talvez imperceptíveis, no domínio. Exemplos de períodos de incubação um pouco mais longos foram as poucas semanas que Freeman Dyson passou na Califórnia fazendo turismo, sem pensar conscientemente em como conciliar as teorias de Feynman e Schwinger. Em geral, parece que, quanto mais profunda a revolução trazida pela novidade, mais tempo ela passou sendo engendrada nos subterrâneos. Mas essa hipótese é difícil de ser testada. Por quanto tempo a teoria da relatividade de Einstein ficou incubada? Ou a teoria da evolução de Darwin? Ou as ideias de Beethoven para a *Quinta sinfonia*? Como é impossível determinar com precisão quando os primeiros insights dessas grandes obras apareceram na mente de seus autores, também é impossível saber quanto tempo durou o processo de incubação.

O papel do tempo ocioso[12]

Mas o que acontece durante esse misterioso tempo ocioso, quando a mente não está conscientemente preocupada com o problema? Existem várias explicações que buscam responder por que a incubação ajuda o processo criativo. Talvez a mais conhecida seja um desdobramento da teoria psicanalítica. Segundo Freud, a curiosidade na raiz do processo criativo — especialmente nas artes — é desencadeada por uma experiência infantil de origem sexual, uma memória tão devastadora que precisou ser reprimida. A pessoa criativa é aquela que consegue deslocar a busca do conhecimento proibido para uma curiosidade permissível. O zelo do artista em tentar encontrar novas formas de representação e o desejo do cientista de despir os véus da natureza são, na verdade, tentativas disfarçadas de entender as impressões confusas que a criança sentiu ao ver seus pais fazendo sexo, ou as emoções ambivalentemente eróticas em relação ao pai ou à mãe.

No entanto, se o processo criativo secundário quiser drenar efetivamente o interesse primário reprimido, ele precisa mergulhar de vez em quando abaixo do limiar da consciência, onde pode se conectar de novo com sua fonte libidinal original. Supostamente, é isso que acontece durante o período de incubação. O conteúdo da linha de pensamento consciente é absorvido pelo subconsciente, e ali, fora do alcance da censura da consciência, o problema científico abstrato tem a chance de se revelar pelo que é — uma tentativa de chegar a um acordo com um conflito muito íntimo. Renovado pelo fato de ter sido capaz de comungar com sua verdadeira fonte, o pensamento subconsciente pode então ressurgir na consciência, com seu disfarce de volta ao lugar, e o cientista pode dar continuidade à pesquisa com vigor renovado.

Muitas pessoas criativas usam uma versão simplificada desse relato para explicar seu próprio trabalho, e muitas vezes dão pistas sobre a provável origem libidinal de seus interesses. É difícil saber o que fazer com tal informação. Muitas vezes, ocorre que os artistas ou cientistas mais convictos de estarem tentando resolver um trauma de infância em suas obras são aqueles que passaram muitos anos em terapia e foram bem socializados na ideologia freudiana. Pode ser que a análise os tenha ajudado a descobrir as fontes reprimidas de sua curiosidade. Ou pode ser que isso os tenha ajudado a encontrar uma explicação interessante para o que existe de misterioso em suas experiências — uma explicação, no entanto, que pode ter pouco fundamento na realidade.

De qualquer forma, embora uma abordagem psicanalítica talvez explique parte da motivação para que uma pessoa se envolva no processo de descoberta, ela fornece muito pouca orientação sobre o motivo pelo qual as férias na Califórnia renderam a Dyson a chave para a eletrodinâmica quântica. A transformação da libido, em tal caso, é tão implausível que carece de credibilidade.

Relatos cognitivos do que acontece durante a incubação pressupõem, assim como os psicanalíticos, que algum tipo de processamento de informação continua a ocorrer na mente mesmo quando não estamos conscientes disso, inclusive quando estamos dormindo. A diferença é que as teorias cognitivas não postulam nenhuma direção para o pensamento subconsciente. Não há um trauma, no submundo do inconsciente, em busca de resolução por meio da curiosidade disfarçada. Os teóricos cognitivos acreditam que as ideias, quando privadas de direção consciente, seguem simplesmente as leis de associação. Elas se combinam mais ou menos aleatoriamente, embora associações aparentemente irrelevantes entre ideias possam ocorrer como resultado de uma conexão anterior: por exemplo, o químico alemão August Kekulé teve o insight de que a molécula de benzeno poderia ter a forma de um anel depois que pegou no sono enquanto observava faíscas na lareira fazerem círculos no ar. Se tivesse permanecido acordado, Kekulé provavelmente teria rejeitado como ridículo o pensamento de que poderia haver uma conexão entre as faíscas e a forma da molécula. Mas, no subconsciente, a racionalidade não pôde censurar a conexão e, assim, quando acordou, ele não foi mais capaz de ignorar aquela possibilidade. De acordo com essa perspectiva, conexões verdadeiramente irrelevantes se dissolvem e desaparecem da memória, enquanto as que são robustas sobrevivem o suficiente para por fim emergir na consciência.

A distinção entre processamento serial e paralelo de informações também pode explicar o que acontece durante a incubação.[13] Em um sistema serial, como o de uma calculadora antiga, um problema numérico complexo deve ser resolvido em sequência, um passo de cada vez. Em um sistema paralelo, como em um software avançado, um problema é dividido em etapas, os cálculos parciais são realizados simultaneamente e, em seguida, reconstituídos em uma única solução final.

Algo semelhante ao processamento paralelo pode estar ocorrendo quando se diz que os elementos de um problema estão em incubação. Quando pensamos conscientemente sobre um problema, nosso aprendizado prévio e os esforços para se chegar a uma solução empurram nossas ideias em uma direção linear, geralmente ao longo de caminhos previsíveis ou familiares. Mas a intencionalidade não funciona no subconsciente. Livres da direção racional, as ideias podem se combinar e perseguir umas às outras de todas as formas. Graças a essa liberdade, conexões originais que seriam de início rejeitadas pela mente racional têm a chance de se firmar.

O campo, o domínio e o inconsciente

À primeira vista, a incubação parece ocorrer exclusivamente na mente — mais ainda, nos recantos ocultos da mente, onde a consciência não é capaz de alcançar. Contudo, depois de um olhar mais atento, temos que admitir que, mesmo no inconsciente, o sistema simbólico e o ambiente social desempenham papéis importantes. Em primeiro lugar, é óbvio que a incubação não pode funcionar para uma pessoa que não compreende um domínio ou não esteve envolvida em um campo. Uma nova solução para a eletrodinâmica quântica não ocorre a uma pessoa não familiarizada com esse ramo da física, não importa por quanto tempo ela durma.

Mesmo que o pensamento subconsciente não siga vias racionais, ele ainda assim obedece a padrões estabelecidos durante o aprendizado consciente. Nós internalizamos o conhecimento do domínio e as preocupações do campo. Assim, elas se tornam parte da forma como nossa mente se constitui. Muitas vezes, não é necessário fazer um experimento para saber que algo não vai dar certo: o conhecimento teórico é capaz de prever o resultado. Da mesma forma, podemos antever o que os nossos colegas dirão se expressarmos publicamente determinadas ideias. Quando nos sentamos sozinhos em nosso escritório e dizemos que uma ideia não vai funcionar, o que podemos estar dizendo é que nenhuma das pessoas cujas opiniões importam vai aceitá-la. Esses critérios internalizados do domínio e do campo não desaparecem quando o processo de pensamento passa ao subterrâneo. Eles provavelmente são menos insistentes do que quando estamos cientes do que estamos fazendo, mas ainda assim moldam e controlam a formas como as combinações de ideias são avaliadas e selecionadas.

Entretanto, assim como devemos levar a sério as preocupações da disciplina, também devemos estar dispostos a nos posicionar contra o saber consolidado, se as circunstâncias pedirem. Caso contrário, nenhum avanço é possível. A tensão fundamental entre a confiança no conhecimento do domínio e a predisposição para rejeitá-lo fica bem exemplificada na descrição de Frank Offner do que se passava em sua cabeça enquanto ele tentava desenvolver os primeiros controles eletrônicos que, por fim, tornaram possível o uso comercial de motores a jato:

> Se você entende de ciência e surge uma pergunta e você quer fazer alguma coisa com ela, então é capaz de achar uma boa solução com muita facilidade. Se não tem uma boa formação científica, você não tem como. Se eu tivesse olhado para o que outras pessoas fizeram antes, como nos motores a jato, eu estaria perdido. Todo mundo abordou o assunto justamente da maneira errada. Eles achavam que, da forma como eu estava fazendo, seria impossível. [Norbert] Weiner, o matemático — eu li o livro dele sobre cibernética — disse que era impossível. Mas usei o feedback de aceleração de taxa [*rate acceleration feedback*] e deu certo.

O que Offner defende aqui é que uma solução criativa geralmente exige o uso do conhecimento de uma parte do domínio para corrigir as crenças estabelecidas do campo — que são baseadas em diferentes conclusões derivadas de outras partes do mesmo domínio. Nesse caso, a teoria cibernética parecia excluir a possibilidade de controles que mantivessem a velocidade do motor a jato exatamente constante. Mas, antes mesmo de ver um motor a jato, pensando no que os controles deveriam fazer e depois voltando à física básica, Offner concebeu um esquema que funcionou e foi implementado.

Pensamentos criativos evoluem nesse vazio repleto de tensão — agarrando-se ao que é conhecido e aceito ao mesmo tempo em que tende para uma verdade ainda mal definida que dificilmente é vislumbrada do outro lado do abismo. Mesmo quando os pensamentos ficam incubados abaixo do limiar da consciência, essa tensão está presente.

O MOMENTO EUREKA

A maioria das pessoas em nossa amostra — mas não todas — se lembra com grande intensidade e precisão de um momento específico em que algum grande problema se materializou em sua mente de tal forma que uma solução se tornou quase inevitável, sendo apenas uma questão de tempo e trabalho duro. Para problemas dados, o insight pode até mesmo incluir os detalhes da solução. Eis aqui dois exemplos de Frank Offner:

A resposta veio talvez no meio da noite. Ela ficou dando voltas dentro da minha cabeça. Sei dizer onde estava quando me veio a resposta de como estabilizar o controle do jato com um feedback. Eu estava sentado no sofá, acho que foi antes de me casar, na casa de algum amigo, um pouco entediado, e a resposta bateu, "Ah!", e eu a apliquei.

E teve outra. Eu ia escrever minha tese de doutorado sobre excitação nervosa. Havia dois conjuntos de equações que descreviam a excitação nervosa. Eu ia fazer alguns experimentos para saber qual estava certo, um elaborado na Universidade de Chicago, o outro, elaborado na Inglaterra, e ver qual era o mais preciso. Tentei utilizar a matemática para ver que tipo de experimento seria [decisivo]. Lembro que estava tomando banho quando vi como resolver aquele problema. Sentei e descobri que as equações eram apenas duas formas de dizer a mesma coisa. Então, tive que pensar em outra coisa [para a tese].

O insight supostamente ocorre quando uma conexão subconsciente entre ideias se forma tão bem que é forçada a aparecer na consciência, como uma rolha presa debaixo d'água emergindo no ar depois de ser solta.

OS 99 POR CENTO DE TRANSPIRAÇÃO

Depois que há um insight, é preciso confirmá-lo para ver se as conexões realmente fazem sentido. O pintor se afasta da tela para ver se a composição funciona, o poeta relê o verso com um olhar mais crítico, o cientista se senta para fazer os cálculos ou os experimentos. A maioria dos insights não vai muito longe, porque sob a luz da razão aparecem defeitos fatais. Mas, se tudo der certo, começa o trabalho lento, e muitas vezes repetitivo, de desenvolvimento.

Existem quatro condições principais que são importantes durante essa fase do processo. Em primeiro lugar, a pessoa deve prestar atenção ao trabalho em desenvolvimento para perceber quando novas ideias, problemas e insights surgirem da interação com o meio. Manter a cabeça aberta e flexível é um aspecto importante da forma como as pessoas criativas realizam seu trabalho. Em seguida, é preciso prestar atenção aos objetivos e sentimentos, para saber se o trabalho está realmente correndo como desejado. A terceira condição é manter contato com o conhecimento do domínio, usar as técnicas mais eficazes, as informações mais completas e as melhores teorias à medida que se avança. Por fim, principalmente nas fases finais do processo, é importante ouvir os colegas de campo. Ao interagir com outras pessoas envolvidas com problemas semelhantes, é possível corrigir uma linha de solução que está indo na direção errada, refinar e ajustar as ideias, e encontrar o modo mais convincente de apresentá-las, aquele que tem maiores chances de aceitação.

A historiadora Natalie Davis descreve como se sente durante a última etapa do processo criativo, quando tudo o que falta é redigir os resultados de sua pesquisa:

> Se eu não tivesse paixão por um projeto, se tivesse perdido esse sentimento ou talvez ele não durasse muito, tudo perderia o brilho. Quer dizer, não quero me dedicar a uma coisa pela qual perdi o amor. Acho que todo mundo talvez seja assim, mas eu sou demais. É difícil ser criativa se você está apenas fazendo algo de modo obstinado. Se eu não tivesse curiosidade, se achasse que a minha curiosidade era limitada, então a parte da novidade desapareceria. Porque foi a curiosidade que muitas vezes me levou a pensar algo que as pessoas achavam que nunca seria capaz de descobrir. Ou formas de olhar para um assunto que nunca tinham sido empregadas antes. É isso que me mantém correndo de um lado para o outro na biblioteca, e pensando, pensando e pensando sem parar.

Barry Commoner descreveu as últimas etapas de seu trabalho, quando tinha que pôr as coisas por escrito ou comunicá-las ao público, da seguinte forma:

> Parte do trabalho é extremamente difícil do ponto de vista de fazer uma declaração precisa. Por exemplo, em um dos meus livros eu escrevi um capítulo sobre termodinâmica destinado ao público leigo. Ele passou por quinze rascunhos,

provavelmente. Foi a escrita mais difícil que já tive que fazer, porque é um assunto muito difícil de colocar em termos comuns. E é uma das coisas das quais mais me orgulho. Havia engenheiros me dizendo que pela primeira vez tiveram uma imagem clara da termodinâmica. Então, eu gostei muito disso. Gosto de me comunicar. Assim como de falar. Eu falo muito. E gosto de verdade de ver o público prestando atenção — ouvindo, compreendendo.

O trabalho criativo nunca acaba. Em outras palavras, todas as pessoas que entrevistamos disseram que haviam trabalhado todos os minutos de suas carreiras, ao mesmo tempo que nunca haviam trabalhado um único dia na vida. Elas vivenciavam até mesmo a imersão mais focada em tarefas extremamente difíceis, como uma brincadeira, uma aventura emocionante e lúdica.

É fácil nos ressentirmos dessa postura e enxergarmos a liberdade interior da pessoa criativa como um privilégio de uma elite. Enquanto o resto de nós aguenta trabalhos chatos, elas têm o luxo de fazer o que gostam, sem distinguir se é trabalho ou diversão. Pode haver um quê de verdade nisso. Mas, muito mais importante, na minha opinião, é a mensagem que a pessoa criativa transmite: você também pode passar a vida fazendo o que gosta. Afinal de contas, a maioria das pessoas que entrevistamos não nasceu em berço de ouro. Muitas tiveram origens humildes e batalharam para construir uma carreira que lhes permitisse explorar seus interesses sem parar. Mesmo que não tenhamos a sorte de descobrir um novo elemento químico ou escrever um grande livro, o amor pelo processo criativo, por si só, está à disposição de qualquer um. Difícil imaginar uma vida mais rica que essa.

5. O flow da criatividade

Indivíduos criativos diferem uns dos outros de variadas formas, mas um aspecto é unânime: todos amam o que fazem. O que os move não é a expectativa de alcançar a fama ou de ganhar dinheiro, mas, em vez disso, a oportunidade de realizar o trabalho que gostam de fazer. Jacob Rabinow explicou: "Você inventa pelo prazer de inventar. Eu não começo pensando: 'O que vai dar dinheiro?'. O mundo é um lugar difícil. Dinheiro é importante, mas se eu tiver que negociar entre o que é divertido para mim e o que é lucrativo, vou ficar com o que é divertido". O romancista Naguib Mahfouz concordou em tons mais gentis: "Eu amo meu trabalho mais do que amo o resultado dele. Eu me dedico ao trabalho, independentemente de suas consequências". Nos deparamos com o mesmo sentimento em todas as entrevistas.

O extraordinário, nesse caso, é que falamos com engenheiros e químicos, escritores e músicos, empresários e reformadores sociais, historiadores e arquitetos, sociólogos e médicos — e todos concordam que fazem o que fazem principalmente porque é divertido. No entanto, muitas pessoas que ocupam as mesmas posições não gostam do que fazem. Portanto, temos que presumir que não é o que essas pessoas fazem que conta, mas como elas fazem. Ser engenheiro ou carpinteiro não é prazeroso em si, mas quando alguém faz essas coisas de determinada forma, elas se tornam recompensadoras por conta própria. Qual é o segredo para tornar as atividades recompensadoras em si?

PROGRAMADO PARA SER CRIATIVO[1]

Quando as pessoas são convidadas a escolher, baseando-se em uma lista, a melhor descrição de como se sentem ao fazer o que mais gostam de fazer — ler, praticar alpinismo, jogar xadrez, o que quer que seja —, a resposta escolhida com mais frequência é "projetar ou descobrir algo novo". A princípio, parece estranho que dançarinos, alpinistas e compositores concordem que suas experiências mais agradáveis se assemelham a um processo de descoberta. Mas, quando refletimos mais a fundo, parece perfeitamente razoável que pelo menos algumas pessoas gostem de descobrir e criar acima de tudo.

Para ver a lógica por trás disso, faça um experimento mental simples. Imagine que você queira construir um organismo, uma forma de vida artificial, cujas chances de sobrevivência serão maiores em um ambiente complexo e imprevisível, como o da Terra. Você precisa incluir, nesse organismo, um mecanismo que o prepare para enfrentar uma série de perigos inesperados e para tirar vantagem do maior número possível de oportunidades que aparecerem. Como fazer isso? Sem dúvida, você vai querer projetar um organismo que seja essencialmente conservador, que aprenda as melhores soluções usadas do passado e as repita, buscando economizar energia, agir com cautela e seguir padrões de comportamento testados e aprovados.

Mas a melhor solução também incluiria um sistema de retransmissão, em alguns organismos, que proporcionasse um reforço positivo toda vez que eles descobrissem algo novo ou formulassem uma nova ideia ou comportamento, fosse ou não útil de imediato. É especialmente importante se certificar de que o organismo não seja recompensado apenas por descobertas úteis, pois nesse caso ele estaria severamente prejudicado para enfrentar o futuro, considerando que nenhum inventor seria capaz de prever o tipo de situação que os novos organismos poderiam encontrar amanhã, no próximo ano ou na próxima década. Logo, a melhor programação é aquela que faz o organismo se sentir bem sempre que algo novo é descoberto, independentemente de sua utilidade presente. É isso que parece ter acontecido com a nossa espécie por meio da evolução.

Por meio de mutações aleatórias, alguns indivíduos devem ter desenvolvido um sistema nervoso no qual a descoberta de uma novidade estimula os centros de prazer no cérebro. Assim como alguns indivíduos obtêm um prazer mais intenso no sexo e outros com a comida, também devem ter nascido alguns que extraem um prazer mais intenso ao aprender algo novo. É possível que as crianças mais curiosas corressem mais riscos e, portanto, fossem mais propensas a morrer antes de suas colegas mais impassíveis. Mas também é provável que os grupos de humanos que aprenderam a valorizar as crianças curiosas que havia entre eles, e que tenham ajudado a protegê-las e a recompensá-las para que pudessem crescer até a maturidade e ter seus próprios filhos, tenham sido mais bem-sucedidos do que grupos que ignoraram o potencial criativo presente entre eles.

Se isso for verdade, somos descendentes de ancestrais que perceberam a importância da novidade, protegeram os indivíduos que gostavam de ser criativos e aprenderam com eles. Por terem entre eles indivíduos que gostavam de explorar e inventar, estavam mais bem preparados para enfrentar as condições imprevisíveis que ameaçavam sua sobrevivência. Dessa forma, também compartilhamos dessa propensão a gostar de tudo o que fazemos, desde que possamos fazê-lo de uma nova maneira, desde que possamos descobrir ou projetar algo novo no processo. É por isso que a criatividade, não importa em que domínio ocorra, é tão agradável. É por isso que Brenda Milner, entre muitos outros, disse: "Eu diria que sou imparcial sobre o que é importante ou genial, porque cada nova pequena descoberta, mesmo minúscula, é emocionante quando ocorre".

Mas isso é apenas parte da história. Outra força nos motiva e é mais primitiva e mais poderosa do que o desejo de criar: a força da entropia.[2] Ela é também um mecanismo de sobrevivência inserido em nossos genes por meio da evolução. Sentimos prazer quando estamos confortáveis, quando relaxamos, quando podemos nos sentir bem sem gastar energia. Se não tivéssemos esse regulador embutido, poderíamos facilmente nos matar correndo desenfreados sem reservas suficientes de força, gordura corporal ou energia mental para enfrentar o inesperado.

É por isso que a vontade de relaxar e de se aconchegar confortavelmente no sofá sempre que temos a chance é tão forte. Visto que esse impulso conservador é muito poderoso, para a maioria das pessoas "tempo livre" significa oportunidade de relaxar, de colocar a mente em ponto morto. Quando não há demandas externas, a entropia entra em ação e, a menos que entendamos o que está acontecendo, ela toma conta do nosso corpo e da nossa cabeça.

Normalmente, estamos divididos entre dois tipos opostos de instruções programadas no cérebro: de um lado, o imperativo do menor esforço, e do outro, as demandas da criatividade.

Na maioria dos indivíduos, a entropia parece ser mais forte, e eles gostam mais do conforto do que do desafio da descoberta. Alguns, como os que contam suas histórias neste livro, são mais receptivos às recompensas da descoberta, mas todos respondemos a essas duas recompensas. As tendências para a conservação de energia, bem como para empregá-la de maneira construtiva, fazem parte da nossa herança. Qual delas sai vencedora depende não apenas da nossa composição genética, mas supostamente também das nossas primeiras experiências. A menos, no entanto, que haja um número suficiente de pessoas motivadas pelo prazer que advém de encarar desafios, de descobrir novas formas de existir e de fazer, não há evolução da cultura, não há progresso intelectual nem emocional. É importante, nesse sentido, entender melhor em que consiste o prazer e o modo como a criatividade pode produzi-lo.

O QUE É PRAZER?

Para responder a essa pergunta, há muitos anos comecei a estudar pessoas que pareciam estar fazendo coisas de que gostavam, sem que fossem recompensadas com dinheiro ou fama. Jogadores de xadrez, alpinistas, dançarinos e compositores dedicavam inúmeras horas por semana às suas atividades. Por que faziam aquilo? Ficou claro, ao conversar com eles, que o que os mantinha motivados era a qualidade da experiência que tinham quando estavam envolvidos com a atividade. Essa sensação não aparecia quando eles relaxavam, faziam uso de drogas ou álcool, nem quando estavam desfrutando dos caros privilégios da riqueza. Em vez disso, muitas vezes a atividade envolvia operações dolorosas, arriscadas e difíceis, que aprimoravam a competência da pessoa e envolviam um elemento de novidade e descoberta. Essa experiência ideal é o que eu batizei de flow, porque muitos dos entrevistados descreveram essa sensação, de quando as coisas estão indo bem, como um estado de consciência quase automático, sem esforço, mas com alto grau de concentração.

A experiência do flow foi descrita em termos quase idênticos, independentemente da atividade que a proporcionou.[3] Atletas, artistas, místicos religiosos, cientistas e trabalhadores comuns descreveram suas experiências mais gratificantes com palavras muito semelhantes. A descrição não mudou muito em diferentes culturas, gêneros ou faixas etárias. Velhos e jovens, ricos e pobres, homens e mulheres, americanos e japoneses parecem experimentar o prazer da mesma forma, por mais que estejam fazendo coisas bastante diferentes para alcançá-lo. Nove elementos principais foram mencionados diversas vezes para descrever a sensação que ocorre quando uma experiência é prazerosa.

1. *Existem metas claras a cada etapa da trajetória.* Ao contrário do que acontece no dia a dia, seja no trabalho ou em casa, quando muitas vezes há demandas contraditórias e nosso propósito é incerto, no flow sempre sabemos o que precisa ser feito. O músico sabe quais notas tocar em sequência. O alpinista sabe os próximos movimentos a fazer. Quando um trabalho é prazeroso, ele também tem metas claras: o cirurgião tem consciência de como a incisão deve ser feita a cada momento, assim como o agricultor tem um plano de como realizar o plantio.

2. *Existe um feedback imediato para cada ação.* Mais uma vez, em contraste com o estado normal das coisas, em uma experiência de flow sabemos o quão bem estamos indo. O músico sabe na mesma hora se a nota tocada é a correta. O alpinista descobre imediatamente se o movimento foi acertado — porque ainda está pendurado, não caiu no fundo do vale. O cirurgião vê que não há sangue na cavidade e o agricultor vê os sulcos se alinhando perfeitamente no campo.

3. *Existe um equilíbrio entre os desafios e as habilidades.* No flow, temos a sensação de que as nossas habilidades estão bem de acordo com as oportunidades de ação. No dia a dia, às vezes achamos que os desafios são altos demais em relação às nossas habilidades, então ficamos frustrados e ansiosos. Ou, então, temos a impressão de que o nosso potencial é maior do que as oportunidades de expressá-lo e nos sentimos entediados. Jogar tênis ou xadrez contra um oponente muito melhor leva à frustração; contra um oponente muito mais fraco, ao tédio. Em uma partida prazerosa de verdade, os jogadores se equilibram na linha tênue entre o tédio e a ansiedade. O mesmo vale para quando o trabalho, uma conversa ou um relacionamento estão indo bem.

4. *Ação e atenção se fundem.* É típico da experiência cotidiana que a nossa cabeça esteja dissociada da nossa atividade. Sentados na sala de aula, os alunos podem parecer estar prestando atenção ao professor, mas na verdade estão pensando no almoço ou no encontro da véspera. O trabalhador pensa no fim de semana. A mãe que limpa a casa está preocupada com o filho. A cabeça do golfista está preocupada com o que os seus amigos vão achar da sua tacada. No flow, entretanto, nossa atenção está focada no que fazemos. A concentração da mente é uma exigência da fina sintonia entre os desafios e as habilidades, que se torna possível por meio da clareza das metas e da existência de feedback constante.

5. *As distrações são afastadas da consciência.* Outro elemento típico do flow é que estamos cientes apenas do que é relevante no aqui e agora. Se o músico estiver pensando em seus problemas de saúde ou financeiros, é provável que toque uma nota errada. Se a mente do cirurgião divaga durante uma operação, a vida do paciente está em risco. O flow é resultado de uma concentração intensa no presente, que nos redime dos medos habituais que provocam depressão e ansiedade no dia a dia.

6. *Não existe medo do fracasso.* Quando estamos no flow, ficamos imersos demais para nos preocuparmos com o fracasso. Algumas pessoas descrevem isso como uma sensação de controle absoluto, mas, na verdade, não estamos no controle — a questão apenas não vem à tona. Se estivéssemos, não estaríamos totalmente concentrados, porque nossa atenção se dividiria entre o que fazemos e a sensação de controle. A razão pela qual o fracasso não é um problema é porque no flow está claro o que precisa ser feito e, nesse caso, nossas habilidades são potencialmente adequadas aos desafios.

7. *A preocupação com a autoimagem desaparece.* No dia a dia, estamos sempre monitorando a forma como os outros nos veem: estamos alertas para nos defendermos de possíveis desprezos e ansiosos para provocar uma impressão positiva. Essa preocupação com a autoimagem é um fardo. No flow, estamos envolvidos demais no que estamos fazendo para nos preocupar em proteger o ego. Depois que um momento de flow se encerra, costumamos, no entanto, emergir dele com a autoimagem fortalecida, pois sabemos que conseguimos

superar um desafio. Podemos até ter a sensação de que transcendemos os limites do ego e nos tornamos, pelo menos temporariamente, parte de uma entidade maior. O músico entra em sintonia com a harmonia do cosmos, o atleta se move em sintonia com a equipe, o leitor de um romance vive por algumas horas em uma realidade diferente. Paradoxalmente, o self se expande nos momentos em que nos esquecemos de nós mesmos.

8. *A percepção do tempo é distorcida.* Geralmente, quando estamos no flow nos esquecemos do tempo, e as horas podem passar como se fossem alguns minutos. Ou acontece o contrário: um patinador artístico pode relatar que uma rotação rápida, que em tempo real leva apenas um segundo, parece demorar dez vezes mais. Em outras palavras, o tempo do relógio não marca mais frações idênticas de tempo. A noção de quanto tempo passa depende daquilo que estamos fazendo.

9. *A atividade se torna autotélica.* Sempre que a maioria dessas condições está presente, começamos a sentir prazer no que quer que produza tal experiência. Posso ter medo de usar um computador e aprender a fazê-lo apenas porque meu trabalho depende disso. À medida que minha competência aumenta e me dou conta do que o computador me permite fazer, posso, no entanto, começar a gostar de usar o computador por si só. Nesse ponto, a atividade se torna *autotélica* — o que em grego significa algo que é um fim em si mesmo. Algumas atividades, como a arte, a música e os esportes, costumam ser autotélicas: não há motivo para fazê-las senão a experiência que elas proporcionam. A maioria das coisas na vida é *exotélica*: não as fazemos porque gostamos, mas para alcançar algum objetivo posterior. Algumas atividades são ambas as coisas: o violinista é pago para tocar e o cirurgião ganha status e um bom dinheiro para operar, mas, além disso, ambos se divertem fazendo o que fazem. De muitas formas, o segredo para uma vida feliz é aprender a extrair flow do maior número possível de coisas que temos que fazer. Se o trabalho e a vida familiar se tornarem autotélicos, então não há nenhum desperdício na vida — e tudo o que fazemos vale a pena ser feito por si só.

AS CONDIÇÕES IDEAIS AO FLOW NA CRIATIVIDADE

Criatividade envolve a produção de uma novidade. O processo de descoberta associado à criação de algo novo parece ser uma das atividades mais prazerosas com que o ser humano pode se envolver. Inclusive, é fácil reconhecer as condições ideais ao flow nos depoimentos dos nossos entrevistados, pois eles descrevem a sensação de fazer o tipo de coisas que fazem.

A clareza das metas

Em determinadas condições, o processo criativo começa com o objetivo de solucionar um problema apresentado à pessoa por alguém ou sugerido pelo estado da arte no domínio. Além disso, qualquer coisa que não funcione tão bem quanto poderia oferece uma meta clara para um inventor. É o que Frank Offner descreveu da seguinte maneira:

Ah, eu amo resolver problemas. Pode ser porque a nossa lava-louça parou de funcionar, ou por que o carro parou de funcionar, ou como funciona o sistema nervoso, ou qualquer coisa. Agora estou trabalhando para saber como as células ciliadas funcionam, e ah... é tão interessante. Não importa que tipo de problema seja. Se eu puder resolvê-lo, é divertido. É realmente muito divertido resolver problemas, não é? Não é isso que é interessante na vida? Principalmente se as pessoas dizem uma coisa e você mostra que elas estão erradas há vinte anos, e que você é capaz de resolver aquilo em cinco minutos.

Ou a meta pode aparecer como um problema no domínio — uma lacuna na rede de conhecimento, uma contradição entre descobertas, um resultado intrigante. Aqui, o objetivo é restaurar a harmonia no sistema conciliando as aparentes disparidades. O físico Victor Weisskopf descreveu assim o prazer envolvido nesse processo:

Bem, na ciência, obviamente, se compreendo alguma coisa, por exemplo, uma nova descoberta, que não precisa ser minha, pode ser a descoberta de outra pessoa, penso: "Hm, agora eu entendo processos naturais que não entendia antes". É essa a alegria do insight.

Na música, é o insight sobre o significado da composição. O que ela nos diz, o que o compositor queria nos dizer, a beleza, a expressão ou os sentimentos religiosos, coisas assim.

Para os artistas, a meta da atividade não pode ser percebida com facilidade. Inclusive, quanto mais criativo for o problema, menos claro é o que precisa ser feito. Os problemas descobertos, aqueles que provocam as mudanças mais drásticas no domínio, são também os que apresentam maior dificuldade de extrair prazer por meio deles, por conta de sua indefinição. Nesses casos, a pessoa criativa deve, de alguma forma, desenvolver um mecanismo inconsciente que lhe diga o que fazer. O poeta György Faludy não costumava começar a escrever até que uma "voz" lhe dissesse para fazê-lo, muitas vezes no meio da noite: "György, está na hora de escrever". Ele acrescentou, com pesar: "Essa voz tem acesso a mim, mas eu não tenho acesso a ela". Os antigos chamavam essa voz de "musa". Mas pode ser uma visão, como era para Robertson Davies:

Você está sempre escrevendo e sempre fantasiando. O que eu vejo muitas vezes no meu próprio trabalho, embora não saiba dizer se isso se aplica ao de outras pessoas também, é que uma ideia para um romance toma conta de mim e não me deixa em paz até que eu dê a devida atenção a ela. Isso não quer dizer que uma história completa apareça na minha cabeça. Muitas vezes, o que surge é uma imagem que parece, de alguma forma, ser significativa e que precisa ser analisada. Muitos anos atrás, descobri que sempre que parava de pensar em uma coisa em particular, uma imagem continuava a surgir na minha cabeça. Era a foto de uma rua, e eu sabia qual era: era a rua em que nasci, em uma pequena aldeia de Ontário. Havia dois meninos brincando na neve e um atirava uma bola de neve no outro.

Os leitores da obra de Davies reconhecerão, nessa foto, a cena de abertura de *O quinto da discórdia*, primeiro volume de sua famosa trilogia intitulada "Deptford". De muitas formas, o processo de escrita do livro consistiu em descobrir o que aquela imagem, carregada de emoção e nostalgia, prenunciava. A meta era descobrir quais eram as consequências de se atirar aquela bola de neve. Provavelmente, se Davies tivesse dito a si mesmo racionalmente que o livro trataria daquilo, teria pensado que era uma meta banal, que não valia todo o tempo e o esforço. Mas, felizmente, a meta se apresentou como uma visão, um chamado misterioso que ele se sentiu impelido a atender. Muitas vezes, é assim que a musa se comunica — por trás de lentes obscuras, por assim dizer. É um arranjo esplêndido, pois se o artista não fosse ludibriado pelo mistério, jamais poderia se aventurar em território inexplorado.

Como saber se estamos indo bem

Jogos são projetados de modo que possamos manter uma pontuação e saber o quão bem estamos indo. A maior parte dos trabalhos oferece algum tipo de informação sobre o desempenho: o vendedor pode somar as vendas diárias, o montador pode contar as peças produzidas. Se tudo mais der errado, o chefe pode dizer o quão bem você está indo. Mas o artista, o cientista e o inventor se movem por linhas de tempo muito diferentes. Como eles podem saber, dia após dia, se estão desperdiçando o tempo deles ou de fato concretizando alguma coisa?

Este é um problema difícil, sem dúvida. Muitos artistas desistem porque é doloroso demais esperar até que críticos ou galerias prestem atenção e julguem suas telas. Os pesquisadores se afastam da ciência pura porque não conseguem tolerar os longos ciclos de insegurança até que revisores e editores avaliem seus resultados. Então, como é que eles podem experimentar o flow sem receber informações de fora sobre seu desempenho?

Parece que os indivíduos que conseguem continuar a fazer seu trabalho criativo são aqueles capazes de internalizar os critérios de julgamento do campo na medida em que podem dar feedback a si mesmos, sem ter que esperar ouvir os especialistas. O poeta que continua gostando de escrever versos é aquele que sabe o quão bom cada verso é — quão apropriada é cada palavra escolhida. O cientista que gosta de seu trabalho é aquele que tem uma noção do que é um bom experimento e que aprecia quando um ensaio é bem executado ou quando um relatório é escrito com clareza. Desse modo, ele não precisa esperar até outubro para ver se seu nome está entre o dos vencedores do Nobel.

Muitos cientistas criativos dizem que a diferença entre eles e seus pares menos criativos é a capacidade de separar as ideias ruins das boas, para que não percam tempo explorando becos sem saída. Todo mundo tem ideias boas e ruins o tempo todo, dizem eles. Mas algumas pessoas não conseguem distingui-las até que seja tarde demais, isto é, até que já tenham investido muito tempo em palpites sem futuro.[4] Essa é outra forma da habilidade em dar feedback a si mesmo: saber de antemão o que é viável e o que funciona, sem ter que sofrer as consequências de um julgamento negativo. Na comemoração do sexagésimo aniversário de Linus Pauling, um aluno perguntou a ele: "Dr. Pauling, como é que se tem boas ideias?". Ele respondeu: "Você tem um monte ideias e joga fora as ruins". Para fazer isso, é claro, é preciso ter uma imagem muito bem internalizada de como é o domínio e do que são ideias "boas" e "ruins" de acordo com o campo.

Contrabalançando desafios e habilidades

Desbravar um problema criativo raramente é fácil. Na verdade, para ser prazeroso, é preciso que seja difícil, e assim o é, quase que por definição. Nunca é fácil abrir novos caminhos, aventurar-se no desconhecido. No começo, as dificuldades podem parecer quase esmagadoras. Veja como Freeman Dyson descreveu esse aspecto do processo:

Bem, acho que é preciso descrevê-lo como uma espécie de batalha. Eu sempre tenho que me obrigar a escrever, e também a trabalhar, com mais afinco em um problema científico. Você tem que dar sangue, suor e lágrimas por ele a princípio. E é muito difícil começar. Acho que a maioria dos escritores tem esse problema. Quer dizer, faz parte do negócio. Você pode trabalhar muito duro por uma semana para produzir a primeira página. Isso é realmente sangue, suor e lágrimas — não tem como descrever melhor. Você tem que se forçar a insistir, insistir e insistir, na esperança de que algo bom saia dali. Você tem que passar por esse processo antes que ele comece de fato a fluir com facilidade, pois sem essa força preliminar da insistência provavelmente nada aconteceria. Então, acho que é isso que o distingue da mera diversão — você se diverte quando está realmente na fase do flow, mas precisa superar algum tipo de barreira para chegar lá. É por isso que digo que é inconsciente, porque você não sabe bem se está chegando mesmo a algum lugar ou não. Nessa fase, parece apenas uma tortura, pura e simples.

A pessoa criativa não está imune ao conflito entre os dois programas que todos carregamos em nossa herança genética. Como Dyson bem sabia, mesmo as pessoas mais criativas precisam superar a barreira da entropia.[5] É impossível concretizar algo verdadeiramente inédito e que valha a pena sem ter de lutar com ela. Não é apenas nos esportes competitivos que o ditado "sem dor não há ganho" se aplica. Quanto menos bem definido o problema, mais ambicioso ele é, e mais difícil é para a pessoa criativa lidar com ele. Barry Commoner destacou:

Gosto de fazer coisas que outras pessoas não fariam. Por que isso? Porque normalmente são coisas complicadas e importantes — das quais as pessoas se afastam. Tenho uma abordagem geral para pensar na forma como as questões se desenvolvem. Estou interessado na origem dos problemas. E, então, tenho uma boa ideia de para onde as coisas estão indo, e do que é importante e do que não é. Eu me esforço bastante para estar na vanguarda dos problemas. Muitas vezes isso me coloca tão na dianteira que as pessoas ficam chateadas comigo, mas tudo bem.

Para ser capaz de lidar com esses problemas, a pessoa criativa precisa ter muitos traços de personalidade que conduzam à descoberta e ao trabalho duro, incluindo a capacidade de internalizar as regras do domínio e os julgamentos do campo. Commoner também deu uma dica de outra habilidade que os indivíduos criativos desenvolvem: uma abordagem particular, um modelo interno que lhes permite colocar o problema em um contexto administrável. O mesmo conceito foi expresso por Linus Pauling:

Acho que uma coisa que eu faço é pegar ideias de um campo do conhecimento e levar para outro. Com frequência, eu disse que não acho que sou mais inteligente do que a maioria dos cientistas, mas que talvez eu pense mais sobre os problemas. Tenho uma imagem na minha mente, uma espécie de teoria geral do universo que elaborei ao longo de décadas. Se leio um artigo, assisto à palestra de alguém em um seminário, ou de alguma outra forma recebo uma informação sobre ciência que eu não tinha antes, me pergunto "Como isso se encaixa na minha imagem do universo?", e, se não se encaixa, pergunto: "Por que não se encaixa?".

As estratégias que os indivíduos criativos desenvolvem nem sempre são bem-sucedidas. Eles correm riscos — e o que o é risco sem eventuais fracassos?

Quando os desafios se tornam grandes demais para que a pessoa dê conta, surge uma sensação de frustração, em vez de alegria, pelo menos temporariamente. Nossa entrevista com John Reed ocorreu alguns anos depois de o Citicorp ter sido trucidado na Bolsa. Suas ações perderam boa parte do valor quase que da noite para o dia. Reed se recriminou por não ter previsto o evento que provocou essa perda. Em consequência disso, na época ele teve a sensação de que um pouco da diversão havia desaparecido de seu trabalho. O que era espontâneo se transformou em trabalho árduo. Ele teve que se esforçar para ser mais um contador do que um executivo empreendedor e líder; e a nova habilidade de que ele precisava exigia uma disciplina desconhecida.

A fusão da ação com a atenção

Quando os desafios estão na medida certa, no entanto, as engrenagens do processo criativo começam a girar, e todas as outras preocupações são temporariamente arquivadas graças ao profundo envolvimento com a atividade. Aqui temos Dyson novamente, descrevendo como se sente depois que o embate inicial acaba:

Quando estou escrevendo, tenho sempre a impressão de que são os dedos mesmo que estão fazendo isso, não o cérebro. De alguma forma, a escrita assume o comando. A mesma coisa acontece, é claro, com as equações. Você não pensa de fato no que vai escrever. Você simplesmente rabisca, as equações apontam a direção, e o que você faz é meio que arquitetônico. É preciso ter um projeto em vista, no qual você planeja um capítulo, ou uma prova de um teorema, de acordo com o caso. Então você tem que expressá-lo com palavras ou símbolos, conforme o caso, mas, se você não tiver uma arquitetura clara em mente, a coisa vai acabar não sendo boa. O segredo é começar pelas duas extremidades e se encontrar no meio do caminho, o que é basicamente como construir uma ponte. A forma como eu penso se parece com isso, pelo menos. Portanto, o projeto original é de alguma forma fruto do acaso, você não sabe como ele chegou à sua cabeça. Ele apenas acontece, às vezes quando você está fazendo a barba ou dando um passeio, então você se senta e trabalha nele, e é aí que entra o trabalho duro. Em grande parte, isso é uma questão de juntar as peças, descobrir o que funciona e o que não funciona.

Barry Commoner usou termos semelhantes para descrever a natureza quase automática da experiência do flow quando escrevia, ao expressar a sensação de fundir ação e atenção por meio da imagem da tinta fluindo e do fluxo de ideias:

Eu escrevo com esta caneta [ele retira uma caneta-tinteiro do bolso e a exibe]. Está muito claro para mim que a minha capacidade de pensar e escrever ao mesmo tempo depende do fluxo da tinta. O que eu mais gosto é do fluxo das minhas próprias ideias e de colocá-las no papel. Não escrevo com caneta esferográfica porque ela não flui, literalmente. É por isso que uso uma caneta-tinteiro. E é sempre uma caneta-tinteiro que funcione muito bem.

O romancista Richard Stern fez uma descrição clássica de como é se perder no processo de escrita e da sensação de adequação de suas ações em termos do que está acontecendo naquele universo especial de sua própria criação:

Na melhor das hipóteses, você não pensa: será que eu vou conquistar um espaço no mundo por meio disso? Não. Você está concentrado em seus personagens, na circunstância, na estrutura do livro, nas palavras que estão saindo e na forma delas. Você se perde... você não é mais um ego a essa altura. Não é competitivo. É algo... eu usaria a palavra "puro". Você sabe que isso está certo. Não quero dizer que funciona para o mundo nem que faz sentido, mas que está certo no lugar onde está. Naquela história. Faz sentido para ela. É certo para aquela pessoa, aquela personagem.

Evitando distrações

Muitas das peculiaridades atribuídas às pessoas criativas são, na verdade, apenas formas de proteger a concentração para que elas possam se perder no processo criativo. As distrações interrompem o flow, e pode levar horas para se recuperar a paz de espírito necessária para dar continuidade ao trabalho. Quanto mais ambiciosa a tarefa, mais tempo leva para se perder nela e mais fácil é se distrair. Um cientista trabalhando em um problema misterioso precisa se desprender do mundo "normal" e vagar com sua mente em um mundo de símbolos que ora se vê, ora não. Qualquer invasão do mundo concreto da realidade cotidiana pode fazer esse mundo desaparecer em um instante.

É por isso que Freeman Dyson "se escondia" na biblioteca quando estava escrevendo, e é por isso que Marcel Proust costumava se isolar em uma sala sem janelas, forrada de cortiça, quando se sentava para escrever *Em busca do tempo perdido*. Mesmo o mais leve ruído poderia interromper o fluxo de sua imaginação sensível.

Problemas graves de saúde, de família ou financeiros podem tomar a mente de uma pessoa com tamanha insistência que ela não é mais capaz de dedicar atenção suficiente ao trabalho. A seguir, pode vir um longo período de seca, um bloqueio de escritor, um esgotamento, que podem até mesmo acabar com uma carreira criativa. É desse tipo de distração que Jacob Rabinow falou na entrevista:

> Estar livre de preocupações é uma coisa — não ter nenhum problema de saúde, doença na família nem algo que ocupe sua mente. Nem preocupações financeiras, que fazem você enlouquecer sem saber como vai pagar a próxima conta. Nem preocupações com os filhos, com drogas ou algo assim. É ótimo estar livre de responsabilidades. Isso não significa que você não tem responsabilidade com o projeto, mas sim que está livre de outras coisas. Provavelmente, você não será um inventor se estiver muito doente, pois estará ocupado demais com seus problemas, sentindo muitas dores.

Muitos de nossos entrevistados demonstraram gratidão aos seus cônjuges por fornecerem uma proteção justamente contra distrações desse tipo. Isso é especialmente válido para os homens. As mulheres, às vezes, mencionaram incisivamente que também gostariam de ter tido uma esposa que as poupasse de preocupações que interfeririam em sua concentração no trabalho.

Esquecendo-se de si mesmo, do tempo e do entorno

Quando não há distrações no meio do caminho e as demais condições para o flow estão presentes, o processo criativo adquire todas as dimensões do flow. Isso foi bem descrito pelo poeta Mark Strand:

> Bem, você está inteiro no trabalho, perde a noção do tempo, está em completo êxtase, completamente envolvido no que está fazendo e meio que arrebatado pelas

possibilidades que vê naquele trabalho. Quando isso fica poderoso demais, você se levanta, porque a empolgação é muito forte. Você não tem como continuar a trabalhar nem tem como continuar a ver o fim do trabalho, porque se atropela o tempo todo. A ideia é estar tão... tão saturado com isso que não existe futuro nem passado, apenas um presente estendido no qual você, bem, produz significado. E desmantela o significado, e o refaz, sem desconsiderar as palavras que está usando. O significado é elevado a um patamar superior. Não é apenas comunicação essencial, comunicação diária: é comunicação total. Quando você está trabalhando em uma coisa e vai bem, você tem a sensação de que não existe outra forma de dizer o que está dizendo.

Isso capta com precisão a sensação de flow ao longo desse presente estendido e a poderosa impressão de se estar fazendo justamente a coisa certa da única forma como ela poderia ser feita. Pode não acontecer com frequência, mas, quando acontece, a beleza justifica todo o esforço.

A criatividade enquanto experiência autotélica

Isso nos leva de volta ao ponto onde começamos este capítulo e à afirmação de que todos os entrevistados colocam a alegria de trabalhar à frente de quaisquer recompensas extrínsecas que possam receber dele. Como a maioria dos outros, o psicólogo Donald Campbell deu conselhos claros aos jovens que estão entrando no campo:

> Eu diria: "Não faça ciência se você estiver interessado em dinheiro. Não faça ciência se você vai deixar de gostar dela caso não fique famoso. Deixe a fama ser algo que você vai aceitar graciosamente se for conquistada, mas certifique-se de que seja uma carreira da qual você possa desfrutar. Isso exige motivação intrínseca. Procure escolher um ambiente no qual você possa trabalhar nos problemas que o motivam intrinsecamente, mesmo que não sejam interessantes para os outros. Procure achar o ambiente ideal para que você desfrute desse trabalho intrinsecamente, mesmo que saia de sintonia com o passar do tempo".[6]

Os cientistas muitas vezes descrevem os aspectos autotélicos de seu trabalho como a alegria que vem da busca pela verdade e pela beleza. O que eles parecem descrever, no entanto, é a alegria da descoberta, da resolução de um problema, da capacidade de expressar uma constatação de forma simples e elegante. Portanto, o que é gratificante não é um objetivo externo, misterioso e indescritível, mas a própria atividade da ciência. É a *busca* que vale, não a concretização. É claro que essa distinção é até certo ponto enganosa, porque sem êxitos ocasionais o cientista pode ficar desencorajado. Mas o que torna a ciência recompensadora por si só é a prática cotidiana, não os eventuais sucessos. É assim que Subrahmanyan Chandrasekhar, físico ganhador do Nobel, descreveu sua própria motivação:

Há duas coisas sobre mim que as pessoas geralmente não sabem. Eu nunca trabalhei em nada que seja glamoroso em nenhum sentido. Esse é o ponto número um. O ponto número dois: sempre atuei em áreas que, na época em que eu trabalhava nelas, não recebiam nenhuma atenção.

A palavra sucesso é ambígua. Sucesso em relação ao mundo exterior? Ou sucesso em relação a si mesmo? E se for um sucesso em relação ao mundo exterior, como avaliá-lo? Muitas vezes, o sucesso externo é irrelevante, equivocado e desordenado. Então, como falar sobre ele? Por fora, você pode achar que eu sou bem-sucedido porque as pessoas escrevem sobre alguns aspectos do meu trabalho. Mas isso é um julgamento externo. E eu não faço ideia de como avaliar esse julgamento.

O sucesso não está entre as coisas que me motivam. Porque o sucesso contrasta com o fracasso. Mas nenhum esforço que valha a pena na vida de alguém é ou um sucesso ou um fracasso. O que você entende por sucesso? Você pega um problema e quer resolvê-lo. Bem, se você o resolver, em um sentido estrito, é um sucesso. Mas pode ser um problema banal. Portanto, um julgamento sobre o sucesso é algo que nunca levei a sério em nenhum sentido.

Sem dúvida, todas essas pessoas parecem ter seguido seus próprios conselhos. Nenhuma delas correu atrás de dinheiro e fama. Algumas ficaram confortavelmente ricas com suas invenções ou seus livros, mas nenhuma se sentiu realizada por causa disso. O que fez elas se sentirem realizadas foi o fato de que podiam ser pagas por algo que se divertiam ao fazer e que, além disso, lhes dava a sensação de estarem ajudando a humanidade. É com certeza uma sorte poder justificar sua ocupação de vida com palavras como as de C. Vann Woodward, ao explicar por que escrevia histórias:

É algo que me interessa. É uma fonte de satisfação. Conquistar uma coisa que julgamos importante. Sem essa consciência ou motivação, me parece que a vida pode ser bastante monótona e sem propósito, e eu não gostaria de ter uma vida assim. De completo lazer, digamos, de não ter absolutamente nada que achasse que vale a pena fazer — essa situação me parece bastante desesperadora.

O FLOW E A FELICIDADE

Qual é a relação entre flow e felicidade? Essa é uma pergunta bastante interessante e delicada. A princípio, parece fácil chegar à conclusão de que são a mesma coisa. Mas, na verdade, a conexão é um pouco mais complexa. Em primeiro lugar, quando estamos no flow, normalmente não nos sentimos felizes — pela simples razão de que, no flow, sentimos apenas o que é relevante para a atividade. A felicidade é uma distração. O poeta no meio da escrita ou o cientista resolvendo equações não se sente feliz, pelo menos não sem perder o fio da meada do raciocínio.

Somente quando saímos do flow, seja ao final de uma sessão ou em momentos de distração dentro dela, podemos nos sentir felizes. Depois vem a onda de bem-estar, de satisfação, que surge quando o poema é concluído ou o teorema é comprovado. A longo prazo, quanto mais flow experimentamos no dia a dia, maior é a probabilidade de nos sentirmos felizes de modo geral.[7] Mas isso também depende da atividade que proporciona o flow. Infelizmente, muitas pessoas descobrem que os únicos desafios aos quais podem responder são a violência, o jogo, o sexo casual ou as drogas. Algumas dessas experiências podem ser agradáveis, mas esses episódios de flow não se acumulam a ponto de proporcionar uma sensação de satisfação e felicidade ao longo do tempo. O prazer não leva à criatividade e logo se transforma em vício — os grilhões da entropia.

Assim, a ligação entre flow e felicidade depende da complexidade da atividade que proporciona o flow — se ela leva a novos desafios e, portanto, ao crescimento pessoal e cultural. Desse modo, podemos concluir que todos os nossos entrevistados devem ser felizes, porque gostam de seus trabalhos, que sem dúvida são complexos. Mas existem outras complicações a ser levadas em conta. Por exemplo: e se alguém teve prazer em ser físico por trinta anos, mas depois descobriu que seu trabalho deu origem a um dispositivo nuclear que matou milhões de pessoas? Como Jonas Salk se sentiria se sua vacina, em vez de salvar vidas, tivesse sido usada por outros para uma guerra biológica? Perguntas como essas não são descabidas no mundo de hoje. Elas indicam ser possível que atividades complexas capazes de flow provoquem infelicidade no longo prazo. No entanto, em circunstâncias normais, é muito mais fácil ser feliz quando nossa vida é prazerosa.

O FLOW E A EVOLUÇÃO DA CONSCIÊNCIA

Há muitas coisas que as pessoas desfrutam: os prazeres do corpo, poder, fama, bens materiais. Alguns gostam de colecionar garrafas de cerveja diferentes, alguns gostam até mesmo de causar dor a si mesmos ou aos outros. Ironicamente, embora os meios para obtê-la sejam muito diferentes, a sensação de bem-estar resultante é praticamente a mesma. Isso significa que todas as formas de prazer são igualmente dignas de serem buscadas?

Platão escreveu, 25 séculos atrás, que a tarefa mais importante de uma sociedade era ensinar os jovens a encontrar prazer nas coisas certas. Ora, Platão era conservador mesmo para sua época, então tinha ideias bem definidas sobre quais eram essas "coisas certas" que os jovens deveriam aprender a desfrutar. Somos sofisticados demais hoje em dia para termos opiniões tão fortes sobre esse assunto. No entanto, provavelmente concordamos que nos sentiríamos melhor se nossos filhos aprendessem a gostar de colaboração em vez de violência; de ler em vez de roubar; de xadrez em vez de roleta; de caminhar em vez de ver televisão. Em outras palavras, por mais relativistas e tolerantes que tenhamos nos tornado, continuamos a ter prioridades. Além disso, queremos que a próxima geração compartilhe dessas prioridades. Muitos de nós desconfiamos de que a próxima geração não vai preservar aquilo que prezamos a menos que desfrute disso, em alguma medida, no presente.

O problema é que é mais fácil encontrar prazer em coisas *que são* fáceis, em atividades como sexo e violência, que já estão programadas em nossos genes. Caçar, pescar, comer e acasalar têm lugar privilegiado em nosso sistema nervoso. Também é fácil gostar de ganhar dinheiro, descobrir novas terras, conquistar novos territórios, construir palácios, templos ou túmulos elaborados, porque esses projetos estão em sintonia com estratégias de sobrevivência estabelecidas há muito tempo em nossa constituição fisiológica. É muito mais difícil aprender a gostar de fazer coisas que foram descobertas recentemente em nossa história evolutiva, como manipular sistemas simbólicos por meio da matemática ou das ciências ou escrever poesia ou música — e, por meio dessas coisas, aprender mais sobre o mundo e sobre nós mesmos.

As crianças crescem achando que jogadores de futebol e cantores de rock são felizes e invejam as estrelas do mundo do entretenimento pelo que acham que deve ser uma vida fabulosa e gratificante. Questionadas sobre o que gostariam de fazer quando crescer, a maioria responde que quer ser atleta ou artista. Só muito mais tarde elas percebem, isso quando percebem, que o glamour dessas vidas é um diamante falso, que ser como essas pessoas leva a qualquer lugar, menos à felicidade.[8]

Nem os pais nem as escolas são muito eficientes em ensinar os jovens a encontrar prazer nas coisas certas. Os adultos, muitas vezes também eles iludidos pela paixão por modelos fantasiosos, colaboram com a farsa. Fazem as tarefas sérias parecerem maçantes e difíceis, e as frívolas, emocionantes e fáceis. As escolas geralmente fracassam em ensinar como a ciência ou a matemática podem ser fascinantes e animadoras. Ensinam o aspecto banal da literatura ou da história, em vez da aventura.

É nesse sentido que os indivíduos criativos vivem vidas exemplares. Eles mostram como as atividades simbólicas complexas são alegres e interessantes. Eles lutaram para atravessar pântanos de ignorância, desertos de desinteresse e, com a ajuda de pais e alguns professores visionários, chegaram ao outro lado do conhecido. Tornaram-se pioneiros da cultura, modelos daquilo que serão os homens e as mulheres do futuro — se é que existe futuro. É seguindo o exemplo deles que a consciência humana vai se expandir para além dos limites do passado, das programações que os genes e as culturas escreveram em nosso cérebro. Talvez nossos filhos, ou os filhos deles, sintam mais alegria em escrever poesia e resolver teoremas do que em se divertir passivamente. A vida desses indivíduos criativos nos garante que isso não é impossível.

6. Ambientes criativos

Mesmo a mente mais abstrata é afetada pelo ambiente em que o corpo está. Ninguém é imune às impressões externas que incidem sobre os sentidos. Pode parecer que os indivíduos criativos ignoram o entorno e trabalham felizes mesmo nos ambientes mais sombrios: Michelangelo contorcido em seu andaime sob o teto da Capela Sistina, o casal Curie congelando de frio em seu deplorável laboratório em Paris, ou uma infinidade de poetas rabiscando em quartos alugados e imundos. Mas, na verdade, o contexto espaço-tempo em que vivem as pessoas criativas tem consequências que muitas vezes passam despercebidas. O ambiente certo é importante por diferentes motivos. Ele pode afetar a produção de novidades, bem como a aceitação delas. Portanto, não é surpresa que os indivíduos criativos tenham a tendência a gravitar em direção a centros de atividade vital, onde seu trabalho tem maior probabilidade de sucesso. Desde tempos antigos, artistas, poetas, estudiosos e cientistas têm procurado lugares de beleza natural, na esperança de serem inspirados pelos picos majestosos ou pelo mar trovejante. Mas, em última análise, o que diferencia os indivíduos criativos é que, independentemente das condições em que se encontram, sejam luxuosas ou miseráveis, eles conseguem dar ao ambiente um padrão pessoal que ecoa o ritmo de seus pensamentos e de seus hábitos de ação. Dentro desse ambiente que eles mesmos criaram, eles conseguem esquecer o resto do mundo e se concentrar na busca pela musa.

ESTAR NO LUGAR CERTO[1]

Os grandes centros de aprendizagem e comércio sempre funcionaram como ímãs para indivíduos ambiciosos que queriam deixar sua marca na cultura. A partir da Idade Média, mestres artesãos viajaram por toda a Europa para construir catedrais e palácios, atraídos ora pela riqueza de uma cidade aqui, ora pela de outra ali. Pedreiros milaneses construíram fortalezas para os cavaleiros teutônicos na Polônia. Arquitetos e pintores venezianos foram decorar as cortes dos czares da Rússia. Mesmo Leonardo, um paradigma de criatividade, serviu a um mestre após o outro, de acordo com quem podia financiar melhor seus sonhos: fosse o duque, o papa ou o rei.

O lugar onde se vive é importante por três razões principais. A primeira é que precisamos estar em condições de acessar o domínio em que planejamos trabalhar. A informação não é distribuída uniformemente no espaço, mas está agrupada em diferentes nós geográficos. No passado, quando a difusão da informação era mais lenta, ia-se a Göttingen para estudar alguns ramos da física, a Cambridge ou Heidelberg para outros. Mesmo com nossos meios digitais para troca e compartilhamento de informações, Nova York ainda é o melhor lugar para um aspirante a artista saber em primeira mão o que está acontecendo no mundo da arte, sobre quais tendências futuras outros artistas estão falando no momento. Mas Nova York não é o melhor lugar para aprender oceanografia, economia ou astronomia. Iowa pode ser o lugar para aprender escrita criativa ou gravura. Pode-se aprender coisas sobre redes neurais em Pittsburgh que não se aprende em nenhum outro lugar.

Grande parte das pessoas em nossa amostra se mudou para lugares onde as informações de interesse eram armazenadas: Subrahmanyan Chandrasekhar pegou um barco da Índia para estudar física em Cambridge, Freeman Dyson juntou-se a Richard Feynman em Cornell, e Nina Holton foi a Roma para aprender técnicas de fundição de bronze. Às vezes, não é a pessoa que escolhe o lugar onde aprofundar seu conhecimento: as oportunidades de aprendizado que um lugar oferece capturam o interesse dela, e o envolvimento com o domínio surge em seguida. Brenda Milner estava em Montreal quando o neurofisiologista D. O. Hebb começou a lecionar na Universidade McGill. Ela ficou tão impressionada com os seminários dele que tanto ela quanto o marido mudaram a direção de suas pesquisas. Assim, Brenda se tornou uma das pioneiras no campo. Margaret Butler estava em Argonne quando os computadores foram usados pela primeira vez na pesquisa bioquímica, e seu interesse por esse domínio, que duraria a vida inteira, teve início graças à oportunidade de ser pioneira nessa área. Rosalyn Yalow se interessou por medicina nuclear porque estava onde os instrumentos que possibilitavam tais estudos eram disponíveis. Claro, não é que o conhecimento seja armazenado no local. Em vez disso, ele reside em uma instituição, uma tradição local ou em uma pessoa em particular que por acaso vive naquele lugar. Para aprender a fundir bronze, ver como os antigos artesãos italianos o fazem ajuda; do mesmo modo, se alguém quisesse aprender psicologia, com Hebb, bastava ir a Montreal.

A segunda razão pela qual um lugar pode ajudar a criatividade é que novos estímulos não são distribuídos de maneira uniforme. Certos ambientes têm maior densidade de interação e proporcionam mais emoção e maior efervescência de ideias; portanto, induzem a pessoa que já está inclinada a romper com as convenções a experimentar a novidade mais prontamente do que se ela tivesse permanecido em um ambiente conservador e repressivo. Os jovens artistas que foram atraídos para Paris vindos do mundo todo no final do século XIX viviam em uma atmosfera inebriante, onde novas ideias, novas expressões e novas forma de viver se acotovelavam o tempo todo e suscitavam o surgimento de ainda mais novidades. O romancista Richard Stern descreveu assim como um artista pode depender de uma variedade como essa para se inspirar:

Eu desejava muito ir para o exterior quando era jovem, lendo Hemingway, Fitzgerald e afins. Uma vez que eu fui, foi extremamente emocionante para mim me tornar uma nova personalidade, me desfazer de tudo que me prendia, perceber tudo o que era diferente. Essa percepção da diferença foi muito importante. As línguas, embora eu não fosse bom nelas, eram muito importantes — a forma como se diziam coisas diferentes, as diferentes fórmulas. Isso foi extremamente emocionante para mim. Da primeira vez que viajei para o exterior eu tinha 21 anos e comecei a escrever um diário, hábito que mantenho até hoje. Faço principalmente para não enlouquecer — porque são estímulos demais. Se consigo escrever, não preciso mais me preocupar. Então, estar no exterior foi muito importante nesse sentido também.

Para um físico teórico como Freeman Dyson, o estímulo dos colegas dos escritórios vizinhos sempre foi indispensável. A ciência, ainda mais do que a arte, é um empreendimento coletivo, no qual a informação cresce muito mais rápido em "caldeirões" onde o pensamento de uma pessoa se baseia no de muitas outras. Além disso, existem lugares que inibem a geração de novidades. Segundo algumas pessoas, as universidades são comprometidas demais com sua função primordial, que é a da preservação do conhecimento, para serem boas em estimular a criatividade. Anthony Hecht comentou os prós e os contras disso do ponto de vista de um poeta, mas seu argumento se aplica a outros domínios também:

> Houve vários poetas dos tempos modernos que disseram que os poetas que ensinam na academia acabam ficando secos como pó, sem imaginação e sem ousadia, coisas desse tipo. Eu não acho que isso seja verdade. A academia é neutra. Ela pode, se você deixar, restringir sua imaginação, mas não é obrigatório. É um lugar onde você faz certo tipo de trabalho e vive com certo tipo de pessoa. O tipo de pessoa com quem você convive é muito bom, no geral. São pessoas interessantes, peculiares, imaginativas, idiossincráticas, animadas, controversas. Eu adoro isso. Sei que não seria a mesma coisa se eu estivesse em uma organização empresarial onde todo mundo é muito mais ansioso por se adequar ao espaço.

Por fim, o acesso ao campo não é distribuído uniformemente no espaço. Os centros que impulsionam a concepção de novas ideias não são necessariamente aqueles onde a informação é armazenada ou onde o estímulo é maior. Muitas vezes, a disponibilidade repentina de dinheiro em determinado local atrai artistas ou cientistas para um ambiente outrora estéril — e esse local se torna, pelo menos por algum tempo, um dos centros do campo. Quando, na década de 1890, William R. Harper conseguiu convencer John D. Rockefeller, cheio de dólares obtidos nos campos de petróleo, a se desfazer de alguns milhões para fundar uma universidade nos campos de milho ao sul de Chicago, atraiu quase que imediatamente vários importantes estudiosos do nordeste dos Estados Unidos que afluíram para o interior e estabeleceram um grande centro de pesquisa e erudição. Oitenta anos depois, o mesmo fenômeno se repetiu mais a oeste, quando o dinheiro do petróleo possibilitou à Universidade do Texas atrair uma nova geração de líderes intelectuais para Austin. O petróleo é apenas uma das fontes de atração financeira que lubrifica o movimento dos campos acadêmicos de um lugar para outro. Depois que os luminares se estabelecem em determinado lugar, fica difícil para os jovens com interesses semelhantes resistirem à sua atração. George Stigler, membro de um departamento que recebeu mais prêmios Nobel de Economia do que qualquer outro no mundo, explicou assim algumas das razões pelas quais isso acontece:

A atmosfera intelectual em que você vive determina muito a forma como você trabalha. Chicago, na economia, tem sido um ambiente viril, desafiador, agressivo e político. Você está cercado por colegas competentes, dispostos a constrangê--lo em certa medida caso você esteja fazendo algo estúpido ou equivocado, mas também dispostos a ajudá-lo em coisas promissoras, de modo que é um ambiente extremamente proveitoso.

A carreira de John Bardeen foi emblemática. Ele fez pós-graduação em Princeton, onde se tornou o segundo aluno de doutorado de Eugene Wigner, um distinto físico teórico que recebeu o Nobel em 1963. Não surpreendentemente, muitos dos alunos de Wigner também se tornaram líderes na área. Bardeen então foi trabalhar no Bell Research Laboratories, que estava contratando muitos jovens físicos brilhantes. Assim ele descreveu a atmosfera de lá:

O Bell Labs tinha um grupo realmente notável na teoria do estado sólido. Da forma como a organização foi projetada, eles não tinham um grupo teórico em si, mas os escritórios dos teóricos ficavam perto uns dos outros, para que eles pudessem conversar prontamente entre si, embora se reportassem a diferentes grupos experimentais. Nesse sentido, havia uma interação muito estreita entre teoria e experimento, e a maioria dos artigos foi de coautoria de teóricos e experimentalistas. Foi uma época muito emocionante para se estar lá, porque havia um enorme entusiasmo em aplicar a teoria quântica para produzir novos materiais para o sistema de telefonia.

Enquanto trabalhava no Bell Labs, Bardeen desenvolveu a teoria dos semicondutores, que acabou por levar à revolucionária invenção dos transistores. (Por esse trabalho, ele e dois colegas receberam o Nobel em 1956.) Então Bardeen partiu para a Universidade de Illinois, onde ficou fascinado pela supercondutividade, que prometia realizar o sonho medieval do *perpetuum mobile*, a máquina sem atrito que, em teoria, poderia continuar funcionando para sempre. Em 1957, ele contribuiu para uma teoria que se tornou referência nesse domínio, motivo pelo qual dividiu o Nobel de 1972 com dois outros colegas. É assim que ele explicou por que deixou o Bell Labs:

> Uma das razões pelas quais saí de lá para ir para a Universidade de Illinois, em 1951, é que eu achava que a supercondutividade era uma coisa puramente teórica, sem aplicações práticas, e que seria melhor trabalhar nisso em um ambiente acadêmico. Fred Seitz, que foi o primeiro aluno de Eugene Wigner em Princeton, um grande amigo meu por muitos anos, saiu da Carnegie Tech, hoje Carnegie-Mellon, para estabelecer um grupo de física do estado sólido na Universidade de Illinois com alguns de seus colegas. Pensei que se eu fosse para lá, com o grupo que já estava presente, haveria uma frente muito forte em física do estado sólido ali. E eu estava certo. Isso atraiu excelentes alunos de pós-graduação de lugares como Caltech e MIT — se eles quisessem estudar física do estado sólido, seus professores os mandavam para lá, dizendo que era o melhor lugar para ir.

Nas ciências e nas artes, nos negócios e na política, o lugar importa quase tanto quanto na hora de comprar um imóvel. Quanto mais próximo dos principais laboratórios de pesquisa, periódicos, departamentos, institutos e centros de conferências, mais fácil que uma nova voz seja ouvida e levada em consideração. Ao mesmo tempo, existe uma desvantagem em se estar perto dos centros de poder. Ninguém está mais ciente disso do que Donald Campbell, cujas advertências sobre os riscos que os jovens correm por mergulharem cedo demais em um ambiente competitivo e de alta pressão são válidas não apenas para os círculos acadêmicos. Ele afirmou:

> Acho, sim, que os ambientes fazem a diferença. As cátedras assistentes nos dez maiores cursos de psicologia, em que é preciso produzir cinco artigos por ano durante cinco anos para se tornar titular, são muito menos ideais do que o sistema britânico, em que um Francis Crick não precisa publicar por anos e anos, e ainda assim é mantido no sistema com base na estima interpessoal. Muito menos pressão e muito mais liberdade para explorar e experimentar coisas sem medo de errar.
>
> As pessoas respondem a essas condições de forma adaptativa e publicam mesmo cinco artigos por ano durante cinco anos. Mas a liberdade delas de serem

criativas está sendo minada por meio da pressão por rapidez e quantidade, junto com a capacidade de escrever um manuscrito inteiro.

Imagina que você tem duas ofertas de emprego, ambas com cargas horárias de ensino razoáveis. Em um trabalho, você estará sob alta pressão do tipo "publicar ou perecer". No outro, você vai se sentir adequado e sob menos pressão. É óbvio que as duas universidades têm diferentes níveis de estima nacional. Qual trabalho você aceita? Digo com todas as letras: pegue aquele em que não há ansiedade pela manutenção do seu posto e onde existe liberdade para a exploração intelectual.

Como tantas outras coisas que aprendemos com a vida dessas pessoas, não há receita para decidir, de uma vez por todas, qual é o local mais adequado ao desenvolvimento da criatividade. É certo que se mudar para o centro da informação e da ação faz sentido. Eventualmente, pode até ser indispensável. Em certos domínios, só existe mesmo um lugar no mundo onde se pode aprender e praticar. Mas pode haver desvantagens em estar onde a ação e, portanto, a pressão, é mais intensa. Qual é o lugar certo? Infelizmente, não existe uma resposta única. A criatividade não é determinada por fatores externos, mas pela difícil resolução de fazer o que deve ser feito. O melhor lugar depende da configuração completa das características da pessoa e da tarefa na qual ela está envolvida. Quem é relativamente mais introvertido pode querer aperfeiçoar seu número antes de pisar no centro das atenções. Uma pessoa mais extrovertida pode tirar proveito das pressões competitivas desde o início de sua carreira. Em ambos os casos, porém, é muito provável que a escolha do ambiente errado obstrua o desenvolvimento da criatividade.

AMBIENTES INSPIRADORES

Escrevi o primeiro rascunho deste capítulo em um pequeno quarto de pedra, de dois metros quadrados, com duas janelas francesas dando vista para o trecho oriental do lago Di Como, no norte da Itália, próximo ao sopé dos Alpes. O quarto era habitado por monges eremitas havia cerca de quinhentos anos e foi construído sobre uma capela dedicada a Nossa Senhora de Monserrat. Uma versão anterior da capela desmoronou para o lago há muito tempo. Agora, das suas janelas, por entre os galhos densos de loureiros, carvalhos, cedros e faias, vejo, abaixo dos rochedos em que se ergue a capela, o imenso corpo do lago ondulando para sul, como um dragão fabuloso debatendo-se para quebrar suas correntes.

As paredes do quarto estão cobertas de pichações deixadas por ocupantes anteriores desse refúgio isolado. Eles também tiveram a sorte de terem sido selecionados pela Fundação Rockefeller para passar um mês na Villa Serbelloni, na esperança de que as vistas imponentes, os caminhos panorâmicos pelas florestas e as ruínas românticas lhes inspirassem novas explosões de erudição. "Centenas de trilhas,/ Milhares de pinheiros,/ Ilimitadas são as vistas", diz um verso em forma de haikai rabiscado por um visitante de Harvard. "Gerações de convidados,/ Dez mil experiências,/ Obtenção de harmonia ressonante." "O sol nas águas", começa uma entrada da alguém da UCLA, "as ondas brilham,/ pássaros nos galhos,/ as árvores piam;/ sinos de Bellagio — o nascer de um novo dia. Acadêmicos na Capela: O Paraíso na Terra!" Outro verso, dessa vez da Universidade de Sussex, na Inglaterra, termina com "... nosso grafite,/ Sirva de obrigado,/ apesar da súplica grotesca,/ Porque nesta capela cercada de árvores,/ Provamos a árvore da maçã do conhecimento".[2]

Existe amplo precedente para tais esperanças. Afinal, a vila de Bellagio, onde fica a Villa Serbelloni, foi visitada ao longo dos séculos por nomes como Plínio, o Jovem, Leonardo da Vinci e os poetas Giuseppe Parini e Ippolito Nievo — que certa vez escreveu sobre a Sicília que "teria de bom grado trocado um mês em Palermo por 24 horas em Bellagio" —, todos os quais buscaram refrescar a criatividade naquela atmosfera mágica. "Sinto que todas as várias características da natureza ao meu redor [...] provocaram uma reação emocional no fundo da minha alma, que tentei transcrever na música", escreveu Franz Liszt durante sua estadia aqui.

Dos pontos mais altos da vila, podem ser vistos pelo menos três outros enclaves semelhantes do outro lado do lago: a Villa Monastero, outrora um convento para freiras de boas famílias, aonde os físicos italianos agora se dirigem para meditar e discutir quarks e neutrinos; a Villa Collina, outrora o refúgio privado do chanceler alemão Konrad Adenauer, hoje ponto de encontro de políticos alemães, e a Villa Vigoni, construída por um conde patriótico da era napoleônica, hoje utilizada para conferências que reúnem cientistas italianos e alemães. O ar dessas montanhas, o cheiro das azaleias e o reflexo cintilante das antigas torres de igreja nas ramificações do lago, que se parecem com

142

fiordes, são supostamente propícios à criação de belas pinturas, de música deslumbrante e de pensamentos profundos.

Nietzsche escolheu escrever *Assim falou Zaratustra* na frieza da vizinha Engadina. Wagner adorava escrever suas músicas em uma vila em Ravello, com vista para o azul hipnótico do mar Tirreno. Petrarca foi inspirado a escrever sua poesia nos Alpes e em sua vila perto do Adriático. Os físicos europeus do início do século XX parecem ter tido suas ideias mais complexas enquanto escalavam as montanhas ou observavam as estrelas de seus picos.

A crença de que o ambiente físico afeta profundamente nossos pensamentos e sentimentos está presente em muitas culturas. Os sábios chineses escolheram escrever poesia em delicados pavilhões insulares ou em gazebos escarpados. Os brâmanes hindus se retiraram para a floresta para desvendar a realidade escondida atrás das aparências ilusórias. Os monges cristãos eram tão bons em escolher as mais belas paisagens naturais que em muitos países europeus é quase garantido que uma colina ou planície particularmente dignas de serem visitadas devem ter um convento ou mosteiro construído sobre elas.

Um padrão semelhante existe nos Estados Unidos. O Instituto de Estudos Avançados em ciências físicas de Princeton e seu gêmeo das ciências comportamentais em Palo Alto ficam em cenários especialmente belos. Os cervos andam na ponta dos cascos pelo terreno imaculado da sede do Educational Testing Services. O centro de pesquisa e desenvolvimento de qualquer corporação que se preze estará situado entre prados ondulantes ou dentro do alcance das ondas trovejantes. As conferências de Aspen acontecem no ar rarefeito e inebriante das Montanhas Rochosas, e o Instituto Salk brilha sobre os penhascos de La Jolla como um templo minoico. O propósito é que tais cenários estimulem o pensamento e refresquem a mente e, assim, produzam ideias novas e criativas.

Infelizmente, não há evidências — e provavelmente nunca haverá — que comprovem que um ambiente agradável induza à criatividade. É fato que um grande número de obras criativas de música, arte, filosofia e ciência foram compostas em locais de beleza incomum. Mas as mesmas obras não teriam sido publicadas ainda que seus autores estivessem confinados a um beco urbano enfumaçado ou a um estéril bairro de subúrbio? Não é possível responder a essa pergunta sem um experimento controlado, mas dado o fato de que os trabalhos criativos são, por definição, únicos, é difícil ver como um experimento controlado poderia ser realizado nesse caso.

Relatos de indivíduos criativos sugerem fortemente, no entanto, que seus processos de pensamento não são indiferentes ao ambiente físico. Mas a relação não é de simples causalidade. Uma vista maravilhosa não funciona como uma bala de prata, incutindo uma nova ideia na cabeça. Em vez disso, o que parece acontecer é que, quando pessoas com mentes preparadas se encontram em belos cenários, é mais provável que façam novas conexões entre ideias, tenham novas perspectivas sobre questões com as quais estão lidando. Mas é essencial ter a "mente preparada". O que isso significa é que, a menos que alguém adentre esse cenário com uma pergunta que a toque de maneira profunda e com as habilidades simbólicas necessárias para respondê-la, provavelmente não vai acontecer nada.

Por exemplo, John Reed, do Citicorp, se lembrou de dois momentos em sua vida profissional, separados no tempo por vários anos, em que foi especialmente criativo. Ambos envolviam identificar o principal problema pelo qual sua empresa estava passando e esboçar possíveis soluções. Como acontece com a maioria dos momentos criativos, era a formulação do problema, e não a solução, o que mais importava. Em ambos os casos, Reed escreveu cartas para si mesmo, com mais de trinta páginas, detalhando os problemas que sua empresa estava enfrentando, os perigos e as oportunidades dos próximos anos e as medidas que poderiam ser tomadas para aproveitá-los ao máximo. O interessante é que ambas as cartas foram escritas quando Reed estava longe do escritório, absolutamente livre para relaxar: a primeira em uma praia no Caribe e a segunda em um banco de parque em Florença. Ele descreveu assim como surgiu a segunda "carta":

Eu escrevo muitas cartas para mim mesmo. E guardo algumas delas. Em setembro, antes do terceiro trimestre, eu estava meio cansado, trabalhando aos sábados e domingos, e fui para a Itália por uma semana, só para escapar. Fui primeiro a Roma por alguns dias, depois subi até Florença. Acordava cedo, perambulava, ficava sentado no banco do parque, mais ou menos entre as sete da manhã e o meio-dia, e à tarde ia visitar os museus e tudo o mais. Eu tinha um caderno, um caderno italiano, em que escrevi longos ensaios sobre o que estava acontecendo e o que me preocupava. Isso me ajudou a colocar a cabeça em ordem. Depois, na parte da tarde, eu não fazia nada. Então, no final do terceiro trimestre, implementei as mudanças corporativas. Recentemente, peguei minha anotação original e foi incrível — o grau em que a minha mente estava em torno dele, a interseção deve ter sido de 80 a 90% [entre o que ele escreveu em Florença e o que foi implementado no fim das contas].

Ambas as "cartas" foram espontâneas e não premeditadas, embora os problemas com os quais lidava estivessem fervilhando na mente de Reed por muitos meses. Depois, levou outros tantos meses, após seu retorno à sede, para separar as boas ideias das ruins, em parte por meio de debates com amigos e colegas. Mais alguns meses tiveram que se passar antes que fossem encontradas formas de implementá-las. Mas sem a "carta da praia" e a "carta do banco", é difícil afirmar que Reed teria sido capaz de encontrar uma perspectiva tão nova sobre os problemas enfrentados por sua empresa.

Este exemplo continua a suscitar a questão em relação ao quanto a praia e o banco importaram de verdade. É fato que as soluções criativas para os problemas do Citicorp não teriam surgido a uma outra pessoa qualquer que passasse por esses mesmos lugares. A questão é: será que Reed teria encontrado o problema e a solução se tivesse ficado em seu escritório em Manhattan? Embora essa pergunta seja impossível de ser respondida, as evidências apontam que ambientes incomuns e belos — vistas estimulantes, serenas e majestosas, repletas de significados naturais e históricos — podem de fato nos ajudar a ver as situações de forma mais holística e por novos pontos de vista.

A forma como as pessoas passam o tempo em um belo cenário natural também parece relevante. Ficar apenas sentado observando é bom, mas fazer uma caminhada tranquila parece ser ainda melhor. Os filósofos gregos optaram pelo método peripatético — preferiam debater ideias enquanto caminhavam pelos pátios da academia. A educação de Freeman Dyson em Cambridge, na Inglaterra, deveu-se muito menos ao que ele ouvia em sala de aula ou lia na biblioteca e muito mais às conversas informais e abrangentes que tinha com seu tutor enquanto passeavam pelas trilhas nos arredores da faculdade. Mais tarde, em Ithaca, Nova York, foi por meio de caminhadas semelhantes que ele absorveu as ideias revolucionárias do físico Richard Feynman. Ele contou o seguinte: "Como já disse, nunca assisti a uma aula de Feynman. Na verdade, nunca tive nenhuma ligação oficial com ele. Mas saíamos para passear. A maior parte do tempo que eu passava com ele era de fato caminhando, como no velho estilo dos filósofos que costumavam passear sob os claustros". Será que a nova geração de físicos, sentados diante das telas de seus computadores, vai ter ideias igualmente interessantes?

Quando pessoas comuns recebem alertas de algum dispositivo eletrônico em momentos aleatórios do dia e são requisitadas a avaliar o quão criativas se sentem, tendem a relatar os mais altos graus de criatividade quando estão caminhando, dirigindo ou nadando. Em outras palavras, quando estão envolvidas em uma atividade semiautomática que ocupa uma parte da atenção, deixando outra parte livre para fazer conexões entre ideias abaixo do limiar intencional da consciência. Dedicar atenção total a um problema não é a melhor receita para se ter pensamentos criativos.

Quando pensamos de maneira intencional, os pensamentos são forçados a seguir uma direção linear, lógica — e, portanto, previsível. Mas quando a atenção está focada na visão durante uma caminhada, parte do cérebro fica livre para buscar associações que normalmente não são feitas. Essa atividade mental ocorre nos bastidores, por assim dizer, de modo que tomamos consciência dela apenas ocasionalmente. Como esses pensamentos não estão no centro das atenções, eles ficam livres para se desenvolver por conta própria. Não há necessidade de dirigi-los, de julgá-los prematuramente, de fazê-los trabalhar duro. Está claro que é justo essa liberdade e essa diversão que tornam possíveis que o pensamento despreocupado conceba formulações e soluções originais. Assim que obtivermos uma conexão que pareça certa, ela irá saltar para a consciência. Um arranjo convincente pode surgir quando estamos deitados na cama, meio adormecidos, enquanto fazemos a barba, ou durante uma caminhada na floresta. Nesse momento, a nova ideia parece uma voz celestial, a chave para os nossos problemas. Mais tarde, à medida que tentamos encaixá-lo na "realidade", o pensamento original pode se revelar banal e ingênuo. É preciso muito trabalho duro de avaliação e elaboração antes que insights brilhantes possam ser aceitos e aplicados. Mas, sem eles, a criatividade não seria o que é.

Então, a razão pela qual Martha's Vineyard, Grand Teton ou Big Sur podem estimular a criatividade é o fato de apresentarem tantas experiências sensoriais novas e complexas — principalmente visuais, mas também o canto dos pássaros, o barulho da água, a sensação do ar puro — que a atenção da pessoa é arrancada de seus ritmos habituais e seduzida a acompanhar esses novos e atraentes padrões. No entanto, o banquete sensorial não exige um investimento total de atenção. Energia psíquica suficiente é deixada livre para ir atrás, subconscientemente, do conteúdo problemático que exige uma formulação criativa.

É verdade que a inspiração não surge apenas em locais sancionados pelas secretarias de turismo. György Faludy escreveu alguns de seus melhores poemas enquanto encarava a morte diariamente em vários campos de concentração. Eva Zeisel coletou ideias que valem por uma vida inteira enquanto estava na mais notória das prisões de Stálin, a temida Liubliana. Como disse Samuel Johnson, nada faz a mente se concentrar com tanta avidez do que a notícia de que você vai ser executado dali poucos dias. Condições de risco de vida, assim como as belezas naturais, levam a mente a pensar sobre o que é essencial. Em circunstâncias normais, entretanto, parece que uma paisagem serena é uma fonte preferível de inspiração.

CRIANDO AMBIENTES CRIATIVOS

Enquanto ambientes novos e bonitos podem catalisar o momento do insight, as outras fases do processo criativo — como a preparação e a avaliação — parecem se beneficiar mais de ambientes familiares e confortáveis, mesmo que muitas vezes estes não sejam mais do que um sótão. Johann Sebastian Bach nunca se afastou muito de sua Turíngia natal, e Beethoven compôs a maioria de suas peças em ambientes bastante sombrios. Marcel Proust escreveu sua obra-prima em um estúdio escuro forrado de cortiça. Albert Einstein precisou apenas de uma mesa de cozinha em seu modesto alojamento em Berna para estabelecer a teoria da relatividade. É claro que não sabemos se Bach, Beethoven, Proust e Einstein foram inspirados em algum momento da vida deles por uma visão sublime e depois passaram o resto dela desenvolvendo a inspiração assim obtida. Às vezes, uma única experiência fascinante proporciona o combustível para uma vida inteira de trabalho criativo.

Embora um ambiente complexo e estimulante seja útil para fornecer novos insights, um ambiente mais monótono pode ser indicado para a concretização da maior parte do esforço criativo — os períodos muito mais longos de preparação que devem preceder o lampejo do insight e os períodos igualmente longos de avaliação e elaboração que vêm a seguir. O ambiente importa durante essas etapas do processo criativo?

Aqui pode ser útil fazer uma distinção entre o macroambiente, o contexto social, cultural e institucional em que uma pessoa vive, e o microambiente, o ambiente imediato em que uma pessoa trabalha.[3] Em termos de contexto mais amplo, não é preciso dizer que certo excedente de riqueza nunca é demais. Os centros de criatividade — Atenas no auge; as cidades árabes do século X; Florença no Renascimento; Veneza no século XV; Paris, Londres e Viena no século XIX; Nova York no século XX — eram afluentes e cosmopolitas. Tendiam a estar no entroncamento de culturas, onde informações de diferentes tradições eram trocadas e sintetizadas. Eram também locais de agitação social, muitas vezes divididas por conflitos entre grupos étnicos, econômicos ou sociais.

Não só os estados, mas também as instituições podem fomentar o desenvolvimento de ideias criativas. A Bronx High School of Science e os Bell Research Laboratories tornaram-se lendários devido à capacidade de nutrir novas ideias importantes. Cada universidade ou *think tank* espera ser o lugar que atrai futuras estrelas. Ambientes bem-sucedidos desse tipo são aqueles que proporcionam liberdade de ação e estímulo de ideias, com uma atitude respeitosa e carinhosa em relação a gênios em potencial, que têm egos notoriamente frágeis e precisam de bastante atenção e cuidado.

A maioria de nós não consegue mudar o macroambiente. Não há muito o que fazer no que tange à riqueza da sociedade em que vivemos, nem mesmo quanto às instituições em que trabalhamos. Podemos, no entanto, obter controle sobre o ambiente imediato e transformá-lo de modo a aumentar a criatividade individual. Nesse ponto, temos muito a aprender com indivíduos criativos, que geralmente se esforçam bastante para garantir que seja possível trabalhar com concentração fácil e ininterrupta. A forma como isso é feito varia muito de acordo com o temperamento da pessoa e com o estilo de trabalho. O importante, no entanto, é que haja um espaço especial, feito sob medida para as necessidades particulares, onde a pessoa se sinta confortável e no controle. Kenneth Boulding preferia pensar e trabalhar em uma cabana com vista para as Montanhas Rochosas do Colorado e também costumava entrar na banheira de hidromassagem regularmente para pôr os pensamentos em ordem. Jonas Salk gostava de trabalhar em um ateliê onde, além do material necessário para escrever sobre biologia, havia um piano e um cavalete para pintura. Hazel Henderson, que morava em uma comunidade bastante isolada no norte da

Flórida para evitar as constantes distrações dos centros urbanos, descreveu assim sua rotina diária:

> Gosto de correr cerca de três quilômetros todo dia de manhã e tenho um ambiente especial para isso, que é um lugar muito bonito, a cerca de um quilômetro e meio daqui, onde há um belo manguezal com vista para a cidade. Se você olhar para a esquerda, é absolutamente selvagem e bonito. Tem as minhas garças-azuis e meus maçaricos preferidos, peixes pulando, e você consegue sentir essa atividade fervilhante e viva. E então, se eu olhar para o outro lado, para a direita, tem essa linda cidadezinha com suas pequenas torres. É muito harmonioso. Sabe, existe uma espécie de equilíbrio entre o sistema natural e o sistema humano.

Robertson Davies criou sua intrincada ficção em uma casa que construiu oitenta quilômetros ao norte de Toronto, em um litoral pré-histórico rico em fósseis, "em um local muito agradável, virado para baixo, para o vale em direção a Toronto, para que possamos ver as luzes e olhar na direção dela, nos sentirmos felizes por não estarmos lá". A socióloga Elise Boulding desenvolveu rotinas quase monásticas para ajudar no ritmo de seu pensamento criativo. Ela contou o seguinte:

> Uma caminhada matinal e uma reflexão. Naquele ano de 1974, passei muito tempo de joelhos. Tenho um pequeno local de oração que fica na parte de trás do eremitério. Não sei bem se faria isso hoje. Em 1991 sou uma pessoa diferente do que era em 1974. Mas, leia um pouco, sabe, como os santos e aqueles que passaram por jornadas espirituais, e simplesmente reflita. Muita reflexão, meditação. Passei algum tempo em mosteiros católicos e dou muito valor à rotina, por assim dizer. Em 1974, segui a rotina diária e fiz propaganda dela. Mas, como eu disse, não sei se faria isso hoje. Faria apenas muito silêncio, passaria muito tempo simplesmente olhando pela janela, para as montanhas, e meditando.

Na Finlândia, muitas pessoas ouviram falar de Pekka, um velho lapão cujo trabalho oficial envolvia supervisionar os serviços sociais na parte mais setentrional do país. Mas Pekka também viajava muito: passando as férias no Tibete para aprender as crenças e os estilos de vida dos mosteiros, ou no Alasca, em busca da cultura inuíte em extinção. Quando estava em Helsinque a trabalho pelo governo, era conhecido por nunca se sentar até ter a sensação de que o escritório onde a reunião seria realizada parecia adequado. Se não fosse, ele descia de elevador até a rua, andava até encontrar alguns gravetos, pedras ou flores de que gostasse. Levava esses objetos de volta para o escritório, espalhava-os aqui e ali sobre a mesa ou arquivos, e quando achava que o ambiente parecia sereno e harmonioso, estava pronto para dar início ao trabalho. Aqueles que tinham que lidar com Pekka costumavam ter a sensação de que sua decoração improvisada também os ajudava a ter uma reunião melhor e a tomarem decisões mais apropriadas.[4]

Elisabeth Noelle-Neumann, uma inovadora e bem-sucedida cientista e empresária alemã (em uma lista das cem mulheres mais influentes da Alemanha publicada por uma revista de negócios, ela foi a segunda colocada), dominou a arte de personalizar seu ambiente. Seu escritório, em uma casa de fazenda reformada do século XV, era mobiliado com graciosas antiguidades. Sua casa às margens do lago de Constança era repleta de livros e objetos raros que refletem sua personalidade. Como ela passava muito tempo viajando de um lugar para outro (cerca de 80 mil quilômetros por ano apenas de carro), seu Mercedes 500 era outro importante espaço de trabalho. Enquanto o motorista dirigia, Noelle-Neumann lia e escrevia, rodeada de suas fitas cassetes favoritas, garrafas de água mineral, blocos de papel timbrado e embalagens de canetas esferográficas de várias cores. Aonde quer que fosse, levava consigo um microambiente familiar.

Até certo ponto, todo mundo tenta executar algo semelhante ao que Elisabeth e Pekka sempre fizeram. Costumamos fazer isso com nossas casas, enchendo-as de objetos que refletem e confirmam nossa singularidade. São esses objetos que transformam uma casa em um lar. Quando nos mudamos para uma casa de veraneio em Montana, tudo o que bastou para tornar familiar o ambiente antes estranho foi minha esposa colocar sobre a lareira dois patos coloridos de madeira que tínhamos havia algum tempo. Com os patos aninhados em segurança, o espaço vazio tornou-se imediatamente acolhedor e confortável.

Precisamos de objetos simbólicos em casa para que possamos nos sentir seguros, baixar a guarda e dar seguimento às tarefas da vida.[5] Na medida em que os símbolos do lar representam traços e valores essenciais do self, eles nos ajudam a ser mais autênticos, mais criativos. Uma casa desprovida de toques pessoais, sem objetos que remetam ao passado ou apontem para o futuro, tende a ser estéril. Casas ricas em símbolos significativos faz com que seja mais fácil que seus proprietários saibam quem são e, portanto, o que devem fazer.

Em um de meus estudos, entrevistamos duas mulheres, ambas na casa dos oitenta anos, que moravam em andares diferentes do mesmo prédio. Quando questionadas sobre os objetos que eram especiais para elas em seus respectivos apartamentos, a primeira olhou vagamente ao redor da sala, que poderia se passar por um showroom de uma loja de móveis razoavelmente cara, e disse que não conseguia pensar em nada. Ela deu a mesma resposta nos demais cômodos — nada de especial, nada pessoal, nada significativo em qualquer lugar. A sala da segunda era repleta de fotos de amigos e familiares, louças e talheres herdados de tios e tias, livros que ela amava ou que pretendia ler. O corredor estava cheio de desenhos emoldurados dos filhos e netos. No banheiro, os apetrechos de barbear de seu falecido marido estavam dispostos como um pequeno santuário. A vida das duas mulheres espelhava suas casas: enquanto a primeira seguia uma rotina sem afeto, a segunda mantinha uma agenda variada e excitante.

É claro que mobiliar a casa de determinada forma não faz da vida de ninguém milagrosamente mais criativa. As conexões causais são, como sempre, mais complexas. A pessoa que cria um ambiente doméstico mais singular provavelmente será mais original, a princípio. Ao mesmo tempo, ter uma casa que reforça a própria individualidade só tende a aumentar as chances de que ela represente a singularidade de quem mora ali.

Existe um ditado que afirma que a casa de um homem é seu castelo, em referência ao fato de que em casa todo mundo se sente mais seguro e no controle do que em qualquer outro lugar. Mas cada vez mais em nossa cultura é possível dizer que o carro de um homem — e especialmente o de uma mulher — é o lugar onde a liberdade, a segurança e o controle são mais profundamente experimentados.[6] Muitas pessoas afirmam que seus carros são "máquinas de pensar", porque somente quando estão dirigindo se sentem relaxadas o suficiente para refletir sobre seus problemas e colocá-los em perspectiva. Um dos nossos entrevistados disse que cerca de uma vez por mês, quando as preocupações se tornam muito prementes, ele entra no carro depois do trabalho e passa metade da noite dirigindo, de Chicago ao Mississippi. Ele estaciona e fica olhando para o rio por cerca de meia hora, depois volta e chega a Chicago quando o amanhecer está iluminando o lago. A longa viagem funciona como uma terapia, ajudando-o a resolver problemas emocionais.

Carros podem ser personalizados de várias maneiras: a marca que compramos, a cor, os acessórios e o sistema de som contribuem para a sensação de se estar em casa em um veículo que oferece privacidade e mobilidade. Além de carros, escritórios e jardins são espaços que podem ser organizados para proporcionar ambientes que reflitam um senso particular de como o universo deveria ser. Não que haja um padrão perfeito pelo qual nosso ambiente possa ser ordenado. O que ajuda a preservar e a desenvolver a individualidade e, portanto, aumentar a criatividade, é estar em um local que construímos para espelhar a nós mesmos, onde é fácil esquecer o mundo exterior e se concentrar completamente na tarefa em mãos.

PADRONIZANDO ATIVIDADES

Não é apenas personalizando o ambiente físico que somos capazes de aprimorar o pensamento criativo. Outro modo relevante de fazermos isso é ordenando os padrões das nossas atividades. Manfred Eigen, ganhador do Nobel de Química, tocava Mozart ao piano quase todos os dias para desviar sua mente do fluxo linear. O mesmo acontecia com a escritora Madeleine L'Engle. Mark Strand levava o cachorro para passear e trabalhava no jardim. Hazel Henderson, que lutava diariamente com os problemas dos vários grupos de ambientalistas que ajudava a coordenar, praticava jardinagem e fazia caminhadas para refrescar a cabeça. Alguns andam de bicicleta, outros leem romances; alguns cozinham, outros nadam. Como já foi dito, não existe uma forma melhor ou pior de estruturar nossas ações; no entanto, é importante não deixar que o acaso ou a rotina externa ditem o que fazemos de maneira automática.

Elisabeth Noelle-Neumann raramente comia nos horários em que as pessoas costumam comer. Em vez disso, tinha seu próprio horário rígido, que atendia às suas próprias necessidades. Richard Stern tinha

uma espécie de ritmo. Impus ao tempo um ritmo que me permitiu funcionar. Funcionar como escritor, funcionar como pai, marido — nem sempre o melhor —, como professor universitário, colega, amigo.

Ele prosseguiu em seu relato, especificando em termos mais concretos o que queria dizer com "ritmo":

Meu palpite é ele que se assemelha ao ritmo de outras pessoas. Todo mundo que trabalha ou tem uma rotina, ou impõe à sua vida momentos definidos em que pode tanto ficar sozinho ou agir em colaboração. De uma forma ou de outra, essa pessoa elabora uma espécie de cronograma para si mesma, e não é simplesmente um fenômeno externo, exoesquelético. Ao que me parece, isso tem muito a ver com a relação do seu próprio eu fisiológico, hormonal, orgânico, e com a relação dela com o mundo exterior. Os componentes podem ser tão comuns como: você lê o jornal pela manhã. Eu costumava fazer isso anos atrás e parei por muito tempo, o que alterou o ritmo do meu dia, e assim por diante. Tomamos uma taça de vinho à noite em determinado horário, quando o nível de açúcar no sangue está baixo, e então passamos a ansiar por isso. E depois, claro, aquelas horas em que trabalhamos.

A maioria dos indivíduos criativos descobre cedo quais são os melhores ritmos para dormir, comer e trabalhar e os obedece mesmo quando é tentador fazer o contrário. Eles usam roupas confortáveis, interagem apenas com pessoas que consideram simpáticas, fazem apenas coisas que consideram importantes. É claro que essas idiossincrasias não são cativantes para aqueles com quem têm de lidar — e não surpreende que as pessoas criativas sejam geralmente consideradas estranhas e de difícil convivência. Mas personalizar os padrões de ação ajuda a libertar a mente das expectativas que exigem atenção e abre espaço para uma concentração mais aprofundada em assuntos importantes.

Um controle semelhante se estende à estruturação do tempo. Algumas pessoas criativas têm agendas extremamente apertadas e sabem dizer com antecedência o que farão entre três e quatro da tarde de uma quinta-feira daqui a dois meses. Outras são muito mais relaxadas e, inclusive, se orgulham de não saber nem o que farão ao final do próprio dia. Mais uma vez, o que importa não é se a pessoa segue um horário rígido ou flexível, mas ser dono do próprio tempo.

A mesma estrutura variável pode ser observada em intervalos de tempo maiores. Freeman Dyson e Barry Commoner acreditavam que se deve fazer uma grande mudança de carreira a cada dez anos ou mais, de modo a evitar a obsolescência.[7] Outros parecem perfeitamente satisfeitos em se embrenhar cada vez mais fundo por um caminho estreito de seu domínio ao longo da vida inteira. Mas o que nenhum dos entrevistados disse foi que faz isso ou aquilo apenas por ser a atitude socialmente esperada naquela situação específica.

Portanto, parece que o ambiente pode influenciar a criatividade de diferentes formas, em parte dependendo da etapa do processo em que a pessoa se encontra. Durante a preparação, quando estão sendo reunidos os elementos pelos quais o problema vai emergir, é indicado um ambiente ordenado e familiar, onde seja possível se concentrar em questões interessantes sem as distrações da vida "real". Para o cientista, esse ambiente é o laboratório; para o empresário, o escritório; para o artista, o ateliê. Na etapa seguinte, quando os pensamentos sobre o problema são incubados abaixo do nível de consciência, um ambiente diferente pode ser mais útil. A distração provocada por novos estímulos, por vistas magníficas, por culturas estranhas à nossa, permite que os processos mentais subconscientes façam conexões que são improváveis quando o problema é perseguido pela lógica linear aprendida com a experiência. Depois que a conexão inesperada resulta em um insight, o ambiente familiar é novamente o mais propício para a conclusão do processo. A avaliação e a elaboração funcionam com maior eficiência na atmosfera sóbria onde prevalece a lógica do domínio.

No entanto, em qualquer circunstância, o que mais importa é moldarmos nosso ambiente imediato, nossas atividades e horários de modo a nos sentirmos em harmonia com o pequeno segmento do universo em que nos encontramos. É ótimo quando esse ponto é tão atraente quanto uma vila no lago Di Como — e é um desafio muito maior quando o destino nos joga em um gulag siberiano. Em ambos os extremos, o importante é que a consciência encontre formas de adaptar seus ritmos ao que está do lado de fora e, até certo ponto, de transformar aquilo que ela encontra fora em seus próprios ritmos. Em sintonia com o lugar e o tempo, experimentamos a realidade de nossa existência única e sua relação com o cosmos. Baseando-se nesse conhecimento, pensamentos e ações originais despontam com maior facilidade.

As implicações disso para o dia a dia são simples: certifique-se de que os espaços onde você trabalha e mora reflitam suas necessidades e suas preferências. Deve haver margem para a imersão concentrada na atividade e estímulos para a novidade. Os objetos ao seu redor devem ajudá-lo a se tornar o que você quer ser. Pense em como usa o tempo e avalie se a sua agenda reflete os ritmos que funcionam melhor para você. Em caso de dúvida, vá testando até descobrir os melhores momentos para trabalhar e descansar, para pensar e para agir, para ficar sozinho ou estar com pessoas.

Criar um ambiente harmonioso e repleto de significado no espaço e no tempo ajuda você a se tornar pessoalmente criativo. Pode ajudá-lo também a conquistar uma vida que reflita sua individualidade, uma vida que raramente é entediante e que raramente sai do controle — uma vida que faz com que os outros percebam as possibilidades de singularidade e crescimento inerentes à condição humana. Mas criar uma vida assim não garante que você seja reconhecido como um gênio, como uma figura criativa historicamente significativa. Para alcançar a criatividade histórica, são necessárias muitas outras condições. Por exemplo, é preciso ter sorte, pois, para se destacar em determinados domínios, você pode precisar dos genes certos, pode ter tido que nascer na família certa, no momento histórico certo. Sem acesso ao domínio, o potencial é infrutífero: quantos congoleses seriam ótimos esquiadores? Não existe mesmo nenhum cidadão de Papua-Nova Guiné que possa contribuir para a física nuclear? Enfim, sem o apoio de um campo, mesmo o talento mais promissor não será reconhecido. Mas se a Criatividade com C maiúsculo está muito além do nosso controle, viver uma vida criativa em termos pessoais não está. No fim das contas, no que toca à satisfação, esta última pode ser a mais importante das realizações.

Parte II

As vidas

7. Os primeiros anos

Existe uma parcela de voyeurismo envolvida na leitura — e na escrita — sobre pessoas eminentemente criativas. É um pouco como assistir a programas de celebridades como *Lifestyles of the Rich and Famous*, que nos permite espiar para além da fachada das casas, adentrando as salas e os quartos de pessoas que invejamos de longe. Mas há também uma razão perfeitamente legítima para refletirmos sobre o que acontece com indivíduos excepcionais desde a primeira infância até a velhice. Essas vidas apontam para possibilidades de existência que são, em muitos aspectos, mais ricas e animadoras do que a maioria de nós experimenta. Ao ler sobre eles, é possível vislumbrar formas de sair da rotina, dos limites do condicionamento genético e social, rumo a uma vida mais plena. É fato que os feitos dessas pessoas criativas são, em grande parte, influenciados pela sorte pura, simplesmente — a sorte de ter nascido com genes excepcionais, ou de ter crescido em um ambiente favorável, ou de estar no lugar certo na hora certa. Contudo, muitas pessoas com a mesma sorte não são criativas. Portanto, além desses fatores externos nos quais a sorte prevalece, o que permite que certos indivíduos deem contribuições memoráveis para a cultura é uma resolução pessoal de moldar a vida para atender aos seus próprios objetivos, em vez de deixar que forças externas governem seu destino. Inclusive, podemos dizer que a conquista mais óbvia dessas pessoas foi terem criado a própria vida. E a forma como conseguiram isso é algo que vale a pena ser aprendido, porque pode ser aplicado à vida de todos nós, independente de darmos contribuições criativas ou não. Portanto, as páginas a seguir não pretendem ser mero entretenimento, mas uma investigação sobre a expansão do potencial humano.[1]

INFÂNCIA E JUVENTUDE

Em nossa cultura — talvez em todas as culturas —, algumas das histórias mais queridas relatam a infância de um herói. Se um homem ou uma mulher é tido em alta estima, o imaginário popular quer encontrar um sinal de grandeza o mais cedo possível na vida dessa pessoa, para justificar e explicar o sucesso subsequente. Eis aqui uma dessas histórias.

À medida que o nevoeiro lentamente se dissipa, um após o outro os cumes desnudos emergem das sombras e brilham à luz do sol. Um menino pastor enfia a mão no bolso de sua capa em busca de um pedaço de pão velho e o mastiga inquieto. Seu cachorro está procurando o vale onde fica o velho moinho há algum tempo, como se houvesse algo prestes a acontecer na escuridão. E, agora, as ovelhas começam a se mexer. Um cordeirinho, assustado com a tensão no ar, começa a balir como se estivesse perdido.

Em seguida, o menino pastor ouve o estalo seco de cascos subindo o caminho rochoso, e quase imediatamente vê o contorno de um cavaleiro emergir das sombras no vale. Quem será aquele estranho? Ele tem apenas uma espada fina à cintura, então não é um guerreiro; não usa nenhum dos símbolos sagrados do clero; parece ter a cautela de um mercador itinerante. No entanto, com certeza não é um camponês, ricamente vestido como está, de meias de veludo azul e manto dourado. Que outro tipo de homem pode ser, este que cavalga com tanta facilidade pelas colinas solitárias da Toscana no ano do Nosso Senhor de 1271?

O cavaleiro sorri para o menino enquanto se remexe na sela. Seus olhos lentamente vasculham o horizonte.

"Bem, acho que estou completamente perdido. Eu estava tentando encontrar a estrada mais curta de Florença a Lucca, mas depois de uma noite inteira de viagem, parece que deixei todas as habitações humanas para trás. Onde estamos, de fato?", pergunta, virando-se na direção do menino. "E por qual nome você é chamado?"

O pastor aponta na direção oposta de onde o sol estava nascendo. "Se seguir o riacho até lá embaixo por duas léguas, você estaria no vale do Mugello. À esquerda está a estrada para Florença, e à direita a que leva a Lucca. E meu nome é Angiolo, filho de Bondone."

Com isso, o cavaleiro assente, depois dá um bocejo. Ele olha ao redor, para os cumes subindo e descendo como as ondas de um mar cor de âmbar, e então, como se estivesse se sacudindo para afastar o sono, desliza da sela para o chão.

"Doce Mãe de Deus, como eu estou cansado. Espero, Angiolotto, que você tenha um pouco de leite de ovelha fresco, porque não parei para comer desde o meio-dia de ontem. Não se preocupe, eu vou pagar bem por isso", diz ele, fazendo tilintar as moedas na bolsa de couro vermelho pendurada em seu cinto.

Angiolo pega um pedaço de queijo e o pote de leite que havia pousado atrás de um bloco de granito. Pede desculpas ao cavaleiro por não ter pão para lhe oferecer, mas o cavalheiro tira uma torta de castanha fresca de seu alforje, que eles compartilham.

Depois de comerem em silêncio por um tempo, o menino não resiste a perguntar: "Posso saber, meu senhor, o que o leva a Lucca? Aposto que você não é dessas partes".

"E venceria a aposta. Nasci na Lombardia, às margens do rio Pó. Meu mestre é Teobaldo Visconti, que no início deste ano foi coroado papa como Sua Santidade Gregório, o décimo com este nome. Eu saí há duas luas da Porta Flamínia de Roma em uma missão dele."

Angiolo não sabia direito o que significava tudo aquilo, mas, sendo um menino curioso, continuou a fazer perguntas: "E que tipo de missão seria essa?".

O cavaleiro sorri. "Sua Santidade quer que os melhores artesãos venham a Roma e deixem a Cidade Eterna tão bonita quanto merece. Devo encontrar mestres construtores, escultores e pintores, e convencê-los a oferecer seus serviços a Sua Santidade."

O menino fica pensando algum tempo sobre aquilo. "Como você sabe quem são os melhores artesãos?"

"Ah, fazendo perguntas, ouvindo histórias. Observando o trabalho nas igrejas, nos palácios." Aqui, um vestígio de presunção perpassa as feições do cavaleiro. "Mas também tenho meu próprio teste especial. Peço a qualquer homem que se suponha bom que desenhe um círculo perfeito, de um côvado de largura, à mão livre. Se ele *for realmente bom, desenhará algo que seja um tanto redondo. Mas poucos chegam perto sem um compasso ou uma corda no meio."*

Angiolo vasculha as cinzas da fogueira da noite anterior e encontra um pedaço de carvão. "Como?", pergunta ele. "Você quer dizer assim?" E, com um movimento suave, desenha um círculo perfeito no bloco de pedra sobre o qual estavam comendo.

O enviado do papa coça a cabeça. Ele olha para o menino, olha para o círculo na pedra. Desvia o olhar para as colinas, agora quase derretendo ao sol. "Nada mal, nada mal. Que tal desenhar coisas naturais? Você já desenhou pessoas ou, quem sabe, animais?"

Agora é a vez de Angiolo sorrir. Ele olha para o carneiro gordo tomando sol a seus pés, o líder do rebanho, e, com alguns golpes rápidos, o rabiscou tão vividamente que tudo o que falta é o sopro do Senhor para que comece a balir. O cavaleiro de Roma fica bastante pensativo.

Essa é uma versão da história de como o grande pintor Giotto foi descoberto, uma história que todas as crianças na Itália, em idade escolar, ouviram ou leram em algum momento, provavelmente muitas vezes ao longo da vida. Há ilustrações em livros escolares e textos de Angiolotto desenhando seu círculo na pedra com o emissário olhando impressionado, ou de seu desenho da ovelha enquanto o cavaleiro põe as mãos na cabeça com espanto. A história continua, contando como o enviado levou o menino à oficina do famoso Cimabue, para aprender os detalhes da pintura. Giotto — como o menino logo foi chamado — começou a pintar um quadro surpreendente após o outro. Sua fama logo superou a de seu mestre, e ele ficou conhecido como o maior artista da Itália, talvez de toda a cristandade. É uma história que a maioria das pessoas educadas na Europa conhece e aprecia.

Infelizmente, como muitas boas histórias, reflete mais nossas necessidades psicológicas do que a realidade. Quando, recentemente, procurei material sobre a infância de Giotto em uma importante biblioteca universitária, encontrei 102 volumes sobre o pintor. Nenhum deles tinha nenhuma informação sobre a infância de Giotto, ou, aliás, sobre os seus primeiros trinta anos de vida. Uma famosa biografia começa assim: "Segundo documentos antigos, Giotto nasceu em 1266, em Vespignano di Mugello ou em Florença, *mas nada se sabe sobre sua juventude; existem apenas lendas.* Os únicos fatos são sobre seus primórdios artísticos em Assis, e mesmo estes são pouco claros e de difícil confirmação" (grifo nosso).[2]

Todos os volumes concordam que o estilo de Giotto era extraordinariamente original, que ele ressuscitou a arte morta da pintura e preparou o caminho para o renascimento das artes que viria um século depois. Mas o caráter precoce de sua genialidade é um conteúdo típico dos mitos, e as lendas que surgiram em torno de sua vida são um indicativo do quanto precisamos que os eventos sejam previsíveis, que façam sentido. Se alguém se destaca, queremos acreditar que sinais inconfundíveis de grandeza estavam lá desde cedo, para todo mundo ver. Seja Buda, Jesus, Mozart, Thomas Edison ou Einstein, a genialidade precisa ter se revelado nos primeiros anos de vida.

Na verdade, é impossível dizer se uma criança será criativa ou não pautando nosso julgamento no talento de seus primeiros anos. Algumas crianças dão sinais de extraordinária precocidade em um domínio ou outro: Mozart foi um pianista e um compositor talentoso desde muito novo, Picasso pintou quadros muito bonitos quando era menino, e muitos grandes cientistas pularam de série na escola e surpreenderam os mais velhos com a agilidade de sua mente. Mas o mesmo aconteceu com muitas outras crianças, cujas promessas iniciais se desvaneceram sem deixar vestígio algum nos livros de história.

Crianças podem demonstrar um talento enorme, mas não têm como ser criativas porque a criatividade envolve mudar a forma de fazer as coisas ou de pensar, e isso, por sua vez, requer o domínio das velhas formas de fazer ou pensar. Não importa quão precoce seja uma criança, isso ela não tem como fazer. Em sua adolescência, Mozart pode ter sido tão talentoso quanto qualquer músico vivo, mas não poderia ter mudado a forma como as pessoas tocavam música até que o seu modo de fazer música fosse levado a sério, e para isso teve que passar pelo menos uma década aprendendo o domínio da composição musical e, então, a produzir uma série de obras convincentes. Porém, se os feitos concretos da infância de indivíduos criativos não são diferentes dos de muitos outros que jamais atingem qualquer distinção, a mente fará o possível para tecer histórias atraentes de modo a compensar a falta de imaginação da realidade.

Todos conhecemos o mecanismo que dá origem a essas histórias, porque o empregamos para tornar nossa própria vida, ou a de nossos filhos, mais interessantes e razoáveis. Por exemplo, a pequena Jennifer publicou um poema na revista literária do ensino fundamental; em pouco tempo seus pais começam a falar com os amigos sobre as coisas inteligentes que ela costumava dizer quando criança, sobre como ela gostava de ouvir canções de ninar, quão cedo foi capaz de reconhecer palavras escritas e assim por diante. Se Jennifer se tornar uma escritora de verdade, as histórias de sua infância provavelmente se tornarão cada vez mais focadas em sua precocidade. Não porque alguém esteja conscientemente tentando alterar a verdade, mas porque quanto mais se conta uma história, maior a tendência de destacar as partes que nos parecem mais importantes, em retrospectiva, e eliminar detalhes que contradizem o argumento central. Nosso senso de consistência interna exige isso, o que faz também com que o público aprecie mais a história. A cada vez que é recontada, a infância de Jennifer se torna mais marcante. Assim nascem os mitos.

Curiosidade prodigiosa

Crianças não podem ser criativas, mas todos os adultos criativos já foram criança. Logo, faz sentido perguntar como eram os indivíduos criativos quando criança, ou que tipos de eventos moldaram os primeiros anos de vida das pessoas que mais tarde realizaram algo criativo. No entanto, quando olhamos para o que se sabe sobre a infância de pessoas criativas de destaque, é difícil encontrar um padrão consistente.

Algumas das crianças que mais tarde surpreenderam o mundo foram bastante notáveis desde o berço. Mas muitas não demonstraram nenhum talento foram do comum. O jovem Einstein não era nenhum prodígio. Os dons de Winston Churchill como estadista não ficaram óbvios até a meia-idade. Tolstói, Kafka e Proust não deixaram os mais velhos impressionados como prováveis futuros gênios.

O mesmo padrão vale para as entrevistas que fizemos. Alguns de nossos entrevistados, como o físico Manfred Eigen, ou o compositor e músico Ravi Shankar, apresentaram dons incomuns em seus respectivos domínios antes da adolescência. Outros, como o químico Linus Pauling ou o romancista Robertson Davies, floresceram na casa dos vinte. John Reed, CEO do Citicorp, teve um impacto decisivo no setor bancário aos quarenta; Enrico Randone, presidente do conglomerado italiano de seguros Generali, deixou sua marca na empresa que liderou quando tinha quase setenta anos. John Gardner descobriu que tinha um dom para a política aos cinquenta e poucos, quando o presidente Lyndon Johnson lhe pediu para ser secretário de Saúde, Educação e Bem-Estar, e Barry Commoner decidiu romper com a ciência acadêmica e dar início ao seu movimento ambientalista mais ou menos na mesma idade. Em todos esses casos de florescimento tardio, os primeiros anos oferecem, na melhor das hipóteses, apenas vislumbres da extraordinária competência no domínio para o qual, por fim, se voltaram.

Se ser um prodígio não é requisito para a criatividade posterior, parece que uma curiosidade acima do normal em relação ao ambiente é. Praticamente todo indivíduo que deu uma nova contribuição para um domínio se lembra da sensação de fascínio diante dos mistérios da vida e tem belas histórias para contar sobre os esforços para solucioná-los.

Um bom exemplo dos intensos interesse e curiosidade atribuídos às pessoas criativas é uma história contada sobre a juventude de Charles Darwin. Um dia, enquanto caminhava na floresta perto de sua casa, ele notou um grande besouro correndo para se esconder debaixo da casca de uma árvore. O jovem Charles colecionava besouros, e aquele era um que não tinha em sua coleção. Então ele correu até a árvore, arrancou a casca e pegou o inseto. Mas, ao fazê-lo, viu que havia mais dois espécimes escondidos ali. Os insetos eram tão grandes que ele não conseguia segurar mais de um em cada mão, de maneira que enfiou o terceiro na boca e voltou correndo para casa com os três besouros, dos quais um tentava escapar garganta abaixo.

Vera Rubin olhou pela janela do quarto e viu o céu estrelado pela primeira vez quando tinha sete anos, depois que sua família se mudou para a periferia da cidade. A experiência foi avassaladora. Daquele momento em diante, ela contou, não conseguia imaginar sua vida sem ser estudando as estrelas. O físico Hans Bethe lembrou que, desde os cinco anos, os melhores momentos que teve envolviam brincar com números. Aos oito, ele estava fazendo longas tabelas das potências de dois e dos outros números inteiros. Não que fosse especialmente brilhante naquilo, mas era o que gostava de fazer, mais do que qualquer outra coisa. John Bardeen, única pessoa a receber duas vezes o Nobel de Física, era bom na escola — pulou da terceira para a sétima série —, mas só se interessou por matemática aos dez anos. Depois disso, porém, a matemática se tornou seu passatempo favorito; sempre que podia, resolvia problemas de matemática. Linus Pauling, também duplo ganhador do Nobel, se apaixonou pela química antes mesmo de entrar na escola, enquanto ajudava seu pai a preparar medicamentos em sua farmácia. O físico John Wheeler se lembrava do seguinte: "Eu devia ter uns três ou quatro anos, estava na banheira, com minha mãe me dando banho, e perguntei a ela até onde ia o universo e o mundo e além. É claro que ela ficou perplexa, da mesma forma que eu também, desde então".

Robertson Davies escreveu com regularidade na escola e ganhou prêmios por seus ensaios. Quando criança, Elisabeth Noelle-Neumann, pioneira da pesquisa de opinião pública na Europa, construía comunidades imaginárias. Ela contou: "Meu brinquedo favorito não eram bonecas, mas pedaços de madeira para construir uma aldeia — árvores, casas, cercas, animais, e prédios muito diferentes, por exemplo, uma prefeitura. E eu passava dois ou três dias inteiros, quando tinha dez, doze anos, pensando em histórias sobre a vida das pessoas da aldeia". Jacob Rabinow, um dos inventores mais prolíficos em termos de número e variedade de patentes registradas, ficou fascinado com a máquina de fabricar sapatos de seu pai quando era criança na Sibéria, e desde então explorou e tentou entender todas as máquinas que encontrou. A neuropsicóloga Brenda Milner se descreveu da seguinte forma:

O que me motivou pela vida toda, e que eu sempre mantive, é a curiosidade. Sou incrivelmente curiosa em relação às coisas, às pequenas coisas que vejo ao meu redor. Minha mãe costumava achar que eu era curiosa demais sobre a vida dos outros. Mas não eram as pessoas, eram as coisas ao meu redor. Sou uma observadora.

O sociólogo David Riesman disse: "Se você me perguntar o que me motiva, eu diria que é curiosidade". No entanto, nenhum desses indivíduos — nem Darwin nem Riesman — era uma criança prodígio ou mesmo superdotada, como agora as definimos. Mas eles tinham um interesse enorme, uma curiosidade ardente, em relação a pelo menos um aspecto de seu ambiente. Fossem sons ou números, pessoas ou estrelas, máquinas ou insetos — o fascínio estava lá, e geralmente durou por toda a vida da pessoa.

É verdade que essas lembranças da infância podem estar ainda mais abertas à distorção em retrospecto, ao tipo de romantização que nos levou a desconfiar dos relatos de prodigiosos talentos precoces, como a de Giotto. Talvez essas histórias também sejam, em grande parte, invenções post hoc. Mas tenho quase certeza, no entanto, de que não são. Quando pessoas na oitava ou nona década de vida descrevem seu primeiro fascínio, o fazem com uma concretude que parece genuína. Às vezes, a evidência material também está presente: um velho telescópio montado na infância, um livro surrado que serviu de inspiração muitos anos atrás, um poema ou desenho da juventude. Assim, embora essas pessoas possam não ter sido precoces em suas realizações, parecem ter se comprometido desde cedo com a exploração e a descoberta de alguma parte de seu mundo.

Mas de onde vem esse interesse tão intenso? Essa, claro, é a questão que realmente importa. Infelizmente, para termos uma resposta definitiva, é preciso esperar até que saibamos muito mais sobre criatividade. Talvez a melhor resposta geral que possamos dar agora seja que cada criança se interessa em fazer aquilo que lhe dê vantagem na competição por recursos — a atenção e a admiração de adultos relevantes são os mais importantes. Se mais tarde na vida os indivíduos criativos aprendem a amar o que fazem por si só, no princípio esse interesse é muitas vezes motivado pela vantagem competitiva. Uma criança que é reconhecida por sua habilidade de pular e dar cambalhotas provavelmente vai se interessar por ginástica. Um menino cujos desenhos recebam mais comentários positivos que os de seus colegas vai se interessar pelas artes.[3]

Não é necessariamente o grau de talento que importa, mas a vantagem competitiva que se tem em determinado meio. Uma menina com dons musicais muito modestos pode se interessar intensamente por música se todos ao seu redor forem ainda menos musicais. Por outro lado, um menino que seja muito bom com números dificilmente vai se envolver em matemática se seu irmão mais velho já for tido como um gênio da matemática, porque, enquanto caçula, ele teria que crescer à sombra do irmão. Ele pode optar por desenvolver sua segunda melhor opção e se interessar por outra coisa.

Em alguns casos, a vantagem competitiva é resultado da hereditariedade. Entre as crianças talentosas na música e na matemática, principalmente, o desempenho superior se mostra com tanta força que o público não tem escolha a não ser reconhecê-lo (desde que, é claro, o público entenda o suficiente de música ou matemática). Nesses casos, as crianças geralmente aceitam o dom herdado dos ancestrais e ficam cada vez mais interessadas em desenvolvê-lo. Em outros casos — provavelmente a maioria deles —, a curiosidade inicial é despertada por alguma característica do ambiente social. Subrahmanyan Chandrasekhar, que ganhou o Nobel de Física em 1983, era sobrinho do primeiro cientista na Índia a ganhar o mesmo prêmio, em 1930. Quando menino, todos na família esperavam que ele seguisse os passos do eminente tio. Chandrasekhar sabia que, se quisesse ser aceito e admirado por seus parentes, seria melhor se interessar por ciência.

No entanto, nem todo cientista criativo se interessou por ciência quando era criança, e nem todo escritor criativo se comprometeu a escrever desde muito novo. Um bom exemplo de um tipo comum de mudança de carreira é o caso do jovem Jonas Salk, que acabou por descobrir a vacina contra a poliomielite, que leva seu nome:

> Bem, quando eu era criança, eu queria estudar direito, para ser eleito para o Congresso e fazer leis mais justas. Isso foi quando eu tinha oito, dez anos, mais ou menos. E, depois, decidi estudar medicina por motivos que tinham a ver com a minha mãe achar que eu não seria um bom advogado, porque eu nunca conseguia ganhar uma discussão com ela.

Hilde Domin, a famosa poeta alemã, escreveu seu primeiro poema quando atingiu a meia-idade, após a morte de sua mãe; e só começou a publicar sua poesia bem mais tarde. Jane Kramer, produtora de TV pioneira que mais tarde se tornou reitora da faculdade de jornalismo de Columbia, não sabia de sua vocação até os vinte e poucos anos. György Faludy migrou para a poesia somente depois de descobrir que não sabia desenhar. Outro poeta, Anthony Hecht, disse:

> Quando eu era bem jovem, achava que a maior aptidão que eu tinha era para a música, não para a poesia. E acho que isso foi um fator inibidor para mim na tentativa de ser poeta. Eu pensava demais em termos musicais, me esforçava demais para conseguir efeitos musicais, pensava e almejava poder converter a poesia em música abstrata. E uma das coisas que tive que aprender foi parar de pensar assim. Foi preciso muita concentração e determinação.

Mas mesmo que esses indivíduos não soubessem que forma específica sua curiosidade tomaria, estavam abertos ao mundo ao seu redor e interessados em saber mais sobre ele, em viver a vida da forma mais plena possível.

Poucos caminhos foram tão tortuosos quanto o do químico Ilya Prigogine, que ganhou o Nobel em 1977. Filho de um aristocrata russo emigrado para a

Bélgica, na juventude ele se interessou principalmente por filosofia, arte e música. Sua família, no entanto, insistiu que ele tivesse uma profissão respeitável, e assim ele se matriculou em direito na universidade. À medida que estudava direito penal, passou a se interessar pela psicologia da mente criminosa. Insatisfeito com o conhecimento superficial na área, decidiu compreender melhor os mecanismos cerebrais subjacentes que poderiam explicar comportamentos desviantes, e isso o levou ao estudo da neuroquímica. Matriculado no departamento de química da universidade, percebeu que seu interesse inicial talvez fosse ambicioso demais e deu início a pesquisas básicas na química de sistemas auto-organizados.

Mas Prigogine nunca deixou de ser inspirado por sua curiosidade inicial; foi percebendo aos poucos que a imprevisibilidade estatística no comportamento de moléculas simples poderia esclarecer alguns dos problemas básicos da filosofia, como a questão da escolha, da responsabilidade, da liberdade. Enquanto as leis físicas de Newton e de Einstein eram deterministas e expressavam certezas que se aplicavam igualmente ao passado e ao futuro, Prigogine encontrou nos sistemas químicos instáveis que estudou processos que não podiam ser previstos com certeza, e que uma vez ocorridos não tinham como ser revertidos.

> Se podemos dizer que o universo é determinista, como uma espécie de autômato, como sustentar o conceito de responsabilidade? Toda a filosofia ocidental foi dominada por esse problema. Parecia que tínhamos que escolher entre uma visão científica que negava a tradição humanista, ou uma tradição humanista que tentava destruir o que aprendíamos com a ciência. [...] Eu era muito sensível a esse conflito porque vim para a ciência, para a ciência pura, saído das ciências humanas. [...] Mas o que aprendi com a termodinâmica confirmou meu ponto de vista filosófico. E me deu forças para continuar a buscar uma interpretação mais profunda do tempo e das leis da natureza. Então, eu diria que é uma espécie de troca mútua entre o ponto de vista humanístico e o científico.

A sinergia entre a busca humanística e a científica serviu bem a Prigogine. Além de iluminar os processos termodinâmicos básicos, suas ideias inspiraram uma grande variedade de estudiosos das ciências naturais e sociais. Conceitos que ele popularizou, como "estruturas dissipativas" e "sistemas auto-organiza-dos", encontraram seu caminho nas discussões sobre planejamento urbano e desenvolvimento da personalidade. Mas, assim como os sistemas moleculares que estuda, a carreira de Prigogine não poderia ter sido prevista pelo simples conhecimento de seus interesses iniciais. Foi necessária a interação sutil entre sua curiosidade, os desejos de seus pais, as oportunidades oferecidas pelo ambiente intelectual em que ele vivia e os resultados de seus experimentos para dar forma a esse sistema conceitual que hoje associamos ao seu nome.

A influência dos pais[4]

Na maioria dos casos, são os pais os responsáveis por estimular e direcionar o interesse da criança. Às vezes, a única contribuição dos pais para o desenvolvimento intelectual do filho é tratá-lo como um adulto. Donald Campbell, cujas inúmeras contribuições metodológicas e teóricas enriqueceram a psicologia contemporânea, foi um dos muitos entrevistados que se sentiam "abençoados" porque seus pais nunca os menosprezaram, ouvindo suas opiniões sobre todo tipo de questões adultas. O que disse o romancista Robertson Davies é recorrente a muitos dos entrevistados:

> Meus pais eram como todos os pais. Uma centena de coisas diferentes, é muito difícil descrever tudo. Mas uma das coisas que eles eram, que eu aprecio muito, muito: eram bastante generosos. Eles nunca negaram aos filhos nada que os ajudasse. E foram muito generosos comigo, porque eu demonstrei aptidão para os estudos, então me ajudaram a ter uma ótima educação. E também me ajudaram a obter uma espécie de base na música e na literatura por meio de exemplos e conselhos, simplesmente por me mandar para os lugares em que isso podia ser encontrado. E, por isso, tenho inúmeras razões para ser grato a eles. Embora muitas vezes tivéssemos fortes diferenças de opinião, sinto que sempre foram muito gentis e generosos comigo.

Em outros casos, toda a família é mobilizada para ajudar a moldar o interesse da criança. Elisabeth Noelle-Neumann e suas irmãs tinham uma tia ou um tio encarregados de levá-las a museus e concertos pelo menos duas vezes por mês. Era importante, disse ela, que cada irmã tivesse sua área de especialização exclusiva — a que sempre era levada ao balé não era levada ao museu e vice-versa. Dessa forma, a rivalidade entre elas foi minimizada, e o interesse pessoal, reforçado.

Uma infância bastante típica foi a de Isabella Karle, uma das principais cristalógrafas do mundo, pioneira nos métodos de análise de difração de elétrons e na análise de raios X. Seus pais eram imigrantes poloneses com educação formal mínima e recursos escassos. No entanto, mesmo durante os piores anos da Grande Depressão, a mãe de Isabella guardou dinheiro das economias domésticas para que a família pudesse tirar férias de duas semanas para explorar a costa Leste. Os pais levavam os filhos à biblioteca, a museus e a concertos. Antes de começar a primeira série na escola pública de Detroit, Karle tinha aprendido a ler e escrever em polonês com seus pais. "Eles foram muito bons em nos apresentar ao mundo", disse Isabella, "mesmo que seus recursos fossem limitados." Ela se lembrava de ser uma excelente aluna, de receber seu pós-doutorado em química quinze anos depois de entrar na primeira série. Antes de ser apresentada à química, seu interesse inicial se centrava em romances históricos. No entanto, ela nunca havia feito um curso de ciências até o primeiro ano do ensino médio, quando um conselheiro lhe sugeriu cursar um para que tivesse mais chances de entrar em uma boa faculdade. Então, de uma lista de cursos de biologia, química e física, ela apontou aleatoriamente para o do meio. "E a química", disse ela, "me deixou completamente fascinada." Assim, embora uma criança não precise desenvolver um interesse precoce por um domínio para se tornar criativa nele mais tarde, ajuda muito se expor cedo à riqueza e à variedade da vida.

A forte influência dos pais é especialmente útil para crianças que têm que lutar muito contra uma origem pobre ou socialmente marginal. Na ausência de outras vantagens, como boas escolas e acesso a mentores, é quase impossível ter sucesso sem o apoio e a orientação dos pais. Oscar Peterson, o renomado pianista de jazz, lembra que, quando criança, seu pai, que era carregador de bagagem da companhia ferroviária canadense, costumava lhe dar a tarefa de aprender a tocar uma música toda vez que saía de Montreal em direção a Vancouver. Assim que voltava, seu pai conferia se Oscar havia feito a lição de casa. Se não tivesse, ele era repreendido. Mas a influência mais importante da família foi formar o senso de padrão pessoal e autoconfiança de Oscar, incentivando seu amor pela música:

Eles não tentaram me amarrar e me manter na linha. Eles me viam fazendo uma coisa e diziam: "Acho que você é melhor do que isso. Acho que, se você ficar diante do espelho e se der uma bela olhada, vai ver que não está fazendo sentido. Que isso aí não é você". Dessa forma, eles me comunicavam que tinham grandes expectativas, mais do que eu estava vivendo naquele momento.

Minha família me deu, acima de tudo, o amor pela música. Eles me ajudaram a apreciar algumas das músicas que eu ouvia, e isso, é claro, me direcionou para esse meio. Mas eles também me deram um conjunto de regras pessoais que me impediram de me meter em algum dos problemas em que os músicos se metiam na época. E me deram uma boa dose de autoestima ao mostrar que, se eu quisesse, podia me sair bem.

O senso de respeito próprio e disciplina que Oscar Peterson absorveu em casa o ajudou mais tarde, quando as tentações do mundo do jazz se tornaram mais nítidas. Enquanto muitos de seus colegas sucumbiram às tentações fáceis do sexo, das drogas e do álcool, o respeito pelos pais e seus valores mantiveram Peterson em um caminho estável:

Eles me ensinaram que jamais tolerariam nem aceitariam isso [uso de drogas]. Não vou citar nomes, mas um músico muito famoso uma vez me ofereceu cocaína — acho que era cocaína —, não, quer dizer, era heroína. Como ele dizia, "um pico de heroína". E eu disse a ele, com toda a sinceridade: "Eu não tenho como voltar para casa se fizer isso". Isso era o que me aterrorizava mais do que qualquer outra coisa. Eu não sabia o que eu ia dizer para a minha mãe — muito menos para o meu pai — se eu chegasse em casa com um vício. Não tinha razão para aquilo. Não era medo do que ele faria comigo, era medo de... de talvez deixar meu pai completamente arrasado. Eu não saberia como explicar aquilo para ele.

John Hope Franklin, um historiador afro-americano, lembrou que seu pai, advogado, lia o tempo todo. Então o filho cresceu achando que ler era o que os adultos faziam dia e noite; e se lembra de sua mãe sempre solidária e encorajadora. Franklin atribuía a ambos os pais os fundamentos intelectuais e morais de sua vida:

Eu venho de uma família educada, você sabe. Minha mãe era professora primária, formada no programa de treinamento de professores da Universidade Roger

Williams, no Tennessee, que meu pai também frequentou. Foi lá que eles se conheceram. Então ele foi para o Morehouse College, em Atlanta, e concluiu os estudos lá. Depois, estudou direito. Ele aprendeu no escritório de um advogado. Era assim que se fazia por volta de 1900. E passou no exame da Ordem dos Advogados com a segunda nota mais alta. Ele se formou na Universidade de Michigan e fez a prova em território indígena, quando ainda não era um estado. Oklahoma ainda não era um estado. E, assim, meus pais tiveram uma influência enorme no meu desenvolvimento intelectual e social. Aprendi com eles o valor do estudo e da leitura, esse tipo de coisa. Aprendi com eles também certos elementos de honestidade e integridade. Não precisei me perguntar, mais tarde, se deveria ou não fazer certas coisas. Era parte do meu ser, por causa da influência deles.

Manfred Eigen, químico ganhador do Nobel, aprendeu com o pai as músicas que sempre tocou e os altos padrões de desempenho que ele esperava. O pai do historiador William McNeill também era historiador, cuja visão sintética do passado influenciou o desenvolvimento profissional do filho. Freeman Dyson também se lembrava de seus pais com ternura:

Bem, eu tive muita sorte, é claro, em ter os pais que tive. Ambos eram pessoas notáveis. Meu pai era essa combinação incomum de compositor e administrador, então isso foi uma grande inspiração para mim, a sensação de que se podia fazer muitas coisas e fazê-las bem. E minha mãe era igualmente fora do comum de certa forma, porque era advogada e tinha lido muito, e na verdade era mais companheira para mim do que o meu pai. Ambos tinham personalidades muito marcantes. E, apesar disso, eles me deram total liberdade para fazer o que eu gostava, que era ciência. Nenhum deles era um cientista, mas eles entendiam o que havia por trás.

A influência dos pais nem sempre é positiva. Às vezes, ela é vista como carregada de tensão e ambivalência. Hazel Henderson se espelhava na mãe amorosa, mas se ressentia do fato de ela ser tão submissa ao marido patriarcal. Referindo-se ao pai, ela disse:

Ele tendia a ser autoritário, porque era assim que os homens tinham que ser. Então, minha mãe não ganhava nunca uma discussão. Eu não queria ser como ele, embora percebesse que o poder era útil. Eu queria ser como ele em termos de, é... bem... queria ser eficaz, e não queria ser humilhada — não queria ser um capacho.

De forma que isso foi uma tremenda tensão na minha infância, que raios fazer com aquilo. Portanto, acho que, embora eu nunca tenha verbalizado ou pensado nisso na época, acabei decidindo que ia unir o amor e o poder em uma coisa só.

Muitas vezes, principalmente no caso de artistas, os pais ficam horrorizados com a direção que o interesse dos filhos está tomando. Mark Strand, premiado poeta americano, começou com o interesse pelas artes. Os pais "não ficaram contentes quando expressei meu desejo de ser pintor. Porque eles estavam preocupados com como eu ia ganhar a vida. E foi ainda pior quando expressei meu desejo de me tornar poeta. Eles achavam que todos os poetas passavam fome, que eram suicidas ou alcoólatras". György Faludy teve que concluir muitas matérias na universidade, em diferentes disciplinas, para agradar o pai antes de se voltar para a poesia. A geração de mulheres representada em nossa amostra foi desencorajada pelas famílias a cogitar uma carreira científica. Que chance elas tinham de se tornarem físicas ou químicas? Melhor se ater ao plano de tentar virar professora de ensino médio.

Como as declarações acima sugerem, os pais não eram simplesmente uma fonte de conhecimento ou disciplina intelectual. O papel deles não se limitava a apresentar aos filhos oportunidades de carreira e ajudar no acesso ao campo. Talvez a contribuição mais valiosa tenha sido na formação do caráter. Muitos entrevistados mencionaram a contribuição do pai ou da mãe no ensino de certos valores. Provavelmente, o mais importante deles era a honestidade. Um número surpreendente disse que uma das principais razões pelas quais se tornaram bem-sucedidos era porque eram sinceros ou honestos, e essas eram virtudes que haviam adquirido pelo exemplo dos pais. Robertson Davies disse isso sobre os pais, ambos escritores:

> Eles eram muito sinceros sobre o que escreviam, e eu fui criado... não diria estritamente, porque não havia nada de exagerado naquilo... mas meus pais me criaram em uma espécie de atmosfera religiosa, de modo que eu tinha um respeito muito profundo pela verdade, e estava perpetuamente sendo lembrado, porque meus pais eram grandes recitadores da Bíblia, de que Deus não se deixa enganar.

O físico alemão Heinz Maier-Leibnitz, que foi professor de dois futuros vencedores do Nobel, acreditava que a responsabilidade de um mentor no campo das ciências não é apenas ser honesto, mas também de se certificar da honestidade de seus colegas:

> Não sei se honestidade é a melhor palavra. É a busca pela verdade no seu trabalho. Você deve ter autocrítica, antecipar tudo o que possa contradizer o que você pensa, e não deve jamais acobertar um erro. E a atmosfera inteira deve fazer com que todo mundo seja assim. Mais tarde, quando você for chefe de um laboratório ou de um instituto, deve fazer um grande esforço para ajudar aqueles que são honestos, que não trabalham apenas por suas carreiras e que não tentam diminuir o trabalho dos outros. Essa é a tarefa mais importante de um professor. Ela é absolutamente fundamental.

Por que a honestidade é considerada tão importante? As razões apresentadas compartilham um núcleo comum, embora variem de acordo com o domínio de atuação do entrevistado. Os físicos disseram que, se não forem verdadeiros em suas observações dos fatos empíricos, não são capazes de fazer ciência, menos ainda de ser criativos. Os cientistas sociais enfatizaram que, se os seus colegas não forem fiéis à verdade, a credibilidade de todas as suas ideias é comprometida. O que artistas e escritores quiseram dizer com honestidade era a lealdade aos seus próprios sentimentos e intuições. E empresários, políticos e reformadores sociais veem a importância da honestidade no relacionamento com os outros, com as instituições que lideravam ou a que pertenciam. Em nenhum desses campos é possível ser bem-sucedido sem ser verdadeiro, se você distorce as evidências, consciente ou inconscientemente, em benefício próprio. A maioria dos entrevistados se considera sortuda por ter adquirido essa qualidade com o exemplo dos pais.

Apenas em alguns casos a influência dos pais aparece como uma força totalmente negativa, um exemplo do que a criança quer evitar no futuro. Pais que estão sempre brigando, que são materialistas, que estão descontentes com a vida, apresentam aos filhos maneiras de não ser. Mas, em geral, parece que os pais ainda são a principal fonte da curiosidade e do envolvimento com a vida que são tão característicos desses indivíduos criativos. Isso é válido mesmo quando os pais não estão mais vivos.

A perda do pai[5]

Uma notável contradição com a importância da ajuda dos pais é o fato de muitas pessoas criativas terem perdido o pai cedo. Esse padrão é especialmente verdade entre homens criativos. Cerca de três em cada dez homens e duas em cada dez mulheres em nossa amostra ficaram órfãos antes de chegar à adolescência.

George Klein, um dos fundadores do novo domínio da biologia tumoral, era um deles. Em um livro de ensaios, ele descreveu em detalhes o impacto da morte do pai em sua vida. Ele atribui tanto sua autonomia que beira a arrogância quanto o senso de responsabilidade que o impulsiona ao fato de não ter um pai para temer e do qual depender. Um menino privado de um pai pode experimentar uma forte sensação de liberdade, uma liberdade de ser e fazer o que quiser; ao mesmo tempo, pode sentir o enorme fardo de ter que corresponder às expectativas que ele mesmo atribuiu ao pai ausente.

Um menino sem pai tem a oportunidade de inventar quem ele mesmo é. Não precisa ficar diante de um pai poderoso e crítico e se justificar. Por outro lado, não terá a oportunidade de crescer e se tornar amigo do pai, virar um igual. A relação permanece congelada no tempo, e a psique da criança carrega sempre a memória exigente do pai todo-poderoso. É possível que a personalidade complexa e muitas vezes torturada de indivíduos criativos seja em parte moldada por essa ambivalência. George Klein termina seu ensaio intitulado "O órfão" com as frases a seguir:

> Pai, irmão mais novo, meu filho, meu criador, você, que nunca vai permitir que eu te conheça, venha, me oprima, me esmague, me molde no que você quiser — em alguém que eu nunca fui, nunca serei, desde que eu possa lhe dizer isso. [...] O que, de fato, eu quero lhe dizer? Talvez apenas isso: viver é maravilhoso — obrigado por tornar isso possível para mim. Eu provavelmente teria lhe matado se você estivesse vivo, mas jamais fui capaz de viver de verdade agora que você está morto.

Embora poucos mencionem sua perda com tamanha percepção e sofrimento, na maioria dos casos a morte precoce do pai parece deixar uma marca drástica na psique do filho. Wayne Booth foi criado em uma família mórmon, em que o pai é visto como um representante de Deus, quase uma divindade. Então, quando seu pai morreu, o jovem Wayne sentiu um duplo golpe: primeiro a dor natural por perder o pai, depois o baque em suas crenças mais fundamentais: se o pai era tão poderoso assim, como poderia ter morrido? E, mais uma vez, com a dor da perda veio um ganho incomum: na família mórmon altamente hierarquizada, em uma idade muito jovem ele substituiu o pai ausente, recebendo o respeito e as altas expectativas depositadas no homem mais velho. A abordagem de Wayne Booth a sua vocação reflete a ambivalência desses primeiros anos de vida. Por um lado, sua abordagem ao ensino, à literatura, à crítica é influenciada por um profundo respeito pela ordem e pela tradição; por outro, ele continuou a questionar as verdades estabelecidas, mantendo até os setenta anos a extrema curiosidade em geral associada à juventude.

Às vezes o pai, embora vivo, é virtualmente inacessível ao filho. Foi esse o caso do compositor e músico indiano Ravi Shankar. Ele disse:

Eu tenho que falar um pouco sobre o meu pai. Veja, ele era um curioso. No sentido de que estava sempre em busca de conhecimento. E era uma pessoa muito instruída. Em todos os assuntos. Desde o sânscrito até a música. Era advogado de profissão, integrava o Conselho Privado do Reino Unido, fazia parte da Liga das Nações quando foi fundada, em Genebra. Fez sua ciência política em francês com quase cinquenta anos. E nos cinco, seis últimos anos de vida, largou tudo e começou a dar palestras sobre filosofia indiana, na Universidade Columbia e em fundações em Nova York. Ganhou muito dinheiro em várias ocasiões e recebeu propostas de emprego fantásticas, sabe, que pagavam muito bem, mas nunca guardou dinheiro. Não cuidou de nós dessa maneira. Minha mãe se separou dele muito cedo. E ele se casou com uma senhora inglesa, que eu não via, mas de quem ouvia falar. Assim, desde a minha infância, vi minha mãe ser muito infeliz e muito solitária. Mas, sabe, ela era uma grande dama. Ela dedicava toda a energia dela, tempo e tudo o mais para o bem dos filhos. Com o pouquíssimo dinheiro que nós tínhamos, ela precisou batalhar de verdade para dar uma educação para os meus irmãos.

Meu pai, como eu disse, era uma pessoa muito solitária. E vivia longe da família, sempre. Eu mal o via. Se eu somasse todo o tempo, foram dois, três dias, talvez uma semana. O período mais longo foi de duas semanas uma vez em Genebra, que passamos quando ele estava na Liga das Nações. Não o via fazia mais de dois meses, dois meses e meio. Então, eu não tinha nada a ver com meu pai, infelizmente, embora o respeitasse e gostasse muito dele. Mas eu cresci muito sozinho, porque eu era o mais novo. Minha mãe era a minha melhor amiga.

O simples fato de não ter o pai não é o que afeta a vida dessas crianças posteriormente; o que conta é o sentido que elas extraem desse fato. A morte do pai pode acabar com a curiosidade e a ambição de um filho, bem como aumentá-la. O que faz a diferença é a existência ou não de suporte emocional e cognitivo suficiente para que a criança enlutada interprete a perda como um sinal de que ela deve assumir responsabilidades adultas e se esforçar mais para corresponder às expectativas. E, aqui, a mãe se torna crucial porque, na maioria dos casos, é para proteger e confortar uma mãe amorosa que a criança tenta trabalhar duro e ter sucesso.

Os impactos da morte de um dos pais são muitas vezes bastante complicados. O pai de Brenda Milner, que ela adorava, morreu de tuberculose quando ela tinha oito anos. Ele era pianista e crítico de música para o *Manchester Guardian*. Como seu trabalho lhe permitia passar muitas manhãs em casa, ele assumiu a educação de Brenda e lhe ensinou as tabelas de aritmética, e fazia com que ela lesse Shakespeare para ele. A morte dele foi "a pior experiência emocional" de sua vida. Após esse evento, Milner foi atraída pela ciência, em parte para evitar ser excessivamente influenciada pela mãe artista, por quem ela tinha um grande carinho, mas com quem brigava se passassem mais de quinze minutos no mesmo cômodo. "Eu queria mostrar que estava fazendo minhas próprias coisas, não as da minha mãe", disse ela sobre sua decisão de seguir uma carreira científica. "Era egoísta, talvez, mas é muito claustrofóbico viver com alguém que fez tanto investimento emocional em você quando criança."

Em alguns casos, o apoio à criança órfã pode vir da comunidade. Quando o pai de Linus Pauling morreu, a responsabilidade pelo menino de nove anos foi assumida pelos outros farmacêuticos em Portland. Todos os dias, depois da escola, ele ia a uma drogaria diferente e ajudava os colegas do pai a preparar medicamentos, desenvolvendo assim o interesse inicial pelos mistérios da química que havia adquirido ajudando o pai na farmácia dele. Ficar órfão definitivamente não diminuiu o interesse de Pauling pelo mundo ao seu redor:

Acho que nunca me sentei e me perguntei, "E agora o que é que eu vou fazer da vida?". Eu apenas segui em frente, fazendo o que gostava de fazer. Quando eu tinha onze anos, bem, eu gostava de ler. E eu li muitos livros. Tem uma declaração do meu pai, alguns meses antes da morte dele, quando eu estava fazendo nove anos, que eu era muito interessado em ler e já tinha lido a Bíblia e a *Origem das espécies*, de Darwin. E ele disse que eu parecia gostar de história. Lembro de quando eu tinha doze anos e havia aulas de história antiga no primeiro ano do ensino médio, gostei tanto de ler um dos livros didáticos, de modo que nas primeiras semanas eu já tinha lido todo o livro e estava procurando mais materiais sobre a Antiguidade. Quando eu tinha onze anos, comecei a colecionar insetos e a ler livros de entomologia. Aos doze, passei a coletar minerais. Encontrei algumas ágatas — foi tudo o que consegui encontrar e reconhecer no Vale do Willamette —, mas li livros sobre mineralogia e copiei tabelas de propriedades, dureza, cor, listras e outras características dos minerais que havia nos livros. E então, quando eu estava com treze, me interessei por química. Fiquei muito empolgado quando percebi que os químicos podiam converter algumas substâncias em outras com propriedades bem diferentes. E essa é essencialmente a base da química. A diferença nas propriedades delas me interessou. Hidrogênio e oxigênio, gasosos, formavam água. Ou sódio e cloro formando o cloreto de sódio. Substâncias finais bastante diferentes dos elementos que se combinavam para formá-las. Desde então passei boa parte do meu tempo tentando entender melhor a química. E isso significa, no fundo, entender o mundo, a natureza do universo.

Se é verdade que adultos criativos muitas vezes superam o golpe de terem ficado órfãos, o aforismo de Jean-Paul Sartre de que o maior presente que um pai pode dar a seu filho é morrer cedo é um exagero.[6] Há demasiados exemplos de contextos familiares afetuosos e estimulantes para concluirmos que dificuldades ou conflitos são essenciais para liberar o impulso criativo. Inclusive, indivíduos criativos parecem ter tido ou infâncias excepcionalmente bem fundamentadas, ou muito carentes e desafiadoras. O que parece estar ausente é o meio-termo.

Outro aspecto da formação familiar que apresenta esse mesmo padrão é a classe social dos pais. Muitos indivíduos criativos vieram de origens bastante pobres, e muitos de classe alta ou média alta; poucos vieram da grande classe média. Os pais de cerca de 30% eram agricultores, imigrantes pobres ou trabalhadores braçais. No entanto, eles não se identificavam com sua posição de classe baixa e tinham grandes aspirações em relação ao desenvolvimento educacional dos filhos. O pai da psicóloga Bernice Neugarten era um imigrante recém-chegado da Europa, com pouca escolaridade, que batalhou para sobreviver durante a Grande Depressão. Quando ela voltou para casa em Nebraska, durante uma pausa da faculdade, seu pai perguntou: "Você está gostando?". Bernice explicou que estava começando a desenvolver um complexo de inferioridade, porque na Universidade de Chicago ela estava rodeada de alunos de doutorado. "O que é doutorado?", perguntou seu pai. Ela respondeu: "Se você vai para a faculdade e consegue um diploma de bacharel, pai, isso não é o mais longe que você pode ir. As pessoas podem continuar e fazer uma coisa chamada mestrado, e outra chamada doutorado". Nesse momento, seu pai apontou o dedo para ela e disse: "Então você deveria fazer isso!".

Apenas cerca de 10% das famílias eram de classe média. A maioria, cerca de 34%, tinha pais com uma ocupação intelectual, como professor, escritor, maestro ou pesquisador. Os 25% restantes eram advogados, médicos ou empresários abastados. Essas proporções são bem diferentes do que se esperaria da frequência de tais empregos na sociedade como um todo. Claramente, ajuda bastante nascer em uma família intelectualizada, ou em uma que valoriza a educação como forma de mobilidade social — mas não em uma família confortável de classe média.

O espelho retrovisor[7]

Ao olhar para trás, para a infância, é inevitável que o que vemos seja colorido pelo que aconteceu nos anos intermediários, pelas circunstâncias presentes e pelos objetivos futuros. Uma pessoa relativamente feliz e contente pode se lembrar de mais dias animados do que de fato existiram, e uma pessoa castigada pela vida pode projetar mais infelicidade no passado. Sabemos que os adultos que têm uma imagem positiva de si mesmos descrevem sua infância em termos mais favoráveis. O que ainda não está claro é o que é causa e o que é efeito. Esses adultos têm uma autoimagem positiva porque tiveram uma infância mais feliz, ou se lembram dela como mais feliz porque sua autoimagem na idade adulta é positiva?

Em algumas das entrevistas com artistas plásticos que realizei intermitentemente por mais de vinte anos, notei um padrão intrigante. Um jovem artista extremamente bem-sucedido em 1963 descreveu sua infância como perfeitamente normal, até mesmo idílica. Ele insistiu em afirmar que nenhum dos conflitos e tensões que se leem nas biografias de artistas estavam presentes em seu caso. Dez anos depois, o mesmo artista estava tendo problemas profissionais: suas pinturas não estavam mais na moda, críticos e colecionadores pareciam evitá-lo, suas vendas despencaram. Agora, ele tinha passado a mencionar de modo definitivamente menos cor-de-rosa eventos de sua infância. Seu pai tinha sido distante e severo; a mãe, insistente e possessiva. Em vez de falar sobre os lindos dias de verão passados no pomar, como havia feito uma década antes, ele agora se debruçava sobre o fato de muitas vezes fazer xixi na cama e sobre a consternação que isso causava nos pais.

Mais dez anos depois, a carreira artística desse jovem já estava praticamente acabada. Seu trabalho havia definitivamente sido deixado de lado, e ele tinha atravessado dois divórcios turbulentos, um problema sério com drogas, e estava tentando controlar o alcoolismo. Agora, sua descrição da infância incluía pais e tios alcoólatras, abuso físico e tirania emocional. Não admira que a criança tenha fracassado enquanto adulto. Qual versão de seus primeiros anos estava mais próxima da verdade? A terapia pela qual ele passou quando as coisas começaram a dar errado o ajudou a ver mais claramente um passado que havia sido reprimido? Ou o terapeuta, prestativamente, forneceu-lhe um roteiro que explicava por que ele havia falhado e o isentava de culpa? Não há como escolher entre essas alternativas com a mínima segurança. É possível que o sucesso inicial tenha sido um acaso e que o posterior fracasso tenha sido influenciado por uma infância infeliz. Ou pode ter sido que o artista tenha fracassado sem qualquer responsabilidade, punido pelas mudanças inconstantes no gosto e no mercado. De qualquer forma, existe uma pressão muito forte para que o passado seja consistente com o presente. Ceder a essa pressão proporciona um senso de verdade subjetiva, independentemente de ela estar ou não em conformidade com os eventos objetivos do passado.

Portanto, é possível que nossos adultos criativos bem-sucedidos se lembrem da infância como basicamente afetuosa pelo fato de que eles *são* bem-sucedidos. Para ser consistente com o presente, a memória deles privilegia eventos passados positivos. Biógrafos que estão convictos de que a primeira infância dos indivíduos criativos precisa incluir sofrimento podem, de fato, encontrar inúmeras evidências de luto que não foram mencionadas em nossas entrevistas. Da mesma forma, se os biógrafos presumem que uma pessoa criativa deve ter tido uma infância feliz, provavelmente vão encontrar muitas evidências disso. A questão não parece ser os fatos envolvidos. O que importa de verdade é o que as crianças fazem com esses fatos, como elas os interpretam, que significado e que força extraem deles — e como dão sentido às suas memórias em termos do que acontece mais adiante na vida.

Na escola

É bastante inusitado quão pouco impacto a escola — mesmo o ensino médio — parece ter tido na vida das pessoas criativas. Muitas vezes se percebe que, se tanto, a escola ameaçou acabar com o interesse e a curiosidade que a criança descobriu fora do domínio dela. Qual a contribuição das escolas para as realizações de Einstein, Picasso ou T.S. Eliot? O panorama é bastante sombrio, principalmente se levarmos em conta o esforço, os recursos e as esperanças depositados em nosso sistema educacional formal.

Mas se a escola em si raras vezes é mencionada como fonte de inspiração, os professores, individualmente, muitas vezes despertam, sustentam ou direcionam o interesse de uma criança. O físico Eugene Wigner creditou a László Rátz, professor de matemática da escola luterana de Budapeste, ter refinado e desafiado seu próprio interesse pela matemática ("ninguém sabia evocar um problema como o Rátz"), assim como o de seus colegas — o matemático John von Neumann e os físicos Leó Szilárd e Edward Teller. Claramente, o professor deve acertado em alguma coisa.

O que fez com que esses professores fossem influentes? Dois fatores principais se destacam.[8] Primeiro, os professores reparavam no aluno, acreditavam nas habilidades dele e *se importavam*. Segundo, o professor demonstrou cuidado ao passar trabalhos extras à criança, desafios maiores do que o resto da turma recebia. Wigner descreveu Rátz como um sujeito amigável que emprestava seus livros de ciências a estudantes interessados e lhes dava tutoriais e testes especiais para desafiar suas habilidades acima da média.[9] Rosalyn Yalow, que ganhou o Nobel de Medicina (embora tenha formação em física), se lembrava de que seu interesse pela matemática foi despertado na décima série, quando tinha apenas doze anos, por um professor chamado sr. Lippy. Isso é o que ela disse sobre ele e os outros professores influentes:

Eu era boa aluna, e eles sempre me davam muito trabalho extra para fazer. Aprendi geometria com o sr. Lippy. Ele logo me levou para a sala dele. Me dava quebra--cabeças e problemas de matemática além dos que eram formalmente passados em aula, e o mesmo acontecia em química.

John Bardeen se interessou por matemática mais ou menos na mesma idade, influenciado por um professor que percebeu sua habilidade, o encorajou e deu sugestões de problemas nos quais ele poderia trabalhar. Como resultado dessa atenção extra, quando ele estudou álgebra no ensino médio, aos dez anos, ganhou um prêmio de fim de ano em uma prova competitiva de matemática. O primeiro professor que se interessou pelo jovem Linus Pauling foi um de química do ensino médio chamado William V. Greene:

> Ele me deu um segundo ano de aula de química, para que eu recebesse crédito por dois anos de química do ensino médio. Eu era o único aluno na aula de química do segundo ano. Ele me pediu várias vezes para ficar uma hora a mais depois do fim das aulas para ajudá-lo a operar o calorímetro.

Para manter o interesse em um assunto, o adolescente precisa gostar de trabalhar nele. Se o professor tornar o aprendizado excessivamente difícil, o aluno se sentirá frustrado e ansioso demais para entrar nele de fato e apreciá-lo por si só. Se o professor tornar o aprendizado fácil demais, o aluno ficará entediado e perderá o interesse. O professor tem a difícil tarefa de encontrar o equilíbrio certo entre os desafios que oferece e a habilidade dos alunos, para que resulte em prazer e em desejo de aprender mais.

Mas dado o quão famosos os alunos de nossa amostra se tornaram algumas décadas depois, surpreende quantos deles não têm nenhuma memória de relacionamentos especiais com um professor. Isso é válido, principalmente, para os de fora do campo científico. Talvez porque uma habilidade matemática precoce seja mais fácil de ser detectada, os professores parecem mais predispostos a incentivar futuros cientistas do que alunos com talento para as artes ou para as ciências humanas. Inclusive, os professores às vezes são desprezados de forma unânime. George Klein achava todos os professores medíocres, exceto um, e tinha a sensação de que, na adolescência, aprendeu mais sobre filosofia e literatura em debates com alguns de seus colegas de escola do que em qualquer de suas aulas. Brenda Milner, neuropsicóloga, lembrou, na entrevista, como se sentia frustrada na escola porque não conseguia desenhar, cantar nem fazer qualquer coisa considerada "criativa" pelos professores. Por ser ferozmente competitiva, mas sem aptidão nas habilidades valorizadas pela escola, ficou viciada nas matérias em que *era* boa:

> Eu ia para casa e desfazia a costura que tinha feito com tanto esforço ao longo do dia todo, aos prantos. Também estava chorando quando tentei desenhar um mapa dos Grandes Lagos e não consegui fazer com que eles se conectassem. Não havia nada que eu gostasse de fazer senão equações de álgebra à noite. Quer dizer, era puro prazer. Mas eu não era boa nessas coisas engenhosas. E eles gostavam de dar prêmios para obras de arte e todas as coisas em que eu era ruim. Ninguém nunca recebia reconhecimento por latim e álgebra, por exemplo.

Alguns desses alunos excepcionais se recordam das atividades extracurriculares de forma mais positiva do que das disciplinas escolares. Robertson Davies começou a se considerar escritor quando ganhou a maioria dos prêmios literários oferecidos na escola. John Bardeen sabia que era bom em matemática quando superou seus colegas mais velhos em uma competição. Elisabeth Noelle-Neumann conseguia se livrar de muitas coisas na escola porque escrevia poemas que os professores achavam lindos. Os futuros físicos vencedores do Nobel da escola luterana de Budapeste ficaram empolgados com a competição mensal que Rátz fazia com os alunos. Todo mês, um novo conjunto de problemas era publicado no jornal mural de matemática, e os alunos discutiam e debatiam longamente sobre eles no tempo livre. Quem resolvia os problemas com mais elegância até o final do mês ganhava muito reconhecimento de seus colegas, assim como do professor.

Os anos constrangedores

A adolescência não é fácil para ninguém. Não importa quanto cuidado os pais dediquem aos filhos nessa fase da vida, não importa quão adequada seja a cultura para evitar conflitos entre adultos e adolescentes, tensões inevitáveis surgem dos doze aos vinte anos. A necessidade de se adaptar às mudanças físicas, de regular os impulsos sexuais e estabelecer independência e autonomia, sem romper os laços com a família e os colegas, são tarefas com as quais os adolescentes deparam de forma muito repentina e que geralmente provocam muito sofrimento.

Adolescentes talentosos não apenas não são imunes a isso como também têm alguns obstáculos especiais a ser superados.[10] Por exemplo, eles precisam dedicar tempo ao desenvolvimento de seus interesses e talentos, o que geralmente significa que ficam sozinhos com mais frequência do que outros adolescentes — praticando um instrumento musical, escrevendo ensaios ou resolvendo problemas de matemática. Em consequência disso, eles em geral são menos felizes e alegres (embora, quando estão sozinhos, sejam significativamente menos infelizes do que seus colegas).

Jovens com talentos especiais também tendem a ser menos sexualmente conscientes e menos independentes de suas famílias do que o normal. Esse é um fator importante no desenvolvimento deles, porque significa que passam relativamente mais tempo nas fases protegidas e lúdicas da vida, nas quais é mais fácil experimentar e aprender. Adolescentes sexualmente ativos se submetem rapidamente à programação genética e, se alcançam a autonomia cedo demais, ficam sobrecarregados pelas responsabilidades sociais, como arrumar emprego, cuidar da casa e criar os filhos. Assim, eles têm menos liberdade para experimentar as novas ideias e comportamentos que são essenciais para o desenvolvimento da criatividade. Ao mesmo tempo, um jovem que não está muito interessado em sexo e que depende dos pais provavelmente será impopular, um típico nerd.

Outra razão para a falta de popularidade é que a curiosidade intensa e o interesse concentrado parecem estranhos aos seus colegas. Formas originais de pensamento e expressão também os tornam um tanto suspeitos. Infelizmente, não se pode ser excepcional e normal ao mesmo tempo. Os pais muitas vezes se preocupam e procuram tornar mais populares seus filhos talentosos, sem perceber a contradição inerente. A popularidade, ou mesmo os fortes laços de amizade tão comuns na adolescência, tendem a fazer com que o jovem se adapte à cultura dos pares. Se o grupo de amigos é em si intelectual, como no caso de George Klein e alguns outros, então a adequação proporciona um apoio ao desenvolvimento do talento. Mas não é assim na maioria dos casos. Então, a solidão, por mais dolorosa que seja, ajuda a evitar que os interesses do adolescente sejam diluídos pelas preocupações típicas dessa fase da vida.

Nenhuma das pessoas criativas que entrevistamos se lembra de ser popular na adolescência. Algumas parecem ter tido um tempo razoavelmente tranquilo e outras relembram daqueles anos com um pavor mal disfarçado; no entanto, a nostalgia da adolescência está quase totalmente ausente. O isolamento — a sensação de estar de fora, de ser diferente, de observar com distanciamento os estranhos rituais de seus pares — era um tema recorrente. Claro, uma sensação de isolamento é típica da adolescência, mas, no caso das pessoas criativas, existem razões concretas para isso.

Alguns, como o sociólogo David Riesman, reconheceram a necessidade — na verdade, a contribuição positiva — desse papel de outsider: "Eu tinha o benefício de estar à margem — à margem da classe alta, à margem dos meus amigos da escola, e assim por diante, mas também à margem por causa de meus pontos de vista e, às vezes, isolado". Outros passaram por longos períodos de doença, o que exigiu afastamento da escola e dos colegas. O físico Heinz Maier-Leibnitz passou três meses de cama e o resto de um ano letivo se recuperando de uma doença pulmonar nas montanhas suíças. Brenda Milner e Donald Campbell se queixaram de falta de coordenação motora na juventude, o que tornava a prática de esportes ou de dança bastante difícil. Essas pessoas não perseveraram em suas carreiras criativas porque eram mais solitárias do que as outras crianças. No entanto, quando se viram isoladas, puderam tirar proveito disso, em vez de lamentar a solidão.

Aqueles que eram intelectualmente precoces — como John Bardeen, Manfred Eigen, Enrico Randone e Rosalyn Yalow — experimentaram outro tipo de isolamento. Eles pularam de ano e, portanto, cresceram rodeados de adolescentes mais velhos, com os quais não formaram amizades íntimas. John Gardner se lembrava do seguinte: "Eu passei muito rápido pela escola. Era uma época em que você tinha permissão para avançar tão rápido quanto quisesse — desde que fosse capaz. Então terminei as primeiras oito séries em cinco anos, e o resultado foi que eu estava cercado de crianças mais velhas e maiores do que eu".

O desempenho na escola importa mais em alguns domínios do que em outros. Em matemática e ciências, a exposição que se obtém no ensino médio é necessária para avançar no futuro. Sair-se bem em cursos avançados não basta, mas é uma condição necessária para ser aceito em uma boa universidade e depois em uma boa pós-graduação, o que por sua vez é um passo fundamental para uma carreira posterior. Contudo, o desempenho no ensino médio não é um bom indicador da criatividade futura nas artes e nas ciências humanas.

Jovens artistas, principalmente artistas visuais, têm um desinteresse notório por assuntos acadêmicos, e seus históricos escolares costumam refletir isso. É provável que seja por essa razão que os franceses — que avaliam a capacidade intelectual em termos racionais bastante rígidos — usem a expressão *bête comme un artiste* (burro como um artista) quando querem rebaixar o intelecto de alguém. Eva Zeisel, artista talentosa cujas criações em cerâmica estão expostas em inúmeros museus, incluindo o MoMa, em Nova York, não tinha dúvida de que "não era considerada o gênio da família quando criança" (é verdade que ela estava sendo comparada aos tios Michael e Karl Polanyi e ao primo Leó Szilárd). Ela contou como, aos dezessete anos, estava em um show e ouviu um casal falando sobre ela a algumas fileiras de distância: "A avó dela é uma pessoa tão inteligente, brilhante e intelectualizada. A mãe dela é uma beleza. Mas olha só pra ela...".

Michael Snow, o versátil artista-músico-cineasta canadense, admitiu que não foi um bom aluno no ensino médio e que ficou surpreso ao receber o prêmio de arte em seu último ano. Ravi Shankar começou a excursionar com um grupo musical aos dez anos, e depois disso sua educação ficou a cargo do seu guru, um músico mais velho.

FIOS DE CONTINUIDADE

Em alguns casos, a continuidade do interesse desde a infância até a vida adulta é direta; em outros, é estranhamente complicada. O interesse de Linus Pauling pela composição material do Universo começou quando ele trabalhava na farmácia do pai. O interesse de Elisabeth Noelle-Neumann pelas opiniões e pelos valores de seus compatriotas pode ser atribuído a suas brincadeiras com os habitantes imaginários das vilas de brinquedo que ela construiu. Frank Offner se lembrava sempre de um importante evento no começo de sua vida:

Eu sei que sempre quis fabricar e brincar com coisas como conjuntos mecânicos. [...] Quando eu tinha seis ou sete anos, estávamos em Nova York, e lembro que no Museu de História Natural havia um sismógrafo que tinha uma caneta que rabiscava sobre o tambor, e havia alguns contrapesos, e perguntei ao meu pai como aquilo funcionava, e ele disse: "Não sei". E essa foi a primeira vez, [...] sabe, como todas as crianças fazem, eu achava que meu pai sabia de tudo. Mas, então, eu fiquei interessado em como aquilo funcionava, e descobri.

O que torna essa memória tão interessante é que, ao longo de sua vida, algumas das invenções mais importantes de Offner envolveram uma caneta se movendo sobre um tambor. Por exemplo, ele inventou um gravador de caneta operado por cristal, "que tornou o cardiógrafo cem vezes melhor do que qualquer coisa que qualquer um havia feito antes", e aperfeiçoou os primeiros aparelhos de EEG. No entanto, Offner não via nada de especialmente significativo nessa continuidade, e, quando isso lhe foi sugerido, ele ignorou.

Há também casos em que o tema adulto do indivíduo remete aos interesses de uma geração anterior. C. Vann Woodward, que revolucionou a forma como entendemos a história do Sul dos Estados Unidos, disse que o interesse pela vocação que escolheu remonta a outros tempos:

> Esse interesse nasceu de uma experiência pessoal de crescer lá e ter sentimentos muito fortes sobre o assunto, de uma forma ou de outra. Eu sempre disse aos meus alunos: "Se você não está interessado de verdade nesse assunto e não tem sentimentos fortes em relação a ele, não opte por ele". E é claro que grande parte da minha escrita estava preocupada com essas controvérsias e disputas que estavam acontecendo na época, e com os antecedentes, as origens e a história delas.
>
> O lugar onde eu cresci foi importante. O ambiente e os tempos após a Guerra Civil e a Reconstrução. Havia conversas sobre isso desde as minhas lembranças mais antigas. São os derrotados que realmente falam e refletem sobre uma guerra, não os vencedores. E eu cresci em uma família de fazendeiros e donos de escravos, e depois, nas pequenas cidades onde morávamos, meu pai foi superintendente em escolas públicas.

O avô materno da artista Ellen Lanyon saiu de Yorkshire, Inglaterra, rumo aos Estados Unidos para pintar murais para a Exposição Universal de 1893, em Chicago. Por ser a neta mais velha, Ellen tinha a sensação de que estava destinada a herdar do avô a vocação e o espírito criativo. Ela disse:

E, quando eu tinha quase doze anos, meu avô morreu. Meu pai e minha mãe juntaram os apetrechos dele, as bisnagas de tinta novas etc. e me deram de presente no meu aniversário de doze anos como uma espécie de, sabe, como um gesto. A passagem do bastão, algo assim. E, então, comecei a pintar, e pintei um autorretrato, foi a primeira coisa que tentei. Eu me lembro perfeitamente do lugar, do cômodo, sabe, de tudo. Não sei o que aconteceu com a pintura. Está em algum lugar. Acho que minha mãe ficou com ela. Mas, de qualquer forma, acho que esse é o tipo de começo que estabelece um padrão para uma pessoa.

Em nenhum outro caso a continuidade do mesmo interesse através de gerações ficou mais evidente do que no do físico Heinz Maier-Leibnitz. Ele era descendente de Gottfried Wilhelm Leibniz (1646-1716). Separados por mais de dois séculos e meio, os paralelos na vida deles eram bastante surpreendentes. G. W. Leibniz foi identificado na *Encyclopædia Britannica* como "filósofo, matemático, conselheiro político". Maier-Leibnitz foi um físico nuclear experimental e foi consultor científico do governo alemão. O mais velho foi um dos fundadores da Academia Alemã de Ciência, em 1700; o mais novo foi um de seus mais recentes presidentes. G. W. Leibniz foi eleito membro correspondente da Academia Francesa de Ciências devido a suas tentativas de renovar a cooperação intelectual entre alemães e franceses após uma guerra entre os dois países; cerca de 250 anos depois, Maier-Leibnitz recebeu igual honraria pelas mesmas razões. G. W. Leibniz desenvolveu uma "álgebra do pensamento", segundo a qual todo raciocínio deveria ser redutível a uma combinação ordenada de elementos básicos. Seu descendente vem trabalhando em um procedimento pelo qual o grau de verdade das matérias de televisão e jornal pode ser avaliado dividindo-as em proposições básicas.

É preciso acrescentar, no entanto, que para cada pessoa criativa cuja vida parece um desdobramento contínuo da infância à velhice, ou cujos interesses parecem predeterminados mesmo antes do nascimento, existe outra cuja carreira posterior parece ser produto do acaso ou de um interesse que surge supostamente do nada, muito depois de os primeiros anos terem ficado para trás.

O QUE MOLDA UMA VIDA CRIATIVA?

Estamos acostumados a pensar sobre como a vida se desenrola de forma determinista. Mesmo antes da psicanálise moderna, acreditava-se que a vida adulta era moldada pelos eventos vivenciados desde a primeira infância até a adolescência: "Pau que nasce torto morre torto". Sem dúvida, depois de Freud ficou ainda mais comum supor que tudo o que nos aflige psiquicamente é resultado de algum trauma infantil não resolvido. E, por extensão, buscamos no passado as causas do presente. Em grande medida, é claro, essas suposições são válidas.

Mas refletir sobre a vida desses indivíduos criativos faz com que um leque de possibilidades se abra. Se o futuro é de fato determinado pelo passado, deveríamos ser capazes de enxergar padrões mais claros nesses relatos. No entanto, é surpreendente a variedade de caminhos que levaram à eminência. Alguns dos nossos entrevistados foram precoces — quase prodígios —, enquanto outros tiveram uma infância normal. Alguns tiveram primeiros anos conturbados, perderam um dos pais ou experimentaram várias formas de dificuldades; outros tinham uma vida familiar feliz. Alguns até tiveram infâncias normais. Alguns depararam com professores que deram suporte; outros foram ignorados e tiveram experiências ruins com mentores. Alguns sabiam desde cedo que carreira seguiriam, enquanto outros mudaram de direção à medida que amadureceram. O reconhecimento chegou cedo para alguns e tarde para outros.

Esse tipo de padrão — ou melhor, a falta dele — aponta para uma explicação do desenvolvimento que não a determinística usual. Parece que os homens e as mulheres que estudamos não foram moldados, de maneira definitiva, nem pelos genes nem pelos eventos do começo da vida. Em vez disso, à medida que o tempo foi passando, eles foram sendo bombardeados por eventos externos, encontrando pessoas boas e más, oportunidades boas e ruins, e tinham que se contentar com o que estivesse à mão. Em vez de serem moldados pelos eventos, eles moldaram os eventos de acordo com seus objetivos.

Supostamente, muitas crianças que começaram com talentos iguais ou superiores aos daqueles que encontramos nesse grupo caíram no esquecimento ou porque não tinham determinação, ou porque as condições que encontraram eram difíceis demais. Elas nunca tiveram um professor compreensivo, um golpe de sorte que lhes proporcionou uma bolsa de estudos, um mentor, um emprego que os manteve no caminho certo. Portanto, os Pauling e os Salk são os sobreviventes, os poucos talentosos que também tiveram a sorte de aproveitar as oportunidades que apareceram.

De acordo com essa visão, uma vida criativa não deixa de ser determinada, mas o que a determina é uma vontade que muda ao longo do tempo — a determinação feroz por alcançar sucesso, por dar sentido ao mundo, por usar de todos os meios possíveis para desvendar alguns dos mistérios do universo. Se os pais são amorosos e estimulantes, ótimo, é exatamente disso que um filho ou filha precisa para construir o futuro. Se os pais morrerem, é terrível, mas o que uma criança pode fazer? Lamber as feridas e tirar o melhor proveito disso.

Claro, isso ainda deixa uma questão em aberto: de onde vem essa determinação feroz, essa curiosidade insaciável? Talvez essa pergunta seja reducionista demais para ser útil. Pode haver muitas causas na raiz da curiosidade: sensibilidade geneticamente programada, experiências precoces estimulantes e, se Freud estiver certo, um interesse sexual reprimido. Pode não ser tão importante saber exatamente de onde vêm as sementes. O importante é *identificar* o interesse quando ele se revela, alimentá-lo, e oferecer oportunidades para que ele se transforme em uma vida criativa.

8. A idade adulta

Até muito recentemente, as pessoas criativas tendiam a aprender seu ofício por meio de um mestre ou de forma autodidata, adquirindo os elementos de um domínio por tentativa e erro. O ensino superior estava aberto a muito poucos e, até dois séculos atrás, era reservado basicamente para estudiosos e clérigos. Copérnico era um cônego da igreja que aprendeu sozinho matemática e astronomia, Mendel era monge, e Galileu formou-se médico. Hoje em dia, no entanto, é quase impensável que uma pessoa mude de ofício sem antes tê-lo aprendido na faculdade. Espera-se que até mesmo poetas e pintores obtenham diplomas de curso superior.

FACULDADE E PROFISSÃO

Para muitos dos nossos entrevistados, os anos na faculdade e na pós-graduação foram um ponto alto — se não o ponto alto — da vida. Foi esse o período em que eles encontraram sua voz, em que a vocação se tornou clara. Muitas vezes eles vinham de locais provincianos, onde se sentiam inadequados e sem orientação. A faculdade proporcionou o encontro com almas gêmeas e professores capazes de apreciar sua singularidade.

Foi também na faculdade que alguns indivíduos puderam afirmar pela primeira vez sua independência: David Riesman escolheu o direito em vez da carreira médica preferida pelo pai; outros, como Jonas Salk, fizeram a mudança no sentido oposto. Isabella Karle, como a maioria das outras mulheres que vão para a ciência, teve que convencer seus pais de que essa era uma escolha melhor do que se tornar professora. John Gardner, que queria ser escritor, decidiu estudar psicologia. Anthony Hecht, que amava música e matemática na adolescência, foi seduzido pela literatura e decidiu se tornar poeta.

Mas também não foram anos necessariamente fáceis. Apesar de sua genialidade, Linus Pauling teve que encarar um cronograma na faculdade que poucos estudantes de graduação hoje considerariam possível. Depois de se matricular no College of Agricultural Sciences, seguindo o conselho dos pais de um amigo, ele contou:

> Ganhei algum dinheiro com bicos, fazendo trabalhos para a faculdade, matando os dentes-de-leão do gramado mergulhando uma vara em um balde contendo uma solução de arsenato de sódio e depois enfiando a vara no dente-de-leão. Todos os dias eu cortava lenha, mais ou menos um metro cúbico, em pedaços menores, de um tamanho que caberia nos fogões do dormitório feminino. Duas vezes por semana eu cortava mais de dez quilos de carne de boi em bifes ou peças, e todos os dias eu esfregava a cozinha principal, que era bastante ampla. Então, no final do segundo ano, consegui emprego como engenheiro de pavimentação, cuidando do asfaltamento das estradas nas montanhas do sul do Oregon.

Mesmo na faculdade, o desempenho da futura mente criativa raras vezes se destaca. Quando Brenda Milner estava fazendo as provas para admissão em Cambridge com doze outros alunos de sua turma, ficou impressionada com a genialidade de um colega cujas ideias teóricas estavam muito além das suas. Ela estava certa de que ele estabeleceria o padrão na prova e de que ela não seria a primeira colocada, perdendo assim a chance de obter uma bolsa. "Mas, no fim das contas, foi muito engraçado — ele nunca fez as provas. Ele era genial, porém não tinha foco. Acho que ele foi encontrado em um pequeno quartinho nos fundos de uma casa em Londres, brincando com uns ratos numa banheira, ou algo assim. Mas eu me saí muito bem nos exames porque tinha tido alguém para ditar o ritmo." Na mesma linha, Rosalyn Yalow se recordou que:

Havia uma outra garota na faculdade comigo, e fizemos várias matérias juntas. Quando fizemos físico-química, ela tirava noventa, eu tirava sessenta, e todo o resto, trinta. Inclusive, ela fez mestrado com o Hans Bethe, em Cornell, mas depois parou por vários anos quando o marido voltou do exército. Ela chegou a concluir o doutorado, porém nunca fez nada com ele. Ela provavelmente era mais inteligente do que eu, mas não tinha o mesmo ímpeto.

Milner chamou de *foco*, Yalow chamou de *ímpeto* a vantagem que elas tinham sobre os colegas mais brilhantes. Depois da curiosidade, essa atenção concentrada é a característica que os indivíduos criativos mencionam com mais frequência como sendo um diferencial entre eles e seus colegas na faculdade. Sem essa característica, eles não teriam conseguido suportar o trabalho duro, a "transpiração". A curiosidade e o ímpeto são, em muitos aspectos, o yin e o yang que precisam ser combinados para alcançar algo novo. A curiosidade requer abertura para estímulos externos; o ímpeto, foco interno. A curiosidade é brincalhona; o ímpeto, sério; a curiosidade lida com objetos e ideias por si só, o ímpeto é competitivo e voltado para a concretização. Ambos são necessários para que a criatividade se expresse.

Se um professor pode ajudar ou atrapalhar o desenvolvimento de indivíduos criativos durante o ensino médio, isso é ainda mais válido na faculdade. Professores universitários são importantes de duas formas. Primeiro, eles podem despertar o interesse latente de uma pessoa por um assunto e proporcionar o desafio intelectual correto que a conduza a uma vocação para a vida inteira. Segundo, eles geralmente se esforçam de diferentes maneiras para garantir que o aluno seja notado por outros membros importantes da área. É pouco provável que um aluno formado em ciências seja admitido em um bom laboratório sem que um professor universitário escreva cartas entusiasmadas ao diretor da instituição; um estudante de literatura ou de artes recebe grande ajuda para expor seus primeiros poemas ou pinturas se um professor estiver disposto a fazer um esforço extra e mexer alguns pauzinhos. Um bacharelado em artes (ou até mesmo um doutorado, nesse caso) não vale muito em termos de carreira sem o apoio ativo dos professores, apoio necessário para atrair a atenção de curadores nas próximas etapas.

Isabella Karle conheceu um desses professores no início de sua carreira universitária:

O homem que foi meu primeiro professor na Universidade Estadual Wayne demonstrou um interesse particular por mim. Ele me perguntou: "Bem, você vai fazer pós-graduação, não vai?". E eu disse: "O que é isso?". E ele me contou o que era, e eu disse que parecia uma boa ideia, então mantivemos uma correspondência depois que passei vários anos na Universidade do Michigan. Ele me deu conselhos sobre que matérias fazer, o tipo de coisa que poderia me interessar, então foi muito legal da parte dele.

Anthony Hecht ouviu falar de John Crowe Ransom enquanto estava no exército e, assim que foi dispensado, se matriculou no Kenyon College para estudar com o poeta. Ransom não só publicou os primeiros versos de Hecht na *Kenyon Review*, revista que ele editava ("esse foi o começo da minha carreira como autor"), como também contratou Hecht, quando um membro do Departamento de Inglês ficou doente, para ministrar um curso de inglês para alunos do primeiro ano ("esse foi o início da minha carreira como docente").

Entrar em uma carreira exige muita determinação e uma boa dose de sorte. Inclusive, a maioria das pessoas que entrevistamos mencionou a sorte com mais frequência como a razão pela qual foi bem-sucedida. Estar no lugar certo na hora certa e conhecer as pessoas certas é quase que obrigatório para decolar em determinada área. E, sem se tornar visível em um campo, é muito difícil dar uma contribuição criativa a ele. Isso é válido mesmo para aqueles indivíduos que parecem mais isolados, mais alienados de sua cultura. É difícil imaginar as ideias de Martinho Lutero se espalhando a grandes distâncias se não tivessem sido expressas no que era então o centro da vida intelectual alemã, ou se a obra de Kafka teria um grande impacto se ele a tivesse escrito em urdu, ou se não tivesse sido notado pelos críticos na vizinha Viena, que na época era o centro da experimentação modernista.

Quase todas as mulheres cientistas da geração que entrevistamos disseram que, sem a Segunda Guerra Mundial, provavelmente teria sido impossível ter acesso à graduação, a bolsas de estudo, a cargos de pós-doutorado e a empregos como professoras. Mas, devido ao fato de que havia muitos homens servindo na guerra, e de que os professores precisavam de estudantes de pós-graduação, essas mulheres foram admitidas, ainda que de má vontade, no ensino superior. Quando Rosalyn Yalow foi aceita em Illinois como estudante de pós-graduação em física em 1941, foi a segunda mulher a fazê-lo — a anterior havia se matriculado em 1917. "Eles tiveram que fazer uma guerra para que eu pudesse entrar na pós-graduação", disse. Essa é quase a mesma a história contada por Brenda Milner, Isabella Karle e Margaret Butler. É muito provável que, se tivessem nascido apenas uma década antes, essas mulheres teriam sido impedidas de dar uma contribuição criativa para seus respectivos domínios.

PARCEIROS QUE APOIAM

Os indivíduos da nossa amostra tinham, via de regra, relações conjugais estáveis e satisfatórias. Alguns deles, do campo das artes, começaram tendo uma vida sexual vigorosa e variada, mas a maioria se casou cedo e continuou casada com seus cônjuges por trinta, quarenta ou mais de cinquenta anos.

Uma das exceções foi Bradley Smith, fotógrafo que respondeu com palavras concisas nossa pergunta sobre qual era a realização da vida de que ele mais se orgulhava: "Fazer amor, provavelmente". Ele contou que se tornou sexualmente ativo aos seis anos e que nunca mais olhou para trás. À pergunta sobre o que alimentava as inspiradas associações mentais que levam à sua arte, ele disse: "Bem, acho que provavelmente o sexo e a música. Se me pedissem para resumir ao que me faz seguir em frente, acho que o instinto criativo é alimentado pelo sexo e pela música. Sem eles, acho que qualquer um murcha, basicamente". O escultor e diretor de fotografia Michael Snow concordou: "Bem... um aspecto importante da criatividade é o sexo, ou o desejo sexual. Se posso colocar em termos coloquiais, sinto tesão até hoje, mas estava muito mais excitado antes [referindo-se a trinta anos atrás]". A esposa de um músico, após a entrevista, virou-se para nós e disse, na frente do marido: "O que ele não contou é que durante a vida inteira o que o inspirou foram as meninas". Escritores descreveram vidas românticas ardentes na juventude, mas todos acabaram por se assentar na felicidade doméstica.

A maioria, no entanto, se conformava com um padrão sexual mais tranquilo. Estudos recentes sugerem que a quantidade de flertes, infidelidade conjugal e experimentação sexual é muito menor do que sugeriam as estimativas anteriores.[1] Quando questionados sobre quais as realizações de que mais se orgulhavam, muitos de nossos entrevistados — e quase tantos homens quanto mulheres — mencionaram a família e os filhos. Ao explicar o que lhes permitiu conquistar o que haviam conquistado, vários apontaram para a ajuda indispensável de seus cônjuges. E essas respostas não soaram superficiais.

Hans Bethe, que foi um dos principais físicos do início do século XX e professor de muitos outros físicos, afirmou: "Minha esposa influenciou muito minha vida e me fez feliz. Antes de me casar, eu nunca tinha sido muito feliz. Tive momentos, dias, semanas felizes, mas desde que sou casado sou mais ou menos continuamente feliz. Conversamos muito durante as refeições, gostamos muito de fazer caminhadas nas montanhas". Nada mal, depois de 54 anos de casamento. Anthony Hecht se expressou em termos quase idênticos:

De alguma forma, tinha a sensação de estar me debatendo de diversas maneiras, cometendo erros demais e desperdiçando meu tempo sem ser feliz. Não que eu não fosse feliz antes, mas os períodos de felicidade eram breves. No entanto, desde o meu casamento com a Helen e o nascimento do nosso filho, houve uma tranquilidade e uma serenidade quase sagradas, que fizeram tudo parecer valer a pena.

À época da entrevista, Robertson Davies também estava casado havia 54 anos, tendo conhecido a esposa quando ambos tentavam uma carreira nos palcos do Old Vic. Ela era apontadora [*prompter* no teatro] e conhecia cada palavra do repertório clássico do início ao fim. Ele contou:

Shakespeare desempenhou um papel extraordinário em nosso casamento como fonte de citações, piadas e referências, que são insondáveis. Sinto que tenho uma sorte incomum por termos passado tantos momentos bons juntos. Sempre foi uma aventura, e ainda não chegamos ao fim. Nunca ficamos sem assunto, e juro que a conversa é mais importante para o casamento do que o sexo. Isso tem sido de grande utilidade no meu trabalho, porque a minha esposa meio que abre caminho para que eu possa começar a trabalhar e fazer negócios sem ser interrompido.

Hecht concordou: "A única coisa de que alguém precisa para escrever poesia que me parece essencial é silêncio — e tempo. E, se você tem um cônjuge compreensivo, ele ou ela cuidarão para que você não seja interrompido e para que o tempo e o silêncio estejam ao seu dispor". Esse tema do cônjuge como uma espécie de escudo contra as intromissões do mundo foi repetido várias vezes por praticamente todos os indivíduos com um casamento estável. Linus Pauling, que foi casado com a namorada de faculdade por 58 anos antes de ficar viúvo, deu esse conselho politicamente incorreto a um hipotético jovem acadêmico:

Você deveria ir até Corvallis, no Oregon [onde fica a Universidade do Oregon], e procurar uma jovem que esteja se formando em economia doméstica. Claro, foi isso o que aconteceu comigo. Eu tive sorte, acredito, por minha esposa acreditar que seu dever e seu prazer na vida viriam do cuidado com a família — o marido e os filhos. E que a melhor forma de ela dar a contribuição dela seria cuidar para que eu não tivesse que me incomodar com as questões da casa; que ela resolveria todos esses problemas de tal forma que eu pudesse dedicar todo o meu tempo ao meu trabalho. Então tive muita sorte nesse sentido.

John Gardner, cuja carreira política envolvia alto grau de estresse, acreditava ter conseguido manter a sanidade principalmente por causa de uma vida familiar harmoniosa:

Estamos casados há 57 anos, fez 57 anos ontem, e sou muito, muito voltado para a família. Minhas duas filhas, que agora estão na meia-idade, e os filhos delas — quatro netos. Somos uma unidade muito coesa, e isso é muito importante para mim. Acho que é um contrapeso importante, principalmente para uma vida ativa, particularmente para uma vida que é muito desgastante — combater, liderar na arena pública e coisas do gênero.

Inevitavelmente, também houve casamentos muito tensos. Alcançar um resultado criativo em qualquer campo já é estressante o suficiente para uma pessoa; fica mais difícil ainda para o parceiro. Inclusive, é surpreendente o forte senso de responsabilidade que esses indivíduos costumavam ter para manter seus relacionamentos estáveis. John Reed se divorciou após 27 anos; durante um período de um ano em que sua esposa ficou hospitalizada, ele tirou folga da carreira, em rápida ascensão, para cuidar dos quatro filhos, com idades de dois a doze anos. "Passei o ano fazendo o papel de papai com eles, o que acabou sendo a melhor decisão de investimento que já tomei na vida. Criar filhos é uma coisa muito mais gratificante do que ganhar dinheiro para uma empresa, em termos de satisfação." A esposa de Jacob Rabinow, casada com o inventor havia quase sessenta anos, resumiu a situação de maneira filosófica:

"Ser casada com um inventor é como ter um marido viciado em golfe, mas que joga todo dia, não só aos domingos!".

Ravi Shankar se separou da primeira esposa em 1967. Muitos anos depois, ele conheceu sua segunda esposa, com quem se casou doze anos após o encontro. Assim ele contou:

Pode acreditar que me sinto muito mais feliz hoje. Eu me sinto em paz, e é algo que eu havia perdido. Tenho corrido muito, sem nunca dedicar tempo para a família. E a culpa é minha, sabe, por não poder ser uma pessoa de família. Mas, pela primeira vez na vida, estou passando por essa experiência maravilhosa. Minha esposa não é uma musicista performática, mas ela é musicista, e é também dançarina. Ela tem muita empatia e me ajuda muito. E eu a amo e me sinto completamente em paz hoje.

O ponto de vista das mulheres

As mulheres casadas em nossa amostra também disseram que os maridos as incentivaram para se concentrarem em seu trabalho. A escultora Nina Holton respondeu à pergunta sobre aquilo de que mais se orgulhava em sua vida da seguinte forma: "Da combinação de ter tido a sorte de ter uma vida familiar muito boa, um marido que eu amo e que foi maravilhoso, além do meu próprio interesse por tantas coisas, principalmente escultura, que me proporcionou uma vida tão completa e, de certa forma, deslumbrante". O casamento da historiadora e roteirista Natalie Zemon Davis, que dava aula em Princeton, sobreviveu a muitos períodos de afastamento do marido, que lecionava em Toronto. Eles se falavam ao telefone todos os dias e passavam a maioria dos fins de semana juntos.

Além disso, os maridos muitas vezes serviram como mentores para as esposas e as ajudaram a dar início a suas carreiras. Margaret Butler disse que conseguiu superar o ceticismo de seu empregador em relação às cientistas em grande parte porque teve "um apoio muito forte do meu marido. Ele é incomparável". Em 1945, Elisabeth Noelle-Neumann fundou o instituto de pesquisas de opinião que dirigiu com a ajuda do marido, mais experiente. Esse foi o conselho da psicóloga Bernice Neugarten sobre equilíbrio entre vida familiar e profissional para mulheres que trabalhavam:

Uma abordagem descontraída é a melhor forma que existe, melhor do que ficar toda tensa, se você puder se dar a esse luxo, se tiver como administrar. Meu marido foi muito solidário nesse ponto. Ele disse: "Faz o que você quiser, eu faço qualquer coisa que puder para ajudar, desde que as crianças estejam bem cuidadas, não me preocupo com mais nada, use seu tempo como quiser". E isso foi muito importante. Eu tinha amigas que não recebiam tanto apoio do marido naqueles tempos. Estamos falando dos anos 1940 e 1950, não dos anos 1990.

Mas papéis de gênero desiguais também introduzem fortes ambiguidades na vida conjugal das mulheres criativas. Elise Boulding, que tocou violoncelo e estudou música na faculdade, casou-se um ano após se formar. Seu marido, Kenneth, já tinha uma reputação internacional como economista. Ele a apresentou à literatura das ciências sociais e a novas perspectivas para compreender a tarefa de alcançar a paz mundial, que era uma de suas principais preocupações. Ela fez mestrado em sociologia e estava pronta para se lançar em uma carreira nas ciências sociais. Então o casal teve cinco filhos, com um intervalo de dois anos entre um e outro. As crianças foram muito bem-vindas, mas os dez anos de fraldas a deixaram bem para trás em relação ao marido em termos profissionais. Depois disso, não foi fácil estar sempre à sombra dele, e Elise levou vários anos para reencontrar a própria identidade acadêmica e a autoconfiança.

A poeta Hilde Domin era casada com um eminente acadêmico clássico. Embora seu casamento fosse sólido e feliz, Hilde tinha a sensação de que o marido estava com ciúmes de suas tentativas de escrever versos. Quando ela lhe mostrou um de seus poemas pela primeira vez, ele disse em tom mordaz: "Uau, olha só o que o gato trouxe pra dentro de casa". Foi só depois que ele morreu que ela começou a se dedicar integralmente à escrita, e não muito depois se tornou uma das poetas mais lidas da Alemanha.

Devido a essa tensão entre dois indivíduos geralmente fortes, o relacionamento às vezes não sobrevive. No entanto, na maioria dos casos o divórcio é pacífico, e os ex-cônjuges mantêm uma amizade. Hazel Henderson (que se casou novamente) disse:

Eu me divorciei dez anos atrás. Ainda sou muito amiga do meu ex-marido, mas tive que aceitar o fato de que não poderia ser uma esposa do jeito que a cultura define o que é uma esposa. E ele tinha todo o direito de tentar encontrar uma esposa. Mas não nos divorciamos até que nossa filha fizesse dezoito anos, então acho que cumprimos com as nossas obrigações muito bem, e temos um bom relacionamento um com o outro e com ela.

Brenda Milner, que disse que seu marido foi "extremamente prestativo" em relação à sua carreira, acabou por se divorciar dele, mas insistiu: "Ele é o meu melhor amigo, provavelmente. Quer dizer, não existe nenhum rancor entre nós, muito pelo contrário. Até hoje nos influenciamos muito. A gente conversa bastante".

As histórias sobre as relações entre indivíduos criativos são tão variadas que não há como comprovar nenhum argumento baseando-se nelas. Mas podemos refutar a ideia, normalmente aceita, de que as pessoas que alcançam a eminência criativa são extraordinariamente promíscuas e inconstantes em seus laços humanos. Na verdade, o oposto parece mais próximo da verdade: esses indivíduos estão cientes de que um relacionamento duradouro e exclusivo é a melhor forma de garantir a paz de espírito de que precisam para se concentrar em sua busca criativa. E, se tiverem sorte, encontram um parceiro que dê conta dessa necessidade.

A CONSTRUÇÃO DE UMA CARREIRA

A criatividade raramente é produto de um único momento; ela provavelmente é resultado de uma vida inteira, como o lento acúmulo de fatos e hipóteses de Darwin que resultaram em sua descrição do processo evolutivo que marcou uma era. É verdade que, na matemática e nas ciências em geral, alguns artigos curtos — como os artigos de Einstein de 1905 sobre a relatividade especial — podem fazer uma diferença suficiente para mudar todo um domínio de aprendizagem. O físico Freeman Dyson acreditava que sua envergadura científica foi estabelecida pelos dois artigos que publicou em 1948 na *Physical Review*, cuja elaboração levou seis meses, a solução, algumas horas, além de mais seis meses para serem escritos. No entanto, mesmo em casos tão excepcionais, se somarmos os anos que precederam esses grandes eventos, os anos de estudo e reflexão, o processo criativo mostra sua verdadeira magnitude: muito mais do que parece quando se presta atenção a apenas um único e crucial episódio.

A maioria das realizações criativas faz parte de um compromisso de longo prazo com um domínio de interesse que começa em algum ponto da infância, prossegue na escola e continua em uma universidade, um laboratório de pesquisa, um ateliê, um sótão ou uma empresa. Como a lista sugere, as rotinas profissionais variam enormemente de acordo com o domínio em que uma pessoa atua. A carreira de um poeta é muito diferente da de um físico de altas energias ou do CEO de um conglomerado financeiro. Além disso, as trajetórias de carreira de homens e mulheres podem diferir bastante, mesmo dentro do mesmo subcampo. Será que existe, no fim das contas, *algum* ponto em comum sobre o qual podemos falar em relação a um grupo tão diverso?

Em um aspecto, as carreiras de todos os indivíduos criativos são semelhantes: não são carreiras no sentido usual do termo. A maioria de nós ingressa em uma organização em um nível inicial, desempenha determinada função por vários anos e sai em um nível mais elevado. O que faremos durante esse período é mais ou menos sabido de antemão, e outros poderiam fazer o mesmo trabalho, se não o fizéssemos. Um operário pode começar como fabricante de ferramentas e sair como capataz; um professor pode lecionar por trinta anos e se tornar diretor; um soldado pode se tornar sargento; um jovem advogado pode acabar como sócio do escritório, e assim por diante. Esses papéis são relativamente fixos, e nós que nos encaixamos neles. É verdade que, na economia pós-industrial em que estamos inseridos agora, esse padrão pode se tornar menos rígido, mas eu ainda ficaria muito surpreso se a maioria das pessoas não continuasse a seguir as trajetórias de carreira que lhes foram preestabelecidas.

Em contraste, os indivíduos criativos geralmente são forçados a inventar os trabalhos que farão ao longo da vida. Ninguém poderia ter sido psicanalista antes de Freud, engenheiro aeronáutico antes dos irmãos Wright, eletricista antes de Galvani, Volta e Edison, ou radiologista antes de Röntgen. Esses indivíduos não apenas descobriram novas formas de pensar e de fazer as coisas, como também se tornaram os primeiros a atuar nos domínios que descobriram e abriram para que outros pudessem ter empregos e carreiras neles. Portanto, indivíduos criativos não têm carreiras; eles as *criam*. Além disso, esses pioneiros precisam criar um campo que siga suas ideias, caso contrário sua descoberta logo desaparecerá da cultura. Freud teve que atrair médicos e neurologistas para seu campo; os irmãos Wright tiveram que convencer outros mecânicos de que a aeronáutica seria uma carreira viável. Como carreiras só podem existir dentro de campos, se uma pessoa quer ter uma carreira em um campo que não existe, ela precisa inventá-la. E é isso que as pessoas que criam novos domínios fazem.

Mas e os escritores, músicos e artistas? Estas atividades estão entre as profissões mais antigas que existem. Portanto, seria errado afirmar que um poeta criativo cria o papel de poeta. No entanto, há um sentido muito real em que isso é verdade, no fundo. Cada poeta, músico ou artista que deixa uma marca precisa encontrar uma forma de escrever, compor ou pintar como ninguém fez antes. Portanto, embora o papel dos artistas seja antigo, a substância do que eles fazem não tem precedentes. Dois exemplos, um das ciências e outro das artes, ilustram o que está envolvido na criação de carreiras criativas.

Os pais de Rosalyn Yalow não tinham educação formal, mas liam para os filhos e esperavam que eles entrassem para uma faculdade. Seja qual fosse o motivo — e Rosalyn tende a acreditar que tem a ver com herança genética —, ela sempre teve certeza de que, de uma forma ou de outra, conseguiria se destacar no mundo. Ela guardou uma foto de si mesma aos três anos, usando luvas de boxe, em pé sobre o irmão mais velho deitado no chão (o irmão acabou por trabalhar nos correios). Na escola, descobriu um apreço pela matemática:

Eu era boa em matemática e era boa aluna de modo geral. E eu me esforçava bastante e era receptiva quando eles queriam me dar coisas extras para fazer.

P: Você fez essas coisas porque as pessoas pediram para você fazer? Porque você via aquilo como um caminho para o sucesso?

R: Não, eu não via aquilo como um caminho para o sucesso. Eu fazia porque gostava de fazer. O Otis, professor de física, usava demonstrações para explicar os princípios da física. Bem, era preciso esforço para que as demonstrações funcionassem. Então ele me passava essa tarefa. E era interessante. Eu gostava. Eu estava disposta a dedicar um tempo extra a esse tipo de coisa.

Durante o ensino médio e a faculdade, Yalow teve a sorte de ter uma série de professores de ciências e de matemática que perceberam sua habilidade e sua motivação, e que continuaram a desafiá-la com tarefas cada vez mais difíceis. Durante esse período, ela também leu a biografia de Marie Curie, que a impressionou muito e que lhe serviu como modelo. Na faculdade, na década de 1930, chegou à conclusão (compartilhada pela maioria dos cientistas de sua geração) de que "a física era o campo mais empolgante do mundo". Foi particularmente atraída pela radioatividade artificial, porque tinha a sensação de que era uma ferramenta que poderia desvelar muitas áreas da ciência e se tornar importante também na química e na biologia.

Devido aos grandes avanços da física nesse período, os professores universitários aconselharam Yalow a fazer pós-graduação e seguir carreira na física. Naquela época, havia poucos empregos em física pura em qualquer lugar. Até mesmo futuros grandes nomes, como Eugene Wigner ou Leó Szilárd, sofreram pressão dos pais para se especializarem em engenharia, de modo a aterrissar em carreiras reconhecíveis, se necessário. Yalow adorava física, mas, por precaução, optou pela estenografia, para poder ter um emprego de secretária se tudo mais desse errado.

Mas ela teve sorte, mais uma vez. Em parte porque a Segunda Guerra Mundial havia deixado inúmeras vagas de pós-graduação em aberto, ela foi aceita na Universidade de Illinois e conseguiu bolsas de assistente e experiência em pesquisa. Outra circunstância de sorte foi o fato de que toda uma geração de novas tecnologias estava surgindo: o ciclotron, o betatron, todos os novos aparelhos que permitiam estudar os isótopos cujas características ela achava que poderiam resultar em importantes aplicações científicas.

Em 1947, ela foi contratada pelo Bronx Veterans Administration Hospital para trabalhar no departamento de radioterapia. Todos eram médicos, ao passo que Yalow jamais tinha feito uma matéria de biologia na vida. Mas, trabalhando em estreita colaboração com os médicos, ela começou a descobrir como seu conhecimento de física da radiação poderia ajudar a resolver quebra-cabeças sobre a fisiologia humana e as doenças. Em 1950, ela se juntou a um médico, Solomon A. Berson, e alguns anos depois formaram um departamento de serviço de radioisótopos, que então se tornou um departamento de medicina nuclear. Esse departamento não existia antes; Yalow foi uma das pessoas que "inventaram" a medicina nuclear. Hoje as pessoas podem ter carreiras como qualquer outra nesse campo, mas antigamente isso não existia.

Foi enquanto trabalhava no laboratório de medicina nuclear que Yalow se envolveu em uma série de experimentos que acabaram por levá-la às suas mais importantes descobertas. Ao tentar entender por que algumas pessoas sofriam de diabetes, seu laboratório teve êxito em usar o rádio H para medir não apenas a insulina, mas também os hormônios peptídicos e os antígenos que o corpo produzia. Isso resultou no desenvolvimento do método de radioimunoensaio (RIA), que Yalow e Solomon Berson usaram pela primeira vez em 1959 para estudar a concentração de insulina no sangue de diabéticos, mas que logo foi aplicado com sucesso a centenas de outras rotinas de diagnóstico. Em consequência disso, Yalow recebeu alguns dos mais cobiçados prêmios no campo da pesquisa médica. Em 1976, ela foi a primeira mulher a receber o prêmio Albert Lasker de pesquisa médica básica e, em 1977, recebeu o Nobel de Medicina.

Nada na carreira de Yalow era rotineiro. Apenas sua formação básica em física havia sido convencional. Mas, depois disso, ela se especializou no domínio ainda recente da física da radiação. Mais tarde, foi uma das primeiras cientistas a aplicar a física da radiação a problemas biológicos. E foi a primeira pessoa a descobrir uma forma de usar radioisótopos para medir o que acontece dentro do corpo humano. Não havia nenhum plano que ela pudesse seguir em sua carreira. Não havia nenhum trabalho, nenhum cargo que fizesse o tipo de coisa que ela acabou fazendo. É claro que muitas circunstâncias favoráveis tiveram de convergir: o desenvolvimento da teoria na física; a disponibilidade de grandes aparelhos de produção e medição de radiação, remanescentes do esforço de guerra; a própria Segunda Guerra Mundial, que permitiu que Yalow acessasse a educação de que precisava; pais solidários e todos os professores que a estimularam em sua infância; e, por fim, o reconhecimento por parte de um campo já estabelecido (no caso, a medicina), que legitimaria suas tentativas de desenvolver um novo campo. Sem essa rara convergência, seria improvável que Yalow tivesse conquistado o que conquistou. Mas ela precisou montar todas essas peças sozinha, sem manual. Como foi que conseguiu?

Yalow explicou seu sucesso de forma muito simples: "Sempre me interessei por aprender e sempre me interessei em usar o que aprendi". Basicamente, ela passou a vida conversando com médicos, descobrindo com quais problemas eles se deparavam, tentando pensar em uma forma de resolver esses problemas por meio de experimentos e, em seguida, executando tais experimentos. Resultados experimentais raramente são conclusivos; então, ela refletiu sobre o que encontrou, conversou com colegas, fez alguns novos experimentos e repetiu o ciclo várias vezes até que algo interessante aparecesse — se ela tivesse sorte. Este, por exemplo, foi o relato dela sobre sua principal descoberta:

Algo acontece, e você percebe que aconteceu. Quer dizer, assim como a forma como o radioimunoensaio se desenvolveu. Estávamos testando a hipótese de que os diabéticos destruíam a insulina rapidamente e que era por isso que os diabéticos adultos não tinham insulina suficiente. Então demos insulina marcada [isto é, insulina quimicamente marcada para que seu local e taxa de absorção pudessem ser medidos], e vimos que ela não desapareceu rapidamente; ela desapareceu mais devagar! Agora, então, tínhamos que examinar por que ela desaparecia mais lentamente. E descobrimos os anticorpos. Então, tentamos quantificar a quantidade de anticorpos, e quando fizemos isso percebemos que poderíamos medir a insulina reciprocamente. Não nos propusemos a desenvolver um radioimunoensaio; ele surgiu com base em uma questão não relacionada. Então, quando desenvolvemos o radioimunoensaio, dissemos: "Ah! Podemos usá-lo para medir todo tipo de coisa".

Claro, isso faz tudo parecer muito fácil. Condensa em poucas frases anos de trabalho excitante, mas exaustivo. No entanto, o resumo é basicamente o mesmo se o avanço ocorre nas artes ou na física, na poesia ou nos negócios: uma nova forma de se fazer uma coisa é descoberta porque a pessoa está sempre aberta a novos aprendizados e porque ela tem o ímpeto de levar adiante as novas ideias que surgem desse aprendizado. Pode ser interessante comparar a carreira de Yalow com a de um artista.

Quando entrevistei Michael Snow em 1994, os postes da cidade de Toronto estavam enfeitados com faixas coloridas com a imagem mais famosa que Snow havia criado: *Walking Woman*, o contorno de uma figura feminina estranhamente dinâmica e sedutora. As faixas anunciavam três retrospectivas distintas do trabalho dele: uma ocupando a maior parte do espaço de exposição temporária na enorme Galeria de Arte de Ontário, e duas em locais elegantes em outras partes da cidade. Paralelamente, realizavam-se concertos com a sua música e exibiam-se alguns dos seus filmes experimentais. No dia da entrevista, ele atendeu ligações de Lisboa sobre uma mostra de seu trabalho no próximo outono; do Centro Pompidou, em Paris, onde algumas de suas esculturas haviam sido vandalizadas; e um pedido de empréstimo de algumas de suas pinturas para complementar uma exposição de obras do artista belga René Magritte. A carreira de Michael Snow sem dúvida atingiu um apogeu que poucos artistas alcançaram. E, assim como a carreira de outros artistas criativos, ela não pode ser atrelada a qualquer padrão existente.

Snow disse que seus interesses polivalentes "começaram de forma confusa, que tentei ajustar concentrando-me em uma ou outra das áreas que me interessavam". Uma dessas áreas foi a música:

Minha mãe era uma excelente pianista clássica — ainda é, aos noventa anos; ela não é profissional e nunca quis ser, mas sabe mesmo tocar muito bem. Ela queria que eu tivesse aulas de piano, e eu recusei. Ela tentou de várias formas me convencer de que eu deveria, e eu simplesmente não queria. Acho que foi no segundo ano no ensino médio que ouvi algumas coisas de jazz no rádio que de fato mais do que me impressionaram. Eu nunca tinha ouvido nada parecido, e aquilo simplesmente me nocauteou. Comecei a me interessar por jazz, e de uma forma muito cuidadosa fui ouvindo de tudo, e conheci outras pessoas que se interessavam por jazz. Eu queria tocar daquela maneira, então comecei a tentar aprender a tocar sozinho.

Tínhamos dois pianos, um no segundo andar e outro no porão. Eu costumava tocar no porão. E, uma vez, minha mãe desceu e ficou me ouvindo algum tempo antes de falar. E nós conversamos. Sabe, a primeira coisa que ela disse foi: "Você está tocando piano. Como você pode estar tocando piano?". Então trocamos algumas palavras, e eu disse: "Bem, eu acabei de me interessar por tocar piano". E ela disse: "Bem, você deveria fazer aula". E eu disse: "Não, estou bem assim".

Então Snow passou a integrar grupos de jazz experimental, morou alguns anos em Nova York aprendendo com a cena musical local, fundou seu próprio grupo, fez algumas gravações e acabou por influenciar bastante o desenvolvimento da música canadense contemporânea.

Ele tinha a mesma abordagem não ortodoxa para as outras formas de arte em que pôs as mãos. No ensino médio, a única matéria em que ele se saía bem era desenho. Então decidiu entrar para a escola de belas-artes, onde conheceu um professor influente — ou seja, um professor que reagia ao trabalho dele, fazia comentários, indicava livros para ler e artistas para observar. Ele também sugeriu que Snow enviasse algumas pinturas para uma exposição coletiva da Sociedade de Artistas de Ontário. "E elas foram aceitas, o que acabou sendo sensacional, de alguma forma, porque nenhum trabalho de um estudante havia sido aceito antes." Quando terminou a faculdade, suas pinturas abstratas começaram a chamar a atenção. Mas Snow, como muitos de seus contemporâneos, estava impaciente com as limitações das superfícies bidimensionais e desconfiava do uso que era feito das pinturas por quem as comprava, geralmente como parte de um "esquema de decoração". Então ele passou para a escultura, a fotografia, a holografia e o cinema, explorando as possibilidades de diversas mídias e diferentes materiais. Durante todo esse tempo ainda se sentia confuso e inseguro em relação a si mesmo. A primeira vez que percebeu que estava se tornando um artista de verdade foi em meados da década de 1960:

Sim, é quase constrangedor. De certa forma, depende do reconhecimento. Depende, sem dúvida. Acho que não deveria haver nada de constrangedor nisso. O filme *Comprimento de onda* ganhou um prêmio em um festival de cinema. Teve muita repercussão, e eu ganhei 5 mil dólares, o grande prêmio. Eu não imaginava de forma alguma que isso aconteceria. Eu apenas pensei: "Vou fazer isso, e espero que seja bom". E então ganhei o prêmio, e me rendeu muita publicidade, e me pediram para fazer uma turnê pela Europa com meus filmes, fiz parte de algumas coleções, e eu tinha uma carreira, sim.

Embora todas as pessoas criativas, ao abrir novos caminhos, precisem criar carreiras para si mesmas, isso é especialmente válido para artistas, músicos e escritores. Eles são frequentemente deixados à própria sorte, expostos aos caprichos das forças do mercado e às mudanças de gosto, sem poder contar com a proteção das instituições. Não surpreende que tantos artistas promissores desistam e se refugiem no ensino, na reforma de casas antigas e no design industrial, em vez de se debaterem para sempre nos mares inexplorados de uma profissão cheia de incertezas. Aqueles que perseveram e têm sucesso precisam ser criativos não apenas na manipulação de símbolos, mas talvez mais ainda na formação de um futuro para si próprios, uma carreira que lhes permita sobreviver enquanto continuam a explorar o estranho universo em que habitam.

O PAPEL DA GENERATIVIDADE

De acordo com o psicólogo do desenvolvimento Erik Erikson, a tarefa definidora da meia-idade de uma pessoa é alcançar a generatividade, isto é, um interesse em educar e guiar as gerações mais novas.[2] Isso envolve ser capaz de transmitir seus genes e seus memes. O primeiro diz respeito a deixar descendentes, o segundo, a deixar suas ideias, valores, conhecimentos e habilidades para a geração seguinte. É muito mais fácil aceitar a finitude quando sabemos que partes de nós continuarão vivas após nossa morte.

Muitas vezes, presume-se que essas duas formas de se ser generativo — a física e a cultural — estão em conflito uma com a outra. Os romanos tinham um ditado: *aut libri aut liberi* (ou livros ou filhos), referindo-se ao quão difícil era ter as duas coisas. De fato, em muitas culturas, aqueles que escreviam os livros — os monges no início do cristianismo, os lamas tibetanos ou os monges budistas — não deveriam ter filhos, pelo menos oficialmente. No entanto, é claro que existem muitas exceções notáveis, e as pessoas neste livro estão em geral entre elas. A maioria dos entrevistados tinha filhos que apreciava muito ("meus filhos" foi provavelmente a resposta mais comum à pergunta sobre o feito de que as pessoas mais se orgulhavam) e teve a oportunidade de ver suas ideias levadas a cabo por alunos ou seguidores.

Eis o que disse o historiador John Hope Franklin:

Eu diria que uma das minhas maiores fontes de orgulho é o quadro de doutores que formei na Universidade de Chicago e que hoje são historiadores ilustres. Estão em posições que vão desde o serviço público de um tipo ou de outro até a chefes de departamento em várias instituições, e produziram um corpo considerável de escritos, em grande parte sobre o século XIX, que é minha especialidade. Assim, além da minha própria criatividade pessoal, eu diria que minha projeção neles é em si uma grande fonte de satisfação. Ou seja, o fato de eles terem pegado o que lhes ensinei e o que aprenderam no processo de associação comigo e passado a replicar minha carreira, de certa forma.

Ravi Shankar expressou uma ideia parecida, mas se concentrou em um aspecto diferente da relação mestre-aluno, os efeitos do mais jovem no parceiro mais velho:

Eu me sinto mais criativo quando estou entre músicos, ou seja, meus alunos mais avançados. Quando eles estão ao meu redor, ou apenas com um deles que seja, quando estou ensinando, fico muito mais animado, sabe, e a música jorra como de uma fonte. Tudo o que aprendi e tudo o que pensei. E, ao fazer, você vai crescendo, sabe? Quando eu ensino, como já disse, ao mesmo tempo aprendo. Porque criamos coisas novas, sem sequer perceber.

O físico Heinz Maier-Leibnitz também respondeu à pergunta sobre sua maior fonte de orgulho em termos do relacionamento com os alunos:

Então, quando fui para Munique, tinha todos aqueles alunos, era capaz de fazer mais do que seria capaz de fazer sozinho, e os vi se tornando independentes, isso sem dúvida foi uma coisa que não vou esquecer nunca. Quando você ensina, sabe, não é como aprender com um livro. O que você faz é se expor, goste ou não disso. A esperança é que os alunos aprendam olhando, sentindo o que o professor sente.

Brenda Milner, que decidiu não ter filhos porque não se considerava destinada para o papel de mãe, foi, entretanto, muito explícita sobre a importância de ser generativa:

Acho que a única forma de alcançar, bem, não a imortalidade, porque isso não existe, mas a única forma de continuar realmente sendo influente é por meio dos alunos. Quer dizer, o [Donald O.] Hebb é ativo por meio de seus alunos. Eu sou apenas um deles. Ele teve um número enorme de alunos que foram para diferentes campos, mas você vê a influência, a influência do pensamento dele. Mesmo se você olhar para o Peter, meu ex-marido, que foi muito influenciado pelo Hebb. Acho que isso é muito importante. Ele mantém você como parte de um fluxo contínuo, mesmo à medida que você envelhece.

TOMADA DE POSIÇÃO

Embora uma das características mais evidentes dos indivíduos criativos seja a total imersão em seus projetos, essa obstinação não os impede de se envolver profundamente com questões históricas e sociais. Às vezes, o envolvimento vem depois que a pessoa já alcançou renome em um campo específico, mas também pode ser parte da trama de toda a vida adulta de alguém. O número de indivíduos em nossa amostra que correram riscos em defesa de suas crenças é bastante surpreendente. As duas causas que geraram maior preocupação foram a degradação ambiental — incluindo aqui a corrida armamentista nuclear — e a Guerra do Vietnã. Na segunda metade do século XX, essas duas questões parecem ter sido as que mais mobilizaram as pessoas criativas.

Depois de ganhar o Nobel de Química em 1954 e ser listado por pelo menos uma publicação como um dos vinte maiores cientistas de todos os tempos, Linus Pauling se concentrou em alertar seus colegas e a população em geral sobre os riscos da guerra nuclear. Ele organizou conferências e manifestações durante as quais foi, às vezes, detido pela polícia. Foi acusado de ser comunista e seu passaporte foi cassado, embora, em 1962, tenha recebido o Nobel da Paz. O físico Victor Weisskopf dedicou grande parte de suas energias ao combate à corrida armamentista como membro do conselho da União de Cientistas Preocupados.

Benjamin Spock, o autor do livro sobre bebês que supostamente vendeu mais exemplares do que qualquer outro livro no mundo, com exceção da Bíblia, também se tornou um vigoroso ativista contra a corrida armamentista nuclear e, mais tarde, contra a Guerra do Vietnã. Também foi detido pela polícia diversas vezes e, por fim, tentou organizar um terceiro partido para concorrer à presidência dos Estados Unidos, na intenção de implementar suas crenças. Trajetória semelhante foi seguida por Barry Commoner, que abandonou uma florescente carreira científica para organizar um movimento sobre responsabilidade ambiental. Também concorreu, sem sucesso, à presidência dos Estados Unidos. E o mesmo aconteceu com Eugene McCarthy, embora, no caso dele, sendo senador, concorrer à presidência não possa ser visto como uma mudança de carreira.

O ator Edward Asner se envolveu intensamente em atividades sindicais e antiguerra, e o fotógrafo Bradley Smith passou um tempo em prisões do Sul em consequência da tentativa de organizar os trabalhadores dos campos de algodão da Louisiana e do Mississippi. O artista Lee Nading foi preso por vários xerifes do Sudoeste por depredação do patrimônio público, porque costumava pintar hexágonos gigantes nas estradas que levam a instalações nucleares. Natalie Davis se exilou no Canadá em protesto contra a Guerra do Vietnã. John Gardner deixou sua posição de poder em Washington para organizar movimentos de base, como o Common Cause. György Faludy passou muitos anos em campos de concentração, primeiro sob o comando dos nazistas, porque era judeu, depois sob comando dos comunistas, porque escreveu poemas críticos a Stálin e ao sistema. Eva Zeisel foi posta na solitária da prisão de Liubliana por mais de um ano por ter insistido em produzir louças bonitas na fábrica que administrava para os soviéticos, em vez de apenas torná-las o mais baratas possível.

A saga de Naguib Mahfouz é um bom exemplo dos problemas que um artista íntegro pode enfrentar. Mahfouz era um homem tímido e recatado, que adorava os ritmos descontraídos e oníricos dos quais viviam as classes ociosas do Cairo: "Depois de me formar na universidade, eu queria ter um emprego e um novo estilo de vida: trabalhar até a tarde, passear à noite, ir a uma boate, a um café". Mas, quando descreveu realisticamente em seus romances o que seus compatriotas fizeram e pensaram, e as profundas mudanças de valores que haviam varrido o Egito nas últimas gerações, ele caiu em desgraça perante o governo e foi mantido em prisão domiciliar por anos. Então, ironicamente, suas descrições objetivas do modo como as pessoas viviam também alienaram as facções fundamentalistas islâmicas, que achavam que Mahfouz desrespeitava e ofendia a autoridade absoluta da religião. A certa altura, o escritor assinou uma declaração denunciando o "terrorismo cultural" e disse: "O censor no Egito não é mais o Estado; é a arma dos fundamentalistas". Há pouco tempo, a polícia descobriu uma lista de alvos, na qual Mahfouz figurava entre os primeiros nomes; o governo então lhe ofereceu guarda-costas armados. Mas, ao contrário de outros intelectuais ameaçados, Mahfouz recusou proteção. Então, em uma noite de outubro de 1994, quando o romancista de 82 anos estava caminhando em direção a seu café preferido para relaxar na companhia de outros escritores, uma Mercedes parou atrás dele, e um homem saltou e esfaqueou Mahfouz pelas costas.

Claro, essas tendências não indicam que indivíduos criativos estejam inevitavelmente interessados e envolvidos no mundo ao seu redor e dispostos a pagar um alto preço por suas convicções. Mas esses relatos refutam a conclusão oposta, muitas vezes expressa, de que artistas e cientistas excepcionais são egoístas demais, absorvidos demais pelo trabalho para se importar com o que acontece no resto do mundo. Se alguma conclusão pode ser tirada disso, parece ser a de que a curiosidade e o compromisso que levam essas pessoas a abrir novos caminhos em seus respectivos campos também as impulsionam a enfrentar os problemas sociais e políticos que o resto de nós não se importa em deixar de lado.

Para além das carreiras

À medida que indivíduos criativos começam a ser reconhecidos e bem-sucedidos, eles inevitavelmente assumem responsabilidades além daquelas que os tornaram famosos, mesmo que isso não envolva o ativismo radical. Existem duas razões principais para que isso aconteça, uma interna e outra externa.

As razões internas entram em jogo quando a pessoa criativa perde o fôlego ou os desafios. Por exemplo, é possível que determinado ramo da ciência ou estilo de arte atinja um teto ou se torne obsoleto. É fato que a grande efervescência intelectual que invadiu a física durante as décadas de 1920 e 1930 diminuiu consideravelmente, enquanto outros ramos da ciência passaram a atrair o interesse de jovens pesquisadores brilhantes. O jazz não é mais o que era há cinquenta anos, diz-se que o romance está morto, e que a pintura é retrô. Aqueles que dedicaram a vida a esses empreendimentos são tentados a procurar pastagens mais verdes. Ou pode ser que o domínio ainda seja empolgante, mas a própria pessoa ficou sem ideias ou se sente encurralada pelas limitações de sua especialidade ou pelas deficiências de seu laboratório e de suas ferramentas. Quando isso acontece, o cientista universitário pode procurar uma vaga de reitor, o inventor se transforma em consultor, e o artista busca a sério um emprego de professor.

A pressão externa para diversificar vem das exigências que o ambiente impõe ao indivíduo. Existem muitos cargos administrativos em que um nome de respeito é um grande trunfo. Órgãos públicos e fundações privadas gostam que seus executivos tenham fama de ser criativos, e há inúmeros empregos ad hoc atraentes. Normalmente, não é o dinheiro e nem mesmo o poder que tenta a pessoa criativa a aceitar tais ofertas, mas a sensação de que existe algo importante que precisa ser feito e que é ela quem pode fazê-lo.

A maioria das mulheres cientistas em nossa amostra — Margaret Butler, Rosalyn Yalow, Vera Rubin, Isabella Karle — costumava dedicar grande parte do tempo a viajar pelo país e dar palestras para meninas do ensino médio sobre a importância de fazer cursos de matemática antes que fosse tarde demais, antes de perceberem, na faculdade, que gostariam de se formar na área científica, mas não podiam porque não sabiam matemática o suficiente. Elas tinham a impressão de que a vida de muitas mulheres brilhantes era arruinada por causa dessa falta de visão. Todas as quatro também eram envolvidas em diferentes associações científicas, principalmente aquelas voltadas para cientistas do sexo feminino. Butler era ativa na política local, e Yalow dava palestras extensivamente sobre segurança contra a radiação.

Os cientistas criativos, mais cedo ou mais tarde, são atraídos para a política e para a administração da ciência e, se forem bons nisso, terão uma segunda ou terceira carreira "fazendo o trabalho de Deus" em vez de seu próprio. Manfred Eigen dirigiu por muito tempo seu enorme laboratório na Sociedade Max Planck, em Göttingen, onde esperou demonstrar os processos de seleção em moléculas inorgânicas — comprovando assim como a evolução ocorreu antes mesmo de a vida aparecer em nosso planeta. Mas, ao longo dos anos, passou a gostar cada vez mais de atividades como concessão de financiamentos e bolsas em nome da Fundação Alemã de Pesquisa e em viagens para conferências oficiais — além de tocar piano.

Outro cientista alemão, Heinz Maier-Leibnitz, teve uma longa e distinta carreira como professor e pesquisador antes de passar, na década de 1950, para a construção e a direção do primeiro reator de pesquisa nuclear europeu, em Grenoble. Ele se aposentou para assumir a presidência da Fundação Alemã de Pesquisa. Nesse cargo, pressionou funcionários do governo e políticos em nome de programas de pesquisa, supervisionou a administração de bolsas e financiamentos e lutou com a mídia para preservar uma imagem positiva da ciência. Quando se aposentou pela segunda vez, passou a escrever livros de receitas que viraram best-sellers, enquanto mantinha informalmente seu papel de sábio da ciência, publicando artigos e participando de conferências.

Seria fácil acreditar que pelo menos artistas, músicos e escritores são deixados em paz para perseguir a inspiração e trabalhar na solidão de seus estúdios. Mas não é o caso. Robertson Davies descreve suas atividades atuais mostrando as forças internas e externas que o distraem da escrita:

No momento estou bastante ocupado, porque acabei de terminar um romance que está em fase de publicação, e isso significa muita discussão com as editoras e correção da versão editada. Esse tipo de coisa. E isso é bastante demorado. Também tenho uma série de discursos programados que preciso preparar, porque me preocupo muito com discursos e não gosto de dizer coisas bobas nem superficiais.

E, então, vou ter que fazer algumas viagens relacionadas ao novo livro porque, como você sabe, hoje em dia um escritor não pode simplesmente escrever um livro, ele tem que ser uma espécie de showman itinerante e sair por aí lendo trechos e conversando com as pessoas.

E estou envolvido em juntar meus papéis e prepará-los para mandá-los para o Arquivo Nacional, em Ottawa, e isso é muito mais trabalhoso do que eu imaginava. E outra coisa que acho bastante exigente é que nos últimos anos um biógrafo escreveu um livro sobre mim e eu tenho que encontrar fotos ridículas de mim mesmo quando bebê e esse tipo de bobagem, e é muito difícil dizer "Não, não vou fazer isso", porque biógrafos são pessoas determinadas, e se você não faz o que eles querem, dão um jeito por conta própria, e sabe lá Deus o que vão arrumar. Então, é preciso ter tato.

O relato de Davies chama a atenção para outra ocupação a que os indivíduos criativos começam a recorrer depois de se tornarem bem-sucedidos: a preservação do histórico da vida deles. Cartas precisam ser organizadas e identificadas para os arquivos, artigos devem ser reunidos e comentados, pinturas catalogadas em museus, memórias registradas em biografias. Quando poetas, músicos e artistas se tornam conhecidos, são cada vez mais convidados a participar de comitês de prêmios e bolsas. A opinião deles é solicitada para a concessão de verbas, e jornalistas ligam para eles para saber suas impressões sobre religião, sexo e política. Como diz Davies:

Um dos problemas de ser um escritor hoje em dia é que se espera que você seja uma espécie de figura pública, e as pessoas querem saber sua opinião sobre política, questões globais e assim por diante, sobre as quais você sabe tanto quanto qualquer um, mas ou você entra no jogo ou ganha reputação de ser uma pessoa inacessível, e começam a dizer coisas ruins a seu respeito.

É claro que esse tipo de expectativa de sabedoria universal, que acaba por diluir e desvalorizar a visão singular e a genuína expertise da pessoa, não aflige apenas escritores. A mesma questão foi expressada pelo físico Eugene Wigner:

Em 1946, era comum que os cientistas atuassem como funcionários públicos, abordando publicamente problemas sociais e humanísticos do ponto de vista científico. A maioria de nós gostava disso, a vaidade é uma característica demasiado humana. [...] Tínhamos o direito, e talvez até o dever, de falar sobre questões políticas vitais.

Mas, na maioria das questões políticas, os físicos não sabiam muito mais do que uma pessoa qualquer.[3]

A questão da sucessão

Para quem dedicou a vida a construir uma instituição, uma das preocupações fundamentais passa a ser a questão da sucessão. Quem vai liderar a empresa? Quem vai comandar o laboratório depois que o atual diretor se aposentar? Será que a instituição vai sobreviver à partida da pessoa que dedicou a vida a ela? Estas questões se tornam extremamente importantes no fim da vida. Poucos desses indivíduos achariam graça na piada resignada da marquesa de Pompadour: "Depois de nós, o dilúvio".

Robert Galvin, então CEO da Motorola, passou a maior parte de três anos da sua vida a se certificar de que a pessoa "certa" estaria a postos quando chegasse a hora de se aposentar. Uma escolha errada significaria colocar em risco o futuro de uma empresa dinâmica e próspera, que emprega dezenas de milhares de trabalhadores, à qual ele dedicou sua energia de vida para que crescesse.

Elisabeth Noelle-Neumann fundou seu instituto de pesquisa de opinião pública em 1945, logo após o fim da Segunda Guerra Mundial. Ela o expandiu, passando de uma operação familiar de casal para uma das maiores e mais respeitadas empresas do gênero, empregando várias centenas de funcionários em tempo integral e milhares em meio período. Boa parte do sucesso do instituto se deve a seus contatos pessoais com líderes sociais e políticos alemães, aos seus avanços na metodologia de amostragem e ao seu empenho. É compreensível que, ao se aproximar da casa dos setenta, tenha se preocupado com o futuro de sua criação. Quem, entre os que trabalhavam para ela, teria maior probabilidade de preservar o prestígio e o sucesso da empresa?

George Klein, que construiu um enorme laboratório de pesquisa de células tumorais no Instituto Karolinska, em Estocolmo, ainda estava longe de se aposentar, mas também já passava cada vez mais tempo debatendo quais dos mais de cinquenta cientistas que trabalhavam para ele deveriam ser preparados para assumir a direção do laboratório. Uma pessoa precisa ser intelectualmente brilhante, fiscalmente astuta e razoavelmente altruísta para liderar um laboratório com sucesso. Se, por exemplo, Klein promovesse um sucessor preocupado demais com a própria carreira a ponto de se aproveitar das ideias do resto da equipe, é provável que os melhores pesquisadores se sentissem isolados e fossem trabalhar em outro lugar. Instituições são coisas frágeis. E, quando construídas em torno de uma pessoa criativa, sua sobrevivência fica ainda mais ameaçada do que o normal.

A questão do tempo

Uma coisa que as pessoas criativas não têm de sobra é tempo à disposição. É difícil imaginá-las entediadas ou desperdiçando poucos minutos que seja fazendo algo que não acreditam que valha a pena. Eva Zeisel disse: "Quando algumas pessoas da minha idade me perguntam o que fazer, eu digo: 'Você tem que ter uma obsessão'". Bradley Smith estava convencido de que somos forçados a ser criativos para evitar a repetição e o tédio: "Não sobra tempo. Os estímulos não param de chegar. Não dá tempo de ficar entediado".

Na casa dos setenta, oitenta e noventa, elas podem não ter a ambição ardente dos anos anteriores, mas são tão focadas, eficientes e comprometidas quanto antes. "Que chegue logo a sexta-feira", dizia John Hope Franklin com uma risada, "eu também digo 'Graças a Deus é sexta-feira', porque estou muito ansioso para ter dois dias de trabalho em casa sem interrupção." De uma forma ou de outra, o trabalho delas — a aplicação concentrada de todas as suas habilidades em uma meta que valha a pena, que elas escolheram — não para até a chegada da morte ou de algum tipo de limitação. Mas, então, por que chamar o que elas fazem de trabalho? Poderia muito bem ser chamado de brincadeira.

A maioria das pessoas, em qualquer cultura que seja, dedica a vida a projetos definidos pela sociedade. Elas prestam atenção ao que os outros prestam atenção, experimentam o que os outros experimentam. Vão à escola e aprendem o que deve ser aprendido; trabalham em qualquer emprego disponível; se casam e têm filhos de acordo com os costumes locais. É difícil imaginar como poderia ser de outra forma. Seria possível ter uma vida estável e previsível se a maioria das pessoas não fosse conformista? Se não pudéssemos contar com os encanadores fazendo seu trabalho, com os professores ensinando e os médicos cumprindo as regras da profissão? Ao mesmo tempo, uma cultura só pode evoluir se houver algumas almas que não sigam as regras habituais. Os homens e mulheres que estudamos criaram suas regras à medida que avançavam, combinando a sorte com a singularidade de seus propósitos, até que tivessem sido capazes de criar um "tema de vida" que expressasse sua visão única e, ao mesmo tempo, lhes proporcionasse um sustento.[4]

AS AGRURAS DO DESTINO

Como está claro a esta altura, pessoas criativas não estão de forma alguma imunes às decepções e tragédias que costumam assombrar a vida de todo mundo. No entanto, elas têm a sorte de ter uma vocação que lhes permite pensar o mínimo possível no que poderia ter acontecido de diferente e, assim, dar continuidade à sua vida.

De vez em quando, um dos entrevistados caía em prantos ao falar sobre a morte de um dos pais ou de um cônjuge. Em alguns casos, ficou evidente que haviam sido deixadas profundas cicatrizes emocionais pelo pior golpe que um adulto pode sofrer — a morte de uma criança. Essas e muitas tragédias menores — guerras, prisões, fracassos, problemas financeiros — estiveram amplamente presentes nas histórias dessas pessoas. Mas a dor não se transformou em um pântano emocional no qual elas afundaram; em vez disso, ajudou a aumentar a determinação delas.

Algumas das feridas mais duradouras foram infligidas por mentores profissionais. Subrahmanyan Chandrasekhar ainda se lembra da humilhação que sentiu sessenta anos atrás, quando o grande astrofísico Sir Arthur Eddington fez pouco-caso de suas perspectivas de futuro na ciência. Frank Offner se ressentia da inveja mesquinha de um de seus supervisores de pós-graduação, que o desencorajou de aproveitar oportunidades no início de carreira e manchou sua reputação pelas costas.

A capacidade dessas pessoas de minimizar os obstáculos está bem exemplificada na forma como as mulheres responderam às nossas insistentes perguntas sobre as dificuldades que encontraram, por serem mulheres, em suas carreiras. A maioria negou que o preconceito de gênero ou o peso do conflito de papéis produzido por expectativas tenha tido algum grande efeito negativo em sua vida. A postura geral pareceu ser "Tá, qual a novidade nisso?" e "Vamos em frente com o que precisa ser feito". Não que elas desconheçam as dificuldades que as mulheres enfrentam em muitas carreiras. Inclusive, podem condenar com vigor os fardos que as mulheres costumam carregar. Mas muitas delas simplesmente não enxergavam essas questões como sendo relevantes no próprio caso. A resposta de Vera Rubin é emblemática:

Acho que fui extremamente ingênua o tempo todo e, quando me deparei com obstáculos, acho que não os levei muito a sério. Apenas tinha a impressão de que as pessoas que representavam os obstáculos não entendiam de verdade que eu queria muito ser astrônoma. E eu tendia a ignorá-las ou a rejeitá-las, então não acho que os obstáculos tenham sido graves. Em geral, acho que foram apenas falta de apoio. Sempre me deparei com professores que me diziam — na graduação, na pós-graduação — para correr atrás de outra coisa para estudar, [...] que ninguém precisava de astrônomos, [...] que eu não ia conseguir emprego, [...] que eu não deveria estar fazendo aquilo. E eu apenas desconsiderei tudo isso. Nunca levei a sério, simplesmente. Eu queria ser astrônoma e não me importava se eles achavam que eu deveria ou não. Então, de alguma forma, tive autoconfiança para ignorar todos esses conselhos.

Não parecia importar. Quer dizer, o problema com uma pergunta como essa é que eu sobrevivi. Deve ter havido muitas pessoas — muitas mulheres, principalmente — que gostariam de ter sido astrônomas e para as quais tudo isso importou, de modo que elas acabaram não sobrevivendo.

Esse tipo de "ingenuidade", gerada pela confiança e pela fusão dos próprios interesses com um projeto maior — como a astronomia, no caso de Rubin —, atua como um amortecedor entre os indivíduos criativos e as forças da entropia que frustram seus objetivos pessoais.

No entanto, a entropia não pode ser mantida à margem para sempre. Cedo ou tarde, a morte interrompe a jornada de descoberta. Pior ainda, a deterioração física pode chegar e arruinar os últimos anos de vida. Aos 73 anos, o historiador William McNeill ainda cortava lenha em seu retiro rural e levava uma vida cheia de vigor. Mas, ao final da entrevista, ele ofereceu uma reflexão:

Bem, uma outra coisa na qual você não tocou que sem dúvida parece ser importante é a boa saúde. Sabe, poder presumir que o seu corpo vai fazer o que tem que ser feito, sem precisar prestar nenhuma atenção especial. Isso é absolutamente essencial para fazer as coisas. E eu me pergunto, se eu ficasse doente de verdade, o que aconteceria? Se alguma coisa distorcesse completamente a minha experiência do mundo — alguma dor severa ou coisa do tipo. Seria um mundo diferente, só isso. Com certeza houve indivíduos que sentiam dores miseráveis e persistentes, limitações fisiológicas persistentes. Eu nunca estive nessa posição, então não sei como seria. Mas me parece, bem, que seria muito difícil acordar com uma dor de cabeça e conseguir fazer alguma coisa.

Como observou McNeill, a razão pela qual a dor é tão terrível é que ela nos obriga a prestar atenção nela e, portanto, interfere na concentração em qualquer outra coisa. Portanto, a dor crônica poderia acabar com todo trabalho importante. Claro, como ele também fala, alguns indivíduos são capazes de superar até mesmo esse obstáculo. Michel de Montaigne, uma das mentes mais criativas do século XVI, sofreu durante toda a sua vida com pedras nos rins e uma variedade de outras doenças. No entanto, ele continuou a viajar, a se engajar na política e a escrever seus famosos ensaios. Stephen Hawking, imobilizado em uma cadeira de rodas pela esclerose lateral amiotrófica, incapaz de controlar até mesmo suas cordas vocais, continuou desenvolvendo teorias cosmológicas e a viajar pelo mundo. Mas, também nesse aspecto, o nosso grupo teve sorte. Eles se mantiveram saudáveis até o fim, de modo que não tiveram que passar pela provação de saber se sua criatividade seria capaz de sobreviver à dor crônica.

9. Envelhecer com criatividade

Ainda existe muita controvérsia entre os estudiosos sobre a relação entre idade e criatividade. Quando o tópico foi estudado pela primeira vez, as descobertas sugeriam que a criatividade atingia o pico na terceira década de vida, e que menos de 10% de todas as grandes contribuições haviam sido dadas por pessoas acima dos sessenta anos.[1] As opiniões divergem, no entanto, sobre o que caracteriza uma grande contribuição. Quando olhamos para a produção total, o cenário muda. Nas ciências humanas, o número de contribuições parece se manter estável entre os trinta e os setenta anos; a tendência é semelhante nas ciências, e somente nas artes há um declínio acentuado após os sessenta. Em nossa amostra, a produtividade também não diminuiu; pelo contrário, ela aumentou com o avançar da idade. Linus Pauling, aos 91, afirmou ter publicado duas vezes mais artigos entre os setenta e os noventa do que em qualquer período de vinte anos anterior.

Estudos recentes sugerem que não apenas a quantidade é mantida com a idade, mas também a qualidade, e algumas das obras mais memoráveis da carreira de uma pessoa são executadas nos últimos anos de vida.[2] Giuseppe Verdi escreveu *Falstaff* aos oitenta anos, e essa ópera é, em muitos aspectos, uma de suas melhores — sem dúvida bastante diferente em termos de estilo de qualquer coisa já escrita antes. Benjamin Franklin inventou a lente bifocal aos 78; Frank Lloyd Wright concluiu o Guggenheim, uma de suas obras-primas, aos 91; e Michelangelo pintava os impressionantes afrescos da Capela Paulina do Vaticano com cerca de 72. Assim, embora o desempenho em muitas áreas da vida possa atingir o pico na casa dos vinte, a capacidade de mudar um domínio simbólico e, assim, dar uma contribuição à cultura pode, na verdade, aumentar na terceira idade.

O QUE MUDA COM A IDADE?

Uma das perguntas da entrevista dizia respeito às principais mudanças pelas quais a pessoa havia experimentado nas últimas duas ou três décadas, principalmente em relação ao próprio trabalho do entrevistado. As respostas ilustram como os indivíduos criativos enxergam o processo de envelhecimento.

Em geral, os entrevistados não viram muitas mudanças entre os cinquenta e os setenta, ou entre os sessenta e os oitenta. Eles tinham a sensação de que a capacidade de trabalhar estava intacta, de que suas metas eram substancialmente as mesmas de sempre e de que a qualidade e a quantidade de seus feitos diferiam pouco do que haviam sido no passado. Queixas generalizadas sobre saúde ou bem-estar físico quase não apareceram. Nem uma única pessoa, mesmo entre aquelas bem acima dos oitenta, tinha nada além de uma postura otimista em relação ao seu desempenho físico, embora estivessem realisticamente cientes de limitações e declínios específicos.

Surpreendentemente, levando-se em conta todas as respostas, o número de mudanças positivas relatadas é quase o dobro do de negativas. Parte desse cenário positivo provavelmente se deve à tendência de apresentarmos o melhor de nós mesmos durante uma entrevista. Mas, dada a franqueza geral das respostas, fico com a convicção de que estamos lidando com algo mais profundo do que isso. Afinal, não deveria ser surpresa nenhuma que, se essas pessoas foram capazes de construir vidas singulares para si mesmas, também abordem a terceira idade de forma criativa.

As respostas à pergunta sobre o que mudou nos últimos vinte ou trinta anos se enquadram naturalmente em quatro categorias básicas. Elas falam de mudanças nas capacidades físicas e cognitivas, nos hábitos e traços particulares, nas relações com o campo ou nas relações com os domínios. Além disso, as mudanças em cada uma dessas quatro categorias tendem a ter uma valência positiva ou negativa — gerando, assim, oito tipos possíveis de resultado.

Capacidades físicas e cognitivas

Como seria de esperar, as mudanças mais mencionadas estavam relacionadas ao desempenho físico ou mental. Cerca de um terço das respostas se enquadrou nessa categoria. Mas não esperávamos que o número de alterações negativas relatadas fosse contrabalançado por igual número de alterações positivas. Como isso pode ser verdade, dada a concepção geralmente sombria que temos da velhice?

Há muito tempo os psicólogos fizeram a distinção entre duas categorias amplas de habilidades intelectuais. A primeira é o que eles chamam de inteligência fluida, ou a capacidade de responder com agilidade, de reagir em pouco tempo, fazer cálculos com rapidez e precisão. Essa habilidade é medida por testes de memória de sequências de números ou letras, de identificação de padrões embutidos em números complexos, ou de deduções a partir de relações lógicas ou visuais. Esse tipo de inteligência é supostamente inato e pouco afetado pelo aprendizado. Seus vários componentes atingem o pico cedo na vida — em alguns testes, são os adolescentes que apresentam melhor desempenho; em outros, são aqueles na casa dos vinte ou trinta anos. Cada década a partir daí apresenta algum declínio nessas habilidades, e após os setenta ele é geralmente bastante acentuado, mesmo entre indivíduos saudáveis.[3]

O segundo tipo de habilidade mental é conhecido como inteligência cristalizada. Ele depende mais do aprendizado do que das habilidades inatas. Envolve fazer julgamentos sensatos, reconhecer semelhanças entre diferentes categorias, usar o método indutivo e o raciocínio lógico. Essas habilidades dependem mais da reflexão do que da reação rápida e costumam melhorar com o tempo, pelo menos até os sessenta anos. Em nossa amostra de indivíduos criativos, é esse tipo de habilidade mental que deveria estar apresentando uma melhora, ou, pelo menos, permanecendo estável, mesmo na nona década de vida.

Quando analisamos o que dizem as entrevistas, descobrimos que a queixa mais comum é um declínio na energia ou uma desaceleração na atividade. Isso é um problema especialmente entre os artistas: Ravi Shankar lembrou com nostalgia que, até dez anos antes, ele era como um furacão, editando gravações na Inglaterra, voando para a Índia para fazer a trilha sonora de um filme, pegando um jatinho para a Califórnia para fazer um show, tudo sem perder o ritmo; enquanto, aos 74 anos, preferia ficar em casa, fazer as coisas no seu tempo, se concentrar em poucos alunos e em apresentações escolhidas a dedo.

Alguns cientistas também disseram que estavam ficando mais lentos e precavidos. O físico Hans Bethe disse que cometia mais erros nos cálculos aos 88 anos — embora também estivesse mais alerta para detectar erros. Heinz Maier-Leibnitz, outro físico então na casa dos oitenta, tinha a sensação de que, embora seu apetite por fazer as coisas tivesse aumentado, sua energia não acompanhava mais o desejo. O sociólogo James Coleman lembrou que, vinte anos atrás, costumava viajar para uma cidade diferente, se hospedar anonimamente em um hotel e trabalhar por quatro dias e noites sem interrupção, com apenas algumas horas de sono — uma rotina que ele não sustentaria mais.

Mas um número quase igual de pessoas disse que, nas últimas décadas, suas habilidades mentais permaneceram as mesmas, ou melhoraram, afirmação feita com mais frequência por entrevistados na casa dos sessenta ou setenta. Esse quadro otimista se baseia na afirmação de que, devido à maior experiência e à melhor compreensão, eles agora conseguem fazer as coisas com maior qualidade e rapidez. Por exemplo, Robert Galvin, que tinha setenta anos quando foi entrevistado, comenta que suas decisões de negócios ficaram mais certeiras e eficazes porque, após muito estudo, ele era capaz de compreender melhor as forças envolvidas no comércio internacional:

Ao viajarmos pelo mundo, compreendemos que havia alguns mercados que estavam abertos, outros não. A Europa estava bastante aberta, o Japão estava muito fechado. E, instintivamente, sabíamos que isso não era tolerável. Não sabíamos o que dizer sobre isso, apenas que não podíamos escrever um memorando empolado sobre a questão. Só podíamos reportar aquilo de maneira elementar. Então, retornamos aos estudos para aprender com os acadêmicos. Os acadêmicos tinham um conceito importante chamado "princípio do santuário", que era tão aplicável aos negócios quanto à guerra. E, de repente, o que sabíamos instintivamente ficou mais claro para nós. Agora, podíamos pensar com maior nitidez e rapidez sobre as questões de comércio internacional.

Barry Commoner tinha a sensação de que, na velhice, era muito mais inteligente e sabia muito mais coisas do que algumas décadas atrás. Isabella Karle acreditava que a experiência lhe proporcionara um conhecimento mais complexo do que antes. Vários concordaram com o poeta Anthony Hecht que o tempo aprimorara suas habilidades. Todos esses desdobramentos positivos são exemplos de inteligência cristalizada, a capacidade de usar as informações disponíveis na cultura para seus próprios fins. Tanto quanto foi possível determinar, homens e mulheres apresentaram exatamente a mesma proporção de resultados cognitivos positivos e negativos.

Hábitos e traços particulares

A segunda categoria de mudanças relatadas envolveu questões de disciplina e postura. Esses fatores foram mencionados cerca de um quarto das vezes, e aqui os resultados positivos superaram os negativos na proporção de dois para um. Mudanças negativas quase sempre envolveram muita pressão e pouco tempo, com a pessoa assumindo a responsabilidade por não ter aprendido a evitar o comprometimento excessivo. Outros problemas relacionados aos traços incluíram o aumento da impaciência e da culpa por não manter a forma física.

Os resultados positivos incluíram a diminuição da ansiedade em relação ao desempenho, a redução da impulsividade e o aumento da coragem, da confiança e da capacidade de correr riscos.[4] Vários dos entrevistados fizeram eco às palavras de Anthony Hecht:

> Provavelmente, sou um pouco mais confiante de forma inconsciente do que era antes. Não sou tão rígido quanto costumava ser. E consigo perceber isso na qualidade e na escrita dos próprios poemas. Eles são mais livres em termos de métrica, são mais livres na estrutura de modo geral. Os primeiros poemas que escrevi eram quase engessados, na ânsia de não cometer um erro. Estou menos preocupado com isso agora.

Vários entrevistados disseram ter aprendido com os erros do passado ou com as críticas ao seu trabalho. Esse tipo de aprendizado pode ser bastante doloroso. John Reed, CEO do Citicorp, acredita que depois de ter sido "massacrado" no mercado, quando as ações de sua empresa despencaram — pelo que ele se culpava por não ter previsto —, toda a sua forma de exercer liderança precisou mudar:

Minha abordagem aos negócios mudou muito nos últimos dez anos. Acho que não perdi nada do meu ímpeto ou da criatividade, mas não sou mais tão livre. Não tenho um entusiasmo absoluto. Ele foi moderado pela noção de que posso estar errado. Conheço muito bem alguns dos meus defeitos e sou bastante sensível a eles. E o que estou fazendo agora eu faço muito bem, mas é tudo disciplina, não é natural. Em outras palavras, tenho me disciplinado a fazer essas coisas e ir até o fim, e estou trabalhando duro para isso. Mas não é divertido e, até agora, a maioria das coisas que fiz foi divertida.

C. Vann Woodward, ao fazer uma nova edição de sua obra, teve o privilégio de historiador de corrigir suas próprias falhas com mais facilidade:

Bem, aprendi mais, e mudaram minhas ideias, razões e conclusões sobre as quais escrevi. Por exemplo, o livro sobre Jim Crow. Já fiz quatro edições e estou pensando em fazer uma quinta, e a cada vez, muda. Isso vem em grande parte das críticas que recebi, e essas críticas vêm em grande parte de uma geração mais nova. Acho que o pior erro que você pode cometer como historiador é ser indiferente ao que é novo, ou desprezá-lo. Você aprende que não há nada permanente na história. Ela está sempre mudando. Então, enquanto uma pessoa que escreve sobre isso, estou entre aqueles que mudam, mas espero que não seja para pior.

O impacto negativo da pressão foi citado por vários dos entrevistados, que se sentem bem por terem se tornado senhores do próprio tempo. Mais uma vez, vemos que o mesmo evento, nesse caso, as demandas excessivas em termos de tempo e energia psíquica, pode ter uma valência positiva ou negativa, dependendo daquilo que a pessoa faz com ele.

Entretanto, mesmo quando uma pessoa é bem-sucedida ao lidar com as demandas cada vez maiores, muitas vezes é impossível domar completamente o tempo. Elisabeth Noelle-Neumann descreveu como seus métodos de trabalho mudaram:

Eles se tornaram mais ordenados, mais sistemáticos. Desenvolvi muitas técnicas durante os últimos vinte anos para lidar com a terrível falta de tempo — ela foi ficando cada vez pior. Eu achava que era impossível, mas ainda assim o tempo foi ficando cada vez mais curto.

A astrônoma Vera Rubin foi bastante explícita em sua descrição das demandas em relação ao tempo:

O maior desafio é tentar ter tempo suficiente para fazer ciência. Existem reuniões profissionais, há todo tipo de organizações, comitês. Estou à disposição a qualquer hora do dia ou da noite para qualquer astrônoma que tenha um problema, e isso sem dúvida é fato conhecido. De modo que posso passar uma hora por dia envolvida com esse tipo de coisa. É muito difícil manter o tempo para fazer ciência, mas ainda quero muito, muito fazer.

E sou mais privilegiada do que a maioria, porque não dou aulas. Mas acho que as nossas expectativas sobre o que somos capazes de fazer ficaram altas demais. Quer dizer, temos o telefone e o computador. Nos piores dias, recebo entre dezessete e 24 e-mails. Quase sempre, mal consigo lidar com a correspondência. Recebo muitos esboços, reimpressões e cartas, e não tenho secretária, o que me ajudaria em algum grau. Mas se eu lesse todos os esboços, reimpressões e cartas, passaria o dia inteiro lidando apenas com o que chegou naquele mesmo dia.

Apesar de homens e mulheres terem mencionado uma proporção igual de resultados negativos em termos de hábitos e traços, as mulheres relataram duas vezes mais resultados positivos do que os homens. Aparentemente, mulheres criativas têm mais facilidade em se adaptar psicologicamente à terceira idade. Comparadas aos homens, elas eram mais propensas a mencionar maior serenidade e menos pressão interna. Eis novamente Vera Rubin:

Trinta anos atrás era totalmente diferente. Eu teria me questionado se algum dia realmente me tornaria astrônoma. Quer dizer, eu tinha dúvidas enormes no início da minha carreira. Não havia nada além de uma grande dúvida sobre se isso ia mesmo dar certo. Não que eu tenha conseguido perseverar. Não consegui parar! Simplesmente não podia desistir, aquilo era importante demais. Nunca entrou no reino das possibilidades, apenas. Mas nunca tive certeza, certeza absoluta, de que iria dar certo e de que eu realmente me tornaria uma astrônoma.

Relações com o campo

Outro quarto das respostas tratou de mudanças no relacionamento com colegas, alunos e instituições. Mais uma vez, o número de resultados positivos e negativos foi praticamente idêntico, mas com uma diferença intrigante: todos os resultados negativos foram mencionados por homens, enquanto os positivos foram divididos igualmente entre os sexos. Os homens, aparentemente, sentem mais a falta da filiação institucional formal que a idade costuma proporcionar; eles sofrem mais com a aposentadoria e com a redução de prestígio e poder que ela provoca. Eugene McCarthy deixou o Senado norte-americano há muito tempo; o sociólogo David Riesman sentia falta das conferências acadêmicas que não frequentava mais porque não gostava de viajar; o físico Victor Weisskopf, assim como muitos de seus colegas cientistas, não estava mais envolvido na pesquisa ativa.

Com a idade, entretanto, também é possível adquirir uma posição mais central no campo, ou desenvolver novas formas de associação, principalmente com os alunos. George Stigler passou mais tempo na prestigiosa revista que editava; Ravi Shankar estava planejando o novo centro de ensino de música tradicional que o governo indiano iria construir para ele. O antropólogo Robert LeVine reduziu o ritmo das viagens de campo na África, mas passava mais tempo dando aula a estudantes de países em desenvolvimento. Manfred Eigen liderava um laboratório gigante em Göttingen, trabalhando em estreita colaboração com seus doze orientandos de doutorado e atuando em várias sociedades científicas e agências governamentais.

Relações com os domínios

A última categoria de respostas que os entrevistados deram à pergunta sobre o que mudou em sua vida nas últimas décadas tem a ver com a aquisição de conhecimento. Ao contrário dos casos anteriores, em que os resultados positivos e negativos estavam aproximadamente em equilíbrio, os 17% de respostas que se enquadraram nessa categoria eram positivos. Parece que a promessa de conhecimento maior e mais diversificado nunca decepciona. Podemos perder a energia física e as habilidades cognitivas, podemos perder o poder e o prestígio do status, mas os domínios simbólicos permanecem sempre acessíveis, e suas recompensas continuam frescas até o fim da vida.

Alguns indivíduos descobriram um conjunto mais amplo de possibilidades dentro do domínio que perseguiam; um exemplo é Nina Holton, fascinada com o que aprendia sobre escultura em bronze. Alguns enveredaram por novos empreendimentos relacionados ao trabalho anterior: Freeman Dyson passou a escrever sobre ciência para o público leigo com o mesmo entusiasmo com que costumava fazer ciência ativa, e viveu uma carreira dupla como físico e escritor. Outros descobrem um interesse completamente novo: Heinz Maier-Leibnitz passou a escrever livros de receitas, depois de ter sido presidente da Fundação Alemã de Pesquisa.

Outros, ainda, simplesmente anseiam por poder ler ainda mais e explorar domínios do conhecimento até então negligenciados. Ou alegam que, nos últimos anos, aprenderam a aproveitar mais plenamente a vida. Muitas vezes, as mudanças não são tanto questão de envelhecimento nem de uma decisão de mudar em particular, mas sim ditadas pela interação com o meio, pela lógica do próprio domínio. A pintora Ellen Lanyon descreveu a evolução de seu estilo nas últimas décadas:

Durante boa parte dos meus primeiros anos, fui tachada de primitiva sofisticada, porque estava fazendo cenas de rua de Chicago, mas elas eram influenciadas por pintores de têmpera da Siena do século XIV. E, consequentemente, havia certo tipo de abordagem naïf da perspectiva que também era proposital. Eu não era naïf. Estava usando determinado estilo. E, no final dos anos 1940, isso era bastante apropriado. Era parte do que estava acontecendo também no imaginário norte--americano, principalmente no imaginário regional. Depois, como passei por um período de tempo em que queria trabalhar em maior escala, trabalhei com tinta a óleo. E depois, no início dos anos 1960, por acaso comecei a trabalhar a partir de fotografias. Trabalhei a partir de antigas fotografias de família. Trabalhei a partir de jornais, de fotos desportivas. Trabalhei a partir de velhas rotogravuras que encontrei na Itália. E era tudo figurativo. Tudo era nostalgia. Sabe, naquela época, trabalhar a partir de fotografias era um tabu. No fundo, eu estava trabalhando a partir da fotografia e traduzindo uma espécie de espaço ou um padrão na tela que, à sua maneira, se assemelhava a um instantâneo, era um instantâneo fotográfico de uma situação particular que havia acontecido. Congelado o tempo. Paralisado uma situação. Algumas dessas fotos de família eram de pessoas falecidas. E uma razão secundária era pegar minha própria história pessoal, documentá-la, estabelecê--la no tempo, por assim dizer, de modo que ficasse pronta e acabada. Eu poderia deixá-la de lado e seguir adiante. E isso foi uma coisa muito importante para mim. E assim, portanto, o trabalho mudou porque as imagens mudavam e se moviam.

Em seguida, passei a usar tinta acrílica, que naquela época estava bastante aprimorada, e dava para trabalhar com ela. Foram cerca de cinco anos estudando o uso de acrílica. De modo que, hoje, a maioria das pessoas nem sabe que não são pinturas a óleo. Nesse processo, resolvi também que mudaria o conteúdo. Então, tomei outro tipo de decisão intelectual e escolhi trabalhar com objetos, não com natureza-morta, mas com objetos. E passei por toda uma série de coisas, e é nesse ponto que o trabalho se tornou muito mais, eu diria, metafísico. Os objetos começaram a ganhar vida própria. E funcionou em toda uma série que tinha a ver com truques de mágica, com os primeiros experimentos de física e química. Isso começou por volta de 1968, e o trabalho ainda se relaciona a essa área de modo geral. Depois, animais, pássaros e insetos entraram por meio da mágica. Quer dizer, tudo meio que foi se proliferando e seguindo adiante.

Essa citação ilustra bem como os domínios podem ser inesgotáveis. Nesse caso, as diferentes técnicas de tinta — têmpera, óleo, fotográfica, acrílica —, as diferentes influências da história da arte, mudanças de prioridades emocionais e reflexões mais maduras sobre a experiência interagiram e proporcionaram uma sequência interminável de desdobramentos que Lanyon pôde explorar ao longo da vida. Por isso as mudanças no domínio são vistas sempre como positivas; elas permitem que uma pessoa continue a ser criativa mesmo quando o corpo falha e as oportunidades sociais se tornam mais restritas.

HÁ SEMPRE MAIS UM DESAFIO

É fácil ver por que esses indivíduos enxergam a idade de uma forma mais positiva do que esperávamos. Todos eles ainda estão profundamente envolvidos em tarefas emocionantes e gratificantes, por mais que sejam inatingíveis. Assim como o alpinista que chega ao topo da montanha e, depois de olhar em volta maravilhado com a vista magnífica, se anima ao ver um pico vizinho ainda mais alto, essas pessoas nunca ficam sem objetivos emocionantes. O ator Edward Asner expressou os sentimentos de todo o grupo ao dizer que o que mais lhe atraía a atenção era

demonstrar que minha capacidade de atuar está melhor do que nunca, atuando em todos os sentidos, de toda e qualquer forma possível. Do máximo de maneiras que eu conseguir. Rádio, comerciais, locuções, narrações para documentários, teatro, televisão, cinema. Não importa. Tenho sede de [...] testar meus limites, anseio pelo desafio.

Pedimos aos entrevistados que nos dissessem quais eram seus desafios atuais, quais metas absorviam suas energias acima de qualquer outra coisa. Todas as respostas foram animadoras, descrevendo em detalhes seus atuais projetos. Ficou claro que, a exemplo de Asner, todos ainda estavam ansiosos pelo desafio. A única exceção serviu apenas para confirmar essa conclusão. Freeman Dyson, o único entrevistado que não estava trabalhando em nada de especial na ocasião, disse que aquele era, portanto, um período muito criativo para ele, porque o ócio era o preâmbulo indispensável a uma explosão de produtividade: "Fico por aí sem fazer nada, o que provavelmente significa que esse é um período criativo, embora, é claro, não dê para saber até a hora em que acontece. Acho que é muito importante ficar ocioso. Por isso, não tenho vergonha de ficar à toa".

Alguns indivíduos, como o colunista Jack Anderson, deixaram que o desafio fosse determinado por eventos externos; ele tinha certeza de que questões interessantes e importantes continuariam a surgir e a lhe proporcionar oportunidades de engajamento:

Eu tento sempre fazer com que a tarefa mais importante seja aquela em que estou trabalhando. Tento me manter motivado, dando prioridade máxima àquilo em que estou trabalhando, seja o que for. Não quero viver no passado. Tive algumas conquistas no passado, mas passou, acabou, e estou feliz por ter me saído bem. Mas elas não significam nada hoje. É o que eu faço hoje e o que eu faço amanhã que importam.

Esse tipo de olhar voltado para o futuro é emblemático. Para esse grupo fazia muito pouco sentido rememorar e reviver os êxitos passados; as energias de todo mundo estavam focadas em tarefas ainda por fazer.

O desafio mais frequente era trabalhar em um livro e escrever quatro ou cinco artigos no ano seguinte. Alguns tinham pesquisas pendentes a ser concluídas. Um bom exemplo é a resposta de Isabella Karle, cujo jargão técnico esotérico não conseguiu disfarçar por completo o entusiasmo que tomou conta de sua busca:

Bem, neste momento, estou estudando um sistema peptídico que cria canais nas membranas celulares e transporta íons de potássio de um lado para o outro da célula. Estou colaborando neste trabalho com um pesquisador na Índia. Ele conseguiu isolar e purificar — digo isso porque muitos produtos naturais vêm em muitas versões ligeiramente diferentes e, a menos que você seja capaz de separar essas várias versões diferentes, não tem como cultivar um cristal, porque ele não vai se replicar adequadamente, e um cristal tem que ter as moléculas repetidas de determinada forma. Ele preparou os materiais e cultivou os cristais. Inclusive, o mesmo material cria cristais ligeiramente diferentes a partir de diferentes solventes. E, agora, estou olhando para a terceira forma de cristal. Cada um deles mostra como um canal é formado. Há um peptídeo helicoidal. Há uma grande curva no peptídeo, e dois peptídeos se juntam em forma de ampulheta. [Ela faz um gesto.] Eles são hidrofóbicos de um lado. Isso significa que são compatíveis com o tipo de material que compõe as paredes celulares. Por dentro, são hidrofílicos, ou seja, atraem água ou substâncias polares. Então esse canal no cristal, em todas as formas cristalinas, é preenchido com água, mas é interrompido no meio por uma ligação de hidrogênio entre duas metades, de modo que se você tivesse uma molécula de água, ela não passaria pelo meio disso, através da porção média. Esses materiais são usados como antibióticos, e é assim que eles cumprem a função deles. Bem, isso é muito importante na bioquímica, na biofísica, tentar descobrir como os íons são transportados, porque nosso corpo faz isso de todas as formas com todos os alimentos que comemos, com os minerais de que precisamos.

Outra resposta que indica a natureza multifacetada dos compromissos dessas pessoas era a agenda que Rosalyn Yalow descrevia de passado recente, uma agenda na qual pesquisa científica, formulação de políticas, momentos com a família e serviço público estavam todos interligados:

> Bem, vejamos, no dia 24 de fevereiro eu dei uma palestra no Memorial Hospital, aqui em Nova York, e depois às quatro e às seis tive um encontro com mulheres cientistas no Mount Sinai Hospital; depois fui às reuniões de pesquisa dos estudantes em Miami e, no dia seguinte, dei aulas sobre glândulas endócrinas. Então voltei para casa [para Nova York] e fui para a Universidade de Auburn, onde dei palestras e interagi com as pessoas por três dias; depois fui à conferência de Pittsburgh sobre espectroscopia, e a seguir a uma reunião de química analítica em Nova Orleans. Voltei e depois fui para a Stewart Country Day School e conversei com os alunos do ensino médio; depois fui para Albany — tudo isso na mesma semana.
>
> Ontem falei na Academia de Ciências de Nova York, para uma turma do ensino médio. Na semana que vem, vou ao Laboratório Nacional Lawrence Livermore, na Califórnia. Faço parte do conselho consultivo do Lawrence Livermore e do Los Alamos. Mas vou dar uma aula sobre radiação e falar a um grupo de mulheres.
>
> Depois vou visitar minha filha, meu genro e meu neto, e volto no dia 29. No dia 31 parto para Nashville, onde vou falar na Vanderbilt por dois dias, e por mais dois dias na Universidade do Sul, em Sewanee. Aí, volto para a Califórnia. A American Chemical Society vai organizar um simpósio de três dias para o qual eles tomaram emprestado meu título "Radiation Society". Volto de lá e vou para Las Vegas, para o American College of Nuclear Physicians, para algum tipo de encontro sobre radiação.

Para aqueles como Barry Commoner, George Klein, Elisabeth Noelle--Neumann e Enrico Randone, que foram responsáveis por instituições — uma empresa, um laboratório de pesquisa —, o principal desafio era continuar ajudando as instituições a sobreviver. Eis o que Robert Galvin disse sobre seu envolvimento ininterrupto com a Motorola:

> Depois de abrir mão da liderança do dia a dia operacional de nossa empresa, meu desejo é permanecer plenamente ativo e influente na instituição. Tenho dado uma atenção cada vez maior aos fatores que acho que terão impacto positivo no desempenho da instituição pelas próximas décadas, não apenas na semana que vem, no mês que vem. Acho que existem alguns fundamentos significativos que refletem a

probabilidade de uma instituição comercial aumentar seu desempenho. Um deles, que está no topo para mim, é a habilidade vocacional da criatividade, o potencial para mudar a qualidade da liderança, que se relaciona com as funções de antecipação e comprometimento.

Algumas pessoas deparam com desafios, por assim dizer, imprevisíveis. Jonas Salk planejava se dedicar às políticas científicas e à filantropia quando a epidemia de HIV se intrometeu no mundo. Salk não resistiu ao desafio; ele voltou ao laboratório para tentar encontrar algum meio imunológico de prevenir a doença, da mesma forma que havia feito com a vacina contra a poliomielite décadas antes. Mais de dez anos após se aposentar do cargo de professora na Universidade de Chicago, Bernice Neugarten sentiu-se tão angustiada ao ler estatísticas sobre a situação das crianças pobres que retomou a pesquisa política em tempo integral.

A dedicação pode ser interpretada por alguns como vício em trabalho, como uma incapacidade crônica de aproveitar qualquer outro aspecto da vida que não a realização. Mas dizer isso é focar a questão errada. Para a maioria dessas pessoas, o trabalho não é uma forma de evitar uma vida plena, mas sim o que faz com que a vida seja plena. O produtor de televisão Robert Trachinger apresentou a natureza multifacetada desse processo:

Quero muito aproveitar a vida agora. Eu recuei. Sempre trabalhei com muito afinco. Costumava ter problema de pressão alta e tomar medicamentos. Agora não preciso mais dos remédios. Pratico ioga, faço um pouco de tai chi. Lecionar continua sendo minha maior paixão, porque recebo muito amor e retorno dos alunos, muito carinho. Isso é importante para mim porque o garoto solitário do gueto ainda faz parte de mim. Tenho dinheiro suficiente agora para viver confortavelmente sem trabalhar ou dar aulas. Gosto de ir para a Europa e ensinar aos jovens, dar consultoria a escolas que estou começando a montar, a departamentos de televisão e cinema. E eu os alerto sobre adotar nosso modelo de televisão, porque é uma espécie de imperialismo cultural. A maior parte do que eles assistem na televisão na Europa é produzido nos Estados Unidos, e isso acaba com a cultura deles. Então, falamos sobre esses valores. Como desenvolver cineastas e produtores de televisão responsáveis, que não sirvam apenas para manipular a audiência e ganhar dinheiro?

Estou indo para a escola. Participo de ótimos cursos de literatura e sou fascinado pelos livros. Se você for no segundo andar, vai ver que eu tenho de 1500 a 2 mil livros, muitos dos quais não li, mas espero que, à medida que envelhecer, eu leia e tenha cada vez mais tempo para ler. E dou conselhos aos mais novos. Não sou nenhum tipo de sábio, mas vivi 77 anos, e tem algumas coisas que eu sinto, que eu sei. Cuidar dos outros proporciona uma sensação boa, e perdemos o apetite por isso.

AS FONTES DE SIGNIFICADO

De acordo com Erik Erikson, o último estágio psicológico que as pessoas enfrentam na vida é o que ele chamou de tarefa de alcançar a integridade. O que ele quis dizer com isso é que, se vivermos o suficiente e se dermos conta de todas as tarefas prévias da vida adulta — como desenvolver uma *identidade* viável, uma *intimidade* próxima e prazerosa, e conseguirmos transmitir nossos genes e nossos valores por meio da *generatividade* —, então resta uma última tarefa essencial ao nosso pleno desenvolvimento como ser humano. Ela consiste em costurar uma narrativa significativa do nosso passado e do presente, e em nos reconciliar com o fim da vida que se aproxima. Se, nos anos finais, olharmos para trás com perplexidade e arrependimento, incapazes de aceitar as escolhas que fizemos e desejando ter uma segunda chance, o desespero é o resultado mais provável. Nas palavras de Erikson:

Uma velhice com significado [...] supre a necessidade desse patrimônio integrado que oferece uma perspectiva indispensável do ciclo de vida. A força aqui toma a forma dessa preocupação desinteressada, mas ativa, com a vida ligada à morte, a que chamamos de sabedoria...[5]

A noção de integridade é a capacidade de juntar tudo, de se relacionar com as outras pessoas além de nós mesmos. Erikson achava que a perspectiva de uma pessoa idosa se baseava em uma nova definição da identidade, que poderia ser resumida na frase "Eu sou o que fica depois da minha morte". Se, no final da vida, eu concluir que nada vindo de mim deve ficar, o desespero provavelmente vai tomar conta. Mas se eu me identifiquei com algumas entidades mais duradouras, o que ficar depois da minha morte vai proporcionar um senso de conexão, de continuidade, que mantém o desespero longe. Se eu amo meus netos, ou o trabalho que fiz, ou as causas que defendi, então tudo indica que eu vá me sentir parte do futuro mesmo depois de morrer. Jonas Salk definiu essa postura de "ser um bom ancestral".

Em nosso estudo, não investigamos diretamente se, e até que ponto, nossos entrevistados conquistaram um senso de integridade em relação à vida. Mas as respostas a uma pergunta lançam alguma luz sobre a questão de quais entidades servem como núcleo à identidade dessa amostra, núcleo em torno do qual um senso de integridade tem grande chance de se desenvolver. A pergunta era "Das coisas que você fez na vida, de qual você mais se orgulha?". Essa pergunta com certeza não é a mais adequada para estudar a integridade, porque vários dos entrevistados se sentiram contidos pela ideia de *orgulho*, e outros não gostaram da hipótese de destacar uma única realização como sua maior fonte de orgulho. No entanto, as pessoas em geral responderam à pergunta de uma forma que sugeria que estavam pensando na coisa mais significativa e importante que haviam feito na vida e, portanto, em seu principal vínculo com o futuro.

Classificar as respostas foi muito simples, pois todas eram basicamente semelhantes. Como seria de se esperar em um grupo de pessoas tão bem-sucedidas, os feitos da vida profissional compunham o primeiro tipo de resposta. Cerca de 70% das realizações mencionadas como fontes de orgulho tinham a ver com o trabalho. Surpreendentemente, no entanto, 40% das mulheres e 25% dos homens (uns bons 30% de todo o grupo) mencionaram primeiro a família como aquilo de que mais se orgulhavam. Estas são algumas das razões que dois homens deram para suas respostas:

Bem, eu tenho enorme satisfação e orgulho de meus filhos. E meus netos são absolutamente encantadores, porque não preciso me preocupar quando eles se comportam mal. Eu entrego eles para as suas mães. Netos existem, desconfio, para os avós se divertirem. Meus netos são todos lindos e uma grande fonte de diversão. Agora, meus filhos, alguns deles tiveram problemas. Mas, no geral, eles se saíram muito bem. Fiquei muito satisfeito com o que eles conquistaram e estou preocupado com aqueles que têm problemas. Estou muito mais preocupado com eles do que com qualquer um dos meus problemas. E acho que tenho mais satisfação pelas realizações deles do que tenho pelas minhas. Tenho muito orgulho da minha família.

Trabalho leal e árduo para cuidar da família da melhor forma; minha esposa e filhos. O fato de o meu casamento ter sido estável — mais do que estável, foi na verdade muito próspero — foi essencial, acho, para o meu caráter em particular. Acho que, se eu não tivesse tido uma sensação estável de que aquela parte da minha vida estava bem, mais do que bem, se eu tivesse tido filhos problemáticos, ou se eu tivesse me divorciado, tenho certeza que isso teria afetado o tom daquilo que escrevo e também do que ensino; acho que não teria sido capaz de adotar o mesmo estilo agressivo e agitado de ensinar.

Como sugere o segundo trecho, o orgulho da família muitas vezes se soma ao orgulho do trabalho. Podemos até mesmo concluir que, embora a família tenha sido mencionada em primeiro lugar nessa resposta, sua importância é subsidiária à da escrita e do ensino. Quase parece que a família importa em grande parte porque permite que o escritor concentre todas as suas energias no trabalho. Inclusive, família e trabalho geralmente estão tão inextricavelmente relacionados que é difícil dizer, a partir de uma única resposta, se a fama e as conquistas são valorizadas porque melhoram o bem-estar da família ou vice-versa. É impressionante, no entanto, que nenhum outro tema tenha se intrometido nessa simples dualidade. Nos últimos anos do século XX, de um grupo de pessoas sofisticadas e de realizações extremamente significativas, era possível esperar maior variedade e tópicos mais esotéricos sobre os quais construir uma narrativa de vida. Isso, sem dúvida, parece justificar a resposta enganosamente simples de Freud a uma pergunta sobre o segredo para uma vida feliz: "Amor e trabalho", disse ele, e com essas duas palavras talvez tenha esgotado todas as opções.

Ao olharmos as respostas mais de perto, aparece outro padrão interessante. Alguns dos entrevistados — cerca de 70% dos 70% que mencionaram o trabalho em primeiro lugar como fonte de orgulho — falaram principalmente de razões extrínsecas para se sentirem orgulhosos, como as grandes contribuições que deram, o reconhecimento e os prêmios que receberam, bem como o renome entre os colegas. Os 30% restantes enfatizaram razões intrínsecas — o avanço cultural possibilitado pelas realizações ou as recompensas pessoais por fazer bem um trabalho difícil.

O físico John Bardeen, embora tenha mencionado razões extrínsecas, deu mais ênfase à importância intrínseca daquilo em que vinha trabalhando:

Acho que a teoria da supercondutividade. As duas coisas pelas quais sou mais conhecido são ser coinventor do transistor e da teoria da supercondutividade. Os transistores, é claro, tiveram muito mais impacto mundial do que a supercondutividade, mas a supercondutividade foi um desafio maior. E a teoria teve um impacto muito mais amplo em outros campos da física. Porque, sendo uma contribuição teórica, deu origem a algumas novas formas de pensar a estrutura do núcleo e das partículas de alta energia. Então, a contribuição dela para uma compreensão mais profunda do que é o universo foi maior, eu acho.

As respostas mais extrínsecas tendiam a se concentrar no número de exemplares vendidos dos livros da pessoa, nas diretorias de grandes organizações de pesquisa que ela ocupava, nas telas exibidas em exposições importantes — em outras palavras, nos destaques de um curriculum vitae. O economista George Stigler deu uma resposta original e direta à pergunta:

Acho que tenho que dizer que foram as coisas por meio das quais consegui impressionar outras pessoas. E entre elas estariam as duas áreas de trabalho em que recebi o Nobel, e coisas assim. Então, esses e alguns outros trabalhos de que meus colegas de profissão gostaram seriam as coisas, no que diz respeito à minha vida profissional, das quais mais me orgulho.

Todos os outros ganhadores do Nobel, no entanto, deram razões intrínsecas. Talvez entre esses indivíduos, que estão tão próximos dos altos escalões de realização em seus campos, apenas aqueles que atingiram os lugares mais altos possam se dar ao luxo de minimizar a importância do sucesso mundano. Um olhar mais atento às respostas, entretanto, sugere que não é sensato dar peso demais às respostas a essa única pergunta. A razão fica evidente quando percebemos que quase 40% dos homens deram respostas classificadas como intrínsecas, enquanto nenhuma das mulheres o fez — todas falaram sobre o orgulho que sentiam dos aspectos extrínsecos de suas contribuições.

No entanto, essas mulheres gostavam de seus trabalhos, admiravam a importância deles e estavam muito menos interessadas na fama e no poder que ele podia lhes proporcionar. Seria difícil encontrar um cientista homem tão apaixonado por seu trabalho quanto Vera Rubin, um artista tão comprometido quanto Eva Zeisel, um historiador tão entusiasmado por seu ofício quanto Natalie Davis. Então, por que as mulheres tendem a enfatizar o sucesso externo em suas respostas à pergunta sobre orgulho? Provavelmente porque elas têm muito mais dificuldade em conquistar reconhecimento do que os homens e, portanto, quando o conquistam, ele significa mais para elas. De qualquer forma, essa contradição ilustra um ponto importante: o de que tentar interpretar uma única resposta fora de todo o contexto do que sabemos sobre uma pessoa pode ser enganoso. Isabella Karle, que a princípio deu uma resposta bastante extrínseca, em outro momento da entrevista pareceu definitivamente mais interessada nos aspectos intrínsecos de seu trabalho:

> Fui bem-sucedida no sentido de que ganhei todo tipo de prêmio científico e fui eleita para aquelas que são consideradas as sociedades de "elite". E sou convidada para falar em todo tipo de universidade no mundo todo, e isso é muito bom. Mas acho que a maior satisfação é apenas fazer, descobrir algo sobre a natureza que não era conhecido antes. Existe a satisfação de ver como são algumas dessas moléculas. Existe uma satisfação em ver como elas reagem. Imagino que isso seja bastante pessoal — porque outras pessoas encontram satisfação em tocar uma sonata de Beethoven de modo impecável, ou em pintar um quadro.

Seguindo os pontos altos e baixos das respostas de nossos entrevistados à pergunta sobre orgulho, concluímos que, como o resto do mundo, eles também enfatizam em suas narrativas pessoais os temas de trabalho e amor. Essas são as fontes a partir das quais eles constroem uma história significativa sobre o passado e uma ponte para o futuro. O fato de terem tido a sorte de alcançar maior renome por seus esforços do que a maioria das pessoas não parece ter feito muita diferença. Não há evidências de que ganhar um ou dois prêmios Nobel dê a alguém uma garantia maior de sabedoria ou uma defesa mais confiável contra o desespero do que ter vivido uma vida plena como um honesto encanador e pai de família.

ENFRENTANDO O INFINITO

No momento das entrevistas, todos os nossos entrevistados ainda estavam ativamente envolvidos em projetos familiares e profissionais que refletiam os principais temas da vida deles. Mas, muitas vezes, o interesse deles se alargou para incluir questões maiores: política, bem-estar humano, meio ambiente e, eventualmente, preocupações transcendentes com o futuro do universo. Curiosamente, ao entrar nas últimas décadas de vida, nenhum deles parece ter abraçado uma fé religiosa ortodoxa. O medo da morte não era grande; com certeza, não o bastante para fazê-los buscar consolo em uma fé estranha em tempos anteriores. Aqueles poucos que, como a socióloga Elise Boulding, tinham uma forte base religiosa desde o princípio, mantiveram suas crenças. No entanto, mesmo quando faltava uma fé ritualizada, uma fé mais ampla parecia estar bastante em evidência: a fé em um universo essencialmente significativo, que exige admiração e respeito — e curiosidade — por parte de homens e mulheres.

Talvez quem chegou mais próximo de uma experiência de conversão tenha sido o pediatra Benjamin Spock, que foi criticado por fundamentalistas religiosos e por pregadores como Norman Vincent Peale por ter introduzido a permissividade na educação infantil norte-americana e, assim, corrompido o caráter nacional. Quando chegou aos noventa, Spock começou a escrever um livro sobre espiritualidade. Mas sua noção de espiritualidade estava muito longe daquela das religiões institucionalizadas:

Espiritualidade, infelizmente, não é uma palavra elegante. Não é uma palavra que se usa. Por sermos um país tão pouco espiritualizado é que achamos um pouco brega falar sobre espiritualidade. "O que é isso?", as pessoas perguntam. Espiritualidade, para mim, é sinônimo de coisas imateriais. Não quero dar a ideia de que seja algo místico; quero que se aplique à vida comum das pessoas comuns: coisas como o amor, a colaboração, a tolerância e o prazer nas artes, ou até a criatividade nas artes. Acho que a criatividade nas artes é muito especial. É preciso um alto grau, um tipo sofisticado de espiritualidade para querer expressar as coisas em termos de literatura ou poesia, peças de teatro, arquitetura, jardins, criando beleza de qualquer forma que seja. E, se você não pode criar beleza, pelo menos é bom apreciar a beleza e tirar algum prazer e alguma inspiração dela. Então, são apenas coisas que não são totalmente materiais. E isso incluiria a religião.

Ao longo de sua vida aventureira, a ceramista Eva Zeisel tentou ajudar os desfavorecidos e usou seus dons artísticos em parte para promover causas de esquerda, as quais ela acreditava sinceramente que transformariam o mundo num lugar melhor. Na casa dos oitenta, ela encarava o passado com um aspecto mais objetivo, e, embora não se arrependesse de nada, não tinha mais certeza de que suas motivações tivessem sido as mais sábias. Sem arrependimentos nem desespero, no entanto, ela achava que a única coisa em que pode confiar absolutamente era no trabalho que produziu, e talvez no antigo objetivo de "fazer o bem" — embora fosse menos otimista quanto a isso:

Eu estava pensando em como transmitir minha sabedoria acumulada para minha neta. E uma das coisas que pensei em dizer a ela é que devemos tentar fazer o bem e tentar produzir alguma coisa. Acho que meu ofício me ajudou muito a dar sentido à vida, porque uma vez que você faz uma peça e ela está fora de você, isso torna sua vida justificada, menos frágil. Depois de tudo pelo que você passa, no final você morre, e isso torna a vida muito mais... bem, significativa. Isso justifica a sua existência...

Depois vem a questão de fazer o bem para a sociedade. Não se esqueça de que todos os nossos contemporâneos e nós mesmos tínhamos uma grande ideologia pela qual viver. Todo mundo achava que era preciso lutar na Espanha ou morrer por alguma outra coisa, e que a maioria tinha que estar na prisão por um motivo ou outro. E então, no fim das contas, viu-se que nenhuma dessas grandes ideologias valia qualquer sacrifício. É muito difícil ter certeza absoluta até mesmo na hora de fazer o bem pessoalmente. É muito difícil saber ao certo se devemos viver por uma ideologia ou mesmo viver para fazer o bem. Mas não pode haver nada de errado em fazer uma cerâmica, eu lhe digo. Ao fazer uma cerâmica, não há como trazer mal nenhum ao mundo.

Para Mark Strand, a responsabilidade do poeta de ser uma testemunha, de registrar a experiência, fazia parte da responsabilidade mais ampla que todos nós temos de manter o universo ordenado por meio de nossa consciência:

Sim, acho que nasce de um senso de mortalidade. Quer dizer, estamos aqui apenas por um curto período. E acho que essa casualidade é uma sorte tão grande, ter vindo ao mundo, que somos obrigados a prestar atenção a isso. De alguma forma, isso vem sendo desprezado. Quer dizer, nós somos — até onde sabemos — a única parte do universo que é autoconsciente. Podemos até mesmo ser a forma de consciência do universo. Podemos ter vindo para que o universo pudesse olhar para si mesmo. Não sei, mas somos feitos do mesmo material de que são feitas as estrelas, ou que flutua no espaço. Mas estamos combinados de tal forma que podemos descrever como é estar vivo, ser testemunha disso. A maior parte da nossa experiência é a de ser testemunha. Vemos, ouvimos e sentimos o cheiro de outras coisas. Acho que estar vivo é reagir a tudo isso.

O físico John Wheeler tentou decifrar algo que soa muito semelhante à postura de Strand, uma busca pelo que foi chamado de princípio antrópico, a ideia de que o mundo existe porque *nós* existimos, uma ideia que costuma ocupar teólogos e filósofos.[6] Segundo eles, sabemos da existência do universo porque temos consciência dele. Talvez o universo esteja lá *apenas porque* estamos conscientes dele. Mas Wheeler, sempre cientista, pensou em formular essa hipótese vaga e ambiciosa de modo que pudesse ser testada:

Neste momento, estou animado com uma ideia que pode estar totalmente errada, mas não tenho como saber até chegar mais longe. A de que esse grande espetáculo que está acontecendo ao nosso redor, o mundo, de alguma forma desempenhamos um papel vital em trazê-lo à tona. Thomas Mann expressa isso em algum lugar em uma passagem vívida. Como essa ideia pode ser expressa de forma tão clara que seja possível testá-la? Bem, aqui vou eu, lendo as obras do filósofo alemão Heidegger e conversando com todos os que têm a perspectiva de poder contribuir com meu ponto de vista sobre esse assunto. Seria bom trazer tudo para um foco específico, uma questão específica que pode ser decidida em termos de sim ou não, mas, nesse ponto, a coisa toda é tão grande, tão disforme, que o melhor é ir a alimentando.

Jonas Salk, além da pesquisa em imunologia, da preocupação com seu instituto e da participação no conselho de fundações filantrópicas, por muitos anos refletiu sobre as implicações mais amplas da teoria evolutiva no que diz respeito à evolução da cultura e da consciência:

Mantive o interesse por algumas questões maiores, mais fundamentais, sobre a própria criatividade. Essa instituição [o Instituto Salk para Pesquisas Biológicas] foi criada com a ideia de que haveria uma convergência em direção à criatividade, um centro de estudos da criatividade para explorar com indivíduos que apresentaram essa qualidade ao longo da vida. Eu nos vejo, seres humanos, como um produto do processo de evolução — eu diria uma evolução criativa. Agora nos tornamos o próprio processo, ou parte do próprio processo. E, a partir dessa perspectiva, eu me interessei pelo que chamo de evolução universal, o fenômeno da evolução em si como se manifesta no que chamo de evolução pré-biológica, a evolução do mundo físico, químico, depois evolução biológica, e por fim o que chamo de evolução metabiológica, a evolução da mente por si mesma, o cérebro-mente. E agora estou começando a escrever sobre evolução teleológica, que é a evolução com um propósito. Então, meu propósito agora é tentar entender a evolução, a criatividade, de um ponto de vista intencional.

Cientistas mais jovens costumam olhar para os mais velhos com certo desconforto. Eles zombam dos Wheeler, dos Spock e dos Salk, dando a entender que estes podem estar ficando um pouco fracos da cabeça, porque na velhice parecem ter jogado toda a cautela ao vento, rompendo os limites das disciplinas e começado a se preocupar com os grandes problemas da existência. Embora, de vez em quando, haja motivos para desqualificar esses experimentos como produto da senilidade, os exemplos em nossa amostra apontam em uma direção diferente. Cientistas e artistas mais velhos que passaram décadas dentro de um segmento estreito de seu domínio muitas vezes experimentam uma sensação de liberdade quando, depois de terem deixado sua marca na disciplina, começam a explorar o mundo além do ateliê ou do laboratório. Ao fazerem isso, os problemas que abordam quase certamente serão mais desafiadores do que aqueles que enfrentaram no início da vida. Eles devem, portanto, desistir, ou ser ridicularizados? Ou devemos sentir pena de seus críticos, que julgam o esforço humano apenas pelas regras estritas e muitas vezes estéreis de uma única disciplina?

É claro que essas perguntas são retóricas, porque, no que me diz respeito, a busca em que esses homens e mulheres estão embarcando é justamente o que torna seu estágio de vida tão emocionante e valioso. É difícil imaginar que poderia ser de outro jeito. Sabedoria e integridade não podem ser encontradas em um domínio único. É necessário um olhar mais amplo, que ultrapasse as fronteiras das disciplinas, uma forma de compreensão que combine saber e intuir, sentir e julgar. Ao encarar essa tarefa, não se pode esperar ter sucesso aos olhos do público, como quando um campo da cultura reconhece as contribuições de alguém à arte, aos negócios ou à ciência. Mas, a essa altura, uma pessoa que aspira à sabedoria sabe que o resultado final de uma vida bem vivida não é bem o sucesso, mas sim alcançar a certeza, no mais íntimo de nosso ser, de que a nossa existência está ligada de maneira significativa com o resto do universo.

Parte III

Os domínios da criatividade

10. O domínio da palavra

Agora, na terceira parte do livro, vamos examinar mais de perto os domínios específicos da criatividade. Como mostramos no capítulo 4, embora existam algumas características importantes comuns a todo o processo criativo, para vermos de fato o que acontece em sua realização temos que lidar com cada domínio separadamente. Em uma camada muito abstrata, a criatividade compartilha determinadas características na física e na poesia, mas essa camada de abstração ignora muitos dos aspectos mais interessantes e vitais do processo. Portanto, este capítulo e os dois seguintes apresentam uma série de *cases* do mesmo domínio, a fim de obtermos uma compreensão mais detalhada do que está em jogo na produção de uma mudança cultural.

Vamos começar com uma breve análise dos objetivos e métodos de trabalho de cinco escritores — três poetas e dois romancistas. Começar pelos escritores faz sentido porque a literatura, dentre todos os domínios culturais, talvez seja o mais acessível hoje em dia. Não é fácil descrever como os físicos teóricos trabalham de uma forma compreensível a leigos (em cujas fileiras me incluo), mas todos nós lemos histórias e, até certo ponto, todos escrevemos, então o ofício dos escritores profissionais não é de todo obscuro. Mesmo dentro do domínio bastante homogêneo da literatura, no entanto, existem grandes diferenças. Não apenas a diferença óbvia entre poetas e romancistas, mas a existência, dentro de cada um desses subdomínios, de inúmeras variações em termos de qual parte, da longa tradição da poesia, por exemplo, o escritor toma como base: se o escritor trabalha no modo tradicional ou experimental, que gênero ele ou ela prefere e assim por diante. Apesar do fato de, em última análise, cada escritor ser único, os cinco esboços a seguir oferecem um lampejo daquilo que está envolvido na criação literária. Mas, antes de entrarmos nos *cases*, pode ser útil nos fazermos uma pergunta mais abrangente: por que temos tanto interesse em literatura?[1]

Os sistemas simbólicos organizados em torno do conteúdo e das regras da linguagem estão entre os mais antigos do mundo. As primeiras narrativas relatando eventos reais ou imaginários, os mitos e as histórias contadas ao redor da fogueira por nossos ancestrais, ampliaram drasticamente o alcance da experiência humana por meio da imaginação. A rima e a métrica da poesia criavam padrões que devem ter parecido um milagre para pessoas que até então mal haviam aprendido a dominar a precária ordem da natureza. Quando a invenção da escrita possibilitou a preservação da memória em um ponto externo ao nosso frágil cérebro, o domínio da palavra se tornou uma das ferramentas mais eficazes e uma das maiores fontes de orgulho para a humanidade. Talvez apenas as artes plásticas, a dança e a música sejam mais antigas. Os primórdios da tecnologia e da aritmética provavelmente foram contemporâneos à escrita.

O que torna as palavras tão poderosas é que elas enriquecem a vida ao expandir o alcance da experiência individual. Sem histórias ou livros, estaríamos limitados a saber apenas o que aconteceu conosco ou com aqueles que conhecemos. Com os livros, podemos nos juntar a Heródoto durante suas viagens ao Egito, estar com Lewis e Clark em sua jornada épica ao Pacífico ou imaginar como seria viajar para além de nossa galáxia daqui a algumas centenas de anos.

Mas, mais importante que isso, a palavra escrita nos permite entender melhor o que acontece dentro de nós mesmos. Ao registrar eventos reais ou imaginários, o escritor detém o fluxo evanescente da experiência, dando nome à natureza dessa experiência e tornando-a duradoura por meio da linguagem. Então, ao ler e repetir um verso ou um trecho de prosa, podemos saborear as imagens e seus significados e, assim, entender melhor como nos *sentimos* e o que *pensamos*. Pensamentos e sentimentos frágeis são transformados por meio das palavras em pensamentos e emoções concretos. Nesse sentido, a poesia e a literatura permitem que sejam criadas experiências às quais não teríamos acesso — elas aumentam o grau de complexidade da nossa vida.

A poesia e a literatura não provocam esse efeito simplesmente apresentando informações. A eficácia delas repousa em propriedades formais — na musicalidade do verso, na vivacidade das imagens. Quando perguntados sobre a importância relativa da intuição e do raciocínio em seu trabalho, os cientistas tendem a dizer algo como: "É mais eficaz quando a intuição e o raciocínio estão presentes". Uma escritora, Madeleine L'Engle, respondeu a esse questionamento da seguinte forma: "A intuição e o raciocínio precisam estar trabalhando juntos, [...] como que fazendo amor. É assim que funciona melhor". As duas respostas têm o mesmo conteúdo, mas qual delas é mais eficaz? É mais provável que a imagem do intelecto e da intuição fazendo amor capte nossa atenção e nos leve a refletir sobre o que está envolvido no processo dialético do pensamento. É também uma descrição mais precisa, pois chama a atenção para o fato de que o envolvimento é *entre* o raciocínio e a intuição; não é apenas uma conexão funcional apática, mas uma que realmente se assemelha a uma relação de amor. Portanto, a escolha das palavras e a construção das imagens e das histórias são tão importantes para o escritor quanto o conteúdo da mensagem.

Diz-se que todas as histórias já foram contadas, que não existe mais nada a ser dito. Na melhor das hipóteses, o trabalho de um escritor é despejar vinho novo em garrafas velhas, recontar de uma nova forma as mesmas dificuldades emocionais que os humanos sentem desde o começo dos tempos. No entanto, muitos autores consideram isso um desafio que vale a pena encarar. Eles enxergam a si mesmos como jardineiros cuja tarefa é cultivar ideias perenes geração após geração. As mesmas flores vão desabrochar a cada primavera, mas, se o jardineiro se descuidar, as ervas daninhas tomarão conta de tudo.

Os escritores cujas obras são descritas neste capítulo compartilham de um amor óbvio por seu ofício. Eles têm um respeito quase religioso pelo domínio e acreditam, como diz o Evangelho de São João, que "no princípio era o Verbo". Ao mesmo tempo, sabem que o poder das palavras depende de como são usadas, de modo que gostam de brincar com elas, ampliando seus significados, mesclando-as em novas combinações e polindo-as até que brilhem. Da mesma forma como são brincalhões com as palavras, todos são também extremamente autênticos. Todos estão envolvidos na criação de mundos imaginários que são tão essenciais a eles quanto o mundo físico que habitam. Sem os refúgios simbólicos que criam, o mundo "real" não seria tão interessante. Todos têm a sensação de que é a escrita que lhes confere identidade; que, se não pudessem escrever, a vida perderia muito de seu sentido. Ao mesmo tempo, os objetivos e as abordagens dos cinco escritores são bem diferentes. Alguns acreditam que têm uma mensagem central que desejam transmitir, outros tendem a reagir mais às experiências; alguns enfatizam a tradição, outros, a espontaneidade.

SER TESTEMUNHA

Mark Strand estava morando em Salt Lake City na época de nossa entrevista e lecionava na Universidade de Utah. Suas raízes, no entanto, estavam na costa Leste, e pouco tempo depois ele voltou a morar lá com a família. Strand recebeu muitas honras por sua poesia, tendo inclusive sido nomeado poeta laureado dos Estados Unidos. Mas, como a maioria das pessoas criativas, ele não se levava muito a sério. Quando questionado sobre qual era o desafio mais importante que estava enfrentando nessa fase da vida, ele respondeu: "Em alguns momentos, é treinar o cachorro para não fazer cocô dentro de casa. Noutros, é tentar concluir algum trabalho".

Strand não tinha uma teoria pretensiosa da *ars poetica*. Mas isso não significava que ele menosprezasse sua vocação. Na verdade, sua visão da poesia era tão séria quanto qualquer outra. Sua escrita crescia a partir da constatação da mortalidade: nascimento, amor e morte são as hastes nas quais seu verso é enxertado. Para dizer algo novo sobre esses temas eternos, ele precisava observar muito, ler muito, pensar muito. Strand acreditava que sua maior habilidade era simplesmente prestar atenção às texturas e aos ritmos da vida, sendo receptivo ao fluxo multifacetado da experiência, em constante mudança, mas incessante. O segredo para dizer algo novo é ser paciente. Se alguém reage rápido demais, é provável que a reação seja superficial, um clichê. "Mantenha olhos e ouvidos abertos", dizia ele, "e a boca fechada. Pelo máximo de tempo possível." No entanto, a vida é curta, então a paciência é uma fonte de sofrimento para o poeta.

Poesia tem a ver com desaceleração, eu acho. Tem a ver com ler a mesma coisa de novo e de novo e saboreá-la de fato, viver dentro do poema. Não há pressa nenhuma para descobrir o que acontece em um poema. Trata-se verdadeiramente de sentir uma sílaba se esfregando na outra, uma palavra dando lugar a outra, e perceber a legitimidade dessa relação entre uma palavra e a seguinte, a seguinte, a seguinte.

Strand afirmou que muitas vezes começava a escrever sem nada específico em mente. O que o fazia começar era o simples desejo de escrever. Escrever, para ele — assim como para o resto dos indivíduos de que tratamos neste capítulo — era uma necessidade, como nadar para um peixe ou voar para um pássaro. O tema do poema emerge durante a escrita. À medida que uma palavra sugere outra, uma imagem evoca outra à existência. Este é o processo de descoberta de problemas típico do trabalho criativo nas artes, bem como nas ciências.[2]

Eu rabisco algumas palavras e isso é um começo. Pode acontecer quando estou lendo uma outra coisa, quer dizer, é sempre diferente, não existe apenas um jeito. Uma das coisas incríveis em relação ao que faço é que você não sabe quando vai ter uma ideia, não sabe de onde ela vem. Acho que isso tem a ver com a linguagem. Escritores são pessoas que têm maior receptividade à linguagem, e acho que eles enxergam algo em uma frase, ou mesmo em uma palavra, que lhes permite mudar ou melhorar o que existia antes.

Não faço ideia de onde vêm as coisas. É um grande mistério para mim, mas muitas coisas são assim. Não sei por que eu sou eu, não sei por que faço as coisas que faço. Não sei nem mesmo se a minha escrita é uma tentativa de descobrir isso. Acho que é inevitável aprender mais sobre si mesmo quanto mais se escreve, mas esse não é o propósito da escrita. Não escrevo para saber mais sobre mim. Escrevo porque me diverte.

A diversão parecia, no entanto, um grande eufemismo para a forma como Strand experimentava a escrita. Por um lado, ela era para ele um processo interminável, quase obsessivo nas demandas que fazia ao poeta. Ou, como ele disse: "Estou sempre pensando no fundo da minha mente. Tem sempre alguma coisa acontecendo lá atrás. Estou sempre trabalhando, mesmo que seja meio inconsciente, mesmo que eu esteja conversando com as pessoas e fazendo outras coisas, em algum lugar no fundo da minha cabeça estou escrevendo, refletindo. E outra parte da minha cabeça está revisando o que eu fiz". Na verdade, um dos maiores problemas que Strand tentava evitar era uma espécie de colapso mental que ocorria quando ele se envolvia a fundo demais na produção de um poema. Nesses momentos, para evitar queimar um fusível, ele desenvolveu uma variedade de rituais para se distrair: jogar algumas partidas de paciência, levar o cachorro para passear, resolver tarefas banais, ir à cozinha fazer um lanche. Dirigir era, para ele, um descanso particularmente útil, porque o forçava a se concentrar na estrada e, assim, aliviava sua mente do fardo de pensar. Depois, revigorado pela pausa, ele podia voltar ao trabalho com a cabeça mais clara.

Depois, existe o risco oposto: ficar bloqueado. Strand também passou por isso. Depois de se mudar para Utah, ele não conseguiu escrever nada sério por meses. Um bloqueio criativo não é um mero inconveniente — para quem se define pela escrita, é como estar em coma. Assim, escrever pode ser divertido quando tudo vai bem; mas, entre o banquete e a fome, o frágil fluxo está em constante ameaça. Além disso, alcançar uma afluência mesmo moderada escrevendo versos é quase impossível, ainda que nas melhores circunstâncias. Mas Strand não reclamava das dificuldades. Ele se sentia privilegiado por fazer o que ama e não tinha paciência com artistas que reclamam e resmungam sobre o quanto a vida é difícil. O lamento da vítima estava ausente do repertório dele — como ocorria com praticamente todos os indivíduos que entrevistamos.

No capítulo 5, citei a descrição de Strand da imersão total no fluxo da escrita. Mas esse estado não pode ser mantido por um longo período: "Eu nunca consigo me manter nesse estado de espírito por um dia inteiro. Ele vem e vai. Se estou trabalhando bem, está lá. Entro em transe, quer dizer, fico completamente desconectado de tudo ao meu redor. Quando estou em transe, estou criando um espaço para mim, algum espaço psíquico [a partir] do qual posso trabalhar".[3]

O modus operandi de Strand parecia consistir em uma alternância constante entre uma avaliação crítica altamente concentrada e uma abertura à experiência relaxada, receptiva e não julgadora. Sua atenção se comprimia e se expandia, seu foco se aguçava e se suavizava, como a sístole e a diástole do coração. É dessa mudança dinâmica de perspectiva que surge um bom trabalho novo. Sem a abertura, o poeta pode deixar passar uma experiência significativa. Mas, uma vez que a experiência foi registrada em sua consciência, ele precisa da abordagem crítica e focada para transformá-la em uma imagem verbal vívida, que comunique sua essência ao leitor.

Obcecado como era por sua arte, Strand assumia que não seria capaz de trabalhar de forma tão concentrada por mais tempo do que fazia então, mais do que algumas horas por dia. Além disso, o empreendimento da escrita só fazia sentido no contexto de uma realidade mais ampla e mundana. Alguns artistas ficam tão envolvidos em suas criações que perdem o apetite pela experiência bruta, mas Strand dava boas-vindas à vida comum — distrair-se no quintal, fazer refeições com a família, caminhar, dar palestras e até mesmo fazer compras. Essas atividades, disse à época,

> me afastam de mim. A poesia realoca você em si mesmo. [Ao fazer coisas banais] você foca outro lugar. Você não fica focado em algo que está fazendo, algo inteiramente criado por você. E você participa dessas aventuras com outras pessoas, o que é divertido. É divertido fazer coisas com a minha esposa, com meu filho e meus colegas; é divertido fazer uma visita às pessoas.

Mark Strand parecia então confortável com seu lugar no mundo — com sua família, seu trabalho e seu cachorro. Ele sabia que era bom no que fazia, ou seja, expressar em uma linguagem cativante e precisa o que descobriu ao ser testemunha da vida. Quando era criança, não havia sinais especiais que apontassem para sua futura vocação. Seus pais batalharam para conquistar um status confortável de classe média e estimularam seu filho a ser articulado, bem informado e lido. Mas, para Strand, tornar-se poeta definitivamente não fazia parte dos planos. Eles temiam, com razão, que tal carreira nunca levasse à autossuficiência financeira. Na verdade, aos 45 anos, quando a cabeça de algumas pessoas se volta para as possibilidades de aposentadoria, Strand não tinha nem mesmo um emprego fixo.

> Eu não queria um. Percebi que todo mundo estava vivendo melhor do que eu. Eu tinha escolhido deliberadamente não seguir a carreira acadêmica, não me estabelecer em uma universidade, porque achava que ficaria adormecido. Eu precisava de certo desafio existencial para manter minha mente alerta, viva e receptiva, pelo menos o suficiente para poder escrever poesia. Mas viver em Nova York e ficar correndo atrás de dinheiro, aceitar esse e aquele emprego, viajar, dar muitas palestras, esse tipo de coisa, era destrutivo. Isso destruiu minha concentração, então tivemos que ir embora.

Foi então que a família se mudou para Utah, onde, depois de outro período assustador de seca poética, os versos de Strand voltaram a fluir. Observando e ouvindo pacientemente os eventos que se desenrolavam ao seu redor, alternando entre um envolvimento apaixonado e certo desdém, ele encontrou o padrão que melhor se adapta às predileções de sua consciência: ser um cronista da vida, despretensioso, mas aguçado.

O SANTUÁRIO DAS PALAVRAS

De todos os escritores que entrevistamos, Hilde Domin via a literatura mais claramente como uma realidade alternativa, um refúgio dos aspectos brutais da vida. Tendo passado dos setenta, ela alcançou uma posição de liderança nas letras germânicas. Seus poemas são amplamente lidos e constam nos livros didáticos do ensino médio. Ela recebeu sua cota de prêmios de prestígio e era convidada para participar de vários júris literários. Mas sua vida foi marcada por dificuldades e tragédias, e não se sabe se ela teria sobrevivido por tanto tempo se não tivesse conseguido impor a métrica ordenada do verso ao caos de suas experiências.

Domin começou estudando direito na Universidade de Heidelberg e fez matérias com o filósofo Karl Jaspers e o sociólogo Karl Mannheim. Na universidade, ela se apaixonou por um dos professores, um famoso classicista. Como Hitler estava rapidamente ganhando poder na Alemanha e Domin era judia, os dois partiram rumo a um exílio que duraria quase três décadas. Primeiro foram para Roma, onde o marido de Domin tinha muitos conhecidos. Mas os judeus também estavam expostos na Itália fascista, então eles foram para a Espanha, depois para a República Dominicana e, por breves períodos, visitaram os Estados Unidos. Graças às conexões e à fama de seu marido, as dificuldades materiais com que se depararam não foram tão grandes quanto para a maioria dos refugiados. Mas a dor espiritual já era um fardo suficiente: ter que depender da caridade dos anfitriões, estar constantemente à margem da sociedade, ter que aprender novas línguas e novas habilidades — sempre se preocupando com o destino da família e dos amigos deixados para trás — instaurou um quadro crônico de deslocamento psicológico.

Após a Segunda Guerra Mundial, Domin e o marido voltaram para a Alemanha, e, por fim, ele recuperou sua cátedra universitária, dessa vez em arte hispânica, um campo de estudo em que havia sido pioneiro durante o exílio no

Caribe. Domin, que até então ajudava o marido como uma espécie de secretária, tradutora e editora, começou a escrever poemas em 1951. É assim que ela descreveu o início de sua carreira: "Uma noite, comecei a escrever um poema. Eu não fazia ideia do que escrevia, mas comecei. Veio até mim. Foi como se apaixonar. Ou como ser atropelada por um carro. Aconteceu. Eu tinha a linguagem e precisava escrever, então escrevi". O gatilho foi ter se sentido "aniquilada" pela morte da mãe. Durante toda a vida de casada, ela tinha sido protegida pelo marido; mas, nessa crise em específico, ela se sentiu sozinha e desamparada. "E é por isso que, de repente... *eu voei em direção à linguagem.*"

Esse voo para um mundo de símbolos salva o escritor da realidade insuportável em que a experiência é bruta e não mediada. Quando a experiência dolorosa é colocada em palavras, o poeta alivia parte de seu fardo:

[A emoção] se completa, eu acho. Você sabe o que estava dentro de você, e pode olhar para isso agora. E é uma espécie de catalisador. Não é? É, acho que é, sim. Você é libertado daquela emoção por um tempo. E o próximo leitor tomará o lugar do autor, não é? Se ele se identificar com a escrita, ele se tornará, por sua vez, o autor. E então ele também é libertado, como o autor foi libertado. A emoção pode não ser exatamente a mesma, mas está de alguma forma, eu diria, em ressonância harmônica.

A habilidade de Domin com as palavras não foi algo que se manifestou desde cedo nem subitamente. Ela se interessou por línguas quando aprendeu grego e latim, e em seguida italiano, francês, inglês e espanhol. Ao aprender vários idiomas, ficou fascinada pelo fato de uma mesma palavra poder ter certo conjunto de conotações em uma língua e uma rede de significados muito diferente em outra. Ou que uma língua pudesse expressar determinados sentimentos ou eventos com mais precisão do que outra. Ela lia muito e passou a apreciar especialmente os sonetos de Shakespeare e as obras de Goethe. Aprendeu enquanto ajudava o marido a traduzir alguns dos poetas espanhóis clássicos. Mas, acima de tudo, ela se sentia atraída pelo alemão, sua língua nativa. Por não conseguir viver onde essa língua não fosse falada, voltou para a terra onde seus parentes haviam sido mortos. "É normal encontrar refúgio na linguagem", disse ela. "Como na música, se você é músico, ou, se você é pintor, nas cores."

Batalhas com o campo[4]

Levou seis anos para que um poema seu fosse publicado. Foram anos difíceis, até porque seu marido, que havia sido seu mentor e protetor, se revoltou com a ideia de que Domin pudesse ter sua própria voz e uma carreira literária independente. A princípio, ele deu apoio aos esforços dela, depois ficou ressentido e levou muitos anos para finalmente aceitar o fato de que a fama dela talvez superasse a dele. Mas, desde o primeiro poema, ele reconheceu a contragosto que os versos dela eram verdadeira poesia, o que reforçou a determinação de Domin. Um obstáculo mais ameaçador era a política do campo, que quase conseguiu desencorajá-la. O que a manteve firme, acreditava ela, foi o fato de ter permanecido alheia a grande parte das lutas internas que ocorriam ao seu redor:

Eu era muito ingênua. Não sei como, mas eu era. Não acreditava em intrigas literárias nem nenhuma coisa assim, sabe, em uma máfia literária. Quer dizer, para mim trabalho era trabalho e assim sempre foi. Sabe, era difícil ser mulher, também, na época. Ser bonita. Ser bonita é uma desvantagem, claro. Ou se você não quer ser delicada do jeito como as pessoas querem que você seja delicada. Mas os poemas fazem seu próprio caminho, e os meus também fizeram seu caminho, mesmo sem o apoio das pessoas que então compunham a "máfia".

Como muitos escritores e pintores, Domin se dividia entre as defesas de duas imagens opostas do artista: uma versão idealizada, na qual o gênio triunfa não importa quais obstáculos apareçam pelo caminho, e uma baseada na experiência. Ela admitia o fato de que críticos ciumentos e antagônicos têm meios de calar a voz do artista:

Mallarmé diz que um poema é como um foguete — ele viaja por conta própria. E isso pode ser verdade. Mas é claro que ele pode ser derrubado. Por ciúmes. Acho que essa é a palavra certa. Sim, claro que é. Mas não se pode falar sobre isso de jeito nenhum e já faz bastante tempo, sabe? É uma vantagem não ser mais tão jovem. Ninguém quer dormir com você.

Domin era sensível à particular vulnerabilidade das mulheres nas artes. Nenhuma cientista de nossa amostra insinuou que favores sexuais estariam inclusos no preço do seu avanço, mas essa suspeita não ficou totalmente ausente dos relatos das artistas. É em parte por essa razão que a ingenuidade é de grande ajuda para o sucesso nas artes a longo prazo. Em vez de perder tempo se envolvendo com tramas e reviravoltas, ela permite dedicar cada gota de energia à pintura ou à escrita. Claro, isso funciona apenas enquanto o inocente também tiver sorte — visto que é igualmente possível ser exterminado pelo campo sem que jamais se saiba o que aconteceu nem por quê.

Mesmo no fim da vida, Domin se sentia uma estranha no campo da literatura, apesar de sua fama. Quando tinha que avaliar manuscritos para prêmios literários, ela se concentrava nos méritos da escrita, não na personalidade ou na orientação política do autor. É assim que as coisas deveriam ser, claro, mas Domin afirmou, na entrevista, crer raramente ser o caso. "Sabe, sou uma pessoa terrível quando estou em um júri, porque tenho a sensação de que não estou olhando para a pessoa, mas para o poema. E algumas pessoas não fazem isso. Portanto, em pouco tempo serei excluída dos júris." Enquanto se mantinha à margem das lutas pelo poder, entretanto, ela estava profundamente envolvida em ajudar jovens escritores a melhorar seu ofício. Toda semana recebia dezenas de manuscritos de aspirantes a poetas pedindo conselhos. Os poemas que julgava sem salvação ela devolvia, com um bilhete agradecendo ao escritor pela confiança. Se ela via algo de promissor nos versos, passava algumas horas sugerindo melhorias — principalmente para simplificar, cortar o que é redundante, inconsistente ou desnecessário. Seus próprios poemas parecem haicais japoneses, enxutos até o osso.

Contar como é de fato

Domin estava ciente de que sua poesia atuava como um catalisador de emoções profundas e, geralmente, dolorosas — como a depressão provocada pela morte de sua mãe. Encontrar palavras para o que é doloroso dá início ao processo de cura — por meio da forma e do estilo, o poeta recupera o controle sobre os eventos trágicos. Mas, para que isso dê resultado, é necessário ser absolutamente genuíno, não ter papas na língua, olhando a realidade sempre nos olhos, sem piscar. A capacidade de fazer isso, acreditava Domin, era o que lhe permitia afirmar com maior convicção que era poeta. "Acho que sou honesta, é por isso que meus poemas chegam direto às pessoas, independentemente da idade ou da condição social. A honestidade é sempre tocante porque poucas pessoas são honestas, não é? Eu não meço palavras nessa hora."

Como muitos outros entrevistados, Domin creditava aos pais — no caso, à mãe — a formação de seu caráter.

É da minha natureza. Acho que tem a ver com meus pais. Tive uma infância maravilhosa, porque não precisava mentir. E, assim, fui educada a confiar nas pessoas. Se você aprende desde muito jovem, isso se consolida, mesmo que mais tarde você tenha experiências ruins. No geral, confiança meio que gera confiança, não é?

Eu não precisava mentir, não. E, portanto, acho que foi por isso que não aprendi a mentir. Aprendi a ficar calada, mas não a mentir. Era a minha mãe. Eu podia falar muitas coisas íntimas com ela, e se as outras crianças não quisessem contar para onde estávamos indo, eu dizia à minha mãe: "Vamos ali e acolá, mas não conta para as mães dos outros se elas ligarem", e minha mãe sempre colaborou. Acho que, para as crianças, o mais importante é que elas possam ser transparentes em casa e não ter nada a temer, que possam simplesmente ser diretas.

A honestidade era importante para a poeta por pelo menos duas razões. A primeira era que, se ela deixasse que a ideologia ou o otimismo desmedido afetassem a forma como relatava suas experiências, a verdade contida no poema seria corrompida. A segunda é que um poeta precisa ser honesto consigo mesmo, sempre avaliando o que escreve e não deixando que a ilusão o impeça de aprimorar a obra em evolução. "Em toda expressão artística, você tem que ser seu próprio crítico", disse Domin. "Se você quer atingir um padrão realmente bom, tem que ser tanto aquele que escreve quanto aquele que corrige ao mesmo tempo. É paradoxal, mas você tem que ser paradoxal, caso contrário não há como viver neste mundo." O indivíduo criativo deve rejeitar a sabedoria do campo, mas precisa também incorporar os padrões dele em uma autocrítica ferrenha. E, para isso, é preciso aprender a alcançar a tensão dialética entre envolvimento e desapego que é tão característica do processo criativo:

É preciso sempre manter a distância de si mesmo. Não acha? É a mudança entre estar bem perto e estar bem longe. Você precisa estar sempre por dentro e sempre vendo de fora. Quando está produzindo, você está dentro. Mas é preciso sempre manter também uma distância. E, evidentemente, quanto maior a sua habilidade, a sua competência, mais você consegue ao mesmo tempo estar dentro e também manter a distância, e saber o que está fazendo. Como, por exemplo, quando você corta uma palavra. No começo, você corta depois de escrever. Depois, quando é mais habilidoso, você elimina enquanto está escrevendo. Um processo esquizoide, esse da escrita. Você é a pessoa sentimental que de alguma forma provê as palavras, sendo ao mesmo tempo a pessoa racional que meio que sabe quais palavras quer.

Mas ser inabalavelmente honesto pode ser perigoso quando a realidade se torna caótica demais e a arte não tem mais como trazer ordem a ela. Vários amigos íntimos de Domin, escritores judeus que sobreviveram ao Holocausto, haviam tirado recentemente a própria vida ou enlouqueceram, desesperados com a retomada do racismo e do fascismo na Europa. Ela compartilhava do sofrimento deles, mas não estava pronta para jogar a toalha. Esperava que a poesia ajudasse os jovens a encontrar o caminho para um mundo melhor.

Quando você escreve poesia honestamente, e quando a lê honestamente, você se torna um indivíduo e monta uma defesa contra a programação. Se você lê poesia para os jovens, o que faço com bastante frequência — vou a escolas, já fui até a penitenciárias —, tenho a sensação de que você pode despertar na mente das pessoas o desejo de nunca ser um oportunista, nunca ser um seguidor irracional. Olhar sempre para o que está acontecendo e não fazer vista grossa. Isso é o melhor que alguém pode fazer. Você não tem como mudar o mundo, mas pode mudar uma única pessoa, acho. Uma única pessoa que decida não se juntar à multidão…

Você não tem que ver se está dentro ou fora. Você deve olhar para o seu próprio coração. Confúcio diz que você deve ouvir a voz silenciosa do seu próprio coração. É isso que a poesia pode fazer.

LIBERTADO PELO ESTILO

Anthony Hecht foi um poeta lírico cujos versos foram publicados em várias coletâneas, na *The New Yorker* e em outras revistas importantes. Foi premiado com bolsas de todas as principais fundações e ganhou inúmeros prêmios por seu trabalho, incluindo o Pulitzer em 1968. Os poemas de Hecht são cristalinos, elegantes ao ponto do refinamento, construídos com uma atenção rigorosa à forma. Um concerto de Vivaldi fornece uma boa analogia musical para sua escrita. Ele costumava usar o soneto, ou mesmo *canzoni* primitivas, do tipo usado na Idade Média há mais de seiscentos anos. As regras dessas formas são tão rígidas que até Dante reclamou que escrever de acordo com elas era como amarrar correntes em si mesmo e disse que nunca mais escreveria naquele estilo. No entanto, paradoxalmente, é por meio de uma disciplina tão severa que a poesia pode libertar o escritor — e o leitor — do ataque desordenado da experiência bruta.

Não é coincidência que os principais interesses de Hecht na infância tenham sido primeiro a música, depois a geometria. Ambos os domínios estão entre os sistemas simbólicos mais altamente ordenados, e quem investe atenção neles precisa seguir padrões ordenados de pensamento e emoção. Fora isso, os primeiros anos de Hecht foram bastante caóticos; o negócio de seu pai faliu três vezes, e a família não apenas perdeu tudo, como acabou ficando cada vez mais profundamente endividada. A atmosfera emocional também não era muito mais serena: ele se lembra de sofrer de ansiedade e solidão extremas. Ele conta:

A música foi o primeiro desses [interesses], justamente porque era abstrata e, portanto, podia ser apartada de toda a confusão que me rodeava. Eu amava. Costumava ouvir música o tempo todo no rádio. Eu tinha uma pequena coleção de discos e tocava as coisas repetidamente até saber de cor. Por fim decorei poesias da mesma maneira. Eu sabia sinfonias inteiras de cabeça. Sabia quando cada instrumento entrava e saía e todas as suas notas. Ouvia com grande atenção e, mesmo sem saber ler partituras, eu tinha a sensação de conhecer muito bem essas peças. Como eu disse, o melhor da música é que ela não é referencial, então é completamente imune a qualquer coisa. Desde criança eu zombava das pessoas cuja associação com a música era sempre com algum tipo de evento sentimental. Sabe, "eles estão tocando a nossa música". Aquilo não significava nada para mim. Uma sonata de Beethoven não estava ligada a nenhum evento emocional, justamente porque eu não queria que estivesse. Eu queria que fosse música pura.

Tive um professor de geometria no ensino médio e me saí extremamente bem, recebi honras em geometria. E eu adorava. Mais uma vez porque, como a música, é algo abstrato. Acho que provavelmente a música e a matemática eram as duas coisas de que eu mais gostava quando criança.

É fascinante como a busca de domínios artísticos, como a música ou a poesia, e também de domínios científicos, como a geometria e a ciência, é motivada não tanto pelo desejo de alcançar algum objetivo externo — um poema ou uma comprovação —, mas sim pelo sentimento de liberdade das ameaças e tensões da vida cotidiana que experimentamos quando estamos completamente imersos no domínio. Paradoxalmente, são as regras abstratas que inventamos para limitar e focar nossa atenção o que nos proporciona a sensação de liberdade irrestrita.

Hecht experimentou uma libertação menos temporária e mais física quando foi para a faculdade e aproveitou a vida de estudante com todas as forças. Mas o dia a dia idílico no campus não durou muito: ele foi recrutado e, na Europa, viu metade de sua companhia de infantaria ser morta ou ferida. A brutalidade da guerra deixou uma marca profunda que teve de ser afastada por seu trabalho. Mais uma vez, a arte veio em seu socorro: depois da guerra, Hecht voltou para a faculdade, conheceu bons mentores e colegas, decidiu que a poesia, em vez da música, era seu ponto forte, e se lançou no que se tornaria uma carreira de muito sucesso. Um exemplo ilustra seu método de trabalho, bem como suas fontes de inspiração:

Há muito barulho e confusão. Tenho a sensação de que escrever um poema é um ato extremamente consciente. Não é o que é para algumas pessoas, como Ginsberg, e digo isso sem desrespeitá-lo, mas a forma dele de escrever poesia é totalmente diferente da minha. Ele está comentando a atividade de sua mente, e eu estou tentando elaborar uma estrutura formal. Uma vez que eu tenha o *donnée*, as coisas que tirei do inconsciente, meu trabalho pode juntar tudo.

Eu posso te dar um exemplo. Era um poema escrito sobre o nascimento do nosso filho, que nasceu em 1972, durante uma nevasca. Em 1972, a Guerra do Vietnã ainda não havia acabado. Não sei como isso surgiu — pode ter sido naquele estado entre a vigília e o sono —, mas percebi que uma das coisas em que eu estava pensando tinha a ver com a pura aleatoriedade das coisas que acontecem. Como havia uma aleatoriedade, por exemplo, em todo o processo de relação sexual e concepção, uma aleatoriedade no modo como a neve parecia naquela noite do nascimento dele, onde ela caía e quanto dela se acumulava. E havia uma aleatoriedade na morte dos soldados no campo de batalha. De alguma forma, eu sabia que tudo isso se encaixaria desde que eu encontrasse a forma correta de colocar em um poema.

No entanto, acho que, enquanto estou falando sobre conceitos, muitas vezes os poemas começam, para mim, com palavras. Então, muitas vezes, quando dou um pulo da cama no meio da noite, o que eu quero anotar é um conjunto de palavras em determinada ordem, que vai ser o núcleo de tudo o que está por vir. Penso muito mais em termos de palavras do que em termos de outras coisas — como conceitos, por exemplo.

Como todos os outros, Hecht se tornou um escritor por meio da leitura intensiva. Ele decorava poemas até que eles "se tornassem parte da minha corrente sanguínea". Depois, passou anos escrevendo na voz de vários poetas que admirava: John Donne, George Herbert, Thomas Hardy, T.S. Eliot, John Crowe Ransom, Wallace Stevens, W. H. Auden. Assimilar o estilo dos predecessores é necessário antes de desenvolver um estilo próprio.[5] Somente por meio do mergulho no domínio é possível descobrir se há espaço para dar uma contribuição criativa para ele e se somos capazes de fazê-lo.

Poesia é o que quer que a poesia seja, com quaisquer novas invenções que um novo poeta queira acrescentar a ela. Mas ele não tem como acrescentar nada sem saber o que ela já foi. Quer dizer, o único modo de uma pessoa decidir se tornar um poeta é ler poesia. Assim, em algum sentido imediato, a poesia depende de toda a tradição poética do passado. Uma vez que você aceita essa ideia, você tem que decidir: bem, em meio a toda essa enorme confusão de poesias anteriores, o que é mais interessante para mim? Porque há um monte de coisas que ninguém gosta de verdade ou com as quais ninguém se importa, assim como existe um monte de poesia de baixa qualidade sendo escrita o tempo todo. Leva muito tempo para adquirir o tipo de sensibilidade capaz de fazer discriminações inteligentes e sólidas, o que é bom e o que não é, o que já foi feito e o que precisa, portanto, ser feito agora, o que é diferente de todas as coisas do passado. Tudo isso leva tempo.

Por mais poderosa que seja a poesia, ela não resolve todos os problemas. Ter o domínio de um estilo simbólico — seja ele a poesia ou a física — não garante que a pessoa trará ordem também aos eventos que estão fora das regras do domínio. Poetas e físicos podem se deleitar com a bela ordem de seu ofício enquanto estiverem trabalhando nele, mas são tão vulneráveis quanto o resto de nós quando voltam à vida cotidiana e têm que enfrentar problemas familiares, pressões de tempo, doenças e pobreza. É por isso que se torna tão tentador investir cada vez mais energia no trabalho e esquecer a vida cotidiana — em outras palavras, tornar-se um workaholic. Desenvolver suas habilidades poéticas também não resolveu todos os problemas de Hecht. Seu primeiro casamento terminou depois de sete anos e, durante a década seguinte, ele teve a sensação de estar se debatendo e jogando seu tempo fora, o que o deixava infeliz. Ele creditava ao segundo casamento, em 1971, seu retorno ao equilíbrio e uma sensação de "tudo parecer valer a pena". Um relacionamento gratificante e uma profissão criativa — o que mais alguém poderia querer? Principalmente quando o trabalho consiste em contribuir com ordem e beleza para a herança cultural.

UMA RESPONSABILIDADE FELIZ

Madeleine L'Engle é mais conhecida por suas histórias infantis (que são igualmente interessantes para os adultos), mas ela escreveu livros de todos os tipos, cerca de um por ano nas últimas décadas. Ela se casou aos 27, e seu marido, ator, foi seu "melhor editor" pelos quarenta anos seguintes. Os três filhos serviram de inspiração para sua obra, que só fez sucesso quando ela mesma completou quarenta anos, com a publicação de *Uma dobra no tempo*, vencedor do prestigioso prêmio Newbery e o primeiro volume do que se tornaria uma trilogia clássica.

L'Engle começou a escrever histórias quando tinha apenas cinco anos e, embora também quisesse ser atriz e pianista, sempre soube que escrever era sua verdadeira vocação. Após a faculdade, ela trabalhou no teatro e começou a publicar suas histórias. Ela tocou piano até tarde na vida e, de forma semelhante à estratégia de Mark Strand de dirigir um carro ou resolver pendências quando o foco em seu trabalho o absorvia em excesso, ela usou a música para ajudar a esvaziar a cabeça e voltar a ter contato com experiências que estivessem além da esfera do racional:

Tocar piano é, para mim, uma forma de desempacar. Se estou empacada na vida ou no que estou escrevendo, eu sento e toco piano, se puder. O que ele faz é quebrar a barreira que existe entre a mente consciente e a subconsciente. A mente consciente quer assumir o comando e se recusa a deixar a mente subconsciente, a intuição, trabalhar. Então, se posso tocar piano, isso quebra o bloqueio, e a minha intuição fica livre para trazer as coisas à minha mente, ao meu intelecto. Portanto, não é apenas um hobby. É uma alegria.

Seus primeiros anos de escola foram uma experiência deprimente, como ela contou: "Tive péssimos professores no ensino fundamental, que decidiram que, como eu não era boa em esportes, não era muito inteligente. Então eu não servia para eles. Não aprendi nada na escola até chegar ao ensino médio. O que eu aprendi, aprendi em casa. Não aprendi absolutamente nada na escola. Depois, eu tive alguns bons professores no ensino médio e alguns professores realmente excelentes na faculdade". Indiretamente, porém, a experiência escolar negativa e uma limitação física — um joelho ruim — acabaram não sendo uma perda total. Deixada de lado por colegas e professores, Madeleine passou grande parte de sua infância lendo e pensando sozinha. Ela acreditava que não teria sido capaz de escrever seus livros se tivesse sido feliz e bem-sucedida com os colegas. Assim como a maioria dos indivíduos em nossa amostra, ela expressou sua criatividade, acima de tudo, por ter sido capaz de transformar uma desvantagem em uma vantagem. Mais tarde, no ensino médio, e depois no Smith College, encontrou professores que a incentivaram. Foi em uma oficina de escrita na universidade que sua carreira literária se confirmou.

O ambiente familiar, por outro lado, parece ter sido favorável desde o princípio. Seu pai era jornalista, correspondente estrangeiro. Ele e sua mãe se casaram tarde, e ela era filha única de dois pais muito ocupados que nem se intrometiam em sua vida nem a atrasavam. Eles não criticavam suas realizações nem a aprovavam em excesso — e L'Engle acreditava que incentivo demais pode ser quase tão prejudicial quanto o desencorajamento.[6] Era uma atmosfera onde a expressão artística era considerada parte normal da vida. Então, quando ela tinha dezessete anos, seu pai morreu e, naquele momento crucial, o altruísmo de sua mãe fez uma grande diferença:

A melhor coisa que minha mãe fez, e que, na minha opinião, foi memorável, foi quando meu pai morreu. Minha mãe era do Sul, e sua família sulista esperava que, é claro, eu voltasse para casa e cuidasse da minha pobre mãe viúva. E ela fez tudo o que pôde para me libertar, para eu entrar para a faculdade e, depois da faculdade, para voltar a Nova York e fazer minhas próprias coisas. Ela não me reprimiu de forma nenhuma. Ela não esperava que eu largasse meu próprio trabalho por ela. Então, eu pude ir para Nova York depois da faculdade sem nenhum sentimento de culpa e começar a fazer as minhas próprias coisas. Ganhar a vida de qualquer forma que eu conseguisse e terminar meu primeiro livro, do qual metade eu havia escrito durante a faculdade.

A situação que L'Engle descreveu é familiar para muitas mulheres criativas, mas praticamente desconhecida para os homens. As mulheres se sentem responsáveis pelos pais e pela família estendida de uma forma que os homens não se sentem. É claro que os homens em nossa amostra têm um grande senso de responsabilidade para com suas esposas e filhos — e a extensão da culpa que experimentam quando se sentem incapazes de cumprir suas obrigações pode ser esmagadora. Mas esse senso de responsabilidade costuma ficar limitado ao papel de marido e pai, enquanto o das mulheres geralmente abrange uma rede maior de familiares.

A sobrevivência do espírito humano

Os temas centrais da escrita de L'Engle giravam em torno da necessidade de esperança. Sua ficção, inclusive aquela destinada a crianças, normalmente tratava de cenários apocalípticos que chegam a um final feliz porque os personagens principais nunca perdem a esperança mesmo no momento mais sombrio, e diante da adversidade aprendem a agir com misericórdia e compaixão. Como nas histórias de C. S. Lewis ou J. R. R. Tolkien, que compartilham com L'Engle a suposição de que poderosas forças do mal estão sempre ameaçando reduzir o mundo ao caos, a inocência vence porque se recusa a tomar o caminho mais fácil, porque não usa a violência mesmo quando parece conveniente fazê-lo. Ela tinha a sensação de que, à época da entrevista, era especialmente importante lembrar aos leitores dessa realidade nefasta, visto que a mídia não consegue apresentar uma imagem significativa de como as coisas funcionam:

Os comerciais de televisão oferecem uma visão deturpada do que a vida deve ser. E muita gente compra essa visão. A vida não é fácil e confortável, sem que nada dê errado desde que você compre o produto certo. Não é verdade que, se você tiver o seguro certo, tudo vai ficar bem. Não é assim que funciona. Coisas terríveis acontecem, e é com essas coisas que aprendemos. As pessoas são incrivelmente complexas. Li um livro no inverno passado chamado *Owning Your Own Shadow*, de Robert A. Johnson. Uma de suas teorias é que, quanto mais brilhante for a luz, mais escura será a sombra. O que muitas vezes é verdade.[7]

Em seu próprio trabalho, L'Engle dizia que o prazer de escrever vem em primeiro lugar, seguido por um senso de responsabilidade pelo que escreve. Por saber que seus livros influenciavam muitos leitores, ela se preocupava em não passar uma mensagem destrutiva. Mesmo quando os personagens do livro sofriam e pareciam ter chegado ao fundo do poço, ela acreditava: "Você precisa tirá-los de lá, dar algum tipo de esperança. Não gosto de livros sem esperança. Livros que fazem você pensar: 'Ah, a vida não vale a pena'. Quero deixá-los pensando que, sim, esse esforço é difícil, mas vale a pena e, no fim das contas, é prazeroso".

Essa sensação de que, apesar da escuridão que circunda, há sempre um lado positivo não era apenas um dispositivo retórico para L'Engle, mas uma crença que permeava sua atitude em relação à vida real também.

Ah, eu sou um pouco menos idealista em relação ao mundo do que talvez fosse trinta anos atrás. Todo o século XX foi muito difícil, mas os últimos trinta anos foram terríveis em muitos, muitos aspectos. Quer dizer, se trinta anos atrás eu tivesse visto o jornal das seis, não teria acreditado. A guerra está por todo lado. Entretanto, há um presidente negro na África do Sul! Coisas maravilhosas aconteceram mesmo enquanto existem coisas terríveis. Não teríamos acreditado, trinta anos atrás, que a União Soviética seria dissolvida. É como o clima, é imprevisível. O incrível é que, apesar de tudo o que acontece, o espírito humano ainda consiga sobreviver, se manter forte.

Tudo no universo está conectado

Se a sobrevivência do espírito humano é um tema central na obra de L'Engle, outro é a inter-relação de ação e reação, de eventos nos níveis cósmico e microscópico. Uma espécie de teia cármica permeia sua narrativa, onde a violência dentro das células de um corpo pode repercutir em meio às estrelas. Seus livros são uma mistura de ficção científica e conto moral medieval. Ela se baseou na física de partículas e na mecânica quântica para escrever *Uma dobra no tempo*, na biologia celular em *Um vento à porta*, e *Um planeta em seu giro veloz* combina a magia cantante dos druidas com a teoria da relatividade. Como a maioria dos indivíduos criativos, sua contribuição foi reunir domínios que parecem não ter nada em comum.

Muitas ideias surgem de modo inconsciente. Você nem percebe de onde elas estão vindo. Tento ler as coisas mais variadas possíveis, e leio bastante nas áreas de física de partículas e mecânica quântica, porque para mim são muito emocionantes. Elas lidam com a natureza do ser e o sentido de tudo.

Uma das coisas que aprendemos, tendo chegado ao coração do átomo, é que nada acontece isoladamente, que tudo no universo está conectado. Os físicos usam a expressão "o efeito borboleta". Isso significa que, se uma borboleta voasse até aqui e se machucasse, o efeito desse acidente seria sentido em galáxias a milhares de anos-luz de distância. O universo está intimamente inter-relacionado. E outra coisa que eles descobriram é que nada pode ser estudado objetivamente, porque olhar para algo é mudá-lo e ser mudado por ele. Essas ideias são extremamente potentes. Estou lendo agora um livro sobre a necessidade de ver a luz. É como a árvore caindo na floresta — não faz barulho se não for ouvido, não é? Bem, o mesmo vale para a visão — a luz não existe a menos que seja vista.

L'Engle acreditava que contar histórias é uma forma importante de evitar que as pessoas se afastem umas das outras e impedir que o tecido da vida civilizada se desfaça. Ajudar a manter a harmonia no relacionamento entre as pessoas era, para ela, uma de suas tarefas centrais. Ela acreditava que sua vocação era refletir sobre o que aprendeu com a experiência e compartilhar o resultado com outras pessoas, principalmente as crianças.

Nos Estados Unidos, deixamos de dar valor à sabedoria das pessoas mais velhas. Já nas tribos supostamente primitivas, os mais velhos são reverenciados por deter a "história" da tribo. Acho que, enquanto país, corremos o risco de perder as nossas histórias. A obsolescência programada perpassa tudo: não atinge apenas geladeiras e automóveis, atinge também as pessoas. Tenho amigos maravilhosos de diferentes gerações e acho isso importante. Acho o isolamento no tempo terrível, e a segregação cronológica é um dos piores tipos de segregação.

O risco do fracasso

Como muitos outros indivíduos criativos, L'Engle atribuía seu sucesso, em grande parte, à capacidade de correr riscos. Ela era uma aventureira em sua vida pessoal, tentando agir de acordo com um senso interior do que era certo, mesmo quando isso ia contra as regras e as expectativas de seu meio social. Ela zombou da norma estabelecida, escrevendo em um estilo que editores e críticos achavam difícil demais para os jovens, mas infantil demais para os adultos — ainda que os conceitos científicos e as ideias filosóficas, na verdade, não fossem fáceis nem mesmo para os adultos. Por isso, levou dez anos para que suas inusitadas histórias fossem publicadas. O manuscrito de *Uma dobra no tempo* colecionou cartas de recusa por dois anos e meio antes que um editor se arriscasse. "Não teve uma única grande editora que não o tenha recusado. Todas recusaram." Mas ela nunca se sentiu tentada a comprometer sua perspectiva e pegar um caminho mais seguro.

Ela se recordou de um episódio relacionado a isso que aconteceu no início de sua carreira, quando foi convidada a dar uma palestra para um grupo de mulheres na costa Oeste. Ela preparou uma palestra bem-humorada, mas que habilmente evitava questões controversas. Quando mostrou o rascunho da palestra ao marido, ele disse: "'Bem, querida, está bastante engraçado. Mas não estão te pagando para ir tão longe só para você fazer elas rirem. Elas acham que você tem algo a dizer. Levante a cabeça e diga'. E assim eu fiz. Uma coisa que aprendi a fazer foi a levantar a cabeça. E acho isso ótimo".

Suas convicções estão bem resumidas nestas poucas linhas, que refletem a teimosia que a manteve em tão boa forma:

Os seres humanos são as únicas criaturas capazes de fracassar. Se uma formiga fracassa, ela está morta. Mas podemos aprender com nossos erros e com nossos fracassos. É assim que eu aprendo: caindo de cara no chão, ficando de pé e começando tudo de novo. Se eu não tiver liberdade para fracassar, jamais vou começar a escrever outro livro, jamais vou dar início a algo novo.

ACRESCENTANDO AO MUNDO

Richard Stern, romancista e professor de literatura, relembrou três etapas formativas de sua infância. Primeiro, quando foi exposto à narrativa oral, depois quando aprendeu a ler e, por fim, quando tentou escrever sozinho. Cada um desses passos ampliou incrivelmente os limites de seu universo. Seu primeiro contato com a ficção foi ao ouvir as histórias que seu pai contava quando era praticamente um bebê. Essa experiência ainda está bastante vívida em sua mente:

> Minha primeira lembrança, e acho que é uma lembrança, é de estar deitado no escuro. Juro que tenho a impressão, mas acho que deve ter sido fabricada, de ver as grades do meu berço. Sei que estou do lado direito do quarto. Do lado esquerdo, no canto oposto, está a minha irmã, quatro anos mais velha que eu. Em algum lugar no meio está o meu pai. Toda noite, ele vem e nos conta histórias. Ele era um contador de histórias maravilhoso. A voz dele e as histórias estão presentes para mim até hoje. Mais tarde, usei os nomes que ele inventava nas histórias.

Stern começou a ler cedo. Os contos de fadas, que foram seu primeiro deleite, tiveram tanto impacto sobre ele que sua mãe, com medo de que ele ficasse doente por excesso de empolgação, o proibiu de pegar mais livros da biblioteca do bairro, na esquina da Décima Avenida com a rua 82, em Nova York. Apesar disso, Stern arrumou um jeito de pegar os livros e continuou a ler vorazmente. Ler de tudo, claro, é a forma como os escritores aprendem a absorver o domínio da literatura. Stern fez eco ao que todo mundo em seu campo diz: "Não acho que exista nenhum escritor que não tenha lido, que não tenha se maravilhado com livros, histórias, poemas".

Por fim, durante seu primeiro ano na Stuyvesant High School, ele experimentou seu primeiro sucesso como escritor. Como costuma ser o caso, o sucesso foi modesto, mas memorável — confirmando que ele tinha a competência necessária e proporcionando o primeiro gosto inebriante da admiração:

> Um professor maravilhoso, o sr. Lowenthal — sou capaz de vê-lo agora, em seu terno azul, camisa de gola alta, nariz grande e grande pomo de adão, cabelos pretos — disse que qualquer um que quisesse podia escrever um conto. Eu estava lendo

contos, então escrevi um conto. A turma deu gargalhadas, mas o sr. Lowenthal aprovou — e eu sabia que aquilo era muito importante.

Antes desse episódio, Stern queria ser juiz da Suprema Corte. Enquanto um jovem judeu que havia sido inspirado pela vida dos juízes Louis Brandeis e Benjamin Cardozo, sobre os quais lera em um livro que acreditava se chamar *The Nine Old Men*, ele achava que essa era a maior ambição a que poderia aspirar. Depois de provar da alegria de escrever na aula do sr. Lowenthal, no entanto, ele teve a sensação de que o seu caminho estava na escrita. E nunca olhou para trás: matriculou-se na Universidade da Carolina do Norte quando tinha dezesseis anos e quase imediatamente se envolveu com um grupo de poetas e escritores que permaneceram seus amigos pela vida inteira. Eles tinham uma sociedade literária, uma revista literária — em suma, todos os ingredientes de um pequeno campo. Da faculdade, ele foi para Harvard, depois para o Iowa Writers' Workshop, onde era possível obter um doutorado escrevendo ficção em vez de uma tese acadêmica.

Em Iowa, começou a publicar extensivamente e, em 1954, um de seus contos foi incluído no prestigioso *Best O'Henry Stories*. Foi aí que ele deu início ao livro que lhe deu fama de romancista: *Golk*. Igualmente importante, talvez, tenha sido o fato de que em Iowa, e enquanto trabalhava na revista literária *Western Review*, ele tenha conhecido e feito amizade com alguns dos escritores mais influentes de sua geração. Saul Bellow e Philip Roth tornaram-se particularmente próximos e, em determinado momento, foram dar aulas na Universidade de Chicago. Durante suas viagens, ele também conheceu alguns dos escritores europeus mais proeminentes, entre os quais Thomas Mann impressionou-o em particular. Contatos como esses são necessários para a pessoa criativa por vários motivos: proporcionam referências para avaliar o próprio trabalho, oferecem competição que estimula a superação, fornecem críticas úteis e, por fim, mas não menos importante, abrem um leque de oportunidades e informações que podem ser essenciais para progredir.

A conversão do negativo

Como já vimos várias vezes, normalmente as pessoas se voltam para a literatura no ímpeto de restaurar a ordem à experiência. Madeleine L'Engle se preocupava com a sobrevivência do espírito humano ameaçado pelo caos cósmico; Anthony Hecht ficou comovido pela ausência de sentido da guerra; Hilde Domin, pela tragédia do nazismo e a morte da mãe. Não surpreende, portanto, que Stern também usasse sua escrita para exorcizar algum mal. No caso dele, o mal parecia ser algo mais particular, menos dramático, mais relacionado ao desgaste normal da vida. Talvez se possa dizer que a intenção dele era explorar os danos que a entropia psíquica causa em nossa vida — os sentimentos reprimidos, os atos de egoísmo, as traições, as inevitáveis decepções que são a condição da existência. Estes são os grãos de areia que o escritor deseja recobrir com palavras para aliviar a dor:

A grande questão sobre esse tipo de trabalho é que *todo* sentimento que você tem, todo sentimento negativo, é de certa forma precioso. É o seu material de construção, é a sua pedra, é algo que você usa para elaborar o seu trabalho. Eu diria que a conversão do negativo é muito importante. Então, aprendi por conta própria o que tento ensinar aos meus alunos que estão se tornando escritores: não se afaste da dor. Ela é preciosa, é sua mina de ouro, é o ouro da sua mina.

É claro que há coisas sobre mim das quais não falei — e provavelmente jamais falarei — que sei que são ruins, mesquinhas, distorcidas, débeis, isso, aquilo ou outra coisa. Posso tirar força delas sem falar a respeito. Posso transformá-las. São fontes de força. Como eu disse anteriormente, o escritor pega isso e transforma em seu material.

Para superar a dor da existência, é preciso ser honesto consigo mesmo, reconhecer as próprias falhas e fraquezas. Da mesma forma que um cirurgião, é preciso estarmos dispostos a cortar a fundo as feridas purulentas da psique. Caso contrário, consome-se energia demais ao negar ou remoer as decepções. Assim, Stern respondeu à pergunta sobre qual foi o principal obstáculo que encontrou em sua vida:

Acho que é aquela parte desprezível de mim mesmo, aquela parte que é descrita por palavras como vaidade, orgulho, a sensação de não ser tratado como deveria ser, a comparação com os outros e assim por diante. Tentei bastante domar esses sentimentos e tive a sorte de ter sido otimista o suficiente para conseguir combater uma espécie de cólera e desgosto — de *ressentimento* — que vi paralisar colegas meus, colegas mais talentosos do que eu. Eu mesmo senti isso. E tive que aprender a combater essa sensação.

Eu diria que o principal obstáculo somos *nós mesmos*.[8]

É mais fácil diagnosticar o que está errado com a vida de uma pessoa do que curá-la. Como a maioria das pessoas que são honestas consigo mesmas, Stern estava ciente de que, mesmo com todas as melhores intenções do mundo, alguma amargura permanece, alguma ambição não correspondida nos assombra, algumas escolhas do passado provocam arrependimentos. A fraqueza nos outros é relativamente fácil de ser tolerada. Stern endossou a máxima de Pascal: "Compreender é perdoar". Inclusive, uma das coisas mais emocionantes de ser escritor, acredita ele, é ter a oportunidade de pegar um vilão ou personagem criminoso e torná-lo humano, mostrando o que o levou a ser daquele jeito. Perdoar a si mesmo é mais difícil, mas escrever também ajuda nesse processo. Afinal, o escritor faz parte da espécie humana e, ao explicar os defeitos de um personagem, ele até certo ponto perdoa a si mesmo. Desse modo, existe uma alegria em poder criar uma história que acrescente sentido à vida do leitor. Para Stern, a maior recompensa do escritor era quando os leitores

desfrutaram, tiveram prazer na ascensão e na queda, na simetria, nos personagens, nas situações, de modo que sua compreensão se tornou maior. Eles sentiram prazer, e isso está relacionado a algo que eu produzi. Contei histórias aos meus netos e aos meus sobrinhos e sobrinhas. Ver dois, quatro, cinco rostos vidrados em você é uma das coisas mais bonitas do mundo: esse tipo de atenção. Sabe, conheço alguns atores e atrizes e enxergo por meio deles a conexão entre seu trabalho e o meu. Esse trabalho é ajudar a compreender o ser humano, dando forma a uma vida em um livro ou no palco, de modo que o público subitamente perceba o que está ali, o que *é*.

Como esses cinco *cases* demonstram, o domínio da palavra é de fato bastante poderoso. A palavra nos permite perceber os nossos sentimentos e organizá-los em termos de características duradouras, comuns a todos. Dessa forma, tanto o autor quanto o leitor podem se distanciar da experiência bruta imediata e começar a entender, a contextualizar, a explicar o que de outra forma seria para sempre uma reação visceral. Poetas e romancistas se rebelam contra o caos da existência. Hilde Domin construiu um refúgio de palavras onde ações e sentimentos fazem sentido. Mark Strand narrou experiências efêmeras que de outra forma cairiam no esquecimento. Anthony Hecht construiu belas formas para refrear a aleatoriedade do destino. Madeleine L'Engle tentou encontrar a conexão entre os eventos que se dão dentro de nossas células e os que acontecem em meio às estrelas. Richard Stern se concentrou na fragilidade dos deveres humanos. A batalha que travaram deixa um registro da tentativa humana de dar sentido à vida. Na maioria das vezes, é essa luta que serve de inspiração à obra.

Todos esses escritores só puderam dar sua contribuição depois de primeiro mergulhar fundo no domínio da literatura. Eles liam avidamente, tomavam partido entre escritores, decoravam as obras de que gostavam — em suma, internalizavam o máximo que podiam do que consideravam os melhores trabalhos dos escritores antes deles. Nesse sentido, eles próprios se transformaram na dianteira da evolução cultural.

Mais cedo ou mais tarde, cada um deles também passou a fazer parte do campo da literatura. Fizeram amizade com escritores mais velhos, gravitaram em torno de escolas e jornais de vanguarda, envolveram-se intensamente com outros jovens escritores. Por fim, tornaram-se os guardiões ao ensinar literatura e atuar em júris, conselhos editoriais e afins. Ao contrário da relação de admiração que tinham geralmente com escritores mortos, as relações com os vivos eram muito mais problemáticas. Enquanto Domin lamentava as lutas internas da "máfia" literária, Stern estava ciente do amargo potencial de ciúme entre os colegas. De uma forma ou de outra, no entanto, os escritores precisam chegar a um acordo com a organização social do domínio para que suas vozes sejam ouvidas.

Outra semelhança entre os escritores era a ênfase muitas vezes observada na dialética entre os aspectos racionais e irracionais do ofício, entre a paixão e a disciplina. Quer chamemos de inconsciente freudiano, onde perduram as repressões da infância, ou de inconsciente coletivo junguiano, onde habitam os arquétipos de raça, quer pensemos nele como um espaço abaixo do limiar da consciência, onde impressões prévias se combinam aleatoriamente até que uma nova e marcante conexão surja por acaso, está bastante claro que todos os escritores dão muito valor à voz que surge de repente no meio da noite para ordenar: "Você precisa escrever isso".

Todos concordam que, por mais necessário que seja, ouvir o inconsciente não basta. O trabalho de verdade começa quando a emoção ou a ideia que surgem das regiões desconhecidas da psique são apresentadas à luz da razão, para serem nomeadas, classificadas, decifradas e associadas a outras emoções e ideias. É aqui que entra em jogo o talento: o escritor se vale de um enorme repertório de palavras, expressões e imagens usadas por escritores antes dele, escolhe as mais adequadas à tarefa atual e sabe como inventar novas, quando necessário.

Para isso, ter uma ampla base de conhecimento que se estenda além das fronteiras da literatura ajuda. Enquanto Domin se ancorava na intimidade com vários idiomas, Hecht o fazia na música e na geometria, e L'Engle, na física quântica e na microbiologia. Ser capaz de entrelaçar ideias e emoções de domínios díspares é uma forma de os escritores expressarem sua criatividade. Amor e morte podem não ter mudado por milhares de anos, mas a maneira como os entendemos muda a cada geração, em parte como resultado do que sabemos sobre outras facetas da vida.

Há muitas semelhanças também nos métodos que esses escritores adotam enquanto exercem seu ofício. Todos eles mantêm cadernos à mão para quando a voz da musa chama, que costuma ser de manhã cedo, enquanto o escritor ainda está na cama, meio adormecido. A maioria mantém diários há muitos anos. Um dia de trabalho normalmente começa com uma palavra, uma frase ou uma imagem, em vez de um conceito ou uma composição planejada. A obra evolui por conta própria, e não por meio da intenção do autor, mas é sempre monitorada pelo olhar crítico dele. O que é mais difícil nesse processo é que é preciso manter a mente focada em dois objetivos contraditórios: não perder a mensagem sussurrada pelo inconsciente e, ao mesmo tempo, ajustá-la à força a uma forma adequada. O primeiro requer abertura; o segundo, julgamento crítico. Se esses dois processos não forem mantidos em um equilíbrio em constante mudança, o fluxo da escrita seca. Depois de algumas horas, a extrema concentração necessária para manter esse equilíbrio se torna tão exaustiva que o escritor precisa mudar de marcha e se concentrar em outra coisa, algo mundano. Mas, enquanto perdura, a escrita criativa é o ato mais próximo possível de domínio de um universo próprio, no qual o que existe de errado com o mundo "real" pode ser corrigido.

11. O domínio da vida

Não sabemos ao certo qual foi a primeira forma de conhecimento sistemático que os nossos ancestrais desenvolveram. Sem dúvida, a tentativa de classificar plantas e animais para compreender a saúde e a doença deve ter sido uma das primeiras. O domínio que hoje chamamos de biologia, que lida com formas e processos da vida, é um dos modos fundamentais pelos quais os humanos tentaram dar sentido ao mundo em que vivem.

A diferença entre o conhecimento atual e o de nossos ancestrais é maior na biologia do que em qualquer outro domínio, com exceção da física. Mais de 4 mil anos atrás, em todos os principais centros de civilização — Mesopotâmia, Egito, Índia e China —, o conhecimento de ervas medicinais e espécies animais que foram aos poucos reunidos por caçadores e pastores pré-letrados começou a ser cuidadosamente registrado. Quinze séculos depois, Aristóteles forneceu uma classificação científica mais acurada dos animais — e um de seus alunos fez o mesmo com as plantas. Até os séculos mais recentes, no entanto, ninguém tinha qualquer compreensão dos processos fisiológicos — digestão, respiração, circulação sanguínea, funcionamento do sistema nervoso. Não havia nenhuma noção do que eram células, bactérias, vírus, genética e evolução. A diferença entre o que os nossos ancestrais podiam ver a respeito dos processos da vida e o que nós podemos ver hoje é enorme.

As ciências da vida tornaram-se tão diversificadas e especializadas que precisaríamos de várias dezenas de exemplos para demonstrar no que consiste o domínio. Mesmo há pouco mais de cem anos, alguém como o explorador e naturalista alemão Alexander von Humboldt conseguia condensar em quatro volumes todo o espectro de conhecimento que um biólogo ou cientista era capaz de saber.[1] Hoje em dia, não se espera que um único indivíduo cubra em profundidade nem mesmo uma pequena fração do conteúdo da disciplina. Este capítulo se concentra em três pessoas que mudaram o domínio das ciências da vida, embora esses três estudos de caso representem apenas algumas das inúmeras abordagens possíveis.

PAIXÃO PELA ORDEM

E. O. Wilson foi um dos biólogos mais influentes do nosso tempo. Com mais de trezentos trabalhos técnicos e muitos livros, dos quais dois ganharam o Pulitzer, ele deu importantes contribuições à classificação das formigas, ao conceito de biodiversidade, ou à necessidade de preservação da variedade de formas de vida, ao estudo da comunicação química em insetos e ao estudo dos ecossistemas insulares. Mas é provavelmente mais conhecido como o pai da sociobiologia, que é a tentativa em vigor de explicar o comportamento humano e as instituições sociais em termos de seu valor seletivo ao longo do tempo evolutivo. Nesse processo, ele se envolveu em profundas divergências ideológicas que, em determinado ponto, lhe renderam uma série de inimigos tanto dentro como fora do campo. Independentemente da fama ou da adversidade, no entanto, Wilson se manteve fiel à sua vocação, uma inusitada combinação de trabalho de campo rigoroso com insights inspirados, agregando fatos e princípios que todos os outros achavam que não estavam relacionados.[2]

Seu objetivo atual é concretizar a grande síntese das ciências sociais e biológicas a que ele deu início com o clássico *Sociobiology*:

> Vejo um quadro se formando, no qual eu daria muito mais atenção aos fundamentos das ciências sociais. Sigo o biólogo evolucionário — a abordagem do biólogo, já que estou aprendendo um pouco sobre biologia molecular e celular também — para peneirar e reagrupar os elementos das ciências sociais que acho que são necessários para criar uma cooperação entre a biologia e as ciências sociais. Até o momento, ainda não ficou claro que precisamos criar isso. Muitos diriam que

é impossível. Aqueles que dizem que é impossível são apenas um incentivo para mostrar que é possível. É isso que torna todo esse domínio emocionante.

Um naturalista com uma ambição de aço

Wilson foi um trabalhador incessante durante toda a sua vida. Uma infância traumática incutiu nele certa insegurança, que ele decidiu superar com um ímpeto implacável moldado com base em uma herança sulista idealizada, pautada em orgulho, sacrifício e disciplina. Esses fatores são o que o jargão psicológico atual chama de "motivos de déficit", baseados em um esforço para contrabalançar experiências iniciais indesejáveis. Mas também havia motivações positivas: o fascínio, a paixão pelo mundo dos seres vivos, principalmente por alguns de seus mais humildes habitantes: as formigas e os cupins. Wilson queria ser entomologista desde os dez anos — algumas edições da *National Geographic* e uma visita ao zoológico de Washington, acompanhado de um amigo, confirmaram que o que ele mais queria fazer na vida era se tornar explorador e naturalista.

Como muitos indivíduos criativos, Wilson estava entediado na escola até chegar à faculdade. Nos primeiros anos, os escoteiros proporcionaram um ambiente onde ele podia correr atrás dos próprios interesses e aprender no próprio ritmo. Alguém poderia achar que Wilson, tendo uma deficiência visual, iria se interessar por baleias ou elefantes, mas, com uma obstinação característica, ele preferiu se concentrar nos menores insetos. Aos treze anos, escreveu os primeiros relatórios sobre os ninhos de formigas-de-fogo que começavam a se infiltrar nos estados do Sul, criando um problema ambiental considerável. Quando ele estava no ensino médio, em Mobile, no Alabama, um editor de notícias local decidiu fazer uma reportagem sobre as formigas-de-fogo e encarregou o jovem Wilson de escrever uma série de artigos. A responsabilidade, a aceitação e a sensação de realização súbitas que esse projeto lhe proporcionou impulsionaram sua carreira.

Por volta da mesma época, antes de entrar na faculdade, Wilson leu *Systematics and the Origins of Species*, de Ernst Mayr, que lhe revelou que a enorme massa de fatos no mundo natural poderia ser ordenada de maneira significativa ao adotar-se a teoria da seleção natural.[3] Mayr foi a primeira grande influência intelectual na carreira de Wilson. Mais tarde, tornou-se mentor e valioso colega do jovem naturalista. Mas muitas outras influências vieram a seguir, pois Wilson manteve a curiosidade e a abertura da juventude. "Eu passava por uma transformação após a outra, acho", diz ele sobre sua jornada intelectual. Entre as etapas dessa trajetória estão o exemplo de James Watson, cuja maravilhosa redução da genética à dupla-hélice do cromossomo, bem como sua ousadia e independência, pareceram-lhe muito atraentes. Konrad Lorenz ensinou--lhe sobre a possibilidade de explicar o comportamento animal por meio de observações etológicas. O geógrafo Ellsworth Huntington foi o responsável por introduzir os conceitos de ecologia evolutiva, que tentavam explicar os motivos pelos quais duas culturas que se desenvolvem em nichos ecológicos muito semelhantes, como a Terra Nova e a Islândia, acabam por se tornar tão diferentes. Por fim, ele aprendeu sobre os princípios da seleção de parentesco com William D. Hamilton, cujos modelos matemáticos de mudanças nas taxas reprodutivas das populações abriram outra porta para a compreensão dos processos da vida. Baseando-se em todas essas perspectivas tão diferentes, Wilson estava prestes a forjar sua própria grande síntese.

Seu desenvolvimento pessoal parece ter sido tão complexo quanto o intelectual. Vimos no capítulo 3 que os indivíduos criativos normalmente alternam entre polos opostos de traços que não costumam se manifestar em conjunto. Wilson menciona várias dessas polaridades — fluidez versus persistência, paixão pelo tema versus desejo de controle, altruísmo versus ambição, solidão versus aceitação social, prazer versus dor — nas reflexões sobre o que é preciso para ser um cientista de sucesso:

Existem alguns campos, como matemática pura e física teórica, em que o brilho absoluto é crucial. Também é interessante que sejam esses os campos em que os melhores trabalhos do cientista muitas vezes, se não sempre, são realizados aos 35 anos. Harvard tem um belo punhado de físicos e químicos na Academia Nacional de Ciências e também de matemáticos, cujos melhores trabalhos foram feitos há vinte anos. São pessoas legais, mas você sabe que eles não vão mais fazer nenhuma jogada sensacional.

Nos outros ramos da ciência, a persistência e a ambição são muito importantes. Acho que o que é necessário é uma combinação de paixão pelo tema — optar por ele porque você tinha uma concepção de si, um prazer com determinadas atividades e operações mentais que você faria independentemente da sua sorte ou de aonde aquilo o levasse. A história natural é assim. Sabe, alguém poderia ter me obrigado a ser um agente dos correios em Boise, Idaho, e eu teria feito isso e sido um homem muito feliz. Eu passaria as primeiras horas da manhã, a noite e os fins de semana nas montanhas. Eu faria exatamente as mesmas coisas. Porque as amei e ainda amo.

Mas o outro lado é a insegurança, a ambição, o desejo de controlar. Um cientista — e é arriscado, para mim, confessar isso — deseja controlar. Sua forma de fazer isso é criar conhecimento e se apropriar dele, seja por meio de uma descoberta original ou pela síntese. Sou consumido por um desejo de ter mais domínio sobre temas amplos do que qualquer outra pessoa no mundo, o que provavelmente é um instinto que está além, ou à parte, do meu amor pelo assunto. Quero fazer história natural. Quero estar no campo. Poderia facilmente passar 360 dos 365 dias do ano longe das outras pessoas, sabe, viajando na floresta tropical e [na] minha biblioteca.

Mas, ao mesmo tempo, quero sentir que estou no controle, que não posso ser demovido, que não posso ser parado, que serei bem-visto por estar nele. Isso implica controle, e controle significa ambição. Significa estender constantemente o alcance, renovar, estender, inovar. Acho que a combinação desses impulsos é o que faz um grande cientista.

Ser um grande cientista, ou um grande acadêmico que seja, exige, devo acrescentar, um enorme volume de trabalho e de dor. É preciso aceitar certa quantidade de rejeição. É preciso tolerar rivais fortes e ser ignorado por determinados períodos. Mas há a ideia do caçador solitário, do viajante ou explorador solitário, que é guiado por seus princípios e chega onde quer contra todas as probabilidades. Essa autoimagem, por mais romântica e estúpida que muitas pessoas achem, é uma força bastante poderosa na hora de formar um grande cientista.

Desviando das balas

Em sua própria vida, muitas vezes Wilson teve que tolerar rivais e rejeição. Isso se deveu, em parte, a uma convergência de circunstâncias históricas no domínio e no campo da biologia na década de 1960 que mudaram as regras da disciplina e a tornaram quase irreconhecível.

Em termos de domínio, foi nesse período que a biologia molecular passou por uma fase súbita de crescimento exponencial. A tradição naturalista de trabalho de campo em que Wilson havia sido educado parecia, de uma hora para outra, velha e inútil. Os grandes líderes da geração anterior estavam sendo encobertos por jovens experimentalistas capazes de controlar os processos químicos dentro das células, decodificar instruções genéticas e prometer desvendar os segredos da criação biológica. Parafraseando Karl Marx, o objetivo da biologia deixou de ser estudar a vida e passou a ser efetivamente mudá-la.

O efeito dessa revolução no conhecimento foi que os biólogos mais brilhantes foram atraídos pela especialidade molecular da biologia, ameaçando deixar a velha guarda a ver navios, privada dos seus necessários recrutas. A mudança no domínio provocou um impacto imediato no campo: as bolsas de pesquisa passaram a ser destinadas aos laboratórios, os periódicos passaram a publicar mais artigos sobre experimentos e menos sobre trabalhos de campo, e a nova geração de biólogos se afastou dos antigos problemas, mergulhando no universo aparentemente infinito, mas bem-ordenado, dos processos celulares. Em outras palavras, um exemplo extremo daquilo que Thomas Kuhn chamou de mudança de paradigma estava varrendo a biologia.[4]

Numa situação dessas, a reação mais comum dos membros da velha guarda é se resignar diante do caráter inelutável do "progresso", assumir um cargo administrativo ou descansar sobre os louros de alguma outra forma. Mas Wilson ainda era jovem demais, ou determinado demais, para jogar a toalha. Portanto, ele desenvolveu uma estratégia para frustrar a inevitabilidade histórica que acabou sendo bem-sucedida. Não tentou bater de frente com a revolução molecular nem negar suas contribuições. Em vez disso, reunindo outras abordagens atuais, como a modelagem matemática e os estudos populacionais, ele conseguiu ressuscitar a história natural darwiniana em uma roupagem modernizada. Wilson explicou assim como deu continuidade à campanha para defender sua primazia sobre o domínio e, portanto, sobre o campo da biologia:

Isso implicou me associar às pessoas mais brilhantes que eu pudesse encontrar. Implicou, apesar de meus dotes matemáticos serem limitados, aprender matemática muito mais do que jamais achei que fosse preciso, para que eu pudesse me alfabetizar na construção de modelos e me reeducar na virada dos vinte para os trinta anos. Implicou, entre outras coisas, inventar o termo "biologia evolutiva". Eu o inventei em 1957 ou 1958. Então, implicou oferecer uma disciplina sobre isso e sobre biologia populacional, além de, como eu disse, assumir uma postura aguerrida. Boa parte disso era bravata, tenho que confessar, porque tão pouca coisa podia ser apresentada no novo modo de biologia populacional, construção de modelos, experimentação e afins, que tive que fazer um estardalhaço com esses exemplos e extrair o máximo possível deles. Foi isso que fiz durante grande parte da minha vida docente dos anos 1960.

Havia, principalmente aqui em Harvard, vários jovens brilhantes, estudantes de graduação ou recém-chegados à pós-graduação, que tinham uma habilidade matemática considerável, melhor do que a minha na maioria dos casos, e eles me ouviram naquela disciplina e enxergaram uma carreira para eles. Eles não precisavam atravessar a horda esmagadora de biólogos moleculares para chegar até lá. Eles viram um caminho na biologia, uma carreira de sucesso na biologia, por meio da modelagem matemática, da teoria, da integração, da biologia evolutiva. Entre eles havia alunos muito talentosos, uma lista extensa de gente hoje na casa dos quarenta, ou mesmo cinquenta — pessoas bastante distintas.

Como Wilson sugeriu, para dar uma contribuição criativa viável é preciso mudar tanto o sistema simbólico quanto o sistema social ao mesmo tempo. Não basta apresentar novas ideias, novos fatos, novas leis. É preciso também convencer os jovens de que eles poderão ganhar a vida e construir uma reputação ao adotar essa nova perspectiva.

Mas, na década de 1960, o campo da biologia estava sendo modificado por outras forças além da revolução molecular, forças que se originaram fora do domínio da biologia, na arena sociocultural mais ampla. O que os biólogos faziam se tornou uma preocupação da sociedade em geral. A teoria evolucionista, com seu axioma da "sobrevivência do mais apto", era vista como validação ideológica aos poderes entrincheirados. A genética molecular fazia emergir um cenário em que os cientistas decidiriam que tipo de filhos deveríamos ter — e quantos. As linhas de batalha foram traçadas de acordo com as linhas políticas. O esforço de Wilson para formular uma síntese sociobiológica se viu em meio ao fogo cruzado. Nesses confrontos, muitas vezes bastante violentos, o orgulho e o espírito de aventura que lhe acompanhavam desde cedo foram de grande valia:

Bati de frente com a esquerda radical e entrei em conflito com o movimento politicamente correto, alimentado pelos últimos resquícios da contracultura de esquerda no mundo acadêmico. Nos anos 1970, fiquei tão revoltado com a desonestidade, inclusive de alguns acadêmicos respeitados, que me tornei cronicamente incapaz de pensar em bajular as pessoas que os aplaudiam.

Então, de algum modo, certos valores sociais conservadores que eu tinha desde a infância me tornaram muito mais individualista e — qual é mesmo a palavra? — independente. Sabe, enquanto indivíduo, não prezo muito a direita e não prezo muito a esquerda. Meu filme favorito é *Matar ou morrer*. Não me incomodo em trocar alguns tiros e não me incomodo em jogar meu distintivo fora e me retirar. Eu meio que tenho uma atitude à la Hemingway em relação à vida nesse aspecto.

À caça de padrões

Wilson normalmente trabalhava em vários projetos ao mesmo tempo, usando métodos diferentes. Este, como foi dito, é um padrão comum entre indivíduos criativos. Isso evita que eles fiquem entediados ou frustrados e produz uma inesperada fertilização cruzada de ideias. Existem pelo menos quatro abordagens diferentes que Wilson em geral usava. A primeira é o trabalho de campo em lugares exóticos, que funciona como uma espécie de "combustível nuclear" ao fornecer experiências concretas e dados sobre os quais se aprofundar posteriormente. A segunda é assistir a palestras ou conferências, nas quais se absorve de outros especialistas os últimos desenvolvimentos nos domínios que interessam. A terceira é o trabalho noturno, a conexão fortuita entre ideias que surgem inesperadamente no meio da noite. Há, por fim, o trabalho sistemático que para Wilson ocorria da manhã ao início da tarde, que incluía também a leitura, a escrita, a modelagem matemática e o desenho de espécimes. Os melhores insights às vezes ocorriam durante o trabalho noturno, mas geralmente eram resultado do processo de trabalho sistemático e de sua combinação com as outras três abordagens:

Acho que as melhores ideias do tipo eureca que tive foram bem no meio do trabalho. Por exemplo, uma semana atrás eu estava sentado, almoçando. Eu estudo e escrevo muito enquanto estou almoçando. Tenho um restaurante preferido em Lexington, um restaurante italiano. Eles me conhecem, me deixam sentar num dos cantos. Trabalho até duas horas em cada período de almoço quando estou em casa, em Lexington. Levo papéis. Leio. Faço anotações.

Eu estava lendo uma obra antropológica e fiquei me indagando por que havia diferenças tão grandes entre as sociedades pré-letradas, além de coisas como patriarcado, transferência de riqueza e afins. Então, vi que aquilo era ecológico de uma forma que o autor havia deixado passar. Ele estava apenas descrevendo, a típica etnografia. Ele estava descrevendo como se fosse: "Ah, nossa, o comportamento humano é muito flexível. Existe isso e existe aquilo". Eu estava dizendo: "Não, não. É ecológico. Sabe, é de um jeito entre os aborígenes australianos porque seus recursos são irregulares e imprevisíveis. É de outro jeito em uma sociedade agrícola africana porque não são imprevisíveis e irregulares" e assim por diante. Então, eu comecei: "Mas por que essas coisas perduram por tanto tempo? Todos esses mínimos detalhes de diferenças culturais permanecem?".

Então pensei em toda a noção de ritualização e na necessidade de ritualizar e codificar e então sacralizar algum tipo de código, e que essa deve ser a razão para a estagnação nas diferenças culturais. Em outras palavras, muitas coisas vão funcionar. Mas, uma vez que a sociedade se estabeleceu em algo e o ritualizou e sacralizou, aquilo se torna bastante estático. Aí, ontem à noite, enquanto eu estava sentado ouvindo Amartya Sen, o economista, falar sobre o equilíbrio de Nash, o estado estacionário das estratégias, me veio à cabeça que elas tendem a se manter imóveis, uma vez que estejam definidas. A teoria, pelo menos, prevê que elas se imobilizem.

Me veio a ideia de que, além da ritualização, e talvez como auxílio a ela, a obtenção do equilíbrio de Nash seria um meio de alcançar uma solução de equilíbrio, em oposição a outras, e então manter-se assim indefinidamente. Esse conceito de equilíbrio desenvolvido pelos economistas deve estar conectado com a noção de estagnação cultural e de ritualização na antropologia. Veja, acabei de dar um exemplo da forma como tenho pensado nos últimos dias. Agora, esse último, o equilíbrio de Nash com a estagnação cultural, é justamente o tipo de coisa que poderia ter me ocorrido quando eu estava pegando no sono. Veio a mim enquanto eu estava ouvindo a conversa sobre o equilíbrio de Nash, mas facilmente poderia ter sido algumas horas depois, quando eu estivesse me preparando para dormir. Tudo bem. Muitas vezes esse tipo de coisa me vem, então me levanto e anoto.

A maior parte do trabalho de Wilson, no entanto, não envolvia a concepção de insights. Consistia, na verdade, em um trabalho lento e metódico. Entre seus projetos estava uma monografia sobre o maior gênero de formigas existente, o que exigia a identificação e a descrição de seiscentas espécies relacionadas espalhadas pelo mundo — um dos gêneros mais extensos de todo o reino animal. Para tal, Wilson fez, ele mesmo, mais de 5 mil desenhos à mão. "Pode soar um pouco estranho", ele admitiu, "mas acho particularmente recompensador. Estou fazendo isso à parte. É como um hobby."

Existem poucos exemplos tão claros de quão complexa uma vida criativa pode ser do que o oferecido por E. O. Wilson. Adversidades pessoais, conflitos históricos e mudanças profundas na organização do saber clamavam por atenção e exigiam uma resposta positiva. Havia muitas formas de errar e poucas que levariam a soluções aceitáveis. O modo como Wilson se adaptou às demandas externas prementes exigia teimosia e flexibilidade, ambição e curiosidade altruísta. Ele tinha que ser puro como a pomba e astuto como a serpente. Então, em vez de ser varrido pelas mudanças significativas que o cercavam, ele se valeu das ideias emergentes de diferentes domínios e, com a ajuda delas, concebeu uma nova forma de entender a intrincada teia da vida.

A VIDA DAS CÉLULAS CANCEROSAS

George Klein também caçava pequenas formas de vida, mas as suas eram ainda menores e muito mais mortais do que as formigas-de-fogo que E. O. Wilson perseguia. Klein foi pioneiro de um ramo relativamente recente da biologia celular conhecido como biologia do câncer ou biologia tumoral. É um domínio que surgiu com base nos estudos sobre constituição cromossômica, alterações genéticas, imunologia e o papel dos vírus na geração de células tumorais. Assim como outros ramos da biologia celular, ele estourou no século XX, em uma corrida pelo conhecimento, que se tornou possível graças ao desenvolvimento da biologia molecular, rumo à constante fertilização cruzada entre os laboratórios de pesquisa que fazem cada vez mais progressos e ao investimento de fundos destinados à cura do câncer. Em termos gerais, talvez possamos dizer que a biologia do câncer tenta entender como as células cancerosas se desenvolvem, crescem e morrem. Tradicionalmente, os tumores eram vistos estritamente como entidades patológicas a serem eliminadas por qualquer meio disponível. Essa nova abordagem também queria aprender a se livrar deles, mas baseava-se na suposição de que esse objetivo podia ser alcançado da melhor forma se pensássemos no câncer como uma população de células sujeitas à variação e à seleção genética, com suas próprias características genéticas e seu próprio histórico ambiental. Podíamos, então, nos fazer a pergunta crucial: por que essas células desobedecem às instruções de controle de crescimento a que o resto do organismo se submete?

A exemplo de muitas outras pessoas que entrevistamos, o domínio de Klein não existia até então. Os elementos do saber estavam lá, mas não haviam sido reunidos em um sistema conceitual coerente. As origens da biologia tumoral podiam ser atribuídas aos estudos pioneiros do pesquisador americano Peyton Rous na primeira década século XX, mas, assim como a maioria dos domínios científicos, ele cresceu de forma sem precedentes, pegando emprestado qualquer informação relevante de outras disciplinas em expansão. A ciência funciona lançando "pseudópodes conceituais" que, de vez em quando, se desgarram do campo parental para formar uma disciplina independente. Na maioria das ocasiões, entretanto, os pseudópodes são reabsorvidos. Nessa atmosfera intelectual efervescente, os centros de pesquisa competem entre si, além de complementarem e estimularem o trabalho uns dos outros com suas descobertas.

George Klein liderava um dos mais interessantes desses laboratórios, no Instituto Karolinska, em Estocolmo, Suécia. Bolsistas de doutorado e pós-doutorado de todo o mundo trabalham nesse laboratório. Klein ajudou a projetar o prédio, obteve o financiamento para sua construção e por muitos anos foi o responsável pela vida fiscal e intelectual do laboratório. Um dos dilemas que os cientistas criativos enfrentam é que, se desejam que suas ideias sigam adiante no futuro, precisam se tornar empreendedores, mas, para isso, terão que abrir mão de um tempo precioso de sua pesquisa.

Além de gerenciar o instituto, com tudo o que isso implica em termos de solicitação de financiamentos e questões administrativas, Klein esteve envolvido em muitos empreendimentos de naturezas bastante distintas. Ele publicou vários volumes de ensaios que combinam reminiscências pessoais com reflexões filosóficas, com títulos como *The Atheist and the Holy City* [O ateu e a cidade sagrada]. Seu fascínio pela poesia o levou a investigar a vida do grande poeta húngaro József Attila e a escrever sobre seus versos. Depois de ler o livro de Benno Muller-Hill sobre os médicos da morte nazistas, tornou-se porta-voz da responsabilidade ética na ciência. Para finalizar, nas inúmeras conferências científicas internacionais de que participou, ganhou a reputação de ser a pessoa que melhor resumia e integrava as apresentações de outros especialistas.

Um pessimismo ensolarado

A vida de Klein começou na Hungria, em circunstâncias nada auspiciosas. Seu pai morreu antes que George tivesse a chance de conhecê-lo, e essa perda se manteve como uma constante na psique do filho. Por um lado, isso deu a ele uma *"incroyable légèreté"*, uma incrível leveza para enfrentar a vida sem se preocupar com um censor paterno, condição que Jean-Paul Sartre atribuiu a quem cresce sem pai. "Não precisei carregar um Anquises nas costas enquanto fugia a nado para um novo país", disse ele, fazendo menção à metáfora de Sartre. Por outro lado, a ausência de pai deixou um fardo diferente nos ombros do filho: a sensação de que, no papel de homem mais velho, era o responsável pelo bem-estar de todos ao seu redor.

Klein permaneceu próximo da mãe, que percebeu ser muito dependente dele em termos emocionais. Sua principal preocupação passou a ser satisfazer as necessidades dela, tentando evitar que entrasse em depressão. Seu maior medo era que as pessoas que dependessem dele não fossem felizes e que ele decepcionasse os outros. Sua maior fonte de orgulho era a capacidade de controlar as próprias emoções de modo a preservar a harmonia nas relações pessoais e profissionais.

Klein era judeu, e o ambiente cultural do judaísmo húngaro assimilado desempenhou um papel determinante na formação de seu caráter. Uma avó ortodoxa foi especialmente importante, mas o que contou ainda mais foi a valorização generalizada da santidade da existência e a expectativa de que se devia alcançar a excelência na vida, que ele absorveu do meio cultural. Quando completou catorze anos, começou a duvidar da existência de Deus e, após uma crise espiritual de duas semanas, chegou à conclusão de que as crenças religiosas eram "absolutamente sem sentido". Ele acreditava "absolutamente na inexistência de Deus", mantendo sua admiração pelo maravilhoso mistério da vida, cuja desmistificação enxergava como sua tarefa.

Na adolescência, Klein sentia-se frustrado na escola. Embora fosse ambicioso, tinha a sensação que não tinha aprendido nada com os "professores estúpidos e opressores" — exceto um, que teve uma influência permanente sobre todos os seus alunos. Kardos Tibor dava aulas de italiano e latim, mas foi seu entusiasmo e seu amor pela arte e pela poesia que o tornou memorável. Klein era capaz de recitar os versos de Dante, embora não falasse italiano. Escolas pouco inspiradoras, no entanto, não o impediram de aprender coisas importantes. Assim como E. O. Wilson, Klein aprendeu a ter autoconfiança e amor pela natureza com os escoteiros, onde se tornou o líder de patrulha mais jovem da tropa. Ele se lembrava com carinho das longas caminhadas, das incursões noturnas, da agradável exaustão após uma vigorosa empreitada ao ar livre. Acima de tudo, aprender a resistir à fadiga, à fome e à sede ajudou a moldar a resistência necessária para enfrentar o futuro, "quando as portas do inferno se abriram", próximo ao final da guerra. Mas, na viagem de trem de volta para casa, depois dos passeios, ele ficava triste com a conversa vazia e chata de seus colegas.

Para ter algum desafio intelectual, Klein se voltou para um grupo diferente. Ele e alguns outros estudantes judeus se reuniam para debater sobre música, literatura, filosofia, artes e matemática durante caminhadas às margens do Danúbio — não como uma continuação do que acontecia na escola, mas em oposição a ela. Era o tipo de grupo que costumava ser relativamente frequente na Europa Central e era quase desconhecido nos Estados Unidos: um no qual os meninos mais "sérios" conquistavam maior respeito e onde se demonstrava superioridade por meio da sensibilidade e de uma ampla gama de conhecimentos. Naquele círculo nunca se falava de assuntos pessoais, apenas de ideias abstratas e experiências estéticas. Foi graças a essas discussões que seu interesse pela cultura se tornou tão vívido: "Gosto mais de Dante do que da maioria dos italianos e de Kalevala mais do que da maioria dos finlandeses", disse. À semelhança de todos os outros indivíduos criativos, ele passou grande parte de sua juventude sozinho. Tocava piano e tentava manter a cabeça em ordem por meio da música, da leitura e da reflexão.

Passadas muitas décadas, Klein desenvolveu uma nova versão do clube intelectual. Diante da sensação de que as interações científicas especializadas eram limitadoras, ele começou a se corresponder com pessoas que compartilhavam dos mesmos interesses. Essa correspondência acabou por se transformar em uma rede informal que se estendeu pelo mundo. Todo tipo de intelectual, de físicos a poetas, compartilhava com ele ideias sobre religião, política, artes e a vida em geral. Eventualmente, ele atuava como receptor e distribuidor dessas informações, enviando cópias de cartas recebidas de um amigo para outro que ele achava que gostaria de lê-las. Muitas das cartas eram ditadas em um gravador em salas de espera do aeroporto e no metrô para posterior transcrição — uma carta dessas costumava ter de quatro a seis páginas, em espaçamento simples. Essa correspondência ocupava dezenas de arquivos perto de seu escritório.

De certa forma, é surpreendente que Klein tenha escolhido a medicina como carreira. Quando criança, ele tinha horror a saliva, vômito e a atividades fisiológicas em geral. Lembrava-se de ter ficado fascinado e apavorado ao mesmo tempo com os médicos quando tinha seis ou sete anos. Mas, depois do ensino médio, a medicina parecia ser a única profissão realista na qual ingressar. Não foi uma escolha afirmativa, mas sim um processo de exclusão que o levou a dar início a uma carreira respeitável, na qual um judeu teria menor probabilidade de ser condenado ao ostracismo. Somente aos 22 anos, quando fez um estágio em patologia, ficou fascinado pelo trabalho investigativo envolvido na pesquisa de laboratório.

Enquanto isso, a Segunda Guerra Mundial estava chegando ao fim, e o destino dos judeus nas nações anteriormente protegidas da Europa Central ficava cada vez mais precário, à medida que os governos locais cediam à pressão nazista. Klein trabalhava para o Conselho Judaico em Budapeste, como secretário de um de seus membros, e ouviu rumores assustadores sobre atrocidades que eram cometidas nos territórios onde os exércitos alemães estavam entrincheirados. Ninguém queria aceitar, no entanto, a verdade daqueles relatos hediondos, sobretudo os judeus confortavelmente aburguesados e assimilados de Budapeste.

O governo húngaro conseguiu proteger os judeus pelo máximo de tempo possível, mas em 19 de março de 1944 as tropas alemãs ocuparam o país e instalaram um regime fascista, que passou a auxiliar na deportação para os campos de extermínio. Pouco depois, Klein leu um manuscrito que circulou na clandestinidade, no qual havia o relato de Vrba e Wetzler, os dois primeiros prisioneiros judeus a escapar de Auschwitz. A história era terrível. Em termos objetivos, sem sentimentalismo, dava detalhes concretos do funcionamento da fábrica da morte. No entanto, Klein também teve uma sensação de satisfação intelectual ao descobrir uma verdade que era mais provável do que a desinformação e o pensamento positivo a que a maioria de seus colegas preferia se apegar. O Conselho Judaico decidiu manter a informação em segredo para evitar pânico e represálias por parte dos fascistas, mas o relatório reforçou a determinação de Klein de escapar assim que tivesse a oportunidade. A emoção de alcançar a verdade, por mais desagradável que fosse, se manteria como uma marca registrada de sua vida intelectual.

Em outubro de 1944, a Cruz Flechada, como eram chamados os fascistas húngaros, intensificou o terror. Suspeitos foram reunidos e conduzidos em marchas da morte ou executados imediatamente. Klein foi mandado para um campo de trabalhos forçados no mês seguinte, mas escapou. Depois de obter documentos falsos, viveu escondido até a chegada do exército soviético, em 10 de janeiro de 1945. Libertado do terror nazista, decidiu entrar para a faculdade de medicina o mais rápido possível. Como a Universidade de Budapeste ainda estava em ruínas após a guerra, ele e alguns amigos caminharam até a cidade de Szeged, no outro extremo do país, onde a universidade tinha permanecido relativamente intacta e os cursos estavam começando.

Assim que a Universidade de Budapeste reabriu as portas, Klein voltou à capital para continuar os estudos e deu início a pesquisas em histologia e patologia. Em 1947, aconteceram dois eventos importantes: ele conheceu Eva, uma colega de faculdade, e eles se apaixonaram. Quase imediatamente depois, foi convidado a visitar a Suécia com um grupo de estudantes. Dada a condição desolada de seu país, ainda se recuperando da guerra, aquela oportunidade seria a concretização de um sonho, exceto pelo fato de que agora George lamentava deixar para trás a garota com quem tinha certeza de que queria se casar, ainda que para fazer uma rápida viagem ao exterior.

A visita à Suécia acabou sendo um ponto de virada na vida de Klein. Sua experiência de pesquisa em Budapeste, por menor que tivesse sido, atendia às necessidades de Torbjörn Caspersson, chefe do Departamento de Pesquisa Celular do Instituto Karolinska, em Estocolmo, que lhe ofereceu um emprego no laboratório. Ele descreveu sua sensação naquele momento:

Ainda me lembro do misto de felicidade e enorme ansiedade. Eu estava aparentemente sem perspectivas. Não sabia praticamente nada. Estava na metade dos meus estudos de medicina, ainda longe de obter o diploma. Tinha me apaixonado desesperadamente por uma garota que só conhecera durante oito dias de férias de verão e que estava do outro lado de uma barreira política cada vez maior. Eu não sabia uma palavra de sueco. Ainda assim, estava firmemente decidido a não ceder à alternativa, mais confortável, de dar continuidade aos meus estudos na Hungria.[5]

Antes de assumir a vaga, Klein voltou a Budapeste por alguns dias e, ao final da visita, ele e Eva se casaram secretamente. Enquanto isso, a Cortina de Ferro descia entre a Hungria e o Ocidente, inaugurando novas décadas de terror. Felizmente, alguns meses depois, Eva conseguiu ir ao encontro de George em Estocolmo, cidade onde ambos concluíram a faculdade de medicina e na qual, passados 47 anos, colaboravam nas pesquisas um do outro e realizavam seus próprios trabalhos independentes — além de viverem a vida de casados.

Ser testemunha de um dos períodos mais trágicos da história europeia fez com que Klein se tornasse um "pessimista ensolarado". Um ateu com uma perspectiva otimista, ele se sentia feliz mesmo tendo certeza de que a vida não tem sentido algum. Seu objetivo não era salvar a humanidade das doenças, construir um império científico ou ser bem-sucedido. Ele encontrou no flow a força motriz de sua vida. O importante era não ficar entediado e não decepcionar as pessoas próximas a ele. "Sempre que estou concentrado, me sinto feliz", disse. "Fico horrorizado com o próprio conceito de 'pegar leve', de tirar férias. Entro em pânico quando, em um jantar formal, tenho que me sentar ao lado de pessoas chatas." Mas, ao trabalhar em um problema científico ou envolver-se em algo desafiador, Klein sentia "a felicidade de um cervo correndo pelos campos".

A sinergia da arrogância e da modéstia

Os primeiros anos na Suécia não foram fáceis para Klein. Ele teve que aprender um novo idioma, um novo estilo de vida, tudo isso debaixo de uma severa pressão competitiva. A princípio, bastava apenas um cumprimento mais frio de um técnico do laboratório para estragar seu dia. Ele trabalhou com cientistas mais velhos e experientes, que estavam entediados e alienados, e por um tempo parecia que a pesquisa científica poderia ser uma armadilha que levava a uma vida de alheamento. Mas, depois de alguns anos, ele encontrou mentores que lhe deram apoio e inspiração.

Uma visita ao Institute for Cancer Research (ICR), perto da Filadélfia, foi especialmente marcante nesse aspecto. O ambiente científico norte-americano era muito mais amigável e igualitário do que o de qualquer coisa equivalente na Europa. Apesar de sua juventude e inexperiência, ele foi tratado quase de igual para igual por pesquisadores mais velhos. A descrição de seu chefe no ICR é um bom modelo para o que um chefe de laboratório deve ser, um modelo que Klein adotou para si:

> Meu chefe era Jack Schultz, um sujeito cheio de vida na casa dos sessenta. Jack emanava uma curiosidade sem limites, uma alegria de viver e um enorme calor humano. Ele me recebeu como se eu fosse um filho perdido e finalmente encontrado. Durante a minha estadia, muitas vezes me dava carona do meu quarto alugado até o laboratório. A maior parte do que sei sobre genética pode ser atribuída a essas caronas. Mas a viagem não acabava quando chegávamos. O escritório de Jack ficava no final de um longo corredor. Enquanto o atravessava, ele ia enfiando a cabeça em todos os laboratórios, parava e conversava com as pessoas pelo caminho. Perguntava a eles sobre tudo, a saúde dos filhos, a perna quebrada da mãe, o passeio do fim de semana, mas, acima de tudo, sobre o experimento mais recente. Os olhos das pessoas brilhavam quando o viam. [...] Jack observava, escutava, discutia, interpretava, sugeria novos experimentos. [...] Às vezes, metade do dia se passava até chegarmos ao seu escritório, onde a secretária aguardava por ele desesperada![6]

Tendo experimentado a aceitação do campo, Klein perdeu seu "complexo de imigrante" e começou a correr os riscos intelectuais que moldaram sua carreira. Contribuiu, nesse aspecto, aquela combinação inusitada de traços opostos que vimos várias vezes como sendo típica das pessoas criativas. Como dizem os amigos de Klein, ele se tornou uma "combinação de infinita modéstia e uma teimosia que beira a arrogância". Seja porque nunca teve que se submeter a um pai, por ter testemunhado a falta de eficácia da educação formal, por ter visto a cegueira dos mais velhos durante a Segunda Guerra Mundial, ou por alguma razão ainda mais profunda, Klein nunca se sentiu intimidado pelas autoridades estabelecidas.

Um exemplo da forma como Klein trabalhava diz respeito ao seu precoce insight sobre o desenvolvimento de tumores a partir de células formadoras de anticorpos (linfócitos B) em diferentes mamíferos. Ele estava estudando um tumor que afetava principalmente crianças na África, chamado linfoma de Burkitt, que se acreditava ser causado por um vírus. Klein e outros pesquisadores encontraram evidências de que 97% desses tumores continham o que veio a ser chamado de vírus Epstein-Barr, ou VEB. No entanto, esse vírus sozinho não poderia ser responsável pelo tumor, porque a maioria dos indivíduos o carrega sem nunca desenvolver a doença. Qual era a peça que faltava no quebra-cabeça?

Nessa altura, Klein começou a reunir informações de diversas fontes — biologia celular, virologia e imunologia. Era esse processo de conectar ideias aparentemente díspares o que ele achava mais prazeroso em seu trabalho. Ele descobriu que, em pacientes que apresentavam linfoma de Burkitt, as pontas de dois cromossomos se quebravam e mudavam de lugar. Após um longo e meticuloso trabalho, visando identificar a função dos genes envolvidos nessa translocação recíproca, Klein postulou que o fragmento cromossômico deslocado continha um gene controlador de crescimento que, ao entrar em contato com um gene de imunoglobulina altamente ativo, o ativava permanentemente, conduzindo a célula à divisão contínua que resulta em um câncer.

A princípio, sua hipótese foi considerada uma "extrapolação assustadora" do que se sabia sobre cromossomos para o mundo muito mais minucioso ainda dos genes. Entretanto, apenas um ano após a hipótese ser publicada na *Nature*, cinco laboratórios diferentes espalhados pelo mundo confirmaram o fato de que a translocação cromossômica desempenha um papel decisivo no desenvolvimento de muitas formas de câncer, ao aproximar dois genes não relacionados.

Klein via perspectivas infinitas se abrindo em seu domínio. Seu principal desafio era combinar informações detalhadas do sequenciamento e do *splicing* dos genes, da "visão multifacetada do sistema imunológico", assim como do entendimento da patologia celular, e então agregar essas informações para formar um esquema inteligível de como os organismos funcionam. Quanto mais se descobre sobre a complexidade do mundo intracelular, mais maravilhoso tudo parece. "Quando você entra nele, é como uma selva", disse ele: uma selva cheia de perigos e de belezas espantosas.

A INCRÍVEL JORNADA

Poucas pessoas tiveram a sorte de contribuir de forma tão substancial com o bem-estar humano ao descobrir uma nova cura. Podemos citar Edward Jenner e Louis Pasteur, os primeiros a transformar a vacinação contra doenças em uma cura viável; John Snow, que em 1854 descobriu que a fonte da epidemia de cólera em Londres era a bomba de água da Broad Street, que havia sido contaminada pelo esgoto, e, assim, estabeleceu a ligação entre as bactérias e a água potável; Ignaz Semmelweis, que descobriu como evitar a morte das mães por infecção durante o parto; e Alexander Fleming, cuja descoberta da penicilina salvou incontáveis vidas. Existem poucas coisas no mundo tão incrivelmente recompensadoras quanto a consciência de ter sido quem deu tais contribuições para o bem-estar humano.

É dessa bem-aventurada elite que Jonas Salk fez parte. Quando ainda era um jovem estudante de medicina, ele integrou uma equipe de pesquisa que estudava a trágica doença da poliomielite na Universidade de Pittsburgh. Até aquele momento, a poliomielite arruinava anualmente a vida de dezenas de milhares de crianças. Todo verão, quando as taxas de contaminação atingiam o pico, as mães hesitavam em deixar os filhos irem para o acampamento, o cinema ou qualquer lugar onde pudesse haver contágio.

Depois de identificar diferentes cepas do vírus em laboratório, Salk conseguiu demonstrar, primeiro em macacos, depois em humanos, que a injeção de vírus mortos induzia a produção de anticorpos e, portanto, poderia prevenir a doença. O uso generalizado do que veio a ser chamado de vacina Salk erradicou quase por completo uma doença que havia projetado a sombra da morte sobre a vida de toda a população norte-americana.

Essa descoberta inovadora fez de Salk uma celebridade científica. Fundações e doadores individuais competiam para ver quem ofereceria apoio financeiro aos seus próximos projetos. Mas Salk, embora interessado em dar continuidade à pesquisa de laboratório, traçou uma meta ainda mais alta: seu objetivo agora era entender a incrível jornada da evolução das formas inorgânicas rumo à vida biológica e, por fim, ao reino metabiológico das ideias. Para concretizar essa síntese, era necessário reunir pessoas que representassem todos os ramos do conhecimento humano. Assim, ele planejou usar seu enorme prestígio e seu apoio financeiro para fundar um novo centro interdisciplinar, um "caldeirão de criatividade", no qual cientistas, artistas e pensadores de diferentes escolas se reuniriam para estimular as mentes uns dos outros. Seria um espaço bonito em termos arquitetônicos, que recriasse para o tempo presente o brilho intelectual da Weimar de Goethe, da corte dos Médici, da academia de Platão. Em 1960, ele se juntou ao visionário arquiteto Louis Kahn, e juntos construíram as esplêndidas estruturas do Instituto Salk, que se projeta como um descendente contemporâneo dos antigos templos gregos em um bosque sobre o Pacífico, em La Jolla, no sul da Califórnia. Era nesses edifícios que o sonho de Salk de construir uma usina de ideias se concretizaria.

No entanto, a história fornece ampla evidência de que mesmo os maiores benfeitores da humanidade não estão imunes à entropia que atormenta as vidas comuns. Enquanto Pasteur teve que lutar contra fortes críticas aos seus esforços para adotar a vacina contra a raiva, Semmelweis teve um colapso nervoso quando todos os seus colegas médicos debocharam de suas ideias, que eram verdadeiras, mas avançadas demais para a época. Talvez não seja surpreendente que a segunda etapa da carreira de Salk tenha encontrado obstáculos inesperados. Para estabelecer as credenciais científicas do instituto, seu fundador começou por contratar biólogos tradicionais para administrar os laboratórios. Como queria ter uma instituição gerida de acordo com linhas democráticas, Salk cedeu a maior parte do poder aos colegas mais jovens. Infelizmente, quando chegou a hora de começar a transformar o laboratório no centro dos seus sonhos, Salk descobriu que os cientistas tradicionais não tinham nenhuma simpatia por sua perspectiva inovadora. Seus colegas preferiam dedicar todos os recursos do instituto à realização de pesquisas biológicas mais seguras e ortodoxas. A ideia de trazer astrônomos e físicos, sem falar de músicos e filósofos, para debater a sério, parecia-lhes mera autoindulgência. O conflito que veio a seguir se desenrolou nos moldes da mitologia clássica: o criador foi destronado por sua prole. Salk manteve cargo e status simbólicos, mas não conseguiu implementar as próprias ideias que possibilitaram a criação do instituto.

Com a resiliência típica dos indivíduos criativos, Salk não deixou que a derrota o detivesse em sua marcha rumo à síntese que buscava. Em vários livros, desenvolveu suas ideias sobre a continuidade evolutiva que se estende do passado distante até o futuro, que temos que seguir se quisermos sobreviver enquanto espécie. Como membro do conselho de fundações poderosas, ele moldou a pesquisa e a filantropia. Com o súbito aparecimento da aids, arregaçou as mangas mais uma vez e voltou ao laboratório na esperança de encontrar uma forma de prevenir aquela praga por meio da imunologia. Mas, seja na sala de reuniões ou no laboratório, Salk, já na casa dos setenta, seguia uma diretriz que descobriu bem cedo na vida: reduzir o sofrimento humano e se tornar, parafraseando o título de um de seus livros, "um bom ancestral".

Tornando visível o invisível

Um tema central na vida de Salk foi o esforço para ver, e fazer os outros verem, o que está escondido. No nível mais óbvio, isso envolveu trazer à luz os processos virais que provocavam a poliomielite. Menos diretamente, suas tentativas posteriores de reunir em seu instituto homens e mulheres de domínios bastante distintos também visavam tornar visível o invisível por meio de conversas que conceberiam novas ideias, que não teriam como surgir isoladamente na cabeça de um único indivíduo, mas que poderiam emergir como resultado da interação. Ele descreveu assim essa última forma de criatividade:

Acho que esse tipo de criatividade é muito interessante e muito emocionante — quando é feito de modo interativo entre dois conjuntos de mentes. Consigo ver isso ser feito por meio de uma mente coletiva, um grupo de indivíduos cujas cabeças são abertas e criativas e capazes de proporcionar resultados ainda mais interessantes e complexos. Tudo isso me leva à crença de que podemos guiar esse processo — isso faz parte, inclusive, do processo de evolução. As ideias que surgem dessa forma são equivalentes aos genes que surgem no decorrer do tempo. A meu ver, as ideias estão para a evolução *metabiológica* como os genes estão para a evolução biológica.

P: O que precisa estar presente no relacionamento para permitir que esse tipo de criatividade se materialize?

R: Bem, em primeiro lugar, as mentes precisam entrar em harmonia. Existe um quê de afinidade intelectual, uma abertura, uma receptividade, uma postura otimista em vez de pessimista. Existe uma afirmação mútua, que desponta como uma espécie de consenso, uma reconciliação das diferenças que existem quando se adota um novo ponto de vista ou perspectiva.

Qualquer diálogo como o que estamos tendo agora é dessa natureza. Há uma tendência de atrair uns aos outros, de trazer à tona o melhor, o aspecto mais criativo ou o funcionamento da mente. Nesse tipo de interação, cada um ajuda o outro a ver o que está vendo. É isso que é necessário no mundo, hoje, para reconciliar diferenças, solucionar conflitos, ajudar todos nós a entender o que os nossos sistemas de crenças representam e a conciliar crenças e saberes.

O lado humano da ciência

Salk cresceu como um filho superprotegido de uma mãe forte e dominadora. Ela era uma imigrante com pouco conhecimento de inglês, mas, como muitas vezes acontece com as mães de pessoas criativas, passava bastante tempo com os filhos e esperava muito deles. "O que quer que fizéssemos, nunca era bom o suficiente", relembrou Salk. A infância foi uma época de "doce adversidade", de liberdade restrita e de grandes expectativas. A sabedoria popular contida em provérbios antigos como "Deus ajuda quem cedo madruga" ou "Quem quer arruma um jeito" também fez parte de sua infância. Por causa disso, Salk tendia a pensar por meio de aforismos. Como muitos de seus colegas criativos, em alguns aspectos ele não se considerava um adulto maduro: "Estou com 76 anos e ainda me sinto uma criança, um adolescente, como se tivesse muito o que fazer", disse.

Outra forte influência em seus primeiros anos foi a tradição bíblica judaica e a vaga consciência de uma longa linhagem de ancestrais que sobreviveram a todo tipo de adversidade. Uma de suas primeiras lembranças era ver os soldados retornando da Primeira Guerra Mundial, no desfile do Dia do Armistício, em 1918, quando tinha apenas quatro anos, e se perguntar o significado daquilo. Baseando-se nessas experiências, Salk desenvolveu uma enorme sensibilidade diante do sofrimento humano, assim como um senso de responsabilidade extraordinariamente pesado. Aos dez anos, ele queria ser advogado, para poder ser eleito para o Congresso e fazer leis mais justas. Foi dissuadido desses planos — em parte, pelas dúvidas de sua mãe sobre sua capacidade de vencer uma discussão, mas, mesmo quando mais tarde optou pela carreira médica, não foi com a intenção de se tornar um médico que cuidava de um paciente de cada vez, mas com o objetivo de levar a ciência para a medicina e, assim, "torná-la muito mais valiosa para os seres humanos".

Existe um forte sentido de responsabilidade, que tenho consciência de ter tido durante toda a minha vida. Já me disseram que eu tenho um talento para assumir responsabilidades, para agir com responsabilidade, mesmo contrariando todas as probabilidades, mesmo que seja impopular, se me parecer importante. E isso eu sei que é verdade.

Vejo muito do que estamos falando como algo inato, mas também ativamente induzido pelas circunstâncias, de modo que, ao longo da vida, tive consciência da guerra, da doença e do sofrimento, dos problemas da humanidade. Acho que dediquei minha vida a tentar tornar o mundo um lugar melhor para se viver, a melhorar a sorte da humanidade agora e no futuro.

Esse senso de responsabilidade e a sensibilidade diante do sofrimento ajudaram Salk a evitar a especialização mecanicista à qual muitos cientistas tendem a sucumbir.

Eu me vejo como um artista-cientista, um cientista-humanista, um humanista-cientista. Acho que meu propósito é diferente do daqueles que se interessam pela ciência por ela mesma. Tenho interesse na ciência porque ela tem relevância para a condição humana, por assim dizer. Tento compreender o lado humano da natureza e fazer algo por isso. Ou seja, tenho um propósito — um propósito como humanista de alguma forma, de uma forma inata. Foi por isso que criei esse lugar, para elaborar esse conjunto ideal de circunstâncias sob o qual os cientistas trabalhariam, na esperança de que sejam mais criativos do que seriam de outra forma. E, de fato, parece ser esse o caso, então funcionou, em certo sentido, mas simplesmente ainda não se conquistou aquilo que requer um pouco mais de tempo.

Padrões de significado

A propensão de Salk para enxergar possibilidades emergentes muitas vezes o colocou em conflito com pessoas cuja visão clara do presente os cegava em relação ao futuro. "Droga, Salk", um de seus mentores costumava dizer, "por que você sempre tem que fazer as coisas de um jeito diferente da forma como as outras pessoas fazem?" Como estudante de medicina, ele não deixava de questionar as opiniões ortodoxas de seus professores. Do modo típico dos indivíduos criativos, via sempre que o rei estava nu, enquanto todos os outros admiravam os extravagantes trajes do soberano. A ideia básica que mais tarde resultou na vacina contra a poliomielite parece ter ocorrido a Salk ainda no segundo ano da faculdade de medicina:

Disseram, em uma aula, que era possível imunizar contra o tétano por meio de toxinas quimicamente tratadas, ou toxoides, e na aula seguinte disseram que, para se imunizar contra doenças virais, era preciso experimentar a própria infecção. Não se podia usar um vírus não infeccioso ou quimicamente tratado. Bem, me ocorreu que não era possível que ambas as afirmações estivessem corretas e indaguei o porquê daquilo. Acho que a resposta que foi dada foi "Porque sim". Mas dois ou três anos depois, tive a oportunidade de trabalhar com o vírus da gripe, então decidi conferir se aquilo era válido ou não para a gripe. Não usei tratamento químico, mas usei luz ultravioleta para inativar o vírus e descobri que dava para fazer a imunização com o vírus dessa forma. Esse foi o começo, portanto, da demonstração de que se poderia matar um vírus, por assim dizer, ou torná-lo não infeccioso, dissociando infectividade e antigenicidade, ou antigenicidade e capacidade de imunizar. Isso levou a um trabalho que deu origem à vacina contra a gripe, que é usada hoje.

Então, quando tive a oportunidade de trabalhar com a pólio, simplesmente peguei a mesma ideia e tentei ver o que poderia ser feito em relação a ela. Foi um sucesso. Desde então, é claro, toda a engenharia genética e outras coisas que são feitas em partes do vírus são continuações desse mesmo princípio. Por isso, costumo procurar por padrões. Identifico padrões que se integram e se sintetizam e enxergo significado. Eu interpreto esse significado, o que observo nesses padrões.

Apesar de seus êxitos, Salk continuou a encontrar obstáculos em tudo o que tentou fazer. Sua pesquisa sobre câncer, doenças autoimunes e esclerose múltipla o colocou em conflito com vários burocratas e com colegas que viam as coisas de forma diferente. "E foi apenas uma questão de insistir, tentar vencer e encontrar formas de contornar os obstáculos."

As melhores ideias de Salk muitas vezes vinham à noite, quando ele acordava de repente e, depois de passar cerca de cinco minutos visualizando problemas nos quais havia pensado na véspera, começava a "enxergar um desdobramento, como se um poema, uma pintura, um conto ou um conceito passasse a tomar forma". Às vezes, quando essas associações de ideias começavam a ocorrer em sua mente, Salk sentia uma resposta fisiológica palpável que lhe indicava que o lado direito do cérebro estava em atividade. Nesse momento, caía em sono profundo ou se sentava na cama, acendia a luz e anotava os pensamentos que lhe ocorreram — por um período de 45 minutos a uma hora. "Acumulei uma quantidade considerável de material nos últimos anos, com o qual estou começando a trabalhar para tentar entender ou identificar os temas que surgiram dessa maneira", disse.

Essa tendência de levar os sonhos e palpites a sério e de enxergar padrões onde os outros veem uma confusão sem sentido é claramente um dos traços mais importantes que separam indivíduos criativos de colegas igualmente competentes. É claro que essa fluidez de pensamento só resulta em algo criativo quando as regras de um domínio já foram internalizadas. Caso contrário, a maior probabilidade é que os sonhos se dissolvam ao acordarmos no dia seguinte. Mesmo as ideias mais originais têm pouca chance de fazer a diferença sem a persistência em convencer os outros de sua validade e sem uma boa dose de sorte. Jonas Salk foi abençoado uma vez, quando tudo deu certo.

Esses biólogos — Wilson, Klein e Salk — levaram vidas muito diferentes umas das outras e contribuíram para seu domínio de diferentes maneiras. No entanto, eles compartilhavam de fortes semelhanças, algumas das quais são comuns a indivíduos criativos em um amplo espectro de disciplinas.

Todos os três se lembravam de infâncias que foram de alguma forma perturbadoras, ou mesmo "disfuncionais". Um nunca conheceu o pai, os outros nunca mencionaram os seus ao longo da entrevista. Todos os três, no entanto, lembravam-se de mães muito fortes, exigentes ou emocionalmente dependentes. Todos sentiram desde cedo o impacto positivo das crenças e valores de uma tradição benquista, fosse a do sul dos Estados Unidos ou do judaísmo. Nenhum deles foi um aluno particularmente brilhante; inclusive, a escola não deixou lembranças positivas em nenhum deles. Para Wilson e Klein, o melhor aprendizado durante a adolescência ocorreu entre grupos de colegas e nos escoteiros.

Em consonância com tudo o que sabemos sobre a personalidade criativa, os três apresentavam a complexidade que somos levados a esperar. Eram altruístas e egocêntricos ao mesmo tempo, ansiosos por cooperar, mas insistentes em estar no controle. Consideravam-se workaholics, extremamente perseverantes e teimosos quando encontravam resistência. Todos correram riscos e desafiaram os dogmas de seus campos. Ao mesmo tempo, nenhum se contentou em permanecer dentro dos limites de sua especialidade: todos estavam abertos a uma grande variedade de experiências na arte, na música e na literatura.

Na verdade, apesar de os três terem começado suas carreiras como especialistas em campos restritos — o estudo de formigas, o crescimento de células cancerosas e o controle do vírus da poliomielite —, depois de alcançarem certa idade, passaram a se considerar majoritariamente "sintetizadores". O principal objetivo deles era conectar seus conhecimentos especializados com outros domínios, ou mesmo com o próprio processo evolutivo. As formas como eles tentavam realizar essa síntese, no entanto, diferia substancialmente. Embora todos tenham prestado atenção a desenvolvimentos externos a seus campos e tentado vincular seu trabalho com outras disciplinas, Salk parecia fazê-lo principalmente por meio de saltos intuitivos e analógicos entre processos amplamente diferentes nas artes e nas ciências, enquanto Wilson tentava alcançar uma "colinearidade" precisa entre processos biológicos e culturais específicos e Klein conectava conhecimentos biológicos que geralmente caminhavam de forma independente, como a virologia, a genética e a oncologia.

Existiam também diferenças óbvias nas carreiras dos três. Wilson afirmou que desde os seis anos sabia que ia se tornar um naturalista. Klein acabou na medicina por inércia e estava já com 22 anos quando seu interesse pela patologia celular entrou em ignição. Salk se lembrava de uma vontade ampla de ajudar as pessoas, mas tornar-se médico era a segunda opção. Amigos e mentores desempenharam um papel bastante central na carreira dos três, mas o tipo e o momento desses relacionamentos variaram bastante.

Até agora, no entanto, essas conclusões podem se aplicar da mesma forma a indivíduos criativos em outros domínios. Não há, então, um componente singular da criatividade na biologia? Os três poderiam ter sido tão criativos se tivessem se tornado escritores, advogados, físicos ou músicos? Ou tinham alguma característica que os atraiu para esse domínio específico?

É muito difícil responder a essas perguntas com segurança, mas parece haver algo comum a esses homens que se encontra com menos frequência em outras profissões. Repetidas vezes, eles mencionaram a forte *responsabilidade* que sentem em relação às outras pessoas e ao mundo dos vivos em geral. Claro, é possível que a preocupação com os outros seja resultado de terem sido cientistas da vida por tantos anos, em vez do motivo de terem ingressado na profissão. Salk afirmava, entretanto, ter sentido pena dos soldados que voltaram da guerra quando ele tinha apenas quatro anos. Klein visitou a casa de aldeia, no sopé dos Cárpatos, onde viveu com a mãe durante a infância, e, ao pisar na varanda, foi dominado pela ansiedade que costumava sentir ao atravessar na ponta dos pés a mesma varanda quando tinha seis anos, apavorado com a hipótese de acordar a mãe, que estava cochilando do lado de dentro — apenas um em meio ao fluxo contínuo de eventos nos quais tinha a sensação de que o bem-estar dos outros dependia dele. Talvez esse tipo de culpa, de sobrecarga pelo bem-estar alheio, seja uma das primeiras experiências que predispõe um jovem a trilhar uma carreira nas ciências da vida.[7]

Sem dúvidas, no entanto, existem outras razões. Todos desfrutaram da emoção de se aventurar em novas áreas do conhecimento: eles comparavam o que fazem ao trabalho de um detetive ou de um explorador. Wilson descrevia seu trabalho profissional como "desviar de balas". Quando falava sobre sua pesquisa, Klein usava a metáfora de dirigir um grande caminhão em uma pista escorregadia. Não há dúvida de que o domínio da biologia ofereça infinitas oportunidades de flow para aqueles que se aventuram a extrapolar seus limites. Talvez seja essa combinação de empatia com o mundo dos vivos e apreço pelo risco e pela aventura o que leva a um envolvimento criativo com as ciências da vida.

12. O domínio do futuro

A criatividade geralmente se refere ao ato de mudar algum aspecto de um domínio — uma pintura que revela novas formas de ver, uma ideia que explica como as estrelas se movem e por quê. Mas, é claro, houve um tempo em que os domínios não existiam. Os primeiros astrônomos, os primeiros químicos ou os primeiros compositores não estavam mudando um domínio, mas, na verdade, criando um. Assim, em certo sentido, os eventos criativos mais importantes são aqueles em que sistemas simbólicos inteiramente novos são criados.

Fazer isso, é claro, não é fácil. O índice de evasão em relação à criatividade dentro dos domínios é muito alto e espera-se que para novos domínios seja tão alto quanto. Muitas pessoas têm ideias grandiosas sobre a criação de novos paradigmas, novas perspectivas, novas disciplinas. Pouquíssimas delas conseguem convencer pessoas suficientes para formar um novo campo. As quatro pessoas citadas neste capítulo são exemplos dessas arriscadas tentativas de se criar um conjunto de regras simbólicas.

Todos elas foram bem-sucedidas dentro de um domínio científico existente antes de tentar fundar um novo. Nenhuma deu início a uma nova trajetória para alcançar benefícios particulares, poder ou dinheiro. Uma profunda preocupação com o bem-estar do mundo orienta a vida delas. Em cada um dos casos, elas abordaram um problema social central, em um esforço para concretizar uma reorganização voluntária da comunidade humana. Por não conseguirem ver como lidar adequadamente com essas questões dentro dos domínios já existentes, todas as quatro lutaram para desenvolver novas representações simbólicas e novas instituições sociais dedicadas à solução de problemas globais. Essas são as semelhanças fundamentais; mas, como veremos, as diferenças são igualmente impressionantes.

A CIÊNCIA DA SOBREVIVÊNCIA

O nome Barry Commoner virou sinônimo de luta ambiental. Ele foi um dos primeiros cientistas a perceber, na década de 1960, que alguns dos frutos da tecnologia — da precipitação nuclear aos pesticidas, do consumo de petróleo aos resíduos sólidos — representavam riscos à saúde humana. Formado em bioquímica e biofísica, Commoner se viu cada vez mais frustrado diante da abstração e da fragmentação da comunidade científica acadêmica. Ele tentou influenciar a conscientização pública por meio de vários livros e, em 1980, em uma malsucedida candidatura para a presidência dos Estados Unidos. Dirigiu o Center for the Biology of Natural Systems, agora associado à City University of New York, onde continuou a explorar os problemas impostos pela tecnologia desenfreada e suas possíveis soluções.

Em guerra com o planeta

Commoner não deu início a sua carreira com nenhuma missão específica. Ele havia sido um aluno bastante bom no ensino médio, e seu pai, um alfaiate imigrante, o pressionou para que se tornasse técnico de rádio. Mas, então, um tio intelectual insistiu para que se matriculasse na Universidade Columbia — não era algo fácil para um rapaz judeu naquela época. Ao final de sua carreira universitária, quando ficou claro que Commoner tinha talento para ciências e deveria continuar os estudos após a graduação, um professor de biologia o chamou e disse que ele iria para Harvard. "O que você está dizendo?", Commoner se lembrava de ter perguntado. "'Tomei as providências para você fazer pós-graduação em Harvard.' Eu não tinha me candidatado a nada. 'Sendo judeu e egresso da Columbia, você vai ter muita dificuldade em arrumar um emprego. Estou mandando você para Harvard.'" Assim, Commoner foi para Harvard, onde recebeu uma formação interdisciplinar em química, biologia e física.

Depois de ingressar na carreira acadêmica, Commoner foi confrontado com uma série de acontecimentos sinistros. Um deles foi a ameaça de holocausto nuclear, o que, após a Segunda Guerra Mundial, lançou uma sombra macabra sobre uma geração inteira. Outros dois eventos definidores foram descritos por ele nos primeiros capítulos de seu livro *Science and Survival*. O primeiro foi um apagão que cortou o fornecimento de energia elétrica em uma enorme área do nordeste dos Estados Unidos e no Canadá, em uma noite de novembro de 1965. O que impressionou Commoner em relação a esse incidente foi que a causa estava nos sofisticados controles computadorizados da rede elétrica, que responderam a um aumento na demanda derrubando o sistema inteiro (um processo não muito diferente do que aconteceu mais de vinte anos depois, quando os softwares de compra e venda de ações burlaram os controles humanos e entraram em um frenesi de vendas que os corretores não conseguiram deter, provocando a quebra do mercado).

O segundo evento que Commoner descreve em seu livro foi a descoberta de que a precipitação radioativa de testes nucleares em Nevada produziu isótopos de iodo-131, que foram levados pelos ventos para os campos de Utah, onde contaminaram as pastagens das vacas. O iodo passou para o leite das vacas e, quando as crianças o bebiam, ele se depositava nas células de suas tireoides. Ali, a radiação do iodo acabava por provocar bócio e tumores.

Tanto o apagão quanto as doenças provocadas pelo iodo-131 foram exemplos típicos do tipo de reações em cadeia não intencionais que ocorrem eventualmente quando a tecnologia foge ao controle humano. A maioria das pessoas considera esses eventos o preço necessário a se pagar pelo progresso e não liga muito para eles. Mas Commoner, fosse porque sua formação interdisciplinar o fez pensar em termos de padrões sistêmicos em vez de processos lineares, fosse por causa de um longo histórico pessoal como outsider que foi forçado a ter uma perspectiva crítica, tinha a sensação de que esses eventos não eram apenas efeitos colaterais, mas parte da história principal do nosso tempo.

Essa história principal, de acordo com Commoner, era o fato de declararmos involuntariamente guerra contra o planeta do qual nossa vida depende. A ciência começou como uma ferramenta poderosa para aumentar o bem-estar humano. Mas, quando buscamos o conhecimento em domínios separados, sem termos a compreensão de como suas aplicações afetam o todo, forças que podem ser extremamente destrutivas são libertadas. O aprendiz de feiticeiro que põe em marcha um feitiço que não consegue deter quando sai do controle é uma metáfora recorrente nos escritos de Commoner.

Claro, ele não estava sozinho nessas conclusões. Vários grupos fundados nos anos 1960 ajudaram a aprimorar a consciência ecológica de Commoner, como o Committee on Science in the Promotion of Human Welfare, da American Association for the Advancement of Science, assim como o Committee for Nuclear Information. Mas, com o passar do tempo, Commoner desenvolveu uma abordagem particular sobre como ajudar o meio ambiente, que lhe permitia vislumbrar soluções viáveis tendo em conta quem ele era e o que podia fazer.

Ciência e política

O que Commoner percebeu foi que a solução não poderia vir apenas da ciência. Para manter a tecnologia desenfreada sob controle, a ciência e as políticas públicas precisavam trabalhar em conjunto. Quando se trata de aplicação da tecnologia, a ciência, previsivelmente, se vende para quem dá o maior lance. Os militares acabam por controlar o incrível poder da radiação, as empresas farmacêuticas lucram com os frutos da química, e o agronegócio faz uso da biologia para seus próprios fins. Nenhum desses campos entrincheirados assume a responsabilidade de preservar o tecido da vida no planeta, embora todos possuam os meios para destruí-lo. Portanto, precisamos intervir e recuperar o controle em nome dos interesses comuns da manutenção da vida na Terra.

Ao contrário de muitos outros que também perceberam as ameaças da tecnologia, Commoner manteve a fé na ciência. Ele acreditava que, embora a ciência pudesse ter nos colocado nessa confusão, era pouco provável que saíssemos dela sem sua ajuda. Assim, ele continuou a usar o método científico tanto para diagnosticar os problemas quanto para encontrar soluções para eles. Ao fazer isso, trabalhou com a humildade dedicada de um verdadeiro erudito. Há muitos anos, os esforços de seu instituto se concentravam principalmente na solução de problemas relacionados ao descarte de resíduos sólidos. Lixo não é um tema muito popular, mas seu crescimento exponencial representa ameaças reais sobre as quais poucas pessoas querem pensar. Além disso, é um problema que tem como ser resolvido, e, portanto, pode servir de exemplo para lidar com questões mais complexas. A exemplo de todos os indivíduos criativos que estudamos, Commoner não jogava energia fora com problemas que não podiam ser resolvidos. Ele possuía o dom de distinguir o que era viável do que não era.

Commoner teve a impressão de que não bastava apenas demonstrar que, quando se queima lixo em incineradores, forma-se a dioxina, um perigoso poluente, ou que, ao usar fertilizante em excesso, envenenamos nossas reservas de água com nitratos. Saber disso era importante, mas não faria nenhuma diferença enquanto determinados agentes se beneficiassem da incineração ou da fertilização. Portanto, ele chegou à conclusão de que a prioridade número um era informar o público sobre essas crises ambientais e suas origens. Para fazer isso, recorreu a diferentes meios: escreveu livros e panfletos, conversou com líderes e formadores de opinião, deu entrevistas, arrecadou dinheiro de fundações a favor de causas ambientais e desenvolveu uma rede de pessoas com ideais afins.

Nesse processo, ele precisou romper com o padrão dos domínios científicos e com os campos acadêmicos que preservavam suas fronteiras. Isso significou abandonar a segurança do abrigo das universidades, um passo que poucas pessoas formadas nelas têm coragem de dar:

Fui criado antes da Segunda Guerra Mundial, quando vários dos meus professores acreditavam no dever que o acadêmico tem para com a sociedade em geral. Mas, à medida que a geração representada pelos cientistas da Segunda Guerra Mundial começou a envelhecer, o mundo acadêmico foi ficando muito isolado do mundo real. O trabalho acadêmico era ditado pelas disciplinas e voltado para as disciplinas, o que é extremamente chato, acho. Assim, o trabalho que fazemos tem se afastado cada vez mais dos atuais rumos da produção acadêmica, porque a maioria das pessoas na universidade busca a admiração dos próprios colegas. O trabalho que fazemos é para o bem das pessoas de fora da universidade.[1]

Só é possível pensar de forma holística ao cruzarmos as fronteiras disciplinares, algo essencial se quisermos "amarrar o assunto" e preservar o equilíbrio orgânico das formas de vida do planeta.

A filosofia predominante na vida acadêmica é a do reducionismo, que é exatamente o inverso da minha abordagem às coisas. Uso a palavra holístico em conexão com a biologia e as questões ambientais. Mas o mundo acadêmico mudou muito desde que eu estava na pós-graduação. Ele foi se tornando cada vez mais autorreferente e reducionista. Acho isso entediante e não estou interessado em fazer parte disso.

Em vez de deixar campos acadêmicos especializados ditarem como ele devia abordar os problemas e buscar soluções, Commoner permitia que os eventos do "mundo real" ditassem para onde ele devia voltar sua atenção e quais meios devia usar para tentar conter a tecnologia recalcitrante. Ameaças específicas, como a proliferação de resíduos tóxicos ou a poluição da água potável por isótopos de nitrogênio, mobilizavam suas energias:

> O centro sempre mirou a solução dos problemas do mundo real, em questões como meio ambiente e energia. Não dos problemas acadêmicos. Não dos problemas definidos por uma disciplina. Problemas definidos pelo mundo real. Mais especificamente, pessoas da comunidade que se veem diante de um problema. Nossa postura em relação a esse problema, então, é resolvê-lo, não escrever um artigo que se encaixe em uma disciplina específica ou mesmo em uma combinação de disciplinas. Por isso digo que somos "adisciplinares", não interdisciplinares.

Essa declaração pode parecer frívola e anti-intelectual. Mas Commoner estava aplicando a ciência em sua acepção mais básica e legítima. Ele não se opunha à observação sistemática e cuidadosa, mas aos usos irresponsáveis dela. O que ele contestava era a adoração ritualizada do conhecimento do domínio por si só, em vez do conhecimento integrado de que realmente precisamos para evitar nosso desaparecimento.

Um embate com a realidade

Commoner se autodenominava "filho" da Crise de 1929, alguém que sempre teve que se esforçar muito para alcançar seus objetivos. Isso, somado à compreensão inexorável de seu status marginal, por ser um judeu do Brooklyn transitando pela torre de marfim da elite branca, protestante e anglo-saxã, é provavelmente o motivo pelo qual ele conservou suas perspectivas não ortodoxas pela vida toda. Aqueles que não são devidamente socializados por um campo se tornam terreno fértil à abordagem cética e divergente de pensamento que muitas vezes conduz à criatividade.[2]

Como muitos de nossos entrevistados, Commoner insistia na importância de manter duas atitudes em geral contraditórias em relação ao seu trabalho: um vínculo emocional com o que faz e, ao mesmo tempo, uma perspectiva rigorosamente objetiva. Não há dúvida de que ele se preocupava profundamente com seus temas — todo o padrão de sua vida foi prova disso. É também claro que ele levava o rigor a sério: entre seus associados, ficou famoso por escrever rascunho atrás rascunho para cada discurso ou comunicado à imprensa, até que o texto estivesse isento de ambiguidades e pontos fracos.

Não é fácil ser um dissidente e ao mesmo tempo trilhar o estreito caminho da excelência autoproclamada em um domínio inexistente. Commoner enfrentou várias dificuldades com administradores universitários que não entendiam o que ele estava tentando fazer, com colegas acadêmicos que achavam que ele estava invadindo o território deles, com as autoridades que queriam silenciar sua oposição às armas nucleares e à Guerra do Vietnã. Sua fé obstinada na importância de sua tarefa o impediu de desistir. Mas ele também teve que encontrar estratégias para manter sua cabeça focada e evitar distrações. Como acontece com a maioria dos indivíduos criativos, uma espécie de disciplina ascética punha ordem em sua atenção:

Bem, eu também faço muitas escolhas. Não respondo cartas. Não faço coisas que as pessoas me pedem para fazer para ajudá-las. Ajudamos muitas pessoas em áreas onde queremos ajudar. Mas, sabe, as pessoas ligam e dizem: "Eu tenho uma invenção aqui". Qualquer coisa que seja comercial, não chego nem perto. Tenho toda uma série de regras como essas para me livrar das coisas. É preciso se concentrar em uma coisa de cada vez, acho. Mas, pelo menos, eu *consigo* fazer duas ou três coisas em um dia.

O *SPLICING* DO DNA CULTURAL

O tema da vida de Hazel Henderson se encaixava quase perfeitamente com o de Commoner. Ela também lutava para desenvolver um novo domínio interdisciplinar — ou "adisciplinar" — para lidar com os problemas da tecnologia. Também dedicou sua vida a impedir que nossa espécie destruísse o próprio habitat em que vive. Mas, como se formou em economia, em vez de biologia, ela se preocupava mais com a forma como os padrões de consumo afetam o nosso uso dos recursos do que com as consequências bioquímicas do nosso estilo de vida.

Henderson nasceu e cresceu no Reino Unido, em uma família amorosa e tradicional na qual os papéis de gênero eram estritamente respeitados. É impossível dizer o motivo, mas Henderson parece ter se apaixonado pelo mundo bem cedo na vida:

> Desde quando eu tinha cinco anos — sabe, quando você abre os olhos, olha ao redor e diz: "Uau, que viagem incrível é essa! O que diabos está acontecendo? O que eu estou fazendo aqui?". Eu me fiz essa pergunta por toda a minha vida. E eu amo isso! Faz com que todos os dias sejam mais leves. Isso acontece se você é capaz de manter essa pergunta vívida e se lembrar de como era quando você era criança, olhava ao redor e reparava, digamos, nas árvores, e esquecia que conhecia a palavra *árvore* — como se nunca tivesse visto nada igual àquilo assim antes. Você não dava nomes a nada. Você não registrava suas percepções. Dessa forma, todos os dias você acorda e é como se fosse o despertar da criação.

Este é um bom exemplo da abordagem espirituosa e aberta que Henderson tinha em relação à vida. É uma reminiscência da distinção do filósofo americano C. S. Peirce entre o que ele chamou de "percepção" e "reconhecimento". Também é muito semelhante à prática do feiticeiro yaqui Don Juan de "parar o mundo". Mas, derivativo ou não, esse frescor da percepção é inteiramente consistente com a existência dela.[3]

Depois que concluiu o ensino médio, Henderson tomou duas resoluções: viajar ao redor do mundo para ver como todos os demais viviam e nunca fazer nada de que não gostasse. Para começar, ela escreveu para vários resorts nas Bermudas, propondo administrar seus hotéis em troca de hospedagem, boas refeições e aulas à tarde com profissionais de tênis e golfe. Sua oferta foi aceita com entusiasmo e ela escolheu o resort mais impressionante. Essa experiência melhorou muito sua habilidade no tênis. Mas, o que é mais importante, mostrou-lhe que era possível se afastar da economia do dinheiro e organizar sistemas de troca de pequena escala, mutuamente benéficos. Ela continuou tirando proveito dessa experiência pelo resto de sua carreira. A falta de formação tradicional acabou por ser uma bênção disfarçada. Isso manteve sua cabeça aberta e permitiu que ela olhasse com olhos não treinados para o sistema econômico em escala global.[4]

A cegueira das nações

O problema que Hazel Henderson por fim elegeu como aquele a que iria dedicar sua vida a tentar resolver foi um que provoca reações muito apaixonadas nas pessoas: a exploração implacável dos recursos naturais e a crescente desigualdade entre países ricos e pobres. Embora todos estejamos cientes de que existe algo de perigosamente errado com nossa forma de usar a energia, o tamanho e a complexidade do problema nos paralisam na hora de tentar fazer algo a respeito. A reação mais natural é ignorá-lo, para que não fique pairando no fundo de nossa cabeça, envenenando cada momento com sua presença.

O que torna a reação de Henderson criativa foi que ela encontrou um modo de formular o que está errado para que ela possa fazer algo a respeito — e outras pessoas também. Como todos os movimentos conceituais desse gênero, sua formulação consiste em focar primeiro um aspecto limitado do problema, não toda a confusão generalizada. Henderson decidiu se concentrar na forma como os sete países mais industrializados do mundo — o G7 — medem seu progresso e sua riqueza. Ela chegou à conclusão de que essas sociedades, que representam apenas cerca de 13% da população mundial, mas que consomem a maior parte dos recursos naturais, se cegaram para a realidade medindo seu Produto Nacional Bruto (PNB) sem levar em conta os custos sociais e ambientais do seu suposto progresso. Segundo Henderson afirmava, enquanto essa contabilidade míope se mantivesse, a economia real do planeta só tendia a se deteriorar.

Por trás desse problema, de acordo com Henderson, existia outro: o viés epistemológico dos últimos séculos do pensamento ocidental, que obteve progressos abstraindo partes da realidade de seu contexto e, depois, tratando cada uma dessas partes como se existissem isoladamente do resto. Enquanto continuarmos a enxergar o progresso dessa forma, jamais veremos as implicações reais de nossas escolhas.

É basicamente um pensamento linear. Seu paradigma subjacente é que estamos todos marchando ao longo de uma linha do tempo vinda do passado, passando pelo presente, rumo ao futuro, e que em algum ponto do caminho existem inúmeras suposições sobre o que é o progresso, que normalmente é medido em termos de abundância material, virtuosismo tecnológico e crescimento econômico.

A política que os países industrializados adotam é "Ok, a prioridade na agenda é fazer isso, em segundo lugar é fazer aquilo". Existe toda uma suposição de que problemas devem ser abordados dessa forma e resolvidos também dessa forma. Acho que não funciona desse jeito. Considerando o tipo de questões políticas com as quais os países industrializados estão lidando, talvez seja preciso, no fundo, fazer dez coisas ao mesmo tempo, porque estamos lidando com sistemas que interagem entre si. Se você mexer em determinado ponto do sistema e disser: "É isso que precisamos fazer agora", tudo o que vai fazer é criar centenas de outras repercussões em algum outro ponto do sistema sem perceber. Então, elas passam a ser chamadas de "efeitos colaterais". Sendo que, na prática, não existe nunca um efeito principal sem que haja "efeitos colaterais".

A verdadeira riqueza

Tendo formulado dessa forma o que está errado em nossa relação com o meio ambiente, Henderson se tornou capaz de fazer algo a respeito. Como costuma acontecer, a formulação do problema implica sua própria solução. Formular o problema é, conceitualmente, a parte mais difícil de todo o processo, mesmo que pareça fácil. Nesse caso, Henderson tinha dois objetivos: fazer com que as pessoas entendessem os custos de longo prazo do progresso e promover um modo de pensar sistêmico, em vez de linear, sobre as políticas ambientais. Quanto à primeira questão, a posição dela era:

As pessoas são a riqueza das nações, entende? A verdadeira riqueza das nações são os recursos ecossistêmicos e as pessoas inteligentes, criativas, que solucionam problemas. Essa é a riqueza das nações. Não é o dinheiro, não tem nada a ver com dinheiro. O dinheiro não tem valor. Todo mundo sabe que o dinheiro não vale nada. Eu faço palestras sobre dinheiro. Começo queimando uma nota de um dólar, dizendo: "Isso é bom para acender uma fogueira, mas vocês sabem que isso não é riqueza. É um sistema de rastreio, para nos ajudar a rastrear as transações".

E, em lugar do pensamento linear:

Minha visão de mundo é sistêmica e interativa. A menos que você tenha um modelo sistêmico do problema que inclua todas as interfaces e todo o dinamismo — e provavelmente ele teria que ser planetário, dentro de uma estrutura de ecossistema —, não dá para saber onde agir. Quando você tem uma boa noção, um bom mapa de como todos esses sistemas interagem, talvez a política precise ser empregada em cinco lugares ao mesmo tempo para ter um efeito complementar. Caso contrário, ela vai se dissipar sem alterar o sistema, provocar algum efeito adverso em outro ponto ou até agravar o problema em algum outro sistema.

De maneira mais geral, acreditava Henderson, o problema é redesenhar o "DNA cultural", o conjunto de instruções que mantêm as pessoas motivadas — os valores e as regras de ação que canalizam a energia humana. A pergunta básica é:

Como pegar a linguagem natural e a comprimir com tanta força até que ela comece a funcionar quase que como uma fórmula matemática? O que me interessa é o código de DNA das sociedades e das organizações. Ou seja, o programa de regras que deriva de seus valores. Toda cultura é no fundo um software de alta qualidade, derivado de um sistema de valores e de um conjunto de metas. E toda cultura corporativa e toda instituição é assim. Então, o que eu gosto de fazer é escrever códigos de DNA para novas organizações.

Arquitetura da mudança

Tendo identificado uma abordagem geral para a solução do problema, agora é preciso conceber um método que faça o trabalho. Se é difícil reescrever o DNA de uma organização que seja, que dirá do planeta inteiro? É nesse ponto que o trabalho duro começa de fato. Seria tentador apenas desfrutar da glória de ter encontrado um modelo conceitual para começar a solucionar alguns dos piores problemas do mundo e deixar que outros o implementassem, caso consigam. Mas a criatividade de Henderson não se situava essencialmente no nível conceitual. O que fez seu trabalho se destacar do de muitos "ambientalistas de sofá" é que ela realmente tentava concretizar suas ideias.

Como ela fazia isso? Seus métodos eram variados e diversificados. Ela escrevia colunas e artigos. Publicava livros sobre economias alternativas. Dava palestras no mundo todo. Passava algum tempo em países potencialmente simpáticos à causa, como China ou Venezuela, em rede com funcionários do governo e grupos ambientalistas. Procurava influenciar os países do G15 a adotar novos métodos de acompanhamento dos seus PNBs, métodos que levassem em conta os custos socioambientais ocultos do progresso tecnológico. Mas a sua principal habilidade era a capacidade de fundar organizações que implementassem determinadas partes de sua perspectiva. Esses grupos podiam se concentrar na reciclagem, nas economias alternativas, no desenvolvimento de um "PNB alternativo", como seu Country Futures Indicators, ou no questionamento do impacto ambiental do consumismo. O que envolve encontrar:

As primeiras pessoas e os primeiros recursos que tragam esse código de DNA, aquilo que podemos chamar de plano de negócios para a organização. E encontrar essas pessoas, que realmente entendam o que é esse código, e então conseguir uma doação inicial de uma fundação, ou algo assim. Minha tendência, ao longo dos anos, foi a de passar tempo demais, porque eu queria ter certeza de que aquele pequeno e maravilhoso código de DNA ficasse gravado a ferro e fogo na metodologia daquela organização, para que eu pudesse me voltar para o quadro de diretores e não me preocupar mais com aquilo, porque estaria tudo determinado e todos estariam de acordo em relação ao que aquela organização era. Para que não fosse algo inicialmente projetado para ser um rato e se transformasse depois em um hipopótamo.

Mas, com o tempo, ela descobriu que "passar tempo demais" era um erro, porque os voluntários que se juntavam a ela por idealismo ficavam sufocados e se tornavam dependentes dela. Além disso, seu ego ficaria associado demais ao sucesso da empreitada. Portanto, ela começou a repassar a liderança da nova organização o mais rápido possível, sem se preocupar muito se seu projeto inicial seria seguido à risca ou não.

Eu aprendi com a escola da vida, na verdade. Era muito movida pelo ego quando era mais nova. Descobri isso quando fundei muitas organizações de mudança social, nos anos 1960 e 1970, e aprendi que, se você quer criar uma organização de mudança social onde não há dinheiro envolvido, onde não existe a motivação de dinheiro, onde há apenas um trabalho a ser feito em termos de uma visão idealizada de como a sociedade poderia ser no futuro, é melhor não ser tão egocêntrico a ponto de querer levar o crédito por ter tido determinada ideia ou fundado determinada organização. Porque você está tentando recrutar pessoas idealistas e maravilhosas e vai ser sua função dizer a elas: "Olha, o salário vai ser péssimo e pode até não haver salário no começo". Então, tudo o que você tem de fato para lhes oferecer é identidade e identificação com uma nova organização empolgante, na qual elas vão poder depositar toda a energia delas. O que descobri é que, quanto mais eu saía do meio do caminho e quanto mais rápido fazia isso, melhor a organização decolava e maior era a satisfação das pessoas que eu tinha escolhido para coman-dá-la. E percebi, ao longo de muitos anos, que fui aprendendo a me mandar mais depressa. Quer dizer, no começo eu ficava preocupada, pensando: "Ah, será que vão cuidar bem do meu bebezinho?".[5]

Aprontando grandes travessuras

Como foi que Henderson conseguiu implementar esses métodos? Não é fácil travar o tipo de guerra de guerrilha que ela travou por três décadas con-tra a má gestão econômica planetária. Sem dúvida, ter uma meta ousada ajuda — existem poucos projetos aos quais uma pessoa dedicar a vida inteira e que sejam tão claramente justificados. Mas houve uma série de procedimentos mais mundanos que ela teve que adotar para dar continuidade ao seu trabalho sem se distrair. Uma coisa com a qual ela teve que se resignar foi abrir mão de uma vida familiar normal e também com o fato de que, no fim das contas, sua dedicação à solução do problema que elegeu levou a um divórcio amigá-vel. Outra coisa da qual teve que abrir mão foi a segurança financeira de um bom emprego. Quanto a isso, ela confessa com pesar: "Sempre soube que eu era 'incontratável'. Porque, sabe, eu seria demitida de qualquer trabalho no primeiro dia por insubordinação. Porque eu ia dizer a eles como fazer aquilo melhor ou qualquer outra coisa. Portanto, sempre soube que eu teria que in-ventar meu próprio trabalho".

Por fim, ao se mudar para uma pequena comunidade no norte da Flórida, ela conseguiu proteger sua privacidade, expressar in loco os valores rebeldes que defendia e, mantendo um perfil discreto, desarmar seus adversários políticos. (A propósito, essas foram exatamente as mesmas razões pelas quais Elisabeth Noelle-Neumann transferiu sua organização de pesquisa de alta tecnologia para uma propriedade agrícola isolada do século XV, no sul rural da Alemanha.) Eis o que Henderson disse sobre o lugar que escolheu para viver:

Sinto um grande prazer em poder interagir com um grande sistema, como os Estados Unidos, e ao mesmo tempo viver em um lugar que é um remanso, onde as pessoas diriam: "Por que diabos você vive na selva do norte da Flórida?". Para mim, existe um enorme prazer nisso. Porque uma pessoa pode ser vista pela cultura dominante como uma espécie de marginal, sabe? Do tipo: "Ela está meio que brincando à margem das coisas". Quanto menos as pessoas ficarem sabendo sobre o meu efeito em vários subsistemas, melhor.

Estar escondida no norte da Flórida não significava que Henderson estivesse isolada. Sempre que achava que valia a pena, viajava ao redor do mundo. As pessoas que estão realmente preocupadas em ajudar a resolver os problemas com os quais ela se preocupava iam ao seu encontro — sua casa vivia cheia de visitantes tentando implementar as mesmas "travessuras de alto nível" que caracterizavam suas empreitadas. Suas melhores ideias surgiam quando ela estava envolvida em uma atividade solitária, como andar de bicicleta, caminhar, cuidar do jardim ou lavar a louça, ou mesmo quando estava conversando com visitas interessantes. Sem o diálogo constante com pessoas que pensam da mesma forma, Henderson não teria sequer como começar a conquistar seus objetivos.

A singular carreira de Henderson não foi um mar de rosas o tempo todo. Como a maioria das pessoas criativas, ela teve sua cota de obstáculos. Em um determinado momento, décadas atrás, teve um *burnout*. Estava envolvida demais, ocupada demais, ansiosa demais. As constantes viagens e o estresse provocavam dores no pescoço. Ela chegou quase no limite. Então, ela percebeu que seria bom "criar seu próprio modo sustentável de atuação". Foi quando decidiu ir morar na Flórida e mudar o estilo de vida. Mas, acima de tudo, reviu suas prioridades e decidiu que não era importante receber crédito pelo que estava fazendo — que isso não era importante para chegar a lugar nenhum. O que importava era fazer o melhor que pudesse e aproveitar enquanto durasse, sem deixar que o sucesso se apossasse de seu ego. Essa decisão lhe deu tanta paz de espírito que ela passou a ficar mais atarefada do que jamais estivera, mas sem sentir estresse nem dor.

O que a sustentava, em vez do desejo de fama, era um sentimento fundamental pela ordem e beleza da natureza, um chamado para criar ambientes ordenados e belos ao seu redor. Numa colorida hipérbole, ela disse:

Em determinado grau, eu me sinto como uma extraterrestre. Estou aqui de visita, por algum tempo. Também estou em uma forma humana. Sou muito ligada emocionalmente à espécie. Portanto, foi essa encarnação que assumi neste momento. Mas também tenho algo de infinito em mim. Tudo meio que se encaixa facilmente. Parece maluquice, mas a verdade é que isso é uma prática espiritual para mim.

Poucas pessoas confessam sentir-se extraterrestres, mas é preciso ser capaz de observar a si mesmo de certa distância para se ter uma visão objetiva da condição humana. Para inventar novas formas de viver que não estejam comprometidas com as tradições passadas, é preciso batalhar para atingir essa objetividade. No entanto, ao mesmo tempo, também é preciso manter a "ligação emocional à espécie". Essa dialética entre cálculo racional e envolvimento apaixonado foi citada anteriormente como uma das características dos indivíduos criativos em geral. Talvez seja ainda mais essencial para aqueles cuja criatividade está fora dos domínios tradicionais. É assim que Henderson a definiu:

> Existe um continuum muito harmonioso do que os zen-budistas chamam de apego-desapego, e é preciso estar sempre no estado em que ambos estejam presentes. Há um contínuo yin/yang, que não conseguimos entender na lógica ocidental porque temos o "ou isso/ou aquilo". Mas essa lógica é "ambos/e" e ela diz que há uma dança e um continuum constantes entre apego e desapego, entre a visão de longo prazo, infinita, e a visão encarnada, onde temos que aprender sobre limitação, finitude e ação.

O CAMINHO PARA A PAZ

Elise Boulding, que foi casada por mais de meio século com o economista Kenneth Boulding, teve dificuldade em sair da sombra do marido famoso. Mas, depois de criar cinco filhos e passar dezoito anos como dona de casa, ela concluiu o doutorado em sociologia e embarcou em uma carreira singular de sua própria autoria. Como os outros indivíduos deste capítulo, Elise encontrou as questões sobre as quais se debruçou nas vicissitudes da vida real e tentou resolvê-las primeiro dentro dos limites de um domínio existente. Ao descobrir que isso era impossível, abandonou a segurança do meio acadêmico e saiu em uma viagem a sós, na esperança de desenvolver novas abordagens para lidar com as ameaças que punham em risco o nosso futuro.

Não há mais lugar seguro

O tema principal da vida de Boulding foi a paz, em todos os níveis — em casa, na comunidade, no país, no mundo. Uma preocupação que amadureceu lentamente até absorver toda a sua energia. Tudo começou quando ela era criança, em Nova Jersey:

O medo da guerra, na minha infância, era o medo de sofrer um ataque com gás, por causa das histórias e dos filmes sobre a Primeira Guerra Mundial. Portanto, o medo que as crianças têm hoje, de um ataque nuclear, eu tinha um equivalente numa época em que populações eram atacadas com gás. Quando eu era criança, tinha uma fantasia de que se houvesse outra guerra eu iria para a Noruega, onde nasci, em direção às montanhas, viveria em uma cabana e estaria segura. Todas as histórias da minha mãe eram sobre a Noruega ser um bom lugar. Os Estados Unidos não eram, em muitos aspectos, um lugar tão bom assim. Havia egoísmo, ganância, corrupção. Mesmo nos anos 1920. [Ela ri.] Quando eu estava no último ano da faculdade, a Noruega foi invadida. De repente, não havia mais lugar seguro para onde ir. Então, houve uma convulsão interna, em minha própria aceitação desse fato, de ter perdido meu lugar seguro. Embora eu soubesse que era uma fantasia de infância, ao mesmo tempo era uma parte muito importante do meu próprio ser.

O que Boulding viu foi que o mundo estava interconectado demais para permitir que qualquer pessoa se refugiasse em um porto seguro. A violência poderia se espalhar por todos os lugares num instante. Assim como Commoner e Henderson, Boulding confrontou a natureza sistêmica de nossa dependência mútua. Ela percebeu que a única forma de o mundo se tornar um lugar seguro era se todos trabalhassem para isso.

Fundações espirituais

Trabalhar pela paz mundial não é tarefa fácil. Na verdade, é uma ideia tão utópica que beira a ingenuidade. A maioria das pessoas, ao perceberem os riscos que a violência global representa para sua vida, pega atalhos psicológicos, como a negação ou a escolha de bodes expiatórios. É muito mais fácil pôr a culpa pelas mazelas do mundo em alvos gerenciáveis, como a União Soviética, a África do Sul, os fundamentalistas religiosos ou o establishment liberal, em vez de refletir sobre a possibilidade de que suas próprias ações sejam parte do problema. É sempre mais fácil tentar fazer com que os outros, e não nós mesmos, mudem sua forma de agir. No entanto, quando olhamos para o mundo como um sistema, fica óbvio que é impossível mudar uma parte dele e deixar o resto inalterado.

Boulding abordou o problema da paz do zero, por assim dizer. Parte de seu talento, assim como o de outros indivíduos criativos, consistia em encontrar uma forma plausível de lidar com um problema complexo. Os passos são simples e óbvios: primeiro, devemos criar nossos filhos para ser pacificadores; segundo, devemos entender como as famílias podem alcançar a harmonia interna; terceiro, devemos conectar famílias harmoniosas em seus bairros e comunidades. Por fim, as pessoas assim conectadas devem ser conscientizadas de sua identidade global, de sua interdependência mútua:

> Descobri as organizações não governamentais internacionais e a compreensão gradual do que significava existir uma rede de 18 mil associações multinacionais, onde as pessoas tinham uma identidade não relacionada ao território onde viviam. Descobri o que isso significava e como poderíamos nos conectar a essas redes, ou usar aquelas nas quais estávamos inseridos. Passei boa parte do meu tempo ajudando as pessoas a entender que, se elas pertenciam a alguma coisa, era na verdade a uma identidade mundial. Vejamos, o que quer que você esteja fazendo em termos locais, seja o Rotary, a Kiwanis, todos os clubes de serviço, sejam igrejas, uma câmara de comércio, esportes, não existe nenhuma esfera de atividade [que não possa ser feita] em escala global. Mas sempre partindo de uma convicção muito forte de que, a menos que você entenda como sua própria comunidade local funciona, não faz sentido você trabalhar em qualquer outro lugar. É preciso saber como as coisas funcionam localmente.

É claro que formular o problema da paz em termos de crescentes graus de complexidade não torna a tarefa mais fácil, mas faz com que ela seja administrável o suficiente para que se possa começar a fazer algo a respeito, em vez de jogar as mãos para o alto em desespero. Boulding começou por garantir que seus próprios filhos fossem criados para ser "pacificadores". A seguir, ela levou suas ideias até a Society of Friends, o núcleo quaker à qual a família pertencia. A partir daí, sua influência atingiu um público cada vez maior — como presidente do Departamento de Sociologia de Dartmouth, como escritora e palestrante tanto no meio leigo quanto no científico. Assim como Hazel Henderson, Boulding considerava que o objetivo de sua escrita era mudar a forma como as pessoas pensavam sobre os problemas do mundo: "Estou pensando o tempo todo nas diferentes metáforas que usamos, em como elas determinam nossa compreensão da realidade e em como queremos mudá-la". Seu campo de atuação se ampliou para alcançar a liderança de várias empresas e, por fim, ela começou a agir no cenário internacional:

> Bem, neste momento é o seguimento da minha atuação como secretária-geral da Associação Internacional de Pesquisa para a Paz, cujo mandato terminou dia 1º de maio. Mas em janeiro, em consequência da Guerra do Golfo, estabelecemos a chamada Comissão pela Construção da Paz no Oriente Médio. Eu me comprometi a atuar como presidente apenas no começo, até outubro. Gostaria que outra pessoa assumisse depois disso. Então, muito do meu tempo agora é tomado pela correspondência com as pessoas. Estou tentando desenvolver o maior número possível de contatos no Oriente Médio, para que não sejam apenas as pessoas na Europa e nos Estados Unidos a pensar sobre o que tem que acontecer no Oriente Médio. Estou empenhada em tentar reunir muitas referências e produzir um documento com uma perspectiva ampla.

Apesar da extensão da influência de Boulding, suas atividades tinham uma base sólida no lar, na família e na comunidade. Ainda mais profundamente, seu compromisso com a paz era calcado na fé: ela chamava seu trabalho de "ação fundamentada no amor de Deus". Enquanto quaker, sua concepção de Deus não estava vinculada a uma interpretação histórica específica: era uma entidade difusa e em evolução. Mas se tratava, para ela, de uma força viva e poderosa que permitia que ela se sentisse conectada ao cosmos em sua "totalidade orgânica".

Ela se voltou para a expressão lírica para descrever como o relacionamento com a divindade a afetava: "O raio brilhante de amor eterno que penetra nas nuvens do desconhecido, alcançando horizontes inimaginavelmente distantes da criação. E isso está dentro de nós mesmos".

Apesar da força da fé, do apoio da família e da comunidade, a vida de Boulding não foi tranquila e ausente de problemas. De vez em quando ela se sentia esgotada, exaurida pelos fardos que escolheu carregar. Uma dessas crises aconteceu em seu aniversário de sessenta anos, quando, "de repente, me senti completamente farta da minha própria vida. Tive uma sensação de indigestão em relação à vida, de que estava cheia demais, saturada. Não aguentei. Levei alguns meses para superar isso e voltar a ter a sensação de que estava tudo bem, de que havia espaço para mais experiências na minha vida — sabe, de que eu não estava totalmente exausta, não estava totalmente assoberbada —, e para me abrir novamente e seguir adiante". Quando uma sombra se impunha sobre sua alma, Elise se retirava para seu eremitério nas montanhas. Lá, rodeada por picos distantes e por seus objetos queridos, com seus dias regidos por rituais de oração e meditação, ela conseguia restaurar o equilíbrio interior e redescobrir suas fundações espirituais.

DANDO VAZÃO AOS POTENCIAIS

John W. Gardner teve muitos empregos: começou dando aulas de psicologia na faculdade, foi presidente de uma importante fundação filantrópica, foi nomeado secretário de Saúde, Educação e Bem-Estar pelo presidente Lyndon Johnson e escreveu vários livros influentes. Mas nenhuma dessas conquistas, que mesmo isoladamente justificariam a existência para a maioria das pessoas, deram a Gardner a sensação de haver feito o suficiente. Como não estava em busca nem de dinheiro nem de poder, o objetivo pelo qual lutava podia parecer fugidio, embora um observador atento pudesse ter a impressão de que ele o havia alcançado diversas vezes.

A excelência dos encanadores

O que Gardner tentou conquistar em vida? Antes de responder a essa pergunta, ajuda saber o que ele identificou como o principal problema que precisava de solução, o grande objetivo no qual valia a pena investir suas energias. Basicamente, Gardner estava convencido de que não estamos à altura do potencial de excelência a que todas as pessoas têm direito desde o nascimento.

Isso tem duas consequências. Nossa vida torna-se monótona e empobrecida. Jamais experimentamos a sensação de euforia que se tem ao agir na plenitude de nossas capacidades, o tipo de sentimento que um atleta olímpico pode ter ao dar o seu melhor, ou um poeta ao escrever um verso perfeito — aquilo que chamo de flow. A segunda consequência é que as pessoas que são mal pagas e têm empregos monótonos acabam ficando isoladas da minoria abençoada. Com o tempo, essa tensão inevitavelmente resulta em conflito social. A questão, da forma como Gardner a diagnosticou, era implementar um éthos de igualdade social sem deixar de enxergar a realidade de que existem profundas diferenças individuais. Em certo sentido, isso exigiria um conceito de excelência que incluísse os encanadores (ou, do ponto de vista dos encanadores, um conceito de excelência que incluísse os professores universitários):

Por volta dos trinta e tantos anos, identifiquei um dilema muito grave para o povo norte-americano. Eles têm um éthos de igualdade e algumas palavras que descrevem esse éthos, mas ainda assim as pessoas variam absurdamente em suas habilidades e na capacidade de atingir certos padrões. Então, o subtítulo do livro [Excellence] foi Can We Be Equal and Excellent Too? [Podemos ser iguais e excelentes ao mesmo tempo?]. Eu tinha a impressão de que era preciso haver uma concepção de excelência que deixasse espaço para a pessoa que era excelente como encanador. Excelência em vários níveis. Se você parte do princípio de que apenas as pessoas no topo são excelentes, isso abre as portas para que todo o resto da sociedade seja deixada de lado. Você está dizendo que elas não importam, porque não têm como ser excelentes de forma nenhuma, que são um bando de preguiçosos. Essa é uma forma terrível de governar uma sociedade. Todas as pessoas têm que ter a sensação de que, seja qual for sua vocação, elas podem ser excelentes. Elas podem ser um excelente mecânico, um excelente professor de jardim de infância, assim como um excelente neurocirurgião ou qualquer outra coisa. Foi isso que realmente definiu meu caminho para tentar comunicar algumas ideias. Mas, trinta anos depois, essas ideias ainda estão muito confusas na cabeça das pessoas.

Alcançando as pessoas

Os conflitos que se espalharam pelas principais cidades dos Estados Unidos no final da década de 1960 pareciam confirmar os temores de Gardner: os segmentos da sociedade aos quais foi negada a chance de serem excelentes estavam começando a se revoltar. Foi nesse ponto que sua criatividade realmente começou a emergir: ele abandonou os confortáveis cargos institucionais onde era bem-sucedido e começou a se afastar do território dominado pelas fundações e agências governamentais. Basicamente, achava que o modo de combater a alienação era engajar mais as pessoas nas decisões que afetavam seus destinos.

Isso significava organizar movimentos voluntários que instruíssem as pessoas sobre as opções de que dispunham e, em seguida, que as ajudassem a encontrar sua voz e seu poder no processo político. O primeiro desses trabalhos foi liderar a National Urban Coalition, um grupo notável de líderes empresariais, sindicais, minoritários e religiosos que se reuniram para resolver os problemas das cidades.

Meu trabalho era presidir aquele grupo extraordinário. Foi uma experiência muito interessante porque visitei as áreas mais conturbadas de todas as cidades. Eu penetrei a fundo em todas as cidades onde havia alguma rebelião. Fui exposto de forma bastante intensa a um lado da vida norte-americana sobre o qual eu sabia alguma coisa, mas não conhecia tão ativamente. Achei isso muito valioso, e foi também o que me levou a fundar a Common Cause. Porque, enquanto estudava as coisas que poderiam ser feitas para contornar a situação, não parei de me deparar com problemas reais de governança, deficiências do processo de governança, e concluí que precisávamos que os cidadãos estivessem atentos ao governo. Os cidadãos que estão atentos ao governo são aqueles que agem como lobistas dos sindicatos, das empresas ou de qualquer classe profissional que seja, mas não existe uma voz voltada para o bem comum, sabe, preocupada com como podemos fazer esse sistema funcionar, como podemos tornar determinada cidade melhor.

A Common Cause, que Gardner fundou e presidiu por muitos anos, foi um sucesso instantâneo: nos primeiros seis meses atraiu 100 mil membros. Ele acabou por renunciar à liderança dessa organização pelo mesmo motivo que Hazel Henderson passava a liderança o mais rápido possível para outra pessoa: "A cada ano que passava, eu ficava mais certo de que tinha as respostas. Eu tinha uma 'resposta Gardner' para tudo". Saber todas as respostas é bom, mas tem duas desvantagens: torna o trabalho entediante e sufoca as iniciativas dos colaboradores.

Então Gardner virou a página e fundou uma outra organização, chamada Independent Sector, de modo a proporcionar um fórum para todas as organizações sem fins lucrativos do país. Ele continuou a dar palestras e escrever livros. Já perto dos oitenta anos, também retomou sua primeira carreira e voltou a lecionar na faculdade com renovado entusiasmo. Seu interesse no fim da carreira foi o estudo da comunidade, porque sentia que nem a concretização dos potenciais individuais nem o poder de auto-organização dos grupos pode ser alcançado se as pessoas vivem em bairros desestruturados que carecem dos valores e regras internas que fazem com que uma comunidade seja um sistema orgânico, capaz de se autocorrigir.

Viver com senso de responsabilidade

O que fez com que Gardner fosse capaz de deixar de lado o poder e o sucesso que havia alcançado e investir suas energias a ajudar a recriar formas representativas de governança? Sem dúvida, uma inteligência superior ajudou. Ele era brilhante na escola, estando sempre alguns anos à frente dos colegas da mesma idade. Mas a inteligência acima da média não explica sua motivação intrínseca. Ele poderia ter usado a mesma inteligência para ganhar dinheiro em Wall Street ou para crescer ainda mais dentro do governo. Em vez disso, escolheu fazer o que mais ajudasse o bem comum — não tanto por um senso de dever, mas porque acreditava de verdade que era o melhor que poderia fazer:

Nunca fiz nada que não me sentisse fortemente motivado a fazer. Nunca fiz nada por um título, por poder, por dinheiro, a menos que eu estivesse profundamente interessado no assunto. Não sei por que ajo assim, mas acho que percebi que a vida era curta e queria fazer o que eu queria. Acho que as outras coisas podem ser ainda mais garantidas se você tiver essa base de motivação, se não se afastar dos seus valores.

Claro, isso ainda não explica de onde vieram esses valores nem o motivo pelo qual Gardner aceitou com tanto prazer que esses valores se sobrepusessem aos habituais. A essa altura, já deve estar claro que não existia uma explicação única para as escolhas de vida dele, mas há várias pistas que contribuem para a resposta. O próprio Gardner apontava uma razão óbvia para ter vivido com um senso de responsabilidade tão grande: a influência dos pais.

Como o pai morreu quando Gardner tinha apenas um ano e meio, ele não poderia ter exercido uma influência direta. Mas, como vimos no capítulo 7, ficar órfão cedo é algo frequente entre os homens criativos e, nesses casos, o pai ausente parece ter um efeito vitalício ao exigir, por assim dizer, um padrão muito alto de realizações por parte do filho. A mãe de Gardner teve uma influência mais direta e igualmente poderosa nos valores dele:

> Minha mãe era uma pessoa muito forte, de mentalidade independente. Ela tinha ideias que, para a época, eram muito avançadas em relação aos direitos das mulheres e à questão racial. Ela tinha um padrão de conduta muito alto, mas não se adequava a algumas das hipocrisias convencionais da época. Por exemplo, ela simplesmente não permitia que desprezássemos pessoas de qualquer outra raça ou grupo. Isso simplesmente não era permitido em nossa família. Nós nem mesmo tínhamos consciência disso. Anos e anos depois, meu irmão e eu estávamos conversando sobre isso e percebemos que ambos tínhamos exatamente a mesma postura. Ela incutiu essa postura desde cedo. E ela também tinha uma independência muito forte. Ela não tomava o que o grupo fazia como uma obrigação. Inclusive, eu tinha a impressão de que ela achava que, se você era popular, talvez houvesse algo de errado com você, que, não sei, talvez estivesse acomodado demais, não estava defendendo seus pontos de vista e assim por diante. Não há dúvida nenhuma de que isso teve um impacto na maneira como meu irmão e eu crescemos.

As exigências implícitas de um pai ausente e a imparcialidade e independência da mãe deixaram sua marca no caráter de Gardner. Outra influência foi a infância passada em uma Califórnia próspera e otimista. Ao mesmo tempo em que se sentia radiante diante da alegria daquele ambiente, ele também lamentava, devido às frequentes mudanças e à sua própria precocidade na escola, não ter desenvolvido um senso de comunidade ou uma rede de amigos. Essa sensação precoce de marginalidade também contribuiu para sua própria independência e, talvez como forma de compensação, para sua preocupação mais tarde com a importância da comunidade:

> Pode ter sido, sabe, a tendência da minha mãe a não aceitar o que o mundo achava ou os padrões convencionais, ou pode ter sido minha própria propensão de ser assim, ou o fato de eu não ter crescido em uma comunidade que estabelecesse esses padrões para mim, mas eu nunca tive problemas para fazer o que queria.

Não é que Gardner já tivesse nascido com uma sensibilidade acima do normal aos problemas sociais e crescido com um desejo condescendente de ajudar seus semelhantes, mas ele descobriu o quão prazeroso podia ser ajudar os outros ao perceber que tinha um talento especial para isso:

> Gosto muito de gestão, mas, até os 29 anos, quando fui lançado nisso [nas forças armadas durante a Segunda Guerra Mundial], eu nem fazia ideia de que era uma opção. Se alguém tivesse dito que era uma opção, eu teria respondido: "Não me interessa", porque nunca tinha tido o interesse, o puro interesse, de ajudar as pessoas a unir forças de modo a obter um resultado.

A mesma coisa aconteceu novamente 24 anos depois, quando, recém--nomeado secretário de Saúde, Educação e Bem-Estar, ele se viu jogado em meio a tumultuadas batalhas políticas. Então Gardner descobriu que tinha as habilidades de um lutador — e que gostava de uma boa briga se fosse por uma boa causa. Alguns anos depois, quando as rebeliões urbanas o forçaram a fundar a organização de base Common Cause, ele descobriu que era capaz de se comunicar com um público mais amplo e que gostava daquilo. Inclusive, foram essas experiências pessoais que reforçaram a crença de Gardner de que todos nós temos reservas muito mais profundas do que sabemos, e que normalmente basta um desafio ou uma oportunidade externa para nos tornarmos conscientes do que somos capazes de fazer. Muito do nosso potencial, ele acreditava, está enterrado, escondido, aprisionado por medos, baixa autoestima e pelo domínio das convenções.

> Se tenho uma reunião com um grupo de executivos, o que acontece com frequência, e se entramos nesse assunto, digo a eles que a minha estimativa é de que, quando

tiverem chegado ao fim de suas carreiras, terão percebido apenas metade do que existe dentro deles. A outra metade vai ter ficado adormecida, porque a vida não a extraiu deles, ou então porque cedo demais eles chegaram à conclusão de que não eram bons naquilo. Eles limitaram suas próprias habilidades. Quanto mais velhos foram ficando, mais evitaram correr os riscos intrínsecos ao processo de crescimento. Lá no começo você tem pequenos insucessos que o levam a pensar em não tentar fazer aquilo de novo. E essa lista só vai crescendo. Quando chega à meia-idade, existe uma lista enorme de coisas que você nunca mais vai tentar fazer novamente. Você poderia ser muito bom em alguma delas, mas elas foram riscadas. Você elegeu o pequeno recorte em que sabe que pode vencer, em que sabe que vai conseguir, e fica dentro dessa zona de conforto. O que as crises e as emergências fazem é arrancá-lo dessa pequena zona segura de atuação, então você descobre que tinha coisas dentro de si das quais não fazia ideia.

Gardner não parou de aprender e crescer. Ele começou reservado, distante e apartado. Essa persona funcionou bem enquanto ele era um pesquisador acadêmico, mas, como chefe de uma grande fundação, isso era intimidador, então ele desenvolveu uma postura mais amigável. Da mesma forma, a abordagem extremamente racional aos problemas, apropriada aos ambientes acadêmicos, não é tão eficaz quando se trata de motivar grandes grupos:

Acho que eu já tinha quarenta anos quando comecei a pensar que poderia alcançar as pessoas de uma forma diferente da racional, que é o que precisa ser feito se você quiser influenciá-las. Se você quer motivá-las, precisa tocar nas motivações delas, ir além da superfície no que tange aos pensamentos que as movem, que afetam o entusiasmo delas, suas preocupações. Eu tinha vários empregos, vários deles autoatribuídos, nos quais minha capacidade de persuasão, minha capacidade de chamar à ação, era essencial.

Em outras palavras, Gardner percebeu que, para influenciar os novos campos em que atuava, era preciso desenvolver novas estratégias e reconstruir sua própria personalidade no processo. Isso exigia muita abertura e flexibilidade de sua parte. "Para fazer as coisas que eu tinha que fazer, eu precisava ser mais aberto e mais interessado. Gostei disso e dos frutos que isso deu." A capacidade de descobrir o que se pode fazer bem e gostar de fazê-lo é a marca registrada de todas as pessoas criativas. Quando isso também é algo que beneficia a comunidade, como foi no caso de Gardner, o resultado é particularmente bem-fadado.

O DOMÍNIO DA RESPONSABILIDADE GLOBAL

O que Commoner, Henderson, Boulding e Gardner têm em comum é que eles perceberam a interconexão sistêmica entre os eventos que têm lugar no planeta e estão lutando para agir de acordo com essa percepção. Uma forma de descrever o que eles procuram fazer é dizer que estão tentando desenvolver um domínio de responsabilidade global e um campo para implementá-lo. Commoner deu ênfase ao uso de energia e recursos; Henderson, aos nossos estilos de vida e padrões de consumo; Boulding, à violência, e Gardner, aos efeitos sociais de atrofiar o potencial individual. O foco é diferente em cada caso, mas a rede causal que apreciam está interligada. Qualquer mudança no padrão de uso de energia, de consumo, de espiritualidade pacífica, de realização pessoal afeta os demais. A mensagem central é que toda ação tem uma consequência, que em muitos aspectos fundamentais o planeta é um sistema fechado com condições de fronteiras muito frágeis e que, a menos que tomemos atitudes conscientes, essas condições podem ser facilmente violadas.

Em certo sentido, essa percepção emergente não é tão nova assim. Muitas culturas simples desenvolveram uma visão sistêmica do cosmos.[6] Isso está implícito em muitas das grandes religiões do mundo. Nas religiões judaico-cristãs, isso se expressa indiretamente na crença em um Deus onisciente, que vê e aprecia até mesmo o menor dos acontecimentos, como a queda de um pardal de um galho de árvore. Está implícito nas crenças orientais sobre o carma, nas intermináveis consequências de cada ação se estendendo ao longo dos tempos até o infinito. De acordo com o antigo credo zoroastriano, esperava-se que cada pessoa pedisse perdão à água por tê-la poluído, à terra por tê-la perturbado, ao ar por tê-lo enchido de fumaça. Mas, com o glorioso avanço da ciência nos últimos séculos, a intuição de que há uma rede de causas e efeitos que conectam todos os indivíduos foi desacreditada como sendo uma superstição. A espécie humana era vista como todo-poderosa, cujas ações estavam acima das leis da natureza.

O que pessoas como as descritas neste capítulo estão fazendo é redescobrir, dentro dos domínios de diferentes ciências, os fundamentos para levar a sério essas intuições. A bioquímica, a economia, a sociologia e a psicologia chegaram à mesma conclusão: é perigoso agir apenas dentro das regras de um domínio isolado sem levar em conta consequências mais amplas. É perigoso construir dispositivos nucleares a menos que saibamos que podemos descartar seus resíduos com segurança. É perigoso desperdiçar comida e energia quando a maior parte do mundo sente frio e fome. É perigoso ignorar as necessidades espirituais das pessoas. É perigoso subutilizar o potencial dos seres humanos.

Mas como organizar esses pedaços isolados de saber em um domínio simbólico coerente? Os cientistas do Ocidente começaram a estudar sistemas apenas recentemente. Ainda não sabemos como representar o tipo de problemas contra os quais essas quatro pessoas criativas lutaram de uma forma gerenciável. Em grande medida, ainda estamos metaforicamente no estágio pré-científico. O mito de Gaia, que descreve o planeta como um organismo vivo e que se autocorrige, é um deles.[7] O princípio antrópico, que afirma que nossos pensamentos e ações são o que realmente torna possível a existência do universo, é outro. Commoner, Henderson, Boulding e Gardner parecem estar no limiar entre a metáfora e a lei natural, prontos para passar do insight poético à compreensão sistemática.

Eles compartilham alguns traços comuns típicos dos pioneiros intelectuais. Todos se sentiram à margem quando estavam crescendo. Commoner porque era judeu, Henderson porque sua lealdade estava dividida entre uma mãe amorosa e um pai poderoso, Boulding porque sua educação norueguesa-americana lhe deu duas perspectivas diferentes a partir das quais interpretar a experiência, e Gardner porque perdeu o pai, nunca teve a sensação de pertencer a uma comunidade e porque foi sempre o menino mais novo da turma. Essa sensação de marginalidade fez com que eles nunca olhassem para as ideias ortodoxas como algo definitivo. Isso os ajudou a romper com as restrições do domínio em seu modo de pensar quando a experiência da vida real entrou em conflito com eles.

Todos os quatro mencionaram repetidas vezes sua alternância constante da ação para a reflexão, da paixão para a objetividade. Em cada um dos casos, essa alternância permitiu que eles continuassem a aprender e a se adaptar a novas situações. A criatividade se desdobrou organicamente da ideia para a ação e, depois, por meio da avaliação dos resultados da ação, de volta para as ideias — um ciclo que se repetiu várias vezes.

Nenhum deles pareceu ser motivado por dinheiro e fama. Em vez disso, eles eram movidos por um senso de responsabilidade pelo bem comum que às vezes se assemelhava aos valores religiosos tradicionais, mas mais frequentemente parecia depender de uma inclinação espiritual em direção à ordem e à beleza dos fenômenos naturais que transcendem qualquer crença em particular. É uma enunciação contemporânea da antiga admiração que levou nossos ancestrais a desenvolver imagens do sobrenatural. Mas eles carregavam esse senso de responsabilidade com leveza, como um privilégio, não como um dever. Embora tenham trabalhado duro para ajudar a melhorar nossa vida, afirmavam que nunca fizeram nada que não quisessem. Assim como as outras pessoas criativas que estudamos, o flow era o estado típico da consciência deles.

13. A formação da cultura

O mundo seria um lugar muito diferente não fosse pela criatividade. Ainda estaríamos agindo de acordo com as poucas instruções claras que nossos genes contêm, e qualquer coisa aprendida ao longo da nossa vida seria esquecida após nossa morte. Não haveria discursos, nem canções, nem ferramentas, nem ideias como amor, liberdade ou democracia. Seria uma existência tão mecânica e empobrecida que nenhum de nós gostaria de fazer parte dela.

Para chegar ao tipo de mundo que consideramos humano, algumas pessoas tiveram que ousar romper com as amarras da tradição. Em seguida, elas tiveram que encontrar uma forma de registrar essas novas ideias ou procedimentos que aprimoraram o que havia antes. Por fim, tiveram que encontrar formas de transmitir o novo conhecimento para as gerações seguintes. Aqueles que estiveram envolvidos nesse processo são chamados de criativos. O que chamamos de cultura, ou aquelas partes de nós mesmos que internalizamos com base no ambiente social, é o que foi criado por eles.

CRIATIVIDADE E SOBREVIVÊNCIA

Não há dúvida de que a espécie humana não seria capaz de sobreviver, nem hoje, nem nos próximos anos, se a criatividade se esgotasse. Os cientistas precisam encontrar novas soluções para a superpopulação, para o esgotamento dos recursos não renováveis e para a poluição do meio ambiente — ou o futuro será inevitavelmente atroz e curto. A menos que os humanistas encontrem novos valores, novos ideais aos quais direcionar nossas energias, uma sensação de desespero pode nos impedir de seguir em frente com o entusiasmo necessário para superar os obstáculos ao longo do caminho. Gostemos ou não, nossa espécie se tornou dependente da criatividade.

Para dizer a mesma coisa de uma forma mais otimista, nos últimos milênios a evolução deixou de ser uma questão quase exclusivamente relacionada a mutações na química dos genes para se tornar cada vez mais uma questão de mudanças nos memes — na informação que aprendemos e, por sua vez, transmitimos aos outros. Se os memes certos forem selecionados, sobreviveremos; caso contrário, não. Quem seleciona o conhecimento, os valores e as atitudes que podem conduzir a um futuro melhor ou à extinção não são mais os fatores externos a nós, como os predadores ou as mudanças climáticas. O futuro está em nossas mãos. A cultura que criarmos determinará nosso destino.

É essa a evolução que Jonas Salk chamou de metabiológica, ou que E. O. Wilson e outros chamaram de biocultural. O conceito é o mesmo: a sobrevivência não depende mais apenas de dispositivos biológicos, mas das ferramentas sociais e culturais que optamos por usar. As invenções das grandes civilizações — as artes, as religiões, os sistemas políticos, as ciências e as tecnologias — são marcos das principais etapas da trajetória de evolução cultural. Ser humano significa ser criativo.

Ao mesmo tempo, não é preciso pensar muito para perceber que as principais ameaças à nossa sobrevivência como espécie, os próprios problemas que esperamos que a criatividade resolva, foram causados pelas soluções criativas de ontem. A superpopulação, que em muitos aspectos é o problema central do futuro, é resultado de melhorias engenhosas na agricultura e na saúde pública. A perda do senso de comunidade e o crescente isolamento psicológico se devem, em parte, aos enormes avanços na mobilidade, provocados pela descoberta de veículos automotores, como trens e carros. A perda de valores transcendentais é resultado do sucesso da ciência em desmascarar crenças que não podem ser comprovadas empiricamente, e assim por diante, ad infinitum. É por essa razão, por exemplo, que Robert Ornstein chamou as invenções humanas de "a dádiva do fabricante de machados", referindo-se ao que acontece quando um machado de aço é apresentado pela primeira vez a uma tribo pré-letrada que não conhece metais: ele conduz a uma matança mais fácil e destroça o tecido de relações sociais e valores culturais. De certa forma, cada nova invenção é uma dádiva de um fabricante de machados: o modo de vida nunca mais é o mesmo depois que o novo meme se estabelece.[1]

Não são apenas as descobertas claramente perigosas — o álcool destilado, o tabaco, as armas de fogo, os reatores nucleares — que ameaçam exterminar populações inteiras. Mesmo invenções aparentemente benéficas têm consequências negativas imprevistas. A televisão é uma ferramenta fantástica para aumentar o alcance do que podemos experimentar, mas pode nos tornar viciados em informações irrelevantes que apelam ao menor denominador comum dos interesses humanos. Cada novo meme — o carro, o computador, a pílula anticoncepcional, o patriotismo ou o multiculturalismo — muda a forma como pensamos e agimos, o que tem um lado potencialmente sombrio que muitas vezes só se percebe quando é tarde demais, depois de termos nos resignado ao fato de que a inovação veio para ficar.

O desenvolvimento da energia nuclear prometia vantagens militares e industriais aos países que conseguissem colher seus frutos. Era uma oportunidade que ninguém poderia recusar. No entanto, apenas meio século após a era nuclear, parece que o preço que vamos ter que pagar por essa barganha faustiana em particular é tão alto que pode nos levar à falência. Estimativas recentes preveem que custará mais de 300 bilhões de dólares aos Estados Unidos para descartar o lixo nuclear com segurança. Muitos outros países, como a Rússia, podem não conseguir dar início às operações de limpeza a tempo. Num piscar de olhos da história planetária, a engenhosidade humana conseguiu tornar uma considerável fração da Terra imprópria para ser habitada.

Existe uma lei básica da engenhosidade humana que tentamos ignorar a todo custo: quanto maior o potencial de alterar o ambiente, maiores as chances de produzir resultados indesejáveis tanto quanto os desejáveis. Por volta de 4000 a.C., a descoberta da irrigação em grande escala na Mesopotâmia tornou aquela região frutífera e rica para além do que seus vizinhos eram capazes de sonhar. Mas a cada ano, as correntes do Eufrates e do Tigre removeram uma pequena fração do solo rico e depositaram minerais salgados no lugar dele. Pouco a pouco, as verdejantes plantações entre os dois rios se transformaram em um deserto onde quase nada consegue crescer.

Para dar um exemplo do outro lado do mundo, a grande civilização maia entrou em declínio por volta do século IX — não porque não soubesse lidar com a adversidade, mas porque foi destruída pelo próprio sucesso.[2] Existem explicações controversas da razão pela qual essa cultura complexa foi reabsorvida pela selva. Talvez famílias demais tenham se tornado ricas e poderosas. Essas elites acharam que não deveriam mais trabalhar, mas cada geração esperava viver com mais conforto e ter um padrão de vida mais alto do que a anterior. Com aristocratas demais por habitante, conflitos internos acabaram culminando em sangrentas guerras civis. Outra hipótese é que, para construir seus magníficos templos e palácios, os maias usavam estuque de calcário, que precisava ser derretido em fornos muito quentes. Para alimentar as fornalhas, eles derrubaram grande parte da floresta ao redor, o que resultou na erosão do solo. A camada superficial do solo foi lavada e assoreou os pântanos que os maias usavam para irrigar suas lavouras, distribuídas em terraços. Privados de fertilizantes, os campos produziram pouco alimento, e a fome que se seguiu alimentou a desordem civil, o que levou ao caos e a seu eventual desaparecimento. O poder de criar esteve sempre ligado ao poder de destruir.

Um padrão semelhante, no qual o sucesso inicial leva a um eventual fracasso, vale para os memes que moldam a energia humana por meio de ideias. As promessas do nazismo, do marxismo e dos vários fundamentalismos religiosos dão às pessoas a ideia de um conjunto simples de metas e regras. Isso desobriga uma carga de energia psíquica que, por algum tempo, faz a sociedade que adotou aquela crença se sentir predestinada e poderosa. Na Alemanha, Hitler acabou com o desemprego enquanto o resto do mundo industrializado ainda estava no meio da Grande Depressão. Na Itália, Mussolini pela primeira vez fez os trens andarem na hora certa. Stálin transformou um continente rural atrasado em um gigante industrial de ponta. Logo, porém, o lado negativo apareceu: a intolerância, a repressão, a rigidez e a xenofobia que geralmente provocam guerras ou coisas piores são apenas algumas das consequências mais comuns quando as energias sociais são investidas em memes que prometem superioridade a um grupo em detrimento de outros.

Mas mesmo quando os frutos da criatividade não produzem danos externos, o próprio sucesso pode lançar sementes que põem em risco a sobrevivência da cultura que as adotou. Os romanos foram capazes de moldar uma sociedade rica e estável por meio da invenção de um sistema viável de leis, arranjos administrativos e práticas militares. Mas, depois de um tempo, os patrícios romanos não viram motivo para se esforçar. A inércia do sucesso os embalou em uma falsa sensação de segurança. O trabalho escravo barato os tornava indiferentes a novos dispositivos de economia de trabalho. Assim como no sul escravista dos Estados Unidos, a complacência fatal apareceu como o inevitável lado sombrio da moeda do conforto material.

Da mesma forma, a engenhosidade norte-americana produziu um padrão de vida e uma estabilidade política que causam inveja ao mundo. O resultado disso é que os norte-americanos — assim como a maioria dos europeus — não veem razão para trabalhar longas jornadas a baixos salários. E quem poderia culpá-los? Mas grande parte do resto do mundo anseia por trabalhar duro em condições indesejáveis. Em consequência disso, a atividade produtiva passa cada vez mais para as mãos de pessoas que têm expectativas mais baixas. Quando foi a última vez que você vestiu uma roupa fabricada nos Estados Unidos? Ou comprou uma TV ou um equipamento de vídeo feito no país? A razão pela qual o número de imigrantes continua a crescer é porque eles são os únicos dispostos a fazer trabalhos braçais.

Mas mesmo engenheiros e trabalhadores com formação técnica são cada vez mais escassos nas nações industrializadas. Todo mundo quer ser um profissional ou pelo menos um funcionário de escritório sentado atrás de uma mesa. Os otimistas argumentam que nossos filhos estão se preparando para os empregos do futuro, baseados na informação e na flexibilidade criativa. Mas o fato é que o número de novas patentes registradas nos Estados Unidos também vem diminuindo. Além disso, a alfabetização em informática tem mais a ver com aprender a ser um consumidor de informação do que saber como gerar ou usar a informação adquirida. Se a necessidade é a mãe da invenção, a riqueza garantida parece ser um padrasto disfuncional.

Assim, ao longo da história, vemos um processo irônico que Hegel ou Marx teriam apreciado: uma dialética pela qual o sucesso de uma cultura faz germinar dentro de si sua própria antítese. Quanto mais abastados nos tornamos, menos razão temos para buscar a mudança e, portanto, mais expostos ficamos às forças externas. O resultado da criatividade é, muitas vezes, sua própria negação.

É verdade que, no passado, uma sociedade que houvesse avançado muito na criação de memes complexos podia sobreviver por centenas ou mesmo milhares de anos relativamente inalterada, vivendo de seu capital cultural inicial.

Os egípcios e os chineses conseguiram fazer isso. Mas tal luxo não é mais permitido, em parte devido aos próprios avanços ocorridos nos últimos séculos. As comunicações melhoraram a tal ponto que a informação, a tecnologia e o acesso ao capital estão distribuídos quase que uniformemente pelo mundo. Aqueles que empregam esses recursos de forma mais eficiente e com maior determinação provavelmente vão controlar o futuro. Nenhuma sociedade pode mais desfrutar do esplêndido isolamento do império do Nilo, ou mesmo da Inglaterra vitoriana.

Então, qual é o veredito nesse conto cheio de reviravoltas? Atualmente, ainda está em voga celebrar a criatividade sem reservas. Pessoas consideradas criativas não têm como errar: elas vão nos redimir dos erros do passado e nos conduzir a um futuro brilhante. Às vezes, é claro, há vozes dissonantes. O psicanalista Géza Róheim escreveu que todo o surgimento da vida e, principalmente, seus últimos episódios conscientes, são na verdade um grande equívoco.[3] O estado ideal da matéria é inorgânico. A vida é apenas uma doença febril — um câncer passageiro no palco sereno de um universo cristalino.

De forma mais objetiva, o público em geral também parece ter dúvidas sobre o valor da cultura que nossos ancestrais criaram. Não é só na Rússia, no Irã, na Índia ou no Brasil que a fé das pessoas na ciência, na democracia e em muitas outras coisas boas que a humanidade tanto se esforçou para alcançar está abalada. Assombros de tradicionalismo percorrem o brilhantemente moderno Japão, e forças que caminham em direção a um retorno a tempos mais simples estão ganhando força nos Estados Unidos. Recuperar valores compartilhados, um senso de comunidade e um estilo de vida mais sereno seriam grandes conquistas. Infelizmente, é muito provável que essa volta ao passado envolva uma crença renovada na magia, na astrologia, no sobrenatural e na superioridade das tradições de uma etnia em relação a todas as outras.

Nem a aceitação acrítica nem a rejeição total da criatividade humana nos levarão longe. Seria muito bom se pudéssemos olhar para a cultura e determinar objetivamente: isso é bom, aquilo é ruim. Mas a história não se desenrola em preto e branco. Cada grande avanço contém em si uma nova vulnerabilidade. Alguns símbolos são indispensáveis hoje, mas representam um obstáculo amanhã. Acreditar que o progresso é sempre desejável é tão absurdo quanto rejeitá-lo de partida.

Criatividade no contexto da evolução humana

A argumentação até agora tentou defender dois pontos: em primeiro lugar, que a criatividade é necessária para a sobrevivência humana em um futuro no qual nossa espécie desempenha um papel significativo e, em segundo, que os resultados da criatividade tendem a ter efeitos colaterais indesejáveis.

Se estamos de acordo com essas conclusões, a consequência é que o bem--estar humano depende de dois fatores: da capacidade de aumentar a criatividade e da capacidade de desenvolver maneiras de avaliar o impacto das novas ideias criativas. Por enquanto, vamos nos concentrar no segundo fator.

Por que não podemos deixar a avaliação das novas ideias a cargo de seus respectivos campos, ou da "mão invisível" do mercado? Infelizmente, nenhuma dessas duas instituições é bem equipada para lidar com a tarefa. Quase que por definição, os membros de um campo se dedicam a promover a hegemonia de seu próprio domínio, sem muita consideração pelo resto da cultura. Embora alguns físicos tenham se unido após a Segunda Guerra Mundial para alertar a sociedade sobre os riscos da proliferação nuclear, o campo como um todo não resistiu ao lobby por pesquisas e aplicações expandidas da física de altas energias. Da mesma forma, alguns médicos avisaram que a medicina de alta tecnologia interferia no progresso da saúde pública, mas a maioria do campo, liderada pela American Medical Association, vê como seu dever endossar a proliferação de equipamentos e procedimentos caros.

Liberados com carta branca, todos os campos naturalmente querem controlar o maior número possível de recursos da sociedade e muito mais. A American Psychological Association ficaria feliz se cada escola, empresa e família tivesse seu próprio psicólogo residente. O interesse dos artistas plásticos é convencer o resto da sociedade de que as coisas seriam melhores se todos se tornassem colecionadores de arte, enquanto o dos dentistas é garantir que seríamos mais felizes se dedicássemos a maior parte do nosso tempo livre à higiene bucal. Cada campo acolhe qualquer nova ideia que prometa expandir sua cota de acesso aos recursos sociais.

Mas mesmo que não houvesse motivos egoístas e materiais envolvidos, cada campo ainda insistiria na implementação das novas ideias no domínio, independentemente das consequências de longo prazo. Uma pessoa que trabalhou por anos dentro dos limites de uma especialização restrita naturalmente acredita que os novos desenvolvimentos em seu domínio são os mais importantes e, portanto, têm precedência sobre os desenvolvimentos de outros lugares. É difícil convencer um físico que dedicou uma vida inteira à física de altas energias de que os avanços na tecnologia nuclear não devem receber apoio incondicional.

Todos os campos são compreensivelmente orgulhosos de suas realizações e rápidos em invocar a liberdade acadêmica, a liberdade de expressão, a liberdade de pensamento ou qualquer outra ideologia que lhes sirva para se defender contra as tentativas de que suas contribuições sejam avaliadas em termos do bem comum, em oposição aos critérios internos do campo. Dentro de uma visão de mundo liberal, desafiar o direito de um artista de exibir o que quer que seja — uma bandeira profanada, um urinol, um corpo mutilado — equivale a uma abominação. Os cientistas têm calafrios só de pensar que qualquer outra pessoa deva decidir o que é ou não boa ciência. Um vencedor do Nobel de Física quase não tem escolha a não ser acreditar que é o herdeiro da única forma possível de se estudar o mundo. Parafraseando Voltaire, ele naturalmente acredita que a sua é a melhor de todas as ciências possíveis e, portanto, qualquer tentativa de questionar o inevitável desenvolvimento da física por parte dos físicos é um ataque anti-intelectual à integridade da ciência. Todos os campos esperam que a sociedade reconheça sua autonomia, mas todos se sentem também, em última análise, responsáveis apenas por si mesmos, sujeitos às regras de seu próprio domínio. Por todas essas razões, é inútil esperar que os campos monitorem suas próprias ideias criativas em termos de bem público de longo alcance.

A alternativa é que o mercado determine o valor das novidades. Como em muitos outros processos sociais, nossa tendência é confiar na sabedoria do mercado e endossar tacitamente suas prioridades. Mas, claro, hoje todo mundo suspeita que o suposto "livre mercado" seja tão real quanto o Papai Noel ou o coelhinho da Páscoa. Quando o Banco Mundial empresta incontáveis milhões ao Brasil para construir reatores nucleares que o país não tem como usar nem como pagar de volta, a transação não é uma reação às forças do livre mercado, mas aos interesses de algumas grandes empresas norte-americanas que constroem reatores. Para usar outro exemplo: todos os países, da França à Finlândia, do Japão aos Estados Unidos, buscam proteger sua base agrícola pagando aos agricultores o que o livre mercado não oferece.

No entanto, mesmo que o livre mercado fosse uma realidade, não é certo que suas decisões seriam sábias no que diz respeito ao nosso bem-estar futuro. Em primeiro lugar, as decisões do mercado tendem a ser orientadas para o presente. Podendo escolher, os consumidores optam por um produto ou processo que ofereça uma vantagem agora, com pouca consideração pelas consequências. Vou comprar o desodorante que me poupa alguns segundos todas as manhãs, independentemente dos potenciais efeitos de seu spray na camada de ozônio. Se eu fosse comprar um revólver, provavelmente compraria um que disparasse mais balas mais rápido do que os concorrentes, mesmo que essa arma mais eficiente pudesse provocar mais acidentes.

Commodities produzidas em escala são especialmente vulneráveis a ser escolhidas com base nos benefícios de curto prazo. O fast-food é mais lucrativo quando satisfaz as necessidades gustativas mais básicas, estabelecidas em nosso passado genético, quando a gordura e o açúcar eram escassos. Um hambúrguer com batata frita e um milk-shake seriam um banquete requintado para um homem das cavernas, mas não é particularmente saudável para cidadãos sedentários. A televisão do setor privado é igualmente vulnerável a críticas. O tipo de espetáculo a que estamos programados geneticamente para assistir não mudou muito desde que os romanos se reuniam nas bancadas para ver gladiadores estriparem uns aos outros na arena. É difícil imaginar que haja algum benefício à evolução em assistir novelas na TV de casa.

No entanto, como vimos anteriormente, não podemos ignorar a evolução. A cultura que sobreviverá para comandar o futuro do planeta será aquela que estimular o máximo de criatividade possível, mas também a que encontrar formas de escolher a novidade com base no bem-estar futuro do todo, não apenas dos campos isoladamente. O que é necessário é um esforço autoconsciente para elencar prioridades e usar algo como uma "análise de impacto evolutivo" como uma das bases para o endosso social de novas ideias.

Uma política dessa natureza não pode resultar em qualquer tipo de policiamento anti-intelectualismo. Enquanto os artistas devem ser encorajados a perseguir suas musas, os cientistas devem ser respeitados por correr atrás de um palpite aonde quer que ele os leve. Por outro lado, por que esperar que a sociedade dê apoio a novidades que são valorizadas dentro de determinado campo, mas que podem prejudicar a comunidade?

As maiores obras de artes, orientais ou ocidentais, não foram produzidas quando os artistas estabeleceram a agenda, mas sim quando os patronos insistiram em certos padrões que os beneficiavam.[4] Os patronos queriam, acima de tudo, ser admirados pelo público, então a arte que eles exigiam precisava atrair e impressionar toda a comunidade. Nesse sentido, a arte medieval e renascentista, encomendada por papas e príncipes, era na realidade mais democrática do que passou a ser desde que o mundo da arte ganhou o poder de se descolar do resto da sociedade — tornando-se um campo com seus próprios gostos e critérios particulares de seleção.

É certo que seria mais difícil obter uma avaliação pública da criatividade científica. Na maioria dos domínios científicos, as fronteiras do conhecimento foram tão além do alcance dos leigos que apenas aqueles dentro dos respectivos campos podem tomar qualquer tipo de decisão embasada. Mas é provável que, dentro de cada campo, haja indivíduos suficientes com experiência e senso do bem público que pudessem ser designados para servir aos interesses da sociedade.

Atualmente as bolsas de pesquisa são avaliadas em função das prioridades estabelecidas pela área ou pelo programa político da instituição que desembolsa os recursos. Talvez fosse possível estabelecer uma espécie de conselho público acima da política partidária e das modas disciplinares, composto por aqueles que aspiram a ser "bons ancestrais", como Jonas Salk os chamou, e que estariam dispostos a representar as reivindicações da evolução ao avaliar se determinado avanço científico deveria receber apoio social. De modo inevitável, tal grupo seria composto principalmente por indivíduos mais velhos e, portanto, estaria sujeito a críticas de cientistas mais jovens, mais preocupados em avançar em suas próprias carreiras. Por outro lado, a probabilidade de haver uma sabedoria desapaixonada é maior entre aqueles que têm maior e mais variada experiência, que são capazes de olhar para a própria expertise em um contexto mais amplo — e estes, por sua vez, provavelmente são pessoas mais velhas. No entanto, nossa sociedade espera muito pouco dos mais velhos. Essa pode ser uma importante contribuição dos idosos que beneficiará a todos.

FORMAS DE AUMENTAR A CRIATIVIDADE

Por bilhões de anos, a evolução avançou cegamente, moldada por forças seletivas aleatórias. Fomos criados pelo acaso. Agora, no entanto, os humanos se tornaram uma das forças mais poderosas e, portanto, mais perigosas que operam no planeta. Ou seja, se queremos que a evolução continue de forma que corresponda aos nossos interesses, devemos encontrar maneiras de direcioná-la. Isso envolve desenvolver mecanismos de monitoramento das novas criações, para que possamos rejeitar aqueles que provavelmente serão prejudiciais a longo prazo e incentivar alternativas mais promissoras.

Antes que a seleção possa começar a operar, entretanto, a novidade precisa ser gerada. Em outras palavras, deve haver novas ideias dentre as quais escolher. Portanto, agora é hora de nos voltarmos para a questão: quais são as formas existentes de aumentar a frequência de novas ideias dignas de serem adotadas pela cultura? Para responder a essa pergunta, levo em consideração estratégias que se apliquem a cada um dos três níveis que definem os componentes de um sistema criativo: o indivíduo, o campo e o domínio.

Mais indivíduos criativos

Vimos que, dentre os traços que definem as pessoas criativas, duas tendências um tanto opostas são fundamentais: bastante curiosidade e abertura, por um lado, e uma perseverança quase obsessiva, por outro. As duas têm que estar presentes para que uma pessoa tenha novas ideias e depois as faça prevalecer. É possível aumentar o número de pessoas que possuem essas características?

Não sabemos ao certo. Em parte, não temos a resposta porque não está claro até que ponto essas características podem ser geneticamente controladas. É claro que é improvável que nossos cromossomos tenham um único ponto para um gene de abertura, e que, dependendo de qual das várias alternativas preencha cada ponto, uma pessoa nasça com a tendência para ser curiosa, enquanto outra nascerá indiferente. Mas é bem possível que uma combinação de instruções emitidas por diversos genes possa interagir para predispor uma pessoa a ser mais ou menos aberta.

Mas a herança biológica é apenas uma parte da história, como já discutimos. Os primeiros anos de vida têm um impacto significativo. O interesse e a curiosidade tendem a ser estimulados por experiências positivas com a família, por um ambiente emocional de apoio, por uma herança cultural rica, pela exposição a muitas oportunidades e por expectativas altas. Em contraste, a perseverança parece se desenvolver como resposta a um ambiente emocional precário, uma família disfuncional, solidão, sentimento de rejeição e marginalidade. A maioria das pessoas experimenta um ou outro desses ambientes na infância, mas não os dois.

No entanto, indivíduos criativos parecem mais propensos a ter sido expostos a ambas as circunstâncias. John Hope Franklin cresceu em uma família que oferecia bastante apoio e estímulo, mas sofreu discriminação por ser negro. Isabella Karle cresceu em uma família socioeconomicamente desfavorecida, mas seus pais davam afeto, incentivo e apoio.

É claro que muitas crianças com origens semelhantes nunca se tornaram criativas, e várias pessoas criativas em nossa amostra tiveram experiências precoces que não se enquadravam nessa categoria. É impossível argumentar que alguém precise ter determinado tipo de antecedentes familiares para se tornar criativo. Mas, definitivamente, parece haver maior probabilidade de que essa dupla experiência na infância esteja relacionada à criatividade posterior. Esse tipo de correlação fraca é, provavelmente, o melhor que podemos esperar ao tentar encontrar uma relação causal entre dois conceitos tão heterogêneos como "primeiros anos de vida" e "criatividade". Uma correlação fraca, no entanto, é melhor do que nada. Pelo menos podemos esperar que, ao fornecer elementos de ambas as experiências, a proporção de pessoas que apresentem traços de criatividade possa ser ampliada.[5]

O mesmo argumento se aplica aos outros pares de traços mencionados no capítulo 3. Pais e educadores devem estar cientes de que um ambiente que estimule tanto a solidão quanto a sociabilidade pode aumentar, mesmo que infinitesimalmente, as chances de uma criança ser capaz de expressar sua criatividade. Crianças que não aprenderam a tolerar a solidão correm potencial risco de nunca desenvolverem um envolvimento profundo o bastante com um domínio e de não terem oportunidades para refletir e incubar ideias. Por outro lado, crianças tímidas e reclusas demais precisam de intermediários altruístas, como tiveram Van Gogh ou Kafka, para que suas contribuições não desapareçam da cultura.

Da mesma forma, certa flexibilidade em relação aos papéis de gênero provavelmente irá ajudar. Se uma criança é socializada demais para agir de acordo com um estereótipo de gênero, é provável que sua criatividade seja inibida. Em outras palavras, os traços típicos de uma personalidade complexa tendem a aumentar a probabilidade de haver uma expressão criativa. A contribuição de cada característica pode ser muito pequena — e talvez nenhuma seja indispensável especificamente. No entanto, quando todas estão presentes, o prognóstico tende a ser mais favorável.

Além desses fatores motivacionais e de personalidade, existem, claro, importantes variáveis cognitivas. Nesse aspecto, a herança genética também pode desempenhar um papel importante. Cada um de nós tem forças e predisposições particulares que nos tornam mais sensíveis a determinada dimensão da realidade do que a outra. Novamente, entretanto, a exposição precoce e a oportunidade de se envolver com um domínio específico são essenciais ao desenvolvimento do potencial herdado. Uma criança que é estimulada a fazer questionamentos provavelmente vai desenvolver uma postura de descoberta de problemas. Uma criança que é apresentada ao raciocínio indutivo pode ter vantagem na hora de compreender o mundo.

Acima de tudo, o envolvimento precoce com um domínio é de grande valia. E. O. Wilson, que provavelmente sabia mais sobre formigas do que qualquer outro indivíduo no planeta, começou seus estudos aos seis anos de idade. Linus Pauling ficou fascinado com a forma como os produtos químicos se combinavam mais ou menos na mesma idade. Ravi Shankar tocava música profissionalmente desde criança. György Faludy sabia que era poeta ainda na escola primária. Vera Rubin tinha menos de dez anos quando decidiu que queria ser astrônoma. É importante perceber que, em nenhum desses casos, os pais forçaram os filhos a estudar química, música, poesia ou astronomia — o interesse espontâneo da criança levou ao envolvimento. O papel dos pais se limitou a oferecer oportunidades, levar a sério o interesse da criança depois de manifestado e dar apoio ao envolvimento dela — como quando o pai de Rubin ajudou a filha a construir um telescópio. Se os pais tivessem sido mais diretivos, é pouco provável que o envolvimento da criança tivesse ido muito longe.

No entanto, a maioria dos indivíduos em nosso estudo não começou tão cedo. Muitos, na verdade, embarcaram em suas eventuais carreiras na faculdade ou depois, mas todos foram guiados pela curiosidade, de modo a dominar algum conjunto simbólico em um nível diferente de outras crianças. Elisabeth Noelle-Neumann brincava intensamente com aldeias de faz de conta e adorava escrever. Mark Strand pintava. Jacob Rabinow desmontava qualquer equipamento em que pusesse as mãos.

Assim, embora a especialização em um domínio específico possa esperar até o final da adolescência, um envolvimento intenso com algum domínio pode ser necessário para que uma pessoa se torne criativa. Sem desenvolver uma habilidade em que tenha confiança, ou sem ter a experiência de adquirir uma base de conhecimento, um jovem pode nunca ter coragem suficiente para mudar o status quo. Hilde Domin só escreveu seu primeiro poema perto do final da vida, mas antes estudou e aprendeu meia dúzia de idiomas. Mais cedo ou mais tarde, porém, torna-se essencial adquirir o conhecimento especializado de determinado domínio. Nesse sentido, saber o básico é essencial. Aprender os fundamentos da matemática e da física para um cientista, do desenho para um artista ou dos clássicos para um escritor é o ponto de partida para qualquer inovação adicional.

É importante ter em mente, no entanto, que a maioria dos avanços se baseia na associação de informações que geralmente não são vistas como relacionadas. A integração, a síntese dentro e além dos domínios, é a norma, não a exceção. Madeleine L'Engle se inspirou na biologia molecular para escrever suas histórias. Ravi Shankar encontrou formas de harmonizar a música indiana com a europeia. Quase todos os cientistas cruzam e recruzam as fronteiras da física, da química e da biologia nos trabalhos que se revelam criativos.

Mesmo quando não estão diretamente integrados ao trabalho, outros domínios contribuem para que a mente dos indivíduos criativos desminta o estereótipo do especialista estéril e de treinamento limitado. A música enriquece a vida de muitas pessoas, assim como as artes e a literatura. O cientista Manfred Eigen tocava em uma orquestra de câmara. O político Eugene McCarthy escrevia poesia. A ceramista Eva Zeisel começou, na casa dos setenta, a pesquisar e escrever uma história das relações raciais em Nova York. O líder empresarial Robert Galvin colecionava cartas náuticas antigas e estudava história constitucional.

Essa amplitude, isto é, esse interesse que ultrapassa os limites de determinado domínio, é uma das qualidades mais importantes que correm o risco de ser extintas pelo modelo de educação e interação social atual. Minimamente, esse estudo deveria renovar nossa determinação de que a superespecialização não pode prevalecer. Ela não é apenas ruim para a alma, como também reduz a probabilidade de que sejam dadas contribuições criativas que enriquecerão a cultura.

A contribuição do campo

A maioria de nós, no fundo, acredita que uma pessoa criativa irá se impor independentemente do ambiente. A idealização romântica do gênio solitário está tão fortemente gravada em nossa mente que afirmar o contrário — que mesmo o maior gênio não será capaz de concretizar nada sem apoio da sociedade e da cultura — beira a blasfêmia.

Mas a realidade parece ser outra. Convergências favoráveis no tempo e no espaço abrem uma breve janela de oportunidade para a pessoa que, de posse das devidas qualificações, está no lugar certo, na hora certa. Benjamin Spock foi um dos primeiros pediatras com formação psicanalítica e, portanto, estava em boa posição para escrever um livro popular e com autoridade sobre a puericultura que incorporasse os mais recentes conceitos freudianos. Alguns anos antes, a tarefa teria sido impossível e, alguns anos depois, teria sido redundante. Ravi Shankar aprendeu a tocar com o grupo musical dirigido por sua família. Robert Galvin herdou seu negócio. Praticamente todas as mulheres cientistas dessa amostra se beneficiaram da abertura de vagas em laboratórios devido ao fato de os jovens cientistas do sexo masculino terem sido convocados para lutar na Segunda Guerra Mundial.

A questão não é que as oportunidades externas determinam a criatividade de uma pessoa. A afirmação é mais modesta, mas ainda assim extremamente importante: não importa quão talentosa uma pessoa seja, ela não tem nenhuma chance de realizar nada de criativo a menos que as condições certas sejam fornecidas pelo campo. E que condições seriam essas?

Com base no que aprendemos com esse estudo, é possível destacar sete elementos principais no meio social que ajudam a tornar possíveis as contribuições criativas: formação, expectativas, recursos, reconhecimento, esperança, oportunidade e recompensa. Algumas delas são responsabilidades diretas do campo, outras dependem do sistema social mais abrangente. Se nosso argumento estiver correto, então a criatividade pode ser aumentada de forma substancial se a sociedade for capaz de oferecer essas oportunidades de maneira mais ampla.

Vejamos esses elementos, um de cada vez. Claramente, a possibilidade de formação é crucial para o desenvolvimento de qualquer tipo de talento. Se Michael Jordan tivesse nascido em um país onde não se jogasse basquete, jamais teria tido a oportunidade de aprimorar suas habilidades e não teria sido reconhecido. Uma sociedade capaz de combinar com eficácia as oportunidades de formação com os potenciais das crianças provoca um impacto positivo na frequência com que seus membros produzem ideias criativas.

É claro que formação é uma coisa cara e, portanto, é preciso fazer escolhas difíceis. Quais domínios devem ser ensinados e até que ponto? Atualmente, as escolas públicas norte-americanas procuram economizar despesas eliminando a formação em artes, música, atletismo e todas as outras áreas que o público considera não essenciais. No geral, porém, tentar economizar eliminando oportunidades de aprendizado é uma das soluções mais ignorantes que uma sociedade pode adotar. Talvez apenas a solução de Jonathan Swift para a fome na Irlanda seja mais reprovável.

Esperar um alto grau de desempenho é um estímulo necessário para que sejam feitas realizações notáveis e, portanto, para que haja criatividade. Altas expectativas devem começar dentro da família, continuar no grupo de colegas, na escola e na comunidade em geral. Ter grandes expectativas não é algo confortável.[6] Os jovens asiáticos nos Estados Unidos internalizaram metas acadêmicas muito altas de sua cultura. Em consequência disso, têm uma autoestima relativamente baixa, porque é muito difícil para eles corresponder às expectativas.[7] Os jovens afro-americanos geralmente têm metas acadêmicas mais baixas e, portanto, a autoestima deles tende a ser mais alta.

Certas famílias têm longas tradições de realizações artísticas, científicas ou profissionais que estabelecem altos padrões para os mais jovens. Familiares de Subrahmanyan Chandrasekhar e de Eva Zeisel haviam conquistado um Nobel. Heinz Maier-Leibnitz seguiu os passos de um ancestral distante. Claro, expectativas excessivas ou irreais fazem mais mal do que bem. Em nosso estudo, pais e mentores geralmente transmitiam sua fé nas habilidades do jovem criador de forma indireta, quase que tomando a excelência como garantida, em vez de importunar, pressionar ou insistir.

Supostamente, é melhor quando não apenas a família e a escola, mas também toda a comunidade e a sociedade, esperam um alto desempenho de um jovem. Tradições étnicas foram regularmente citadas como influências para a motivação das conquistas. As visões judaicas, sulistas e mórmons sobre a vocação excepcional de alguém foram apenas alguns dos exemplos. Na sociedade norte-americana convencional, não se espera excelência nos domínios acadêmicos. O que esperamos, talvez, mais do que qualquer outra sociedade na história, é que as crianças cresçam felizes e bem ajustadas. Mas, enquanto os pais japoneses, por exemplo, acreditam que seus filhos podem e devem aprender cálculo, a maioria dos pais norte-americanos se contenta com um desempenho escolar mínimo. É difícil imaginar como os jovens poderiam levar a sério os domínios acadêmicos quando têm a impressão de que os mais velhos não se importam de verdade.

Os recursos são fundamentais para o desenvolvimento da criatividade, mas o papel deles é ambíguo. É verdade que ter acesso aos melhores exemplos do passado ajuda, assim como poder comprar os materiais necessários. Cerca de trinta anos atrás, lembro-me de ter lido sobre uma nação africana emergente que decidiu instituir um programa de pesquisa espacial. Eles selecionaram alguns jovens saudáveis como candidatos a astronautas. Para se acostumar com as forças gravitacionais envolvidas no lançamento de uma sonda espacial, um aspirante a astronauta se agachava dentro de um barril, que seus companheiros giravam com ajuda de uma corda. É óbvio que fica extremamente difícil contribuir com novas ideias úteis à exploração espacial se tudo o que se tem é um barril e uma corda.

No entanto, o excesso de recursos também pode ter um efeito mortal sobre a criatividade. Quando tudo está confortável e melhor do que em qualquer outro lugar, o desejo pela novidade se transforma em emoção e entretenimento, em vez de tentativa de solução dos problemas básicos. Quando testemunhou uma explosão de criatividade no século XV, Florença era uma das cidades mais ricas da Europa, um centro de aprendizado e informação. Ao mesmo tempo, era uma cidade atormentada por turbulências políticas internas, ameaçada de fora, que literalmente lutava pela própria existência. O que podemos aprender com essas tendências contraditórias? Que, indiscutivelmente, se desejamos incentivar a criatividade, temos que garantir que os recursos materiais e intelectuais estejam amplamente disponíveis a todos os membros talentosos e interessados da sociedade. No entanto, devemos perceber que certo grau de dificuldade, ou de desafio, pode ter um efeito positivo na motivação deles.

Em algum momento de suas carreiras, jovens potencialmente criativos precisam ser reconhecidos por um membro sênior da área. Se isso não acontecer, é provável que a motivação se esgote com o tempo e que o jovem não tenha acesso à formação e às oportunidades necessárias para dar sua contribuição. O principal papel do mentor é validar a identidade do jovem e incentivá-lo a continuar a trabalhar no domínio. A orientação de um profissional mais experiente também é importante porque existem centenas de ideias, contatos e procedimentos que não se lê nos livros nem se aprende nas aulas, mas que são essenciais a quem espera conquistar a atenção e a aprovação dos colegas. Enquanto algumas dessas informações têm a ver com a disciplina em si, outras são mais políticas, mas todas podem ser necessárias para que uma ideia seja percebida como criativa.

Em alguns campos, como as ciências, a matemática ou a música, é possível medir um talento extraordinário por meio de testes padronizados. Esses testes, portanto, têm sido uma característica importante de muitas culturas bem-sucedidas, desde a China antiga até os Estados Unidos de hoje. Embora o reconhecimento impessoal por meio de testes possa ser um passo fundamental em alguns domínios, é apenas o primeiro no desenvolvimento de pessoas criativas, para as quais uma estreita relação mestre-aprendiz é de extrema importância. Em nosso estudo, descobrimos que alguns indivíduos foram "adotados" por profissionais competentes ainda bastante jovens. Muitos foram identificados durante o ensino médio, e a maioria dos demais teve um mentor importante quando chegou à universidade. Mais uma vez, o reconhecimento por parte de um mentor não é estritamente necessário, mas contribui indiscutivelmente para a concretização do potencial criativo.

Formação, expectativas, recursos e reconhecimento de nada servem, entretanto, se o jovem não tiver perspectiva de aplicar suas habilidades em uma carreira produtiva. Em nossa cultura, um grande número de artistas, músicos, dançarinos, atletas e cantores talentosos e motivados desiste de permanecer nesses domínios porque é muito difícil ganhar a vida neles. Em um estudo com adolescentes norte-americanos, descobrimos que quase 10% dos jovens de treze anos queriam ser arquitetos quando crescessem.[8] Em uma estimativa aproximada, isso é provavelmente mil vezes o que o campo da arquitetura é capaz de acomodar. Não é realista esperar que muitos talentos sejam atraídos para determinado domínio, por mais importante que seja, se houver poucas chances de atuar nele. As pessoas bem-sucedidas em campos mais restritos são como Vera Rubin, para quem não ser astrônoma era algo "impensável".

Depois da esperança, é preciso também haver oportunidades reais de atuação no domínio. Diz-se que a grande criatividade musical que floresceu na Alemanha nos séculos XVIII e XIX se deve, em grande parte, ao fato de que cada corte aristocrática que governava os inúmeros principados precisava ter uma orquestra para se divertir e demonstrar sua superioridade sobre os outros. Havia constante interesse e competição por novos talentos musicais. Um Bach, um Handel ou um Mozart não teria dificuldade em ter sua música executada e depois avaliada por uma multidão ansiosa de especialistas. Se existem menos compositores clássicos criativos hoje em dia, provavelmente isso não se deve à falta de talento, mas à escassez de oportunidades para apresentá-lo.

O problema é particularmente grave em campos que exigem uma formação longa e especializada e que, de repente, ficam sem oportunidades. Muitos jovens médicos que se formaram em algumas das disciplinas mais avançadas e bem remuneradas, como anestesiologia ou radiologia, estão desempregados porque os planos de saúde cortam custos e forçam os hospitais a dar alta aos pacientes mais cedo do que de costume. Há um número cada vez maior de matemáticos e físicos que detêm excelente formação, mas estão desempregados, e várias disciplinas, como a biologia marinha, que atraem um grande número de jovens, continuam a ter relativamente poucas vagas.

É verdade que existem muitos casos de indivíduos criativos que parecem ter *criado* suas próprias oportunidades. Afinal, Albert Einstein era um funcionário do baixo escalão do instituto de patentes da Suíça quando escreveu suas ideias sobre a relatividade. Depois disso, o que sabemos é que diversas cátedras estavam sendo oferecidas a ele. Sem dúvida, existem outros casos semelhantes. Mas, mesmo no caso de Einstein, poderíamos talvez argumentar que suas chances de ser reconhecido teriam sido muito menores, ou até inexistentes, se a física não tivesse alcançado tanto prestígio no início do século XX, inflando assim a demanda por novidades. De qualquer forma, o fato de alguns indivíduos se destacarem mesmo quando as oportunidades são poucas não implica que não poderia haver ainda mais realizadores criativos se as oportunidades fossem maiores.

Por fim, as recompensas — tanto intrínsecas quanto extrínsecas — contribuem para o florescer da criatividade. Não há dúvida de que, no início do Renascimento, um afluxo de florins em projetos ambiciosos atraiu muitos jovens florentinos para as artes. Brunelleschi foi membro da primeira leva de artistas do *Quattrocento* e quase certamente não teria seguido essa carreira nem mesmo uma geração antes. Ele vinha de uma respeitável família que considerava os artistas como artesãos desprezíveis. Mas, com o súbito afluxo de capital e prestígio, foi possível para ele, assim como para muitos outros jovens talentosos de boas famílias, vislumbrar carreiras na arquitetura, na pintura ou na escultura.

Provavelmente, pouquíssimas pessoas criativas são motivadas por dinheiro. Por outro lado, pouquíssimas podem ser totalmente indiferentes a ele. O dinheiro alivia as preocupações, os fardos, e proporciona mais tempo para o trabalho de fato. Também amplia o leque de oportunidades: é possível comprar os materiais necessários, contratar ajuda, se preciso, e viajar para conhecer pessoas com as quais se pode aprender. Os artistas deveriam estar acima das preocupações financeiras, mas, na realidade, eles podem usar o dinheiro da mesma forma que qualquer outra pessoa: primeiro, para comprar suprimentos; segundo, para avaliar seu próprio sucesso.

Basta ler a autobiografia do famoso ourives renascentista Benvenuto Cellini para perceber como o dinheiro pode ser importante para um artista como medida da autoestima.[9] Nos quatro séculos e meio desde a morte de Cellini, o dinheiro se transformou cada vez mais na principal medida do sucesso de uma pessoa. A importância da honra, do respeito ou de uma consciência limpa não para de diminuir em comparação ao poder recompensador do dinheiro. Aparentemente, indivíduos criativos respondem ao incentivo financeiro em menor grau do que a maioria das pessoas, mas, de qualquer forma, respondem.

Do mesmo modo, o reconhecimento público e a aclamação certamente não são necessários para pessoas verdadeiramente criativas, mas também não são rejeitados. Pessoas criativas são muitas vezes arrogantes e egocêntricas, mas também inseguras, e podem tirar proveito da aprovação. Estar na vanguarda deixa uma pessoa isolada de seus companheiros, de modo que se sentir apreciada pode ajudar. Em um dos institutos de pesquisa mais poderosos dos Estados Unidos, onde muitos prêmios Nobel foram conquistados, havia um diretor associado cuja principal função era fazer uma visita diária ao laboratório de cada cientista e se impressionar com suas últimas realizações — embora muitas vezes fizesse pouca ideia do que fossem. Essa prática se baseava na convicção de que um tapinha nas costas faz maravilhas para a produtividade criativa e, aparentemente, não sem razão.

Recompensas intrínsecas também podem ajudar ou dificultar o comprometimento de uma pessoa talentosa com um domínio. Há momentos em que uma disciplina maçante se torna subitamente animadora, ou o contrário. Todo cientista fala com nostalgia — os olhos brilhando — sobre os dias de glória da física no primeiro terço do século XX. As ciências da computação ou a biologia molecular provocam hoje o mesmo entusiasmo nos jovens de talento. Não porque esses domínios prometam riqueza e fama, mas porque são muito interessantes, muito desafiadores em termos intelectuais — e, portanto, recompensadores.

A motivação intrínseca pode ser facilmente sufocada. Escolas chatas, orientadores insensíveis, ambientes de trabalho muito rígidos, excesso de pressão e exigências burocráticas podem transformar uma excitante aventura intelectual em uma tarefa árdua e acabar com as centelhas da criatividade. Alan Kay, cujas invenções foram fundamentais para o desenvolvimento dos computadores pessoais, afirma em tom de brincadeira que a empresa para a qual trabalhava perdeu dezenas de milhões de dólares ao se recusar a instalar um chuveiro de 14 mil dólares em seu escritório, porque a maioria de suas novas ideias lhe vinha durante o banho. Talvez a forma mais rápida de se implementar uma melhora no fluxo da criatividade seja tornar o ingresso em determinado domínio mais intrinsecamente recompensador. É possível fazer intervenções relativamente fáceis e baratas, e os resultados esperados podem ser sensacionais.

Mas muitos vão argumentar que nada que o campo pode fazer fará diferença. Uma pessoa criativa é justamente aquela que, apesar de todos os obstáculos, se sobressai. Essa equação pode ser verdadeira, mas seu oposto, não. Não existe nenhuma evidência de que formação e recompensa não aumentem as contribuições criativas.

Do meu ponto de vista, se o modelo de sistemas de criatividade for preciso, a criatividade pode ser aprimorada tanto mudando o campo — tornando-o mais sensível e receptivo a novas ideias — quanto produzindo um número maior de indivíduos criativos. Melhor formação, maiores expectativas, reconhecimento mais adequado, maiores oportunidades e recompensas mais altas estão entre as condições que facilitam a produção e a assimilação de novas ideias potencialmente úteis.

AS CONTRIBUIÇÕES DO DOMÍNIO

É fácil ver como as contribuições criativas poderiam ser maiores se houvesse mais pessoas agindo de forma criativa, assim como também é relativamente fácil compreender como o campo pode ajudar nesse sentido. É menos claro qual poderia ser o papel do domínio. A forma como a informação é codificada e preservada tem alguma coisa a ver com o quão fácil, ou difícil, é fazer uma mudança criativa em determinada disciplina?

A acessibilidade das informações

Por muitos séculos, a ciência europeia e o conhecimento em geral foram registrados em latim — uma língua que ninguém mais falava e que tinha que ser aprendida nas escolas. Pouquíssimos indivíduos, provavelmente menos de 1%, tinham meios para estudar latim o suficiente para ler livros nessa língua e, portanto, participar do debate intelectual da época. Além disso, poucas pessoas tinham acesso a livros, que eram copiados à mão, escassos e caros. A grande explosão de criatividade científica na Europa teve o auxílio, sem dúvida, da repentina disseminação de informações provocada pela invenção da tipografia por Gutenberg e pela legitimação das línguas cotidianas, que rapidamente substituíram o latim como meio de expressão. Na Europa do século XVI, tornou-se muito mais fácil dar uma contribuição criativa não necessariamente porque nasceram mais indivíduos criativos do que nos séculos anteriores nem porque as condições sociais se tornaram mais favoráveis, mas porque a informação ficou mais acessível.

Esse exemplo histórico é apenas um dos muitos que influenciaram a taxa de criatividade em diferentes momentos. Muitas vezes, as elites intelectuais ou políticas escondem seus conhecimentos de propósito, para manter as vantagens de deter o poder da informação. Para conseguir isso, eles desenvolvem linguagens arcanas, símbolos misteriosos e códigos secretos que não fazem sentido para aqueles que não são iniciados na guilda. As castas sacerdotais da Mesopotâmia e do Egito, os burocratas chineses ou as hierarquias clericais da Europa não estavam particularmente interessados em compartilhar seus conhecimentos com qualquer um que aparecesse. Logo, não tinham nenhuma motivação para tornar mais transparente sua representação.

Parte desse desejo de controle exclusivo sobre o conhecimento ainda persiste. Ainda que involuntariamente, mesmo aqueles que têm os pontos de vista mais altruístas e democráticos sobre as informações que controlam muitas vezes tornam o que sabem inacessível ao usar uma linguagem, um estilo ou um método de exposição que um leigo não entende. Há momentos em que esse obscurantismo é inevitável, mas em outros é um hábito desnecessário que restou do passado, ou um atalho que torna os pensamentos mais acessíveis aos iniciados, mas os deixa fora do alcance de qualquer outra pessoa.

Um colega do departamento de língua inglesa de nossa universidade presta consultoria regularmente a alguns dos grandes escritórios de advocacia da cidade, contratado pelos sócios mais antigos para ensinar os jovens advogados a se comunicar em inglês, em vez de "juridiquês". Durante a faculdade de direito, é fácil mergulhar em um jargão técnico que confunde até mesmo outros advogados — e que não tem como ser compreendido por aqueles que não são formados em direito. O mesmo se aplica a outros domínios: os alunos de pós-graduação em psicologia são ensinados a escrever no estilo esquisito das revistas especializadas. Isso ajuda a tornar a comunicação dentro do campo mais rápida e clara — embora menos rica e evocativa. De qualquer forma, a rapidez e a clareza assim adquiridas tornam a informação quase inacessível para quem não é familiarizado com a linguagem do domínio.

A obscuridade linguística é apenas um dos meios pelo quais os domínios se isolam. O problema mais amplo é que todos os domínios vêm se tornando cada vez mais especializados não apenas no vocabulário, mas também na organização conceitual de suas regras e procedimentos. Há vários anos, um professor de química enviou um artigo sobre algumas implicações mais amplas da segunda lei da termodinâmica a uma revista de filosofia. O editor, por sua vez, o encaminhou a dois pareceristas para avaliação. Ambos acharam que o artigo não merecia ser publicado. O editor, então, que havia gostado do artigo, ligou para o autor para lhe dar a má notícia: "Não tenho mesmo como publicar seu artigo, porque os dois físicos para os quais o enviei para revisão desaconselharam". "Você enviou meu artigo para dois *físicos*?", perguntou o autor, incrédulo. "Físicos não entendem de termodinâmica. Você deveria pedir opinião a alguns químicos." De fato, quando os químicos foram consultados, o parecer negativo foi revertido.

As leis da termodinâmica são, obviamente, centrais tanto para a física quanto para a química. Os processos enunciados por essas "leis" são distintos o bastante, no entanto, para que, se vistos da perspectiva da física, possam dar origem a conclusões banais ou até mesmo equivocadas da perspectiva da química e vice-versa. O que torna esse ruído na comunicação entre disciplinas tão perigoso é que, como vimos repetidas vezes, a maioria das realizações criativas depende da conexão entre domínios díspares. Quanto mais obscuro e apartado o conhecimento se torna, menores são as chances de que a criatividade possa se apresentar.

Também é verdade, porém, que alguns avanços tecnológicos ajudaram essa tendência a se mover na direção oposta. A disponibilidade de computadores pessoais pode equilibrar as condições da mesma forma como a imprensa fez cinco séculos atrás. Quando qualquer um pode ter acesso imediato a referências acadêmicas, artigos científicos inéditos, reportagens, apresentações multimídia de obras de arte e ideias pessoais em andamento por meio de redes de informação, uma grande variedade de novas vozes pode se juntar ao discurso especializado das disciplinas. Ao que tudo indica, a criatividade vai tirar proveito disso.

A organização do conhecimento

A facilidade, ou dificuldade, de identificar a novidade em um domínio depende em grande parte de como os símbolos e as regras do domínio são organizados. Era mais fácil chegar a um consenso sobre se determinada pintura era ou não um aprimoramento da arte do período quando as comunidades compartilhavam critérios comuns de beleza. É mais fácil reconhecer a criatividade na música quando se pode comparar cada nova composição com um cânone estabelecido. Por outro lado, quando os critérios estéticos se tornam fragmentados e amplamente idiossincráticos, como aconteceu desde o fim da Primeira Guerra Mundial, é mais difícil saber ao certo se uma nova pintura ou peça musical merece ser lembrada e passada para a geração seguinte, ou se é apenas uma novidade a ser esquecida o mais rápido possível.

Da mesma forma, deveria ser mais fácil saber se uma nova maneira de fazer as coisas é melhor do que a anterior na matemática, que é um domínio extremamente coerente. Isso seria um pouco menos fácil na física e mais ainda na biologia ou na economia. Seria, ainda, mais difícil nas outras ciências sociais e na filosofia, que não são tão fortemente conectadas por uma rede interna de leis. Quando o domínio não é estritamente integrado por regras lógicas, é difícil para o campo julgar se a novidade é valiosa e, portanto, se deve ser incluída no domínio. (É claro que o fato de um domínio ser mais integrado não significa necessariamente que ele seja *melhor*. O xadrez é um domínio bastante lógico. Se alguém descobrisse um novo movimento de abertura ou uma finalização mais eficaz, a descoberta seria instantaneamente adotada por todos os jogadores ao redor do mundo. Isso não significa que o xadrez seja preferível à filosofia só porque é potencialmente mais fácil ser criativo nele.)

A capacidade de gerar novidade nos domínios apresenta altos e baixos. No final do século XIX, muitos cientistas acreditavam que não havia mais o que se pudesse dizer sobre a física. A maioria dos físicos acreditava que tudo o que eles podiam fazer era ajudar a organizar um universo newtoniano organizado. Isso, é claro, foi pouco antes de uma sequência de novas descobertas e perspectivas inaugurar o período mais drasticamente criativo da física nas três primeiras décadas do século XX, período após o qual toda a física anterior teve que ser reescrita com base em uma nova perspectiva.

Um domínio só gera novidade quando ocorre uma convergência entre uma instabilidade dentro dele e a mente de uma pessoa capaz de lidar com o problema. Mesmo as pessoas mais criativas costumam contribuir, portanto, com poucas, ou às vezes uma única grande ideia nova — aquela para a qual estavam preparadas, aquela para a qual o momento era ideal. Devido ao impacto de seus primeiros trabalhos sobre a relatividade, esperava-se que Einstein continuasse a surpreender o mundo enquanto vivesse. Mas a grande convergência entre a mente de Einstein e o domínio da física terminou efetivamente antes de ele completar quarenta anos, de modo que na segunda metade da vida suas contribuições fizeram pouca diferença para a disciplina.

Às vezes, o domínio sofre uma mudança devido a uma nova maneira de pensar, a melhores medições ou a novos instrumentos que permitem que melhores observações sejam feitas. Normalmente, todos esses fatores estão envolvidos. A visão ptolomaica do universo foi substituída pela atual em parte porque Tycho Brahe passou incontáveis horas em seu observatório mapeando a trajetória das estrelas, em parte porque Copérnico concebeu um modelo elegante para a representação do movimento dos planetas e em parte porque Galileu aprimorou o telescópio a ponto de enxergar as luas de Júpiter. Sempre que se encontra uma melhor forma de representação da realidade, novos caminhos de exploração e descoberta se abrem.

A organização do conhecimento é especialmente importante quando se trata de transmiti-lo à geração seguinte. Para ser criativa, uma pessoa precisa, primeiro, entender o domínio. Se o conhecimento no domínio for quase incompreensível, poucos jovens se darão ao trabalho de aprendê-lo e, portanto, as chances de inovações criativas serão menores. Mas, às vezes, há afirmações conflitantes igualmente válidas sobre como o conhecimento deve ser transmitido. O método Suzuki de ensino de música resulta em um desempenho impressionante por parte das crianças, mas alguns afirmam que sua rigidez desencoraja a expressão musical e a inovação. Quem já viu o antes e o depois das obras de crianças formadas pelos métodos patrocinados pelo Getty Center for Education in the Arts fica maravilhado com a súbita maturidade e o profissionalismo dos desenhos. Mais uma vez, porém, os críticos se perguntam se a fidelidade na transmissão do ofício não sufoca a inovação.[10] Por outro lado, as muitas novas versões de matemática ensinadas nas escolas norte-americanas afirmam dar ênfase ao pensamento e à compreensão matemáticos em detrimento da memorização de regras rígidas e do foco em uma única forma de se solucionar um problema. Para pais e professores mais tradicionalistas, esses esforços servem apenas para "banalizar" a matemática e corroer ainda mais a posição comparativa das crianças nesse importante domínio.

Quem tem razão? Por meio de qual método é mais provável que o conhecimento necessário seja transmitido? Qual apresenta maiores chances de conduzir a realizações criativas? A resposta mais sensata a essas perguntas se encontra no infame meio-termo. Para lidar bem com números, é essencial automatizar a maior quantidade possível de operações mentais — e isso exige memorização e prática. Por outro lado, para aplicar esses números efetivamente na vida real, é preciso também ter uma boa compreensão intuitiva de como aproximar, arredondar, além de quando e como usar diferentes operações. Talvez a coisa mais importante a ser lembrada nesse debate é que não existe uma única forma certa de ensinar um domínio, ou seja, que o modo como o conhecimento é transmitido deve ser ajustado às habilidades do aluno. Seria ridículo ensinar matemática a uma criança de quatro anos que aprendeu cálculo por conta própria — e, aparentemente, essas crianças existem — da mesma forma como se ensina o resto da classe.[11]

Se é verdade que existe mais de uma forma certa de transmitir conhecimento, existem muito mais formas erradas de fazê-lo. Sempre que a informação é falsa, ilógica, superficial, redundante, desconexa, confusa ou — principalmente — maçante, a chance de que ela chegue aos alunos diminui, assim como a probabilidade de haver reações criativas.

Flow e aprendizagem

As origens da cultura podem ser facilmente explicadas pela necessidade. A tecnologia, a ciência e até as artes foram adaptações defensivas que nossos ancestrais inventaram para melhorar suas chances de sobrevivência ou aumentar seu conforto. Enquanto os tubarões desenvolveram dentes mais fortes e os antílopes, patas mais velozes, nós construímos armas e carros. Alguns pássaros usam plumagem colorida ou ninhos elaborados para impressionar a concorrência e cortejar o sexo oposto. Nós comunicamos nosso desejo por meio de roupas da moda, casas caras e modos refinados. Nesse sentido, é perfeitamente verdade que a necessidade é a mãe da invenção.

Essas razões primitivas para a existência da cultura estão em vigor até hoje. Nos sentimos motivados para aprender, para nos tornarmos especialistas, para inovar e seguir novos rumos, em grande parte porque isso promete vantagens materiais bastante concretas.[12] Não competimos mais, como faziam nossos ancestrais, principalmente em termos de destreza física ou habilidades simples. A capacidade de correr, matar um lobo ou abater um cervo são de importância marginal. O que conta mais é a capacidade de nos sairmos bem na arena cultural, em que as habilidades relevantes são definidas por domínios complexos. O sucesso em uma empreitada cultural criativa — ganhar um Nobel ou escrever um best-seller — traz consigo riqueza e respeito, admiração e poder.

Ao longo do tempo, foram surgindo outras razões para a criação da cultura e de muitas formas elas são hoje mais importantes, pelo menos para algumas pessoas, do que as antigas razões baseadas na competição e na vantagem material. Atuar dentro de um domínio pode ser recompensador por si só. Encontrar as palavras certas para um poema, a chave do comportamento de uma célula ou uma forma de produzir microchips melhores com um menor custo é uma experiência emocionante por si só, mesmo que ninguém mais fique sabendo e que não haja nenhuma recompensa. Quase todos os nossos entrevistados falaram de forma eloquente e espontânea sobre a importância dessas recompensas intrínsecas. Se eles não sentissem essa alegria, as recompensas externas não seriam suficientes para motivá-los a conduzir seus esforços a regiões antes desconhecidas.

Entretanto, ao passo que os especialistas em uma disciplina geralmente amam o que fazem, essa emoção não costuma estar disponível para os estudantes ou os recém-iniciados. Principalmente nas ciências, os novatos enxergam apenas o trabalho penoso da disciplina.[13] Os professores raramente dedicam seu tempo a tentar apresentar a beleza e a diversão de se fazer matemática ou ciência. Os alunos aprendem que essas disciplinas são governadas por um determinismo sombrio, não pela liberdade e pela sensação de aventura que os especialistas experimentam. Não surpreende, portanto, que seja difícil motivar os jovens a dominar aspectos da cultura que lhes parecem frios e alienantes. Em consequência disso, o conhecimento nessas áreas pode ir sofrendo um desgaste, e a criatividade acabar se tornando cada vez mais rara.

Portanto, uma maneira óbvia de aumentar a criatividade é trazer o máximo possível da experiência do flow para dentro dos vários domínios. É emocionante produzir cultura — ser um artista, um cientista, um pensador ou um inventor. Muitas vezes, porém, a alegria da descoberta não é comunicada aos mais jovens, que se voltam para o entretenimento passivo. Consumir cultura, no entanto, nunca é tão recompensador quanto produzi-la. Se fosse possível transmitir para a próxima geração o entusiasmo das pessoas que entrevistamos, não há dúvida de que a criatividade iria prosperar.

14. Aprimorando a criatividade individual

O principal objetivo deste livro foi descrever como a criatividade funciona e como a cultura evolui à medida que os domínios são transformados pela curiosidade e dedicação de alguns indivíduos. Mas outro objetivo era aprender, com base na vida de tais homens e mulheres, como a vida de cada um pode se tornar mais criativa. Como nossos dias também podem ser cheios de fascinação e entusiasmo? Para responder a essa pergunta, passo da descrição objetiva à prescrição. Apresento minhas próprias reflexões sobre o que aprendemos até agora e procuro extrair alguns conselhos práticos delas. Assim como um médico pode olhar para os hábitos físicos dos indivíduos mais saudáveis para encontrar neles uma receita que ajude todos os outros a serem mais saudáveis, também podemos extrair alguns conceitos úteis da vida de algumas pessoas criativas em relação a como enriquecer a vida dos demais.

Você provavelmente já elaborou algumas ideias sobre como experimentar a vida de forma mais criativa. No mínimo, aprendeu sobre os obstáculos que os indivíduos criativos precisam superar e sobre as estratégias que eles usam para aumentar a probabilidade de conceber algo original. Neste capítulo, vou apresentar esses insights e sugerir como você pode aplicá-los no seu dia a dia.

Essas sugestões não são uma promessa de grandes realizações criativas. Como está claro a esta altura, para passar da criatividade individual para a cultural é preciso talento, estudo e uma boa dose de boa sorte. Sem acesso a um domínio e sem o apoio de um campo, uma pessoa não tem nenhuma chance de obter reconhecimento. Mesmo que a criatividade pessoal não leve à fama e à fortuna, ela pode fazer algo que, do ponto de vista do indivíduo, é ainda mais importante: tornar as experiências do dia a dia mais vívidas, mais agradáveis, mais gratificantes. Quando vivemos de forma criativa, o tédio é banido e cada momento traz a promessa de uma nova descoberta. Quer essas descobertas enriqueçam ou não o mundo além da nossa vida pessoal, viver de modo criativo nos conecta ao processo de evolução.

A maioria das sugestões derivadas do estudo das vidas criativas pode ser implementada por qualquer pessoa, independentemente de idade, gênero ou condição social. Algumas das etapas, no entanto, são mais apropriadas para pais ou outros adultos que desejam oferecer condições ideais para o desenvolvimento da criatividade nas crianças. Não temos como alterar as condições da nossa própria infância que nos teriam tornado mais curiosos e, portanto, aumentado a criatividade. Mas podemos mudar as condições para a geração seguinte. Em vez de apontar a cada vez quais sugestões servem para adultos e quais para crianças, confio no julgamento do leitor para fazer a distinção adequada.

Estou presumindo que cada pessoa tem, *potencialmente*, toda a energia psíquica de que necessita para levar uma vida criativa. No entanto, existem quatro grandes conjuntos de obstáculos que impedem muitas pessoas de expressar esse potencial. Alguns de nós estão exaustos devido ao excesso de demandas e, por isso, têm dificuldade em controlar e ativar a energia psíquica acima de tudo. Ou, então, nos distraímos facilmente e temos dificuldade em aprender a proteger e canalizar qualquer energia que haja. Outro problema é a preguiça, ou falta de disciplina para controlar o fluxo de energia. Por fim, o último obstáculo é não saber o que fazer com a energia que se tem. As formas de contornar esses obstáculos e liberar a energia criativa que existe em todos nós é o que será repassado neste capítulo.

A CONQUISTA DA ENERGIA CRIATIVA

Com nosso conhecimento atual, nem mesmo um neuroanatomista experiente saberia distinguir o cérebro de Einstein do seu ou do meu. Em termos de capacidade de processamento de informações, todos os cérebros são extremamente parecidos. O volume máximo de bits de informação que podemos processar em determinado momento também é semelhante. Além disso, a velocidade do processamento de informações não é visivelmente diferente de um cérebro para outro. A princípio, devido à semelhança no hardware cerebral, a maioria das pessoas poderia compartilhar dos mesmos conhecimentos e efetuar operações mentais em níveis semelhantes. No entanto, como são enormes as diferenças em relação a como as pessoas pensam e ao que elas pensam!

Em termos de uso criativo da energia mental, talvez a diferença mais fundamental entre as pessoas consista na quantidade de atenção descomprometida que sobra para lidar com a novidade. Em muitos casos, essa atenção é limitada por necessidades externas. Não podemos esperar que um homem que tem dois empregos, ou uma mulher que trabalha fora e cuide dos filhos, tenha energia mental de sobra para aprender um domínio, que dirá inovar nele. Einstein supostamente escreveu seus artigos mais clássicos na mesa da cozinha de seu pequeno apartamento em Berna, enquanto balançava o carrinho de bebê do filho. Mas o fato é que existem limites concretos em relação ao volume de coisas com as quais uma pessoa pode lidar simultaneamente e, quando as necessidades de sobrevivência consomem toda nossa atenção, não sobra nada para a criatividade.

Muitas vezes, no entanto, os obstáculos são internos.[1] Em uma pessoa preocupada com a própria identidade, praticamente toda a atenção é investida no monitoramento de ameaças ao ego. Essa atitude defensiva pode ter causas muito compreensíveis: crianças que sofreram abuso, que experimentaram fome crônica ou discriminação são menos propensas a ser curiosas e interessadas nas novidades por si só, porque precisam de toda a energia psíquica à disposição apenas para sobreviver. A sensação de extrema vulnerabilidade resulta na forma de neurose conhecida como paranoia, na qual tudo o que acontece é interpretado como uma conspiração ameaçadora contra o próprio indivíduo. Uma tendência paranoica é um obstáculo ao livre investimento da energia mental. A pessoa que sofre com isso geralmente não pode se dar ao luxo de se interessar pelo mundo de um ponto de vista objetivo e imparcial e, portanto, é incapaz de aprender muitas coisas de novo.

Outra limitação ao livre emprego da energia mental é um investimento de atenção excessivo em objetivos egoístas. Claro, todo mundo deve, em primeiro lugar, cuidar das próprias necessidades. Mas, para algumas pessoas, o conceito de "necessidade" é inflado a ponto de se tornar uma obsessão que devora cada momento do dia. Quando tudo o que uma pessoa vê, pensa ou faz precisa servir ao interesse próprio, não sobra atenção para aprender sobre qualquer outra coisa que seja.

É difícil abordar o mundo de forma criativa quando se está com fome ou tremendo de frio, porque então toda a energia mental está focada em suprir as necessidades que faltam. É igualmente difícil quando uma pessoa é rica e famosa, mas dedica todas as suas energias à obtenção de mais dinheiro e mais fama. Para liberar a energia criativa, precisamos relaxar e desviar um pouco da nossa atenção da busca pelos objetivos previsíveis que os genes e o contexto cultural que vivemos programaram em nossa mente e aplicá-la a explorar o mundo ao nosso redor em seus próprios termos.

Curiosidade e interesse

O primeiro passo para uma vida mais criativa, portanto, é o cultivo da curiosidade e do interesse, ou seja, o investimento de atenção nas coisas por elas mesmas. Nesse quesito, as crianças tendem a ter vantagem sobre os adultos: a curiosidade delas é como um raio constante que ilumina e reveste de interesse qualquer coisa ao alcance. O objeto não precisa ser útil, atraente ou precioso. Desde que seja misterioso, é digno de atenção. Com a idade, a maioria de nós perde o senso de fascinação, a capacidade de se admirar diante da imponência e da variedade de coisas no mundo. No entanto, sem admiração a vida se torna banal. Indivíduos criativos são como crianças porque sua curiosidade se mantém viva mesmo aos noventa anos. Eles se deleitam com o estranho e o desconhecido. Assim, como não há fim para o desconhecido, seu deleite também é infinito.

No começo, nossa curiosidade é difusa e genérica. A atenção da criança é atraída por qualquer novidade — uma nuvem ou um inseto, a tosse do avô ou um prego enferrujado. Com o tempo, o interesse geralmente é canalizado para um domínio específico. Um físico de noventa anos pode manter uma curiosidade infantil em relação ao reino das partículas subatômicas, mas é improvável que tenha atenção livre suficiente para se maravilhar com muito mais do que isso. Portanto, a criatividade dentro de um domínio geralmente anda de mãos dadas com a resignação no resto da vida. Einstein, no auge de seus avanços na física, tocava música tradicional em seu violino. Mas restringir a atenção a um único domínio não significa limitar o grau de novidade que alguém é capaz de processar. Pelo contrário, domínios complexos como a poesia, a história, a física ou a política apresentam perspectivas em constante expansão para aqueles que se aventuram a explorá-los.

Então, como o interesse e a curiosidade podem ser cultivados, supondo que você tenha o desejo de fazê-lo? Alguns conselhos específicos podem ajudar.

Procure se surpreender com alguma coisa todos os dias. Pode ser algo que você veja, ouça ou leia. Pare para observar um carro incomum estacionado junto à calçada, prove o novo item do menu da cafeteria, escute com atenção seu colega de trabalho. Em que isso difere dos outros carros, pratos ou conversas semelhantes? Qual é a *essência* disso? Não parta do princípio de que você já sabe do que se trata essas coisas, nem mesmo de que, se você as conhecesse, elas não teriam importância de qualquer modo. Experimente a coisa pelo que ela é, não pelo que você acha que é. Esteja aberto ao que o mundo lhe diz. A vida nada mais é do que um fluxo de experiências — quanto mais ampla e profundamente você mergulhar nela, mais rica ela será.[2]

Procure surpreender pelo menos uma pessoa todos os dias. Em vez de ser o seu eu previsível, diga algo inesperado, expresse uma opinião que você nunca ousou revelar, faça uma pergunta que você normalmente não faria. Ou quebre a rotina: convide uma pessoa para ir com você a um show, a um restaurante ou a um museu que você nunca visitou antes. Faça experimentos com a sua aparência. Hábitos são ótimos quando nos poupam energia para fazermos as coisas mais importantes, mas, se você ainda está no processo de busca, eles restringem e limitam as perspectivas de futuro.[3]

Escreva todos os dias o que o surpreendeu e como você surpreendeu os outros. A maioria das pessoas criativas mantém diários, anotações ou registros de laboratório para que suas experiências sejam mais concretas e duradouras. Se você ainda não o faz, pode ser útil começar com uma tarefa muito específica: registre todas as noites o evento mais surpreendente que aconteceu naquele dia, assim como a sua atitude mais surpreendente. Essa é uma tarefa bastante simples e com a qual você vai se divertir ao fazer. Depois de alguns dias, pode reler o que escreveu e refletir sobre essas experiências passadas. Uma das formas mais seguras de enriquecer a vida é tornar as experiências menos fugazes, para que os eventos mais memoráveis, interessantes e importantes não se percam para sempre poucas horas depois de ocorridos. Anotá-los para que você possa revivê-los na memória é um modo de evitar que desapareçam. Depois de algumas semanas, você pode começar a observar um padrão de interesse surgindo nessas anotações, o que talvez indique um domínio que valha a pena explorar mais a fundo.

Quando uma coisa provocar uma fagulha de interesse, corra atrás dela. Normalmente, quando algo chama nossa atenção — uma ideia, uma música, uma flor —, a impressão que temos é breve. Estamos ocupados demais para explorar mais a ideia, a música ou a flor — ou achamos que não é da nossa conta. Afinal, não somos pensadores, cantores nem botânicos, então essas coisas estão fora do nosso alcance. Isso não faz sentido nenhum. O mundo *é* da nossa conta, e não temos como saber qual parte dele é mais adequada a nós, às nossas potencialidades, se não fizermos um esforço a sério para aprender sobre o maior número possível de aspectos dele.

Se você dedicar algum tempo para refletir sobre a melhor forma de implementar essas quatro sugestões e, em seguida, começar a colocá-las em prática, é provável que sinta diversas novas oportunidades sob a superfície habitual das experiências diárias. É o reencontro com a energia criativa, o renascimento da curiosidade que foi sendo atrofiada desde a infância.

Cultivando o *flow* no dia a dia

No entanto, o renascimento da curiosidade não dura muito, a menos que aprendamos a gostar de ser curiosos. A entropia, a força por trás da famosa Segunda Lei da Termodinâmica, se aplica não apenas aos sistemas físicos, mas também ao funcionamento da mente. Quando não há nada específico para fazer, nossos pensamentos logo retornam ao estado mais previsível, que é o de aleatoriedade ou confusão.[4] Prestamos atenção e nos concentramos quando é necessário — ao nos vestir, dirigir, ficar acordados no trabalho. Mas, quando não há nenhuma força externa que exija que nos concentremos, a mente começa a perder o foco. Ela recai para o estado energético mais baixo, com o menor grau de esforço possível. Quando isso acontece, uma espécie de caos mental se alastra. Pensamentos desagradáveis vêm à tona, arrependimentos esquecidos ressurgem e ficamos deprimidos. Então, ligamos a TV, lemos com indiferença o suplemento publicitário do jornal, temos conversas inúteis — qualquer coisa para manter nossos pensamentos em equilíbrio e evitar que o que está acontecendo em nossa mente nos assuste. Procurar refúgio no entretenimento passivo mantém o caos afastado por um tempo, mas a atenção que ele absorve é desperdiçada. Por outro lado, quando aprendemos a gostar de usar nossa energia criativa latente de modo que ela gere sua própria força interna capaz de direcionar a concentração, não só evitamos a depressão como também aumentamos a complexidade das nossas formas de nos relacionar com o mundo.

Como podemos fazer isso? Como podemos reaprender a ter prazer na curiosidade de modo que a busca por novas experiências e novos conhecimentos se torne autossustentável?

Acorde todos os dias com um objetivo específico em mente. Indivíduos criativos não precisam ser arrastados para fora da cama. Eles acordam ansiosos para começar o dia. Não porque eles sejam do tipo alegre e entusiasmado nem porque obrigatoriamente tenham algo incrível para fazer, mas porque acreditam que existe algo significativo a ser feito a cada dia e mal podem esperar para começar.

A maioria de nós não tem a sensação de que as próprias ações são tão significativas. No entanto, todo mundo pode descobrir pelo menos uma coisa todos os dias pela qual vale a pena acordar. Pode ser encontrar determinada pessoa, comprar um item especial, colocar uma planta em um vaso, limpar a mesa do escritório, escrever uma carta, experimentar um vestido novo. Fica mais fácil se todas as noites, antes de dormir, você refletir sobre o dia seguinte e escolher uma tarefa específica que, em comparação com o resto do dia, deve ser relativamente mais interessante e emocionante. Então, pela manhã, abra os olhos e visualize o evento escolhido — reproduza-o brevemente em sua cabeça, como um filme interno, até que mal possa esperar para se vestir e começar o dia. Não importa se, no começo, os objetivos sejam triviais e não muito interessantes. O importante é dar os primeiros passos devagar, até dominar o hábito e, em seguida, ir avançando em direção a objetivos mais complexos. Um dia, a maior parte da sua rotina vai consistir em tarefas pelas quais você anseia, de modo que acordar de manhã é um privilégio, não um fardo.

Se você fizer alguma coisa bem-feita, ela se torna agradável. Seja escrever um poema ou limpar a casa, realizar um experimento científico ou completar uma corrida, a qualidade da experiência tende a melhorar na proporção do esforço investido nela. O corredor pode estar exausto e com dores, mas também se sente animado se estiver depositando toda a sua energia na corrida. Quanto mais atividades fazemos com excelência e personalidade, mais a vida se torna intrinsecamente gratificante.

As condições que possibilitam o surgimento do flow dão um indício de como transformar as tarefas cotidianas para que sejam mais prazerosas. Ter metas e expectativas claras para tudo o que fazemos, prestar atenção às consequências das nossas ações, ajustar as habilidades às oportunidades de ação no ambiente, concentrar-se na tarefa em mãos, sem distrações — essas são as regras simples que podem fazer a diferença entre uma experiência ser agradável ou desagradável. Se decido aprender a tocar piano ou a falar uma língua estrangeira, mas me sinto frustrado ou entediado ao fazê-lo, é provável que desista na primeira oportunidade. Entretanto, se aplico as condições do flow à tarefa de aprendizado, é provável que continue a expandir meu potencial criativo, porque aquilo se torna divertido.

É mais fácil começar com as atividades mais banais, que todos nós temos que fazer. Como você pode obter mais prazer ao escovar os dentes? Ao tomar banho? Se vestir? Tomar café da manhã? Ir para o trabalho? Pegue a mais simples dessas atividades e experimente trabalhar com o potencial de flow dela. Como é possível aplicar as condições do flow para pôr os pratos na lava-louça? Se você levar essa pergunta a sério e procurar respondê-la testando várias alternativas, ficará surpreso com o quanto pode ser divertido escovar os dentes. Jamais vai ser tão agradável quanto esquiar ou tocar em um quarteto de cordas, mas pode ser melhor do que assistir à maior parte dos programas de televisão.

Depois de praticar a melhora da qualidade da experiência em algumas atividades do dia a dia, você pode se sentir pronto para encarar algo mais difícil — como um hobby ou um novo interesse. Em determinada altura, você vai ter dominado a habilidade mais importante de todas: a habilidade primordial, que consiste em ser capaz de transformar qualquer atividade em uma ocasião de flow. Se essa habilidade autotélica tiver sido suficientemente desenvolvida, você poderá desfrutar de qualquer novo desafio e estar no caminho da reação em cadeia autossustentável da criatividade.

Para continuar a desfrutar de determinada coisa, você precisa aumentar sua complexidade. Como observou Heródoto, não podemos entrar no mesmo rio duas vezes. Tampouco podemos desfrutar da mesma atividade repetidamente, a menos que encontremos novos desafios, novas oportunidades nela. Caso contrário, ela se torna chata. Escovar os dentes não tem como ser agradável por muito tempo — é uma atividade que simplesmente não tem potencial suficiente para se tornar complexa. É verdade que podemos preservar o desafio até mesmo da atividade mais simples combinando-a com outra coisa — por exemplo, enquanto escova os dentes, você pode planejar o dia seguinte, ou refletir sobre o que aconteceu na véspera. Mas, normalmente, é mais satisfatório envolver-se com atividades inesgotáveis — música, poesia, carpintaria, computadores, jardinagem, filosofia ou relacionamentos pessoais profundos.

A maioria dos domínios é tão complexa que não tem como ser esgotada em uma única existência, nem mesmo em toda a existência humana. É sempre possível aprender uma nova música, ou compor uma. É sempre possível encontrar uma forma melhor de se fazer qualquer coisa. É por isso que a criatividade — a tentativa de expandir os limites de um domínio — torna possível a existência de prazer pela vida inteira.

Hábitos de força

Depois que a energia criativa é despertada, é necessário protegê-la. Precisamos erguer barreiras contra distrações, escavar canais para que a energia possa fluir livremente, encontrar formas de escapar de tentações e interrupções externas. Se não o fizermos, a entropia inevitavelmente irá quebrar a concentração exigida pela busca de um interesse. O pensamento, então, retorna ao seu estado básico — a condição vaga, sem foco e constantemente distraída da mente normal.

É surpreendente o número de pessoas muito bem-sucedidas e produtivas que afirmam ser essencialmente preguiçosas. No entanto, essa afirmação é factível. Não é que elas tenham mais energia e disciplina do que eu ou você; é que que elas desenvolvem hábitos de disciplina que lhes permitem executar tarefas aparentemente impossíveis. Muitas vezes esses hábitos são tão triviais que as pessoas que os adotam parecem esquisitas e obsessivas. A princípio, muita gente ficou levemente chocada com o fato de o grande Albert Einstein sempre usar o mesmo velho suéter e as mesmas calças largas. Por que ele era tão esquisito? Claro, Einstein não estava tentando incomodar ninguém. Estava apenas reduzindo o esforço diário envolvido em decidir que roupa usar, para que sua mente pudesse se concentrar em assuntos mais importantes. Pode parecer que escolher uma calça e uma camisa leve tão pouco tempo que é pretensioso achar que isso é um problema. Mas suponhamos que leve apenas dois minutos por dia para alguém decidir como se vestir. Isso equivale a 730 minutos, ou doze horas, por ano. Agora, pense nas outras coisas repetitivas que temos que fazer ao longo do dia — pentear o cabelo, dirigir, comer e assim por diante. Então, pense não só no tempo que leva para fazer cada uma dessas coisas, mas também na interrupção na linha de raciocínio que elas provocam, tanto antes quanto depois. Ter que escolher uma gravata pode acabar com uma hora inteira de reflexão! Não admira que Einstein preferisse usar sempre a mesma roupa.

Nesse ponto, alguns leitores podem intuir uma contradição. Por um lado, estou dizendo que, para ser criativo, é preciso estar aberto à experiência, concentrar-se até nas tarefas mais mundanas — como escovar os dentes — para torná-las mais eficientes e artísticas.[5] Por outro, estou dizendo que é preciso conservar a energia criativa, criando o máximo possível de rotinas no dia a dia, para poder se concentrar inteiramente no que importa de fato. Esse não é um conselho contraditório? Na verdade, não — mas, mesmo que fosse, você já deveria esperar certo grau de paradoxo no comportamento criativo.

O motivo pelo qual não é uma contradição ser aberto e focado ao mesmo tempo é que essas formas antagônicas de emprego da energia psíquica compartilham de uma semelhança que é mais importante do que suas diferenças. Elas exigem que você decida se, em determinado momento, é melhor estar aberto ou focado. Ambas são expressões de sua capacidade de controlar a atenção e é isso o que importa, não se você está aberto ou focado. Antes de descobrir um interesse primordial em um domínio específico, faz sentido estar aberto ao máximo possível do mundo. Depois de desenvolver um interesse permanente, no entanto, pode fazer mais sentido economizar o máximo de energia possível para investir nesse domínio. Em ambos os casos, o importante é não abrir mão do controle sobre a energia criativa, para que ela não se dissipe por falta de direcionamento.[6]

Algumas palavras mais podem ser necessárias aqui sobre o conceito de "controle" aplicado à atenção. É preciso perceber que uma das formas de controlar é abrir mão do controle. As pessoas que meditam expandem seu ser abrindo mão do pensamento focado. Dessa forma, eles visam alcançar uma união espiritual com a energia por trás do mundo das aparências, com a força que move o universo. Mas esse ato de abrir mão do controle é dirigido, controlado pela mente. É muito diferente de apenas sentar e jogar conversa fora, consumir passivamente entretenimento ou deixar a mente divagar sem propósito.

O que você pode fazer para criar hábitos que tornem possível controlar a atenção de modo que ela seja ou aberta e receptiva, ou focada e direcionada, de acordo com o que os seus objetivos mais amplos exigem?

Assuma o comando da sua agenda. Nossos ritmos circadianos são, em grande parte, regidos por fatores externos: o nascer do sol, o horário do transporte para o trabalho, o prazo de uma tarefa, o horário de almoço, as necessidades de um cliente. Se funciona para você, faz todo o sentido se entregar a esses marcadores para não precisar decidir o que fazer nem quando. Mas também é possível que o cronograma que você está seguindo não seja o melhor para os seus propósitos. A melhor hora para empregar suas energias criativas pode ser ou de manhã cedo ou tarde da noite. Você é capaz de arranjar algum tempo para si mesmo quando sua energia está no pico? É capaz de adequar o sono ao seu propósito, em vez do contrário?

Os horários em que a maioria das pessoas faz suas refeições podem não ser os melhores para você. Você pode sentir fome antes da hora de almoço e perder a concentração porque fica inquieto, ou, para atingir o máximo de seu potencial, pode ser melhor pular o almoço e fazer um lanche no meio da tarde. Provavelmente, existem momentos para fazer compras, visitar alguém, trabalhar, relaxar que são melhores para cada um de nós. Quanto mais fazemos as coisas nos momentos mais adequados, mais energia criativa conseguimos liberar.

A maioria de nós nunca teve a chance de descobrir quais momentos do dia ou da noite são mais adequados aos nossos ritmos. Para recuperar esse conhecimento, temos que prestar atenção se o cronograma que seguimos se ajusta bem ou não aos nossos estados internos — quando nos sentimos melhor comendo, dormindo, trabalhando e assim por diante. Uma vez que tenhamos identificado os padrões ideais, podemos dar início à tarefa de mudar as coisas, para que possamos fazer cada atividade na hora mais adequada. Claro, a maior parte das pessoas lida com demandas inflexíveis no dia a dia, que não têm como ser alteradas. Até mesmo John Reed tinha que cumprir um expediente, até mesmo Vera Rubin precisava adaptar sua curiosidade aos horários em que os telescópios estavam disponíveis para uso. As necessidades de filhos, cônjuges e chefes costumam ter prioridade. No entanto, o tempo é mais flexível do que a maioria imagina.

O importante a lembrar é que a energia criativa, como qualquer outra forma de energia psíquica, só funciona com o tempo. Leva uma quantidade mínima de tempo para escrever um soneto ou inventar um novo aparelho. A velocidade em que as pessoas trabalham varia — Mozart escrevia concertos muito mais rápido do que Beethoven —, mas mesmo Mozart não podia escapar da tirania do tempo. Portanto, cada hora economizada de labuta e rotina é uma hora somada ao exercício da criatividade.

Reserve um tempo para refletir e relaxar. Muitas pessoas, principalmente aquelas que são bem-sucedidas e responsáveis, levam a sério a metáfora da "corrida dos ratos" e se sentem desconfortáveis, até mesmo ansiosas, se não estiverem atoladas de trabalho. Mesmo em casa, elas têm a sensação que devem estar sempre limpando alguma coisa, mexendo no quintal ou fazendo consertos. Manter-se constantemente ocupado é louvável, e certamente muito melhor do que apenas ficar parado sentindo pena de si mesmo, mas estar incessantemente ocupado não é uma boa receita para a criatividade. É importante reservar horários no dia, na semana e no ano para simplesmente fazer um balanço da vida, rever o que foi conquistado e o que ainda precisa ser feito.

São momentos em que você não deve esperar que nenhuma tarefa seja concluída, nenhuma decisão seja tomada. Você deve apenas se dar ao luxo da reflexão por si só. Querendo ou não, novas ideias e conclusões vão surgir em sua consciência de qualquer forma — e, quanto menos você tentar dirigir esse processo, mais criativas elas serão. Pode ser melhor combinar esses períodos de reflexão com alguma outra tarefa que exija alguma atenção, mas não toda. De preferência, deve envolver algum componente físico ou de movimento. As atividades que costumam estimular os processos criativos subconscientes são caminhar, tomar banho, nadar, dirigir, praticar jardinagem, tecelagem ou carpintaria.[7]

Nem o estresse constante nem a monotonia são contextos muito bons para a criatividade. É preciso alternar o estresse com períodos de relaxamento. Mas lembre-se de que o melhor relaxamento não é não fazer nada. Ele envolve, sim, fazer algo bem diferente de suas tarefas habituais. Algumas das atividades mais exigentes, como alpinismo, esqui ou paraquedismo, são relaxantes para as pessoas que trabalham em escritório, pois oferecem uma oportunidade de envolvimento profundo com experiências completamente diferentes das usuais.

Aprender a controlar os padrões de sono também pode ser muito importante. Alguns dos empresários e políticos mais eficazes se orgulham de dormir poucas horas por noite e afirmam que dormir pouco faz com que se sintam com mais energia e convicção. Os indivíduos criativos, no entanto, geralmente dormem mais e afirmam que, se reduzirem o tempo de sono, a originalidade de suas ideias sofre prejuízo. É impossível chegar a um volume-padrão que seja ideal para todo mundo. Como em todas as coisas, o importante é encontrar o tempo que melhor se adapta às suas próprias necessidades. E não se sinta culpado se você dorme algumas horas a mais do que é considerado normal. O fato de passar menos horas por dia acordado provavelmente será recompensado em termos de qualidade da experiência.

Organize o ambiente ao seu redor. Vimos no capítulo 6 que o espaço físico pode influenciar o processo criativo. Mais uma vez, não é a aparência do ambiente que importa, e sim o seu grau de harmonia com ele.

No nível macro, a questão pode ser se você acha que seria mais feliz se vivesse à beira-mar, cercado por montanhas ou planícies, ou na agitação da cidade grande. Você gosta da mudança das estações? Odeia neve? Algumas pessoas são fisicamente afetadas por longos períodos sem sol. Pode haver muitas razões pelas quais você talvez se sinta preso ao lugar em que mora, sem opção de se mudar. Mas é um grande desperdício passar a vida inteira em um ambiente desagradável. Um dos primeiros passos para implementar a criatividade no nível pessoal é rever suas opções de contexto de vida e, a seguir, começar a pensar em estratégias para implementar a melhor escolha.

No nível intermediário, estabeleça o tipo de comunidade com a qual você quer criar vínculos. Toda cidade ou área rural têm bairros estratificados em termos de preço, localização, tipo de atividades disponíveis e assim por diante. Como em qualquer aspecto, temos limitações na hora de escolher onde morar — muito poucos podem se dar ao luxo de morar perto do campo de golfe de Pebble Beach, na Califórnia, da pista de esqui Lionshead em Vail, Colorado, ou na Park Avenue, em Manhattan. Por mais que novos empreendimentos padronizados não parem de engolir a paisagem pouco a pouco, ainda existe muita margem de escolha em relação a onde morar, mais do que a maioria de nós se importa em apreciar. É importante viver em um lugar que não consuma muita energia potencial, seja por anestesiar os sentidos ao ponto da complacência, seja nos forçando a batalhar contra um ambiente insuportável.

No nível micro, existem muito mais escolhas à nossa disposição. Todo mundo pode decidir que tipo de ambiente criar em suas casas. Desde que tenham um teto, mesmo os mais desfavorecidos podem organizar o espaço e reunir coisas que sejam significativas e propícias ao uso da energia criativa.

A casa de um brâmane hindu ou de uma família tradicional japonesa provavelmente não possui quase nenhum móvel ou decoração. A ideia é proporcionar um ambiente neutro, que não perturbe o fluxo da consciência com distrações. No outro extremo, uma casa vitoriana transborda de móveis e apetrechos escuros e pesados. Nesse caso, a sensação de controle do proprietário é reforçada por possessões luxuosas. Qual o melhor caminho a seguir? Obviamente, nenhum desses ambientes é melhor em sentido absoluto. O que conta é qual solução permite que você use sua atenção de forma mais eficaz. É fácil descobrir qual microambiente melhor se adapta ao seu eu: experimente diferentes tipos e preste atenção aos seus sentimentos e reações.[8]

Outra forma de o espaço ajudar a criatividade é seguir a máxima: "Um lugar para tudo, e tudo em seu devido lugar". Ter um padrão para guardar coisas como a chave do carro e os óculos compensa mais de cem vezes o tempo economizado. Se você conhece sua casa e seu escritório tão bem que é capaz de encontrar qualquer coisa mesmo de olhos vendados, sua linha de raciocínio não precisa ser continuamente interrompida para procurar alguma coisa. Isso não significa que sua mesa ou sala de estar devem estar sempre arrumadas. Inclusive, o espaço de trabalho de indivíduos criativos é muitas vezes confuso e tende a afugentar as almas mais organizadas. O importante é que eles saibam onde está cada coisa, para que possam trabalhar sem muita distração. Muitos conseguem encontrar papéis e organizar melhor o trabalho quando a mesa está cheia e bagunçada do que quando tudo está devidamente arquivado. Mas, se uma mesa limpa faz você se sentir melhor e trabalhar melhor, mantenha-a limpa.

Os objetos com os quais você preenche seu espaço também ajudam ou atrapalham a alocação da energia criativa. Objetos queridos nos fazem lembrar de nossas metas, nos fazem sentir mais confiantes e ajudam a canalizar nossa atenção. Troféus, diplomas, livros preferidos e fotos de família na mesa do escritório são todos lembretes de quem você é, do que conquistou e, portanto, do que provavelmente ainda vai conquistar. Fotos e mapas de lugares que você gostaria de visitar e livros sobre coisas sobre as quais gostaria de aprender são indicações do que você pode fazer no futuro.

Depois, há os objetos que carregamos conosco e que ajudam a criar um espaço psíquico personalizado e portátil. Na maioria das sociedades tradicionais, as pessoas sempre levavam alguns itens especiais que supostamente aumentavam o poder do portador. Esses "amarrados medicinais", ou talismãs, podem incluir as garras de um urso morto na caça, algumas conchas encontradas na praia ou algumas ervas que fizeram o portador se recuperar de uma doença grave. Ter esses objetos pendurados ao pescoço proporcionava uma sensação de força e identidade. Hoje, temos a tendência de manter em nossas bolsas e carteiras itens que representam nossa identidade e nossos valores. Fotos dos filhos, endereços de amigos, o nome de um livro ou de um filme rabiscado em um guardanapo — tudo isso nos lembra de quem somos e do que gostamos. Escolher cuidadosamente o que carregamos conosco faz com que seja mais fácil nos sentirmos à vontade com nós mesmos e, portanto, com que usemos a energia psíquica de forma mais eficaz quando tivermos uma oportunidade.

Outro espaço que é importante personalizar é o nosso carro. Os carros se tornaram extensões importantes do eu. Para muitas pessoas, o carro é como um castelo mais do que a própria casa. É no carro que elas se sentem mais livres, mais seguras, mais poderosas. É onde podem pensar com maior concentração, resolver problemas com mais eficiência e ter as ideias mais criativas. Por isso é tão difícil fazer com que as pessoas usem o transporte público em vez de seus carros. Claro, é possível que, em um futuro próximo, os carros se tornem obsoletos, assim como comer carne bovina, e pelo mesmo motivo — carência de combustível. Até lá, no entanto, faz sentido aprender a usar seu veículo da forma mais propícia ao ambiente, bem como à expressão do seu potencial criativo.

Descubra do que você gosta e o que você odeia na vida. É surpreendente quão pouco a maioria das pessoas sabe sobre seus próprios sentimentos. Há pessoas que não sabem nem mesmo dizer se são felizes, ou se estão, quando e em que circunstâncias. A vida delas passa como um fluxo inexpressivo de experiências, uma sequência de eventos que mal são notados em meio a uma névoa de indiferença. Ao contrário desse estado de apatia crônica, os indivíduos criativos estão em contato muito próximo com suas emoções. Eles sempre sabem o motivo pelo qual estão fazendo o que fazem e são muito sensíveis à dor, ao tédio, à alegria, ao interesse e a outras emoções. São rápidos em fazer as malas e ir embora se estiverem entediados, assim como em se envolver se estiverem interessados. Como exercitam essa habilidade há muito tempo, não precisam investir energia psíquica no automonitoramento. Estão atentos aos seus estados internos sem precisar estar conscientes o tempo todo.

Como podemos compreender a dinâmica das nossas emoções?[9] A primeira coisa é manter um registro cuidadoso das coisas que fazemos todos os dias e de como nos sentimos em relação a elas. É isso que o Método da Amostragem de Experiência faz — um dispositivo é programado para apitar em momentos aleatórios durante o dia, e a cada alerta você preenche um pequeno questionário. É possível, depois de uma semana, ter uma boa ideia de como você gasta seu tempo e de como se sente em relação a várias atividades. Mas não é preciso um experimento elaborado para descobrirmos como nos sentimos. Seja criativo e invente seu próprio método de autoanálise. A base da filosofia grega antiga era a máxima *Conhece-te a ti mesmo*. O primeiro passo para o autoconhecimento envolve ter uma ideia clara do que você passa sua vida fazendo e de como se sente ao fazê-lo.

Passe a fazer mais daquilo que você ama, menos do que você odeia. Depois de algumas semanas de automonitoramento, pegue seu diário ou suas anotações e comece a analisar esse material. Mais uma vez, é preciso alguma criatividade, mas não deve ser muito difícil esboçar os principais padrões da sua rotina. Não é mais complicado do que comparar preços na hora de fazer a lista de compras ou do que estudar os gráficos do mercado de ações. E, a longo prazo, é muito mais importante.

Você pode descobrir que, ao contrário do que pensava, nas poucas vezes em que esteve com seu cônjuge durante a semana teve ótimas conversas e se sentiu relaxado. Que, no trabalho, apesar do estresse e dos aborrecimentos, você se sente melhor consigo mesmo do que quando assiste televisão. Ou que, ao contrário, na maior parte do tempo em que estava no trabalho se sentiu apático e entediado. Por que você ficou tão irritado com seus filhos? Tão impaciente com as pessoas com quem trabalha? Tão alegre ao passear pela rua?

Talvez você jamais descubra as razões profundas por trás dessas perguntas. Talvez não haja nenhuma razão profunda. O fato é que, uma vez ciente de como é sua vida diária e de como você a experimenta, fica mais fácil começar a controlá-la. Talvez o padrão de sentimentos mostre que você deve mudar de emprego — ou aprender a trazer mais fluidez a ele. Ou que você deveria estar ao ar livre com mais frequência, ou mesmo encontrar modos de fazer coisas mais interessantes com seus filhos. O importante é se certificar de que sua energia psíquica seja gasta de forma a dar o maior retorno possível em termos de qualidade da experiência.

A única forma de permanecer criativo é se opor ao desgaste da existência com técnicas que organizem o tempo, o espaço e a atividade a seu favor. Isso significa desenvolver horários para proteger seu tempo e evitar distrações, arrumar o ambiente de modo a aumentar a concentração, eliminar tarefas sem sentido que absorvem energia psíquica e dedicar a energia economizada ao que realmente importa. É muito mais fácil ser pessoalmente criativo quando as experiências ideais na vida cotidiana são maximizadas.

TRAÇOS INTERNOS

O passo seguinte, depois de aprender a libertar a energia criativa para o fascínio e a admiração, e a protegê-la administrando o tempo, o espaço e a atividade, é internalizar o maior número possível dessas estruturas de apoio em sua personalidade. Podemos pensar na personalidade como uma forma habitual de pensar, sentir e agir, como o padrão mais ou menos singular pelo qual empregamos a energia psíquica ou a atenção. Alguns traços são mais propensos do que outros a resultar em criatividade. É possível remodelar a personalidade para torná-la mais criativa?

É difícil, para os adultos, mudar de personalidade. Alguns dos hábitos que formam a personalidade se baseiam no temperamento ou na herança genética particular que torna uma pessoa mais tímida, agressiva ou distraída. O temperamento, então, interage com o ambiente social — pais, família, amigos, professores — e alguns hábitos são fortalecidos, outros enfraquecidos ou reprimidos. Quando chegamos à adolescência, muitos desses hábitos estão fortemente estabelecidos, e fica difícil investir atenção — pensar, sentir ou agir — de outra forma que não a permitida por nossos traços.

Difícil, mas não impossível. Ironicamente, em nossa cultura, gastamos bilhões de dólares tentando melhorar nossa aparência, mas adotamos uma atitude fatalista em relação aos nossos traços pessoais — como se mudá-los estivesse além da nossa capacidade. Se toda a energia despendida em dietas, cosméticos e roupas fosse voltada para outros usos, poderíamos facilmente resolver os problemas materiais do mundo. No entanto, a maior parte dessa energia é desperdiçada porque a nossa aparência, ou nosso peso, são mais difíceis de ser mudados porque dependem mais das instruções genéticas do que dos traços de personalidade. E, claro, melhorar quem somos é muito mais importante do que melhorar nossa aparência.

Mudar a personalidade significa aprender novos padrões de atenção. Olhar para coisas diferentes e olhar para elas de forma diferente — aprender a ter novos pensamentos, novos sentimentos em relação ao que experimentamos. John Gardner era, por temperamento, extremamente introvertido. Era tímido e reservado, sem demonstrar nenhum tipo de emoção. Isso lhe serviu bem até certo ponto, mas quando, aos quarenta anos, ele se tornou diretor de uma fundação, percebeu que estava intimidando os candidatos que vinham lhe pedir ajuda. Enquanto eles descreviam seus projetos, esperavam obter alguma reação, algum sinal dele, e tudo o que obtinham era um silêncio vazio.

Nesse momento, ele decidiu se tornar mais extrovertido. Ele se forçou a sorrir, a jogar conversa fora, a demonstrar alguma vulnerabilidade. Não foi fácil mudar esses hábitos profundamente arraigados, mas cada pequeno sucesso o tornava um líder e um comunicador muito mais eficaz — os domínios em que sua criatividade acabou por se afirmar com mais força. Ele nunca se tornou um completo extrovertido, mas passou a transmitir ao interlocutor a impressão de ser afetuoso e preocupado — algo que sempre foi uma parte em potencial de sua personalidade, mas que ele não conseguia demonstrar.

Se vivermos com hábitos rígidos demais, ou inadequados ao tipo de trabalho que fazemos, a energia criativa é represada ou desperdiçada. Portanto, vale a pena refletir sobre como aplicar o que aprendemos sobre as personalidades dos indivíduos criativos aos traços que podem ser úteis no dia a dia.

Estimule o que lhe falta. Todos nós acabamos por nos especializar em alguns traços, o que geralmente significa que negligenciamos outros que são complementares aos que desenvolvemos. Por exemplo, se alguém aprende a ser muito competitivo, provavelmente terá dificuldade em cooperar. Uma pessoa intuitiva e introvertida geralmente acaba por desconfiar da objetividade. Embora Aristóteles tenha descoberto, 25 séculos atrás, que a virtude consiste no meio-termo entre traços opostos, como coragem e prudência, ainda assim escolhemos o caminho mais fácil, que é ser unidimensional.

Como sabemos, indivíduos criativos tendem a ser exceções a essa regra. No capítulo 3, apresentei os dez principais polos dialéticos que descrevem a personalidade deles. O ponto, aqui, é que todo mundo pode fortalecer a extremidade mais fraca dessa polaridade. Quando um extrovertido aprende a experimentar o mundo como um introvertido, ou vice-versa, é como se descobrisse toda uma dimensão que estava ausente. O mesmo ocorre se uma pessoa objetiva e analítica decide confiar na intuição, para variar. Em todos esses casos, um novo reino de experiência se abre à nossa frente, o que significa, no fundo, que duplicamos e depois quadruplicamos o conteúdo da vida.

Para começar, vale a pena identificar sua característica mais óbvia, aquela que seus amigos usariam para descrevê-lo — como "imprudente", "mesquinho" ou "intelectual". Se você não confia em sua própria avaliação, pode pedir ajuda a um amigo. Depois de ter identificado um traço central, pode começar a experimentar seu oposto. Se você é basicamente imprudente, pegue um projeto futuro, ou um relacionamento, e, em vez de se apressar, planeje seus movimentos com cuidado e paciência. Se você é mesquinho, esbanje. Se é intelectual, peça a alguém que lhe explique por que o futebol é um esporte tão incrível e tente assistir a uma partida à luz dessa explicação. Siga sempre explorando o que é necessário para ser o oposto de quem você é.

No começo, não vai ser fácil e vai parecer uma perda de tempo. Por que tentar economizar dinheiro quando você gosta de esbanjar? Por que confiar na intuição quando está tão confortável sendo uma pessoa racional? Romper com hábitos é um pouco como quebrar os ossos. O que tende a manter você no caminho é a consciência de que, ao olhar o mundo de uma perspectiva bastante diferente, sua vida será consideravelmente mais rica.

Mude constantemente da abertura para o fechamento. Talvez a dualidade mais importante que as pessoas criativas são capazes de integrar seja entre serem abertas e receptivas, por um lado, e focadas e determinadas, por outro. Bons cientistas, assim como bons artistas, devem deixar a mente divagar alegremente, caso contrário não descobrirão novos fatos, novos padrões, novas associações. Ao mesmo tempo, também precisam ser capazes de avaliar criticamente cada novidade que encontram, deixar de lado imediatamente as que não prestam e então concentrar a mente no desenvolvimento e na conclusão das poucas que forem promissoras.

Pelo fato de esse ser um traço central, é especialmente importante exercitá-lo. Faça alguma tarefa que você costuma fazer em seu trabalho — por exemplo, escrever um relatório semanal sobre um projeto no qual você está envolvido.

Comece relaxando a cabeça. Olhe pela janela, se puder, ou deixe seus olhos vagarem sem foco sobre a mesa e a sala. Agora, tente entender quais são as questões mais importantes sobre o projeto. Compreenda não apenas intelectualmente, mas também em um nível visceral, emocionalmente. O que é *realmente* importante? O que nesse projeto provoca uma sensação boa em você? O que o assusta? Ou, então, tente visualizar uma imagem na sua mente, como as cenas de um filme. Imagine as pessoas envolvidas no projeto. O que elas estão fazendo? O que estão dizendo umas às outras?

Em seguida, comece a anotar algumas palavras em um bloco ou no computador. Qualquer palavra que lhe venha à cabeça em relação aos seus sentimentos sobre o projeto ou ao filme em sua mente. Palavras que descrevam fatos, eventos ou pessoas. Quando você já tiver anotado algumas palavras, veja se consegue agrupá-las para formar uma narrativa — não deve ser muito difícil. A história que você vislumbra nessa etapa representa seus sentimentos mais fortes quanto ao que está em jogo no projeto.

É nesse ponto que a ênfase pode mudar da abertura para a disciplina. Comece a escolher as palavras com cuidado, tendo em mente os objetivos de seu departamento, sua filial ou sua empresa como um todo, bem como os interesses, gostos e teimosias dos superiores que vão ler o relatório. Você quer ser eficaz e convincente. Portanto, reúna todas as suas habilidades para redigir um relatório que comunique suas convicções da forma mais clara e sucinta possível. Se conseguir ser intuitivamente receptivo no princípio e racionalmente crítico mais adiante, o relatório ficará consideravelmente mais criativo do que se você confiasse em apenas uma dessas estratégias isoladamente.

Mudar de um desses polos para o outro também é importante nos relacionamentos — entre amigos, cônjuges ou pais e filhos. Para que um relacionamento dê certo, é fundamental ouvir a outra pessoa, tentar imaginar por que ela diz o que diz, sente o que sente, como enxerga o mundo. É fundamental mudar de perspectiva quando necessário, buscar um meio-termo, ser compreensivo e agir de outras formas, pois é isso que a realidade do outro pede. No entanto, é igualmente importante nos mantermos em contato com as nossas próprias crenças e perspectivas. Em um relacionamento, devemos ser capazes de mudar momento a momento do nosso próprio ponto de vista para o do outro. Só podemos ver com profundidade porque olhar com dois olhos nos dá perspectivas ligeiramente diferentes. Quão mais fundo podemos ver quando, em vez de dois olhos, confiamos em quatro! Essa visão duplica novamente as riquezas do mundo que experimentamos e faz com que seja possível reagir a ele de maneira criativa.

Mire na complexidade. A capacidade de fazer um intercâmbio entre determinado traço e seu oposto faz parte da condição mais ampla da complexidade psíquica. A complexidade é uma característica de todo sistema, desde a mais simples ameba até a cultura humana mais sofisticada. Quando dizemos que algo é complexo, queremos dizer que é um sistema muito diversificado — possui muitas partes distintas — e também que é um sistema muito integrado — as diferentes partes funcionam em conjunto sem problemas. Um sistema diversificado, mas não integrado, é complicado, porém não complexo — fica caótico e confuso. Um sistema integrado, mas não diversificado, é rígido e redundante, porém não complexo. A evolução parece privilegiar organismos complexos, ou seja, simultaneamente diversificados e integrados.

A complexidade também é uma característica da personalidade humana. Algumas pessoas são integradas, mas não muito diversificadas: elas se apegam a um pequeno número de ideias, opiniões ou sentimentos. São previsíveis. Soam chatas, unidimensionais, inflexíveis. Há outras que expressam muitas opiniões, que são mutáveis e se esforçam constantemente para fazer coisas novas e diferentes, mas que dão a impressão de não ter um centro, uma continuidade, uma paixão dominante. Elas têm uma consciência diversificada que não está bem integrada. Nenhuma dessas formas de ser é muito recompensante.

Como vimos, os indivíduos criativos parecem ter personalidades relativamente complexas. Nem a força centrífuga nem a centrípeta prevalecem — elas são capazes de manter em equilíbrio as tendências opostas que fazem algumas pessoas se voltarem para dentro até se fechar em um casulo e outras saírem voando sem rumo. Uma pessoa criativa é extremamente individualizada. Ela segue sua própria estrela e cria sua própria carreira. Ao mesmo tempo, está profundamente mergulhada nas tradições da cultura, aprende e respeita as regras do domínio e responde às opiniões do campo — desde que essas opiniões não entrem em conflito com a experiência pessoal dela. A complexidade é resultado da interação frutífera entre essas duas tendências antagônicas.

Mas a complexidade psicológica não é um luxo reservado apenas aos indivíduos criativos. Qualquer um que deseje pôr em prática o pleno potencial da existência humana e participar da evolução da consciência pode almejar uma personalidade mais complexa. Para isso, precisamos explorar e fortalecer os traços que nos faltam, aprender a mudar da abertura para a disciplina, dentro de um contexto de curiosidade e de admiração diante do milagre da vida. A noção de complexidade acrescenta uma camada mais profunda de compreensão quanto à importância de se conseguir isso. Ao expressarmos plenamente as tendências das quais somos capazes, nos tornamos parte da energia que cria o futuro.

O EMPREGO DA ENERGIA CRIATIVA

Até agora, não dissemos nada sobre o papel do pensamento na criatividade pessoal. A razão disso é que, se as motivações, os hábitos e os traços de personalidade estiverem presentes, a maior parte do trabalho estará feita. É inevitável que as energias criativas comecem a fluir mais livremente. No entanto, também é válido tratar do tipo de operação mental que impulsiona o surgimento de novas soluções para problemas no domínio da vida cotidiana.

A identificação de problemas

Pessoas criativas são constantemente surpreendidas. Eles não presumem que sabem tudo o que está acontecendo ao redor delas e não presumem que qualquer outra pessoa também saiba. Elas questionam o óbvio — não para ser do contra, mas porque enxergam antes de todo mundo as deficiências das explicações consagradas. Elas identificam os problemas antes que eles sejam percebidos pelos demais e são capazes de defini-los melhor.

O motivo pelo qual consideramos os artistas do Renascimento tão criativos é que eles foram capazes de expressar a emancipação do espírito humano dos grilhões da tradição religiosa antes dos estudiosos humanistas ou de quem quer que fosse. O uso da perspectiva na pintura quebrou a ordem hierárquica plana da composição bizantina. A introdução da expressão, do movimento e dos assuntos cotidianos na arte pictórica elevou a experiência humana ao grau de importância anteriormente ocupado pelas representações estáticas de conceitos religiosos. Sem uma intenção expressa, sem uma compreensão clara das consequências de suas ações, os artistas renascentistas mudaram nossa perspectiva do mundo.

A criatividade dos artistas do século XX também consistiu em formular uma nova perspectiva visual da condição humana, mas, dessa vez, muito mais pessimista. As experiências com o cubismo, a abstração e o expressionismo nas artes visuais, na música e na literatura foram precursoras do relativismo nas ciências sociais e da desconstrução na filosofia. Eles expressaram de forma palpável os problemas do nosso tempo: a falta de um conjunto comum de valores, a desconfiança em relação aos dogmas, a perda da fé no progresso provocada por duas guerras mundiais e seus horrores — prefiguradas nas representações distorcidas, angustiadas e aleatórias que permeiam a arte moderna.

Ao aprender a ser criativo no seu dia a dia, talvez não seja possível mudar a forma como as gerações futuras enxergarão o mundo, mas isso pode mudar a forma como *você* o experimenta. A identificação de problemas é importante no domínio cotidiano porque nos ajuda a focar questões que irão afetar nossas experiências, mas de outro modo poderiam passar despercebidas. Para exercitar essa habilidade, você pode experimentar as sugestões a seguir.

Encontre uma forma de expressar aquilo que o move. Os problemas criativos geralmente emergem de áreas da vida que são importantes em um nível pessoal. Vimos que muitos indivíduos que mais tarde provocaram mudanças em um domínio ficaram órfãos na infância. A perda de um dos pais tem um impacto enorme na vida de uma criança. Mas o que é esse impacto, propriamente falando? A tristeza também traz uma sensação de alívio? De maior responsabilidade? De liberdade? De maior proximidade com o progenitor sobrevivente? A menos que se encontrem palavras, ideias ou, talvez, analogias visuais e musicais para representar o impacto dessa perda em sua experiência, é provável que essa morte provoque uma dor violenta no início, uma depressão generalizada a seguir e que, com o tempo, seus efeitos desapareçam ou sejam elaborados inconscientemente, além do alcance do controle racional.

Outras questões problemáticas no começo da vida incluem pobreza, doença, abuso, solidão, isolamento e negligência dos pais. Mais adiante, os principais motivos de desconforto podem envolver o trabalho, o cônjuge ou o estado da comunidade ou do planeta. Preocupações menores podem surgir devido a uma ameaça temporária: uma advertência do chefe, um filho doente, uma queda no valor da sua carteira de ações. Todos estes fatores têm potencial de interferir em nossa qualidade de vida. Mas não há como saber o que nos aflige a menos que possamos dar um nome. O primeiro passo para solucionar um problema é identificá-lo — é enunciar aquele ligeiro desconforto em algo concreto, passível de solução.

Olhe para os problemas do máximo de pontos de vista possível. Depois que você souber que tem um problema, analise-o de muitas perspectivas diferentes. A forma como você define um problema geralmente traz embutida uma explicação do que o causou. Nosso primeiro impulso é rotular os problemas confiando em impressões prévias. Se temos um desentendimento com o nosso cônjuge, presumimos de imediato que somos inocentes e que a culpa é do outro. Isso pode ser verdade algumas vezes, mas não sempre, é claro. A suposição mais realista é de que ambos tenham culpa, então a questão é entender o que motivou cada um a tomar determinada atitude.

Além disso, embora a discussão possa ser aparentemente sobre uma coisa, como, por exemplo, dinheiro, não presuma que as aparências são verdadeiras. No fundo, o desentendimento pode ter a ver com a tomada de decisões financeiras e, portanto, poder. Ou pode ter a ver com falta de respeito, o desequilíbrio na quantidade de energia psíquica investida no relacionamento. A forma como você identifica a natureza do problema é fundamental para o tipo de solução que pode vir a funcionar.

Indivíduos criativos não se apressam em definir a natureza dos problemas. Eles olham para a situação primeiro a partir de vários ângulos e deixam a enunciação em aberto por bastante tempo. Eles analisam diferentes causas e motivos. Põem à prova seus palpites sobre o que está acontecendo de fato, primeiro dentro da própria cabeça e depois no mundo real. Experimentam soluções provisórias e conferem o grau de sucesso — e estão abertos a reformular o problema se as evidências sugerirem que partiram do caminho errado.

Uma boa forma de aprender a identificar problemas no dia a dia é fazer uma pausa quando sentir que há um problema e se dedicar ao máximo na hora de enunciá-lo. Se um colega foi promovido antes de você, você pode definir o problema como: "Isso aconteceu porque o chefe não gosta de mim". Assim que fizer isso, *inverta a enunciação*: "Isso aconteceu porque eu não gosto do chefe". Esse modo de olhar para o problema faz sentido? Poderia ser pelo menos parcialmente verdade? A seguir, analise imediatamente mais algumas alternativas: "Aconteceu porque eu não acompanhei a contento as mudanças no trabalho" ou "Ultimamente andei muito influenciado pelo que acontece em casa e isso afetou meu desempenho". Qual desses enunciados mais se aproxima da representação do problema? Talvez todos sejam verdadeiros até certo ponto, e a promoção do seu colega tenha ocorrido por várias causas não relacionadas.

É possível que você chegue à conclusão de que o fato de não ter sido promovido não é um problema, no fim das contas. Ter sido preterido pode lhe dar mais tempo para ficar em casa, para aprender algo novo, dedicar sua energia psíquica a alguma outra tarefa. Você pode vir a perceber que o problema era sua competitividade, sua ambição, o fato de que investiu todas as suas energias em crescer no trabalho, em vez de fazer um bom trabalho por si só, ou de viver mais plenamente. Assim, a promoção perdida, em vez de ser o problema, é na verdade o primeiro passo para a solução de um problema mais elementar.

Talvez nenhuma dessas formulações esteja "certa", no sentido de identificar corretamente as causas do ocorrido. No entanto, é muito importante identificar a natureza do problema, porque o que você fará a seguir depende disso. Ao enunciar o problema e atribuir uma causa a ele, você molda não apenas o passado como, mais importante ainda, o futuro. É nesse sentido que a vida dos indivíduos criativos é menos determinada do que a da maioria das nossas. Como param para analisar uma gama maior de explicações possíveis para o que lhes acontece a eles, têm um leque de opções mais amplo e menos previsível a partir do qual escolher.

Descubra as implicações do problema. Depois de criar um enunciado, você pode começar a ponderar sobre as possíveis soluções. Mesmo em um problema simples, como "o Joe foi promovido antes de mim", as soluções podem variar imensamente dependendo do modo como você o enunciou e, portanto, das causas que atribuiu a ele. As soluções podem incluir encontrar interesses fora do trabalho, aprender a entender e a gostar do chefe, ou desenvolver novas competências profissionais — ou um pouco de cada.

Nessa fase, também vale a pena avaliar uma gama de soluções para esmiuçar diferentes possibilidades. Indivíduos criativos experimentam várias até terem certeza de que encontraram a que vai funcionar melhor. Mais uma vez, assim que você pensar em uma boa solução, é válido pensar na solução oposta. Mesmo a pessoa mais experiente muitas vezes é incapaz de dizer de antemão, só por meio do raciocínio, qual é a solução que vai dar certo. Então, experimentar primeiro uma forma de solução do problema, depois testar outra abordagem por algum tempo e, em seguida, comparar os resultados geralmente dá origem ao resultado mais criativo. É bom ser rápido e consistente. Mas, se você deseja ser criativo, deve estar disposto a correr o risco de, às vezes, parecer indeciso.

Implemente a solução. Resolver problemas de forma criativa envolve experimentação e revisão contínuas. Quanto mais tempo você for capaz de manter as opções em aberto, maior a probabilidade de que a solução seja original e adequada. Os artistas que assinam as obras mais originais mudam de técnica enquanto pintam. Suas pinturas se desenvolvem na tela de formas menos previsíveis do que as de artistas menos originais. Isso ocorre porque o artista original está mais preparado para aprender com o trabalho em andamento. Está atento ao inesperado e disposto a adotar uma solução melhor se ela se apresentar. Da mesma forma, escritores criativos muitas vezes começam um livro sem saber como vão terminá-lo. O desfecho surge à medida que eles acompanham a lógica da história em evolução.

Como isso se aplica à criatividade no domínio do cotidiano? Para dar um exemplo extremamente banal, se você está dando uma festa e quer ter certeza de que a disposição dos assentos ao redor da mesa de jantar é a mais adequada para uma boa interação dos convidados, faz sentido preparar um mapa de assentos. Mas, se quando o jantar estiver pronto você perceber que alguns dos convidados que sentariam lado a lado parecem frios um em relação ao outro, pode querer mudar os planos no último momento. Se o jantar acabar sendo chato, deve tentar dispor as pessoas em outras combinações para o café e a sobremesa.

Essa flexibilidade só funciona se você não parar de prestar bastante atenção ao longo do processo de solução e se for sensível o suficiente ao feedback para poder corrigir a rota à medida que novas informações forem surgindo. A razão pela qual a maioria das pessoas prefere soluções rotineiras e consagradas para os problemas é que isso toma menos energia psíquica. Na verdade, não podíamos nos dar ao luxo de ser criativos o tempo todo porque logo iríamos estourar os limites da atenção e entrar em colapso. A rotina proporciona uma grande economia. Mas é importante saber como chegar a uma solução criativa quando precisamos de uma e podemos dispor da energia necessária.

Pensamento divergente

Nem todo pensamento envolve solução de problemas. Às vezes, somos intimados a reagir ao que outra pessoa falou, ou a ter alguma ideia em resposta a um acontecimento, sem que haja um problema específico que precise ser enunciado e resolvido. Existem maneiras mais ou menos criativas de executar essas tarefas mentais menos focadas. Ao conversar com um amigo, posso tanto usar frases banais quanto expressar as coisas de uma forma nova e interessante que represente de modo mais apropriado o que sinto naquele momento. Posso usar metáforas batidas ou correr atrás de outras mais nítidas, baseadas em experiências compartilhadas.

A maioria dos programas comerciais projetados para aumentar a criatividade individual se concentra nesse aspecto específico. Eles tentam reforçar três dimensões do pensamento divergente que geralmente são vistas como importantes para a criatividade: a fluência, ou habilidade de apresentar um grande número de respostas; a flexibilidade, ou tendência a produzir ideias diferentes umas das outras; e a originalidade, que se refere à raridade relativa das ideias concebidas. Programas de brainstorming são uma forma de estimular as pessoas a aumentar a fluência, a flexibilidade e a originalidade de suas ideias e respostas. Você pode obter os mesmos resultados assumindo as rédeas da tarefa e seguindo estas sugestões.

Produza o máximo de ideias possível. Se você tiver que escrever um bilhete de agradecimento, um relatório ou uma carta, encontre uma palavra-chave e tente gerar o maior número possível de sinônimos para ela. Se ficar preso, recorra a um dicionário de sinônimos. Ou, em vez de palavras que significam a mesma coisa, mude para significados semelhantes, mas que levam a direções diferentes. Em primeiro lugar, busque quantidade. Mais tarde, você pode ser crítico e editar em nome da qualidade.

Se você está planejando um fim de semana ou as férias, faça a mesma coisa: primeiro, pense em todas as opções que puder, mesmo que não sejam todas muito sensatas. Uma sugestão maluca pode levá-lo a raciocinar em novas direções e conduzir a alternativas mais plausíveis nas quais não teria pensado. Se você está comprando roupas em uma loja, não vá direto para as seções de sempre; percorra a maior variedade de setores que seu tempo permitir. Procure livros fora das categorias habituais. Se seu chefe pedir uma opinião, não dê apenas o ponto de vista previsível e indulgente com base nos seus interesses. Surpreenda-o com toda uma gama de ideias, opções e possibilidades — seu grau de ousadia depende do grau de conservadorismo dele.

Tenha o maior número possível de ideias distintas. Quantidade é importante, mas tente evitar a redundância. A variedade nas conversas, na seleção musical ou mesmo em um cardápio costuma ser apreciada. Vale a pena aprender a alternar entre assuntos, categorias de restaurantes, estilos de shows, formas de se vestir. Robert Galvin, da Motorola, aprendeu a fazer um exercício mental simples: sempre que alguém dizia alguma coisa, ele se perguntava: e se o contrário fosse verdade? Imaginar alternativas ao que os outros consideram verdade provavelmente vai ser inútil em 99% das vezes. Mas, no outro 1%, a prática de analisar uma perspectiva divergente pode gerar um insight que não será apenas original, como também vantajoso.

Tente conceber ideias improváveis. A originalidade é uma das marcas do pensamento criativo. Se alguém pedir sugestões para o nome de um bebê, formas de usar um clipe de papel, ou coisas para se fazer em uma festa, uma pessoa criativa provavelmente vai dar respostas diferentes das da maioria das pessoas. Mas essas respostas não serão bizarras. Uma vez que as pessoas as ouvirem, é provável que digam: "Claro! Por que eu mesmo não pensei nisso antes?".

É mais difícil aprender a pensar de maneira original do que aprender a ser fluente e flexível. Isso requer cultivar um apreço pela qualidade que não é necessário às outras duas características. Uma forma de exercício envolve pegar um parágrafo aleatório do jornal todos os dias e ver se você consegue encontrar uma forma única e mais marcante de expressar as mesmas ideias. Se o parágrafo for monótono ou obscuro demais, escolha outro. Ou, então, você pode olhar para o seu escritório ou sua sala de estar e se perguntar se aquele cômodo reflete o seu gosto pessoal e, se não, o que poderia fazer para deixá-lo mais em harmonia com o que é singular em você.

Se seu trabalho envolve encontros e reuniões com frequência, você pode cultivar o hábito de fazer resumos do que os outros ao redor da mesa disseram. Assim, pode elaborar com agilidade posições alternativas àquelas que foram expressas ou agregar as várias perspectivas em uma única, mais abrangente. Em vez de expor pontos de vista baseados em suas opiniões anteriores, use as linhas de força que surgiram na reunião para sugerir novas formar de abordar as questões.

Pensar de modo divergente requer mais atenção do que pensar no estilo convergente usual. Como de costume, é preciso mais energia para ser criativo do que para pensar como sempre. Portanto, você deve escolher quando buscar a criatividade e quando não buscar. Caso contrário, pode desperdiçar uma imensa chama de originalidade.

Escolhendo um domínio especial

Se a criatividade consiste em mudar um domínio particular, então a criatividade pessoal consiste em mudar o domínio da vida pessoal. Chamamos um físico de criativo se ele muda a forma como a física é praticada. A uma pessoa capaz de mudar sua própria vida, chamamos de pessoalmente criativa. O domínio da vida pessoal consiste nas regras que limitam a energia psíquica, os hábitos e as práticas que definem o que fazemos dia após dia. A forma como nos vestimos, como trabalhamos ou como conduzimos nossos relacionamentos definem esse domínio e, se pudermos melhorá-lo, a qualidade de vida melhora como um todo. As sugestões apresentadas neste capítulo trataram do aumento da criatividade no domínio do cotidiano.[10]

Mas, mesmo que a vida pessoal possa ser muito complexa, ela é também limitada em escopo. Muito do que torna a vida interessante e significativa pertence a domínios especiais: música, culinária, poesia, jardinagem, bridge, história, religião, beisebol e política são sistemas simbólicos com suas próprias regras especiais e externas à vida do indivíduo. Esses e milhares de outros sistemas do tipo compõem a cultura. Nós nos tornamos humanos vendo o mundo através das lentes que eles fornecem. Uma pessoa que aprende a atuar de acordo com as regras de um desses domínios tem a chance de expandir enormemente o alcance de sua criatividade.

Muitas pessoas partem do pressuposto de que a maior parte do mundo está fora do limite delas. Algumas consideram a arte como algo além do reino das possibilidades, outras pensam isso sobre esportes ou música. Ou sobre dança, ciência, filosofia — a lista de coisas que "não são para mim" pode ser interminável. É verdade que alguns domínios simplesmente não combinam com algumas pessoas, mas, geralmente, o problema é que os recursos culturais são subutilizados. Seja por ignorância, baixa autoestima ou modos de pensar consolidados na infância, descartamos a possibilidade de desfrutar e ser bons em muitas das coisas que fazem os outros felizes. Foram necessários vários anos na prisão para que Malcolm X percebesse o poder da religião e da política e descobrisse que tinha um dom para ambas.

Poucos de nós sabem de antemão com quais domínios podem ter afinidade. Prodígios são crianças que desde a mais tenra idade apresentam um dom indiscutível em alguma direção, mas a maioria não é um prodígio e leva décadas de tentativa e erro até entender o que é melhor para si. Mesmo em nossa amostra, alguns indivíduos não descobriram qual era sua vocação até a meia-idade. Muitas vezes, foram forçados a fazer essa descoberta por fatores externos, como uma guerra ou a necessidade de fazer determinada coisa que acabou por se mostrar a resposta certa.[11]

É importante experimentar o máximo de domínios possível. Comece pelas coisas de que você já gosta e depois vá para domínios relacionados. Se você gosta de ler biografias, pode tentar história. A natação pode levar ao mergulho livre, ao mergulho autônomo e depois — por que não? — ao paraquedismo. Aprender a operar dentro de um novo domínio é sempre difícil — e o amor à primeira vista é raro. Certa quantidade de persistência é necessária. Por outro lado, não faz sentido perseverar em uma atividade que não dá nenhuma perspectiva de prazer.

Por fim, você pode encontrar um ou mais domínios que atendam aos seus interesses, coisas de que goste de fazer e que expandam os horizontes da sua vida. Em tese, deveríamos ser capazes de ingressar em tantos domínios quanto possível. Mas, na prática, os limites da energia psíquica tornam impossível levar a sério mais do que algumas atividades distintas.

Dois riscos estão presentes quando você se envolve em um domínio. O primeiro é o vício, pois alguns domínios são tão sedutores que você pode acabar por investir tanta atenção a ponto de não sobrar mais nada para o trabalho e a família. Alguns jogadores de xadrez ficam tão atraídos pelo jogo que, para todos os efeitos, tornam-se zumbis. O mesmo pode ser verdade quando se trata de apostar em cavalos, colecionar arte, estudar a Bíblia ou navegar na internet.

O outro risco é o oposto: você pode se tornar tão difuso, tão eclético, que o que você vivencia em diferentes domínios acaba por ser a mesma experiência superficial. Assim como o viajante que conhece o mundo inteiro, mas não deixa de ser a mesma alma chata e provinciana que era antes, muitas pessoas parecem não tirar nenhum proveito ao experimentar o melhor que a cultura pode oferecer. Como de costume, a melhor solução não está nos extremos.

À medida que você for aprendendo a operar dentro de um domínio, sua vida certamente vai se tornar mais criativa. É preciso repetir, no entanto, que isso não é garantia de *Criatividade*, em caixa-alta. Você pode ser tão criativo quanto quiser, mas se o domínio e o campo não cooperarem — como quase sempre ocorre —, seus esforços não serão registrados nos livros de história. Aprender a esculpir fará maravilhas pela sua qualidade de vida, mas não espere que os críticos fiquem em êxtase ou que os colecionadores batam à sua porta. A competição é feroz. Poucos sobrevivem para ser notados, escolhidos e integrados à cultura. A sorte exerce uma grande influência na hora de decidir quem vai ter a criatividade escrita com C maiúsculo. Contudo, se você não aprender a ser criativo em sua vida pessoal, as chances de dar alguma contribuição à cultura se aproximam ainda mais de zero. O que importa de verdade, em última instância, não é se o seu nome foi associado a alguma descoberta famosa, mas se você teve uma vida plena e criativa.

Anexo A
Resumo biográfico dos entrevistados

Adler, Mortimer J. Gênero: M. n. 28-dez-1902; m. 28-jun-2001. Filósofo, escritor. Norte-americano. Ganhador da Aquinas Medal, American Catholic Philosophical Association (1976). Membro honorário do Aspen Institute for Humanistic Studies. Autor de *How to Read a Book* (com Charles van Doren, 1940); *Six Great Ideas* (1981); *The Paideia Program* (1984). Presidente do conselho editorial da *Encyclopædia Britannica* (1974-95). Editor associado de *Great Books of the Western World*; diretor editorial, 2. ed., 1990), *Syntopicon* (1952, 1990); diretor editorial, *The Annals of America* (21 v., 1968). Ver *Mortimer J. Adler: Philosopher at Large* (1977). Entrevista feita por Kevin Rathunde (17-jan-1991). Idade: 88.

   Anderson, Jack. Gênero: M. n. 19-out-1922; m. 17-dez-2005. Jornalista, escritor. Norte-americano. Ganhador do Pulitzer de reportagem nacional (1972). Autor de *The Anderson Papers* (com George Clifford, 1973); *Fiasco* (com James Boyd, 1983), entre outros. Ver livro *Confessions of a Muckraker* (com James Boyd, 1979). Entrevista feita por Kevin Rathunde (5-jun-1991). Idade: 68.

   Asner, Edward. Gênero: M. n. 15-nov-1929; m. 29-ago-2021. Ator. Norte--americano. Ganhador de cinco Globos de Ouro; sete Emmy. Presidente da Screen Actors Guild (1981-5). Papéis no teatro, no cinema e na televisão, incluindo *The Mary Tyler Moore Show* (TV, 1970-7); *Roots* (TV, 1977); *Lou Grant* (TV, 1977-82). Entrevista feita por Kevin Rathunde (30-abr-1991). Idade: 61.

Bardeen, John. Gênero: M. n. 23-maio-1908; m. 30-jan-1991. Físico, professor. Norte-americano. Ganhador do Nobel de Física (com Walter Brattain e William Shockley, 1956) pela pesquisa com semicondutores e a descoberta do efeito transistor; Nobel de Física (com Leon Cooper e J. Robert Schrieffer, 1972) pelo desenvolvimento da teoria da supercondutividade. Autor de inúmeros artigos. Entrevista feita por Mihaly Csikszentmihalyi, com Kevin Rathunde (14-jun-1990). Idade: 82.

Baskin, Leonard. Gênero: M. n. 15-ago-1922; m. 15-ago-2000. Escultor, artista gráfico (serigrafia, pintura). Norte-americano. Ganhador da Medal of Merit for Graphic Arts, National Institute of Arts and Letters (1969). Representado nas coleções permanentes do Metropolitan Museum of Art; MoMA; Biblioteca do Congresso Norte-Americano; National Gallery of Art, entre outros. Fundador da Gehenna Press. Autor de *Iconologia* (1988), entre outros. Ver *Baskin: Sculpture Drawings & Prints*, de George Braziller (1970). Entrevista feita por Sean Kelley e Grant Rich (8-abr-1995). Idade: 72.

Bethe, Hans. Gênero: M. n. 2-jul-1906; m. 6-mar-2005. Físico, professor. Norte-americano (n. Alemanha). Ganhador de Nobel de Física (1967) por seu trabalho sobre a energia estelar; National Medal of Science (1976); Albert Einstein Peace Prize (1992). Autor de *Basic Bethe: Seminal Articles on Nuclear Physics 1936-1937* (com Robert F. Bacher e M. Stanley Livingston — a "Bíblia de Bethe" para muitas gerações de físicos nucleares, 1986), entre outros. Ver *Hans Bethe, Prophet of Energy*, de Jeremy Bernstein (1980). Entrevista feita por Jeanne Nakamura (29-mar-1993). Idade: 86.

Blackwood, Easley. Gênero: M. n. 21-abr-1933; m. 22-jan-2023. Compositor. Norte-americano. Solista da Orquestra Sinfônica de Indianapolis aos catorze anos; estudou com Oliver Messiaen, Berkshire Music Center (1949); Paul Hindemith, Yale (1950-4); e Nadia Boulanger, Paris (1954-7); Nomeado para a Universidade de Chicago (1958). Ganhador de Fulbright Fellowship (1954); primeiro prêmio, Koussevitzky Music Foundation (pela *Symphony n. 1*, 1958); Brandeis Creative Arts Award (1968); encomendas da Orquestra Sinfônica de Chicago e da Biblioteca do Congresso Norte-Americano. Compositor de quatro sinfonias; *Symphonic Fantasy* (1965); *3 Short Fantasies for Piano* (1965); *Un Voyage à Cythère for Soprano and 10 Players* (1966); *12 Micro-tonal Etudes for Synthesizer* (1982). Entrevista feita por Grant Rich (23-maio-1995). Idade: 62.

Booth, Wayne. Gênero: M. n. 22-fev-1921; m. 10-out-2005. Crítico literário, professor. Norte-americano. Ganhador de Christian Gauss Prize, Phi Beta Kappa (1962); David H. Russell Award, National Council of Professors of English (1966). President da Modern Language Association (1981-2). Autor de *The Rhetoric of Fiction* (1961); *The Company We Keep: An Ethics of Fiction* (1988), entre outros. Ver livro *The Vocation of a Professor* (1988). Entrevista feita por Mihaly Csikszentmihalyi e Kevin Rathunde (7-jun-1990). Idade: 69.

Boulding, Elise. Gênero: F. n. 7-jun-1920; m. 24-jun-2010. Socióloga, ativista, professora. Norte-americana (n. Noruega). Ganhadora de Ted Lentz Peace Prize (1977); National Woman of Conscience Award (1980); Jessie Bernard Award, American Sociological Association (1981). Autora de *The Underside of History* (1976); *Building a Global Civic Culture: Education for an Interdependent World* (1988), entre outros. Entrevista feita por Kevin Rathunde (1-ago-1991). Idade: 71.

Boulding, Kenneth. Gênero: M. n. 18-jan-1910; m. 19-mar-1993. Economista, filósofo, professor, poeta. Norte-americano (n. Inglaterra). Ganhador de John Bates Clark Medal, American Economic Association (1949); Ted Lentz International Peace Research Award (1976). Presidente da American Economic Association (1968); Peace Research Society (1969-70), entre outras. Fundador (com outros) do *Journal of Conflict Resolution* (1957). Autor de *The Economics of Peace* (1945); *The Image* (1956); *Beyond Economics: Essays on Society, Religion, and Ethics* (1968), entre outros. Ver *Creative Tension*, de Cynthia Kerman (1974). Entrevista feita por Kevin Rathunde (1-ago-1991). Idade: 81.

Burbidge, Margaret. Gênero: F. n. 12-ago-1919; m. 5-abr-2020. Astrônoma, professora. Norte-americana (n. Inglaterra). Pesquisa sobre as propriedades físicas, as fontes de energia e os mecanismos de radiação de quasares e galáxias ativas. Diretora do Center of Astrophysics and Space Sciences (1978-84). Ganhadora de inúmeros prêmios, incluindo Helen B. Warner Prize (1959); Bruce Gold Medal (1982), Astronomical Society of the Pacific (1982); Russell Lectureship Award (1984); National Medal of Science (1984); Albert Einstein Medal (1988). Autora de *Quasi-Stellar Objects* (com G. Burbidge, 1967), além de mais de trezentos artigos. Entrevista feita por Carol A. Mockros (3-out-1995). Idade: 76.

Butler, Margaret. Gênero: F. n. 27-mar-1924; m. 8-mar-2013. Matemática, cientista da computação. Norte-americana. No começo dos anos 1950, participou do desenvolvimento de um dos primeiros computadores digitais. Primeira mulher eleita para a American Nuclear Society. Conselho executivo da Association of Women in Science. Entrevista feita por Mihaly Csikszentmihalyi, Carol A. Mockros e R. Keith Sawyer. Idade: 77.

Campbell, Donald. Gênero: M. n. 20-nov-1916; m. 5-maio-1996. Psicólogo, professor. Norte-americano. Ganhador de Distinguished Scientific Contribution Award, American Psychological Association (1970); distinguido pela contribuição dada à pesquisa sobre educação pela American Educational Research Association (1980). Presidente da American Psychological Association (1975). Autor de *Methodology and Epistemology for Social Science: Selected Papers* (1988); *Experimental and Quasi-Experimental Designs for Research* (com Julian C. Stanley, 1966), entre outros. Entrevista feita por Mihaly Csikszentmihalyi (21-abr-1991). Idade: 77.

Chandrasekhar, Subrahmanyan. Gênero: M. n. 19-out-1910; m. 21-ago--1995. Astrofísico, escritor, professor. Norte-americano (n. Índia). Ganhador do Nobel de Física (com William A. Fowler, 1983); Royal Astronomical Society Gold Medal (Reino Unido, 1953); National Medal of Science (1966). Autor de *An Introduction to the Study of Stellar Structure* (1939); *Radiative Transfer* (1950); *The Mathematical Theory of Black Holes* (1983), entre outros. Autor (ciências gerais) de *Truth and Beauty: Aesthetics and Motivations in Science* (1987), entre outros. Ver *Chandra*, de Kameshwar C. Wali (1991). Entrevista feita por Kevin Rathunde (26-mar-1991). Idade: 80.

Coleman, James. Gênero: M. n. 12-maio-1926; m. 25-mar-1995. Sociólogo, professor. Norte-americano. Ganhador de Paul Lazarsfeld Award for Research, American Evaluation Association (1983); American Sociological Association Publication Award (1992). Autor de *Introduction to Mathematical Sociology* (1964); *Equality and Achievement in Education* (1990; inclui um resumo do "Coleman Report", de 1966, sobre a igualdade de oportunidade na educação); *Foundations of Social Theory* (1990), entre outros. Ver "Columbia in the 1950s", em *Authors of Their Own Lives: Intellectual Autobiographies of Twenty American Sociologists*, organizado por Bennett M. Berger (1990, pp. 75-103). Entrevista feita por Mihaly Csikszentmihalyi (20-abr-1990). Idade: 63.

Commoner, Barry. Gênero: M. n. 28-maio-1917; m. 30-set-2012. Biólogo, professor, ativista. Norte-americano. Ganhador de Newcomb Cleveland Prize, American Association for the Advancement of Science (1953); Phi

Beta Kappa Award (1972). Autor de *The Closing Circle* (1971); *The Politics of Energy* (1979); *Making Peace with the Planet* (1990), entre outros. Candidato à presidência dos EUA pelo Citizens Party (1980). Ver "Barry Commoner: The Scientist as Agitator", em *Philosophers of the Earth*, de Shirley Chisolm (1972, pp. 122-39). Entrevista feita por Kevin Rathunde (7-maio-1991). Idade: 73.

Davies, Robertson. Gênero: M. n. 28-ago-1913; m. 3-dez-1995. Escritor, jornalista. Canadense. Ganhador de Louis Jouvet Prize de direção, Dominion Drama Festival (1949); Lorne Pierce Medal, Royal Society of Canada (1961); Governor-General's Award for Fiction (Canada, 1973). Editor de *Peterborough* (Ontário); *Examiner* (1942-62). Autor de "Deptford Trilogy" (1970, 1972, 1975); *What's Bred in the Bone* (1985), entre outros. Ver *Robertson Davies: An Appreciation*, organizado por Elspeth Cameron (1991). Entrevista feita por Mihaly Csikszentmihalyi (11-maio-1994). Idade: 80.

Davis, Natalie. Gênero: F. n. 8-nov-1928. Historiadora, professora. Norte--americana. Cavaleira da Ordem das Palmas Acadêmicas (França, 1976). Presidente da American Historical Association (1987). Autora de *Society and Culture in Early Modern France* (1975); *The Return of Martin Guerre* (1983); *Fiction in the Archives* (1987). Ver sua entrevista em *Visions of History*, organizado por Henry Abelove (1983, pp. 99-122). Entrevista feita por Kevin Rathunde (28-jun-1991). Idade: 62.

Domin, Hilde. Gênero: F. n. 27-jul-1912; m. 22-fev-2006. Poeta, ensaísta, tradutora. Alemã. Ganhadora de Rilke-Preis (Alemanha, 1976); Bundesverdienstkreuz (1983). Autora (poesia) de *Nur eine Rose als Stutze* (1959); *Ich will dich* (1970), entre outros. Ver *Von der Natur nicht vorgesehen* (1974). Entrevista feita por Mihaly Csikszentmihalyi (9-set-1990). Idade: 78.

Dyson, Freeman. Gênero: M. n. 15-dez-1923; m. 28-fev-2020. Físico, professor, escritor. Norte-americano (n. Inglaterra). Ganhador de Max Planck Medal (Alemanha, 1969); Enrico Fermi Award (1994); National Book Critics Circle Award (1984). Autor de inúmeros artigos científicos. Autor (ciências gerais) de *Weapons and Hope* (1984); *From Eros to Gaia* (1992), entre outros. Ver *Disturbing the Universe* (1979). Entrevista feita por Kevin Rathunde (1--set-1991). Idade: 67.

Eigen, Manfred. Gênero: M. n. 9-maio-1927; m. 6-fev-2019. Químico. Alemão. Ganhador do Nobel de Química (1967; com Ronald Norrish e George Porter) pelo trabalho com reações químicas rápidas; Otto Hahn Prize

(Alemanha, 1962). Autor de *Laws of the Game* (com Ruthild Winkler, 1981); *Steps Towards Life* (com Ruthild Winkler-Oswatitsch, 1992), entre outros. Entrevista feita por Mihaly Csikszentmihalyi (17-set-1990). Idade: 62.

Faludy, György. Gênero: M. n. 22-set-1910; m. 1-set-2006. Poeta, tradutor. Canadense (n. Hungria). Doutor honorário da Universidade de Toronto (1978). Autor (traduzido para o inglês), de *Selected Poems* (1985), entre outros; *Villon Ballads* (1937, queimado pelos nazistas em 1944; a edição de 1947 foi destruída pelos comunistas em 1948); *A Keepsake Book of Red Byzantium* (1961), entre outros. Ver *My Happy Days in Hell* (1962). Entrevista feita por Mihaly Csikszentmihalyi (5-jun-1991). Idade: 80.

Franklin, John Hope. Gênero: M. n. 2-jan-1915; m. 25-mar-2009. Historiador, professor. Norte-americano. Ganhador de Clarence L. Holte Literary Prize (1986); Sidney Hook Award, Phi Beta Kappa (1994). Autor de *From Slavery to Freedom: a History of Negro Americans* (1947; 7. ed., 1994); *George Washington Williams: a Biography* (1985); *Race and History: Selected Essays 1938-1988* (1990), entre outros. Ver "John Hope Franklin: A Life of Learning", em *Race and History* (pp. 277-91). Entrevista feita por Kevin Rathunde (7-nov-1990). Idade: 75.

Galvin, Robert. Gênero: M. n. 9-out-1922; m. 11-out-2011. Executivo do setor de tecnologia. Norte-americano. Ganhador de Golden Omega Award, Electronic Industries Association (1981); National Medal of Technology (1991); Bower Award for Business, Franklin Institute (1993). Na Motorola, 1940-2011 (presidente, 1956-90; CEO, 1958-86). A Motorola recebeu o Malcolm Baldrige National Quality Award (1989 [ano da primeira premiação]). Autor de *The Idea of Ideas* (1991). Entrevista feita por Mihaly Csikszentmihalyi e Kevin Rathunde (10-set-1991). Idade: 68.

Gardner, John W. Gênero: M. n. 8-out-1912; m. 16-fev-2002. Psicólogo, escritor, professor. Norte-americano. Ganhador de títulos honoríficos de diferentes universidade e instituições; USAF Exceptional Services Award (1956); Presidential Medal of Freedom (1964); National Academy of Sciences Public Welfare Medal (1966); U.A.W. Social Justice Award (1968); AFL-CIO Murray Green Medal (1970); Christopher Award (1971). Chairman, Urban Coalition (1968-70). Fundador e presidente da Common Cause (1970-77). Membro da Task Force on Education nos governos Kennedy e Johnson. Diretor da Time, Inc. (1968-72). Autor de *Excellence* (1961, 1984); *Self-Renewal* (1964,

1981); *On Leadership* (1990). Entrevista feita por Mihaly Csikszentmihalyi (18-ago-1991). Idade: 78.

Gordimer, Nadine. Gênero: F. n. 20-nov-1923; m. 13-jul-2014. Escritora. Sul-africana. Ganhadora do Nobel de Literatura (1991); Booker Prize (Inglaterra, 1974); Grand Aigle d'Or (França, 1975). Autora de *The Conservationist* (1974); *Burger's Daughter* (1979); *Something Out There* (1984), entre outros. Ver *Nadine Gordimer*, de Judie Newman (1988). Entrevista feita por Jeanne Nakamura (21-nov-1994). Idade: 71.

Gould, Stephen Jay. Gênero: M. n. 10-set-1941; m. 20-maio-2002. Paleontólogo, geólogo, historiador da ciência, escritor, professor. Norte-americano. Ganhador de quase vinte títulos honoríficos; Medal of Excellence, Universidade Columbia (1982); Silver Medal, Zoological Society London (1984); Edinburgh Medal, Edimburgo (1990); Britannica Award and Gold Medal (1990). MacArthur Foundation Prize Fellow (1981-6). Nomeado Humanista Laureado pela Academy of Humanism (1983). Autor de *Ontogeny and Phylogeny* (1977); *The Panda's Thumb* (1980, premiado); *The Mismeasure of Man* (1981, premiado); *Hen's Teeth and Horse's Toes* (1983, premiado); *Bully for Brontosaurus* (1991), entre outros. Entrevista feita por Grant Rich (10-abr-1995). Idade: 53.

Gruenenberg, Nina. Gênero: F. n. 7-out-1936; m. 28-dez-2017. Jornalista, editora. Alemã. Colunista, repórter política, editora associada do *Die Zeit* (Hamburgo). Listada como a 41ª mulher mais influente na Alemanha. Entrevista feita por Mihaly Csikszentmihalyi (18-set-1990). Idade: 56.

Harris, Irving Brooks. Gênero: M. n. 4-ago-1910; m. 25-set-2004. Executivo, filantropo. Norte-americano. Ganhador de inúmeros títulos honoríficos; Chicago Unicef World of Children Award (1985); membro honorário da Chicago Pediatric Society (1986). Diretor da Gillette Safety Razor Co. (1948-60); presidente do conselho da Science Research Associates (1953-8); presidente do Michael Reese Hospital and Medical Center (1958-61); presidente emérito do Erikson Institute; presidente e cofundador do The Ounce of Prevention Fund. Palestrante Clifford Beers da Universidade Yale (1987). Entrevista feita por Mihaly Csikszentmihalyi (21-maio-1991). Idade: 80.

Hart, Kitty Carlisle. Gênero: F. n. 3-set-1915; m. 17-abr-2007. Administradora artística, atriz, cantora. Norte-americana. Ganhadora de National Medal of Arts (1991). Nomeada consultura especial do governo para Oportunidades das Mulheres (1966); para a Comissão Independente de Revisão do National Endowment for the Arts (1990); vice-presidente (1971) e presidente (1976--2007) do New York State Council on the Arts. Mais de 25 papéis de protagonista (comédias musicais, óperas, operetas e dramas), incluindo *Champagne Sec* (1933); *The Rape of Lucretia* (1948); *Die Fledermaus* (1966-7); *On Your Toes* (1984). Principais filmes: *She Loves Me Not* (1934); *Here Is My Heart* (1934); *A Night at the Opera* (1935). Principais programas de TV: *Who Said That?* (1948-55); *I've Got a Secret* (1952-3); *What's Going On?* (1954); *To Tell the Truth* (1956-67). Ver *Kitty: an Autobiography* (1988). Entrevista feita por Nicole Brodsky (8-fev-1995). Idade: 79.

Hecht, Anthony. Gênero: M. n. 16-jan-1923; m. 20-out-2004. Poeta, crítico, professor. Norte-americano. U.S. Consultant in Poetry, Library of Congress (1982-4). Ganhador de Pulitzer de Poesia (1968); Bollingen de Poesia (1983); Ruth Lilly Poetry Prize (1988). Autor de *The Hard Hours* (1968); *The Venetian Vespers* (1977), entre outros. Ver *Anthony Hecht*, de Norman German (1989). Entrevista feita por Mihaly Csikszentmihalyi (10-dez-1993). Idade: 70.

Henderson, Hazel. Gênero: F. n. 27-mar-1933; m. 22-maio-2022. Economista, escritora. Norte-americana (n. Inglaterra). Nomeada Cidadã do Ano pela New York Medical Society (1967), por seu trabalho ao fundar a Citizens for Clean Air. Autora de *Creating Alternative Futures: The End of Economics* (1978); *The Politics of the Solar Age: Alternatives to Economics* (1981); *Paradigms in Progress: Life Beyond Economics* (1991), entre outros. Entrevista feita por Kevin Rathunde (19-jun-1990). Idade: 57.

Holton, Gerald. Gênero: M. n. 23-maio-1922. Físico, historiador da ciência, professor. Norte-americano (n. Alemanha). Ganhador de Oersted Medal, American Association of Physics Professors (1980); George Sarton Medal, History of Science Society (1989); Andrew Gemant Award, American Institute of Physics (1989). Autor de *Thematic Origins of Scientific Thought: Kepler to Einstein* (1973, 2. ed., 1988); *The Advancement of Science, and Its Burdens* (1986), entre outros. Entrevista feita por Kevin Rathunde (25-fev-1991). Idade: 68.

Holton, Nina. Gênero: F. n. 1924; m. 2010. Escultora. Norte-americana (n. Áustria). Estudou com Mirko Basadella no Harvard's Carpenter Center for the Visual Arts e com Dmitri Hadzi em Roma. Cerca de trinta exposições coletivas e uma individual em Boston, São Francisco e Washington, D.C. Obras presentes no Fogg Art Museum, na coleção Van Leer Jerusalem Foundation, entre outros. Artigos publicados em *Leonardo*. Entrevista feita por Kevin Rathunde (25-fev-1991). Idade: 66.

Honig, William. Gênero: M. n. 23-abr-1937. Administrador educacional, advogado. Norte-americano. Escrivão da Suprema Corte da Califórnia; superintendente de instrução pública do estado da Califórnia. Membro do conselho da Universidade da Califórnia. Autor de *Last Chance for Our Children* (1985), entre outros. Entrevista feita por Keith Sawyer (29-set-1992). Idade: 55.

Johnson II, J. Seward. Gênero: M. n. 16-abr-1930; m. 10-mar-2020. Escultor, empresário. Norte-americano. Presente em coleções e espaços públicos dos Estados Unidos (mais de 25 estados), da Bermuda, do Canadá e da Alemanha. Suas esculturas costumam ser em tamanho real, fundidas em bronze, e se encaixam no gênero hiper-realista. Fundador do Johnson Atelier. Ver *The Sculpture of J. Seward Johnson, Jr.: Celebrating the Familiar* (1987). Entrevista feita por Kevin Rathunde (13-ago-1990). Idade: 60.

Karle, Isabella. Gênero: F. n. 2-dez-1921; m. 3-out-2017. Química experimental, cristalógrafa. Norte-americana. Ganhadora de Superior Civilian Award USN (1964); Annual Achievement Award, Society of Women Engineers (1967); Chemical Pioneer Award (1984); Lifetime Achievement Award Women in Science and Engineering (1986); Universidade de Michigan (1987); prêmio de ex-presidente de destaque da American Crystallographic Association (1987); Gregori Aminoff Prize, Swedish Royal Academy of Sciences (1988); Bijvoet Medal (1990). Autora de mais de 250 artigos científicos, capítulos de livros e resenhas. Entrevista feita por Carol A. Mockros (8-maio-1992). Idade: 70.

Karle, Jerome. Gênero: M. n. 18-jun-1918; m. 6-jun-2013. Químico teórico, cristalógrafo. Norte-americano. Diretor do laboratório de estrutura da matéria do Naval Research Laboratory. Pesquisador associado do Projeto Manhattan (1943-4); presidente da International Union of Chrystallography (1981-4); Nobel de Química (1985). Membro do National Research Council por dezenove anos. Presidente do departamento de química da National Academy of Sciences. Autor de inúmeros artigos acadêmicos. Entrevista feita por Carol A. Mockros (8-maio-1992). Idade: 73.

Klein, George. Gênero: M. n. 28-jul-1925; m. 10 dez. 2016. Biólogo, escritor. Sueco (n. Hungria). Ganhador de Prix Griffuel, Association pour la Recherche sur le Cancre (França, 1974); Harvey Prize, Technion — Israel

Institute of Technology (1975); Dobloug Prize, Academia Sueca de Literatura (1990). Autor de mais de oitocentos artigos científicos. Autor (filosofia) de *Pieta* (edição em inglês em 1992; publicação original em 1989). Ver *The Atheist in the Holy City* (edição em inglês em 1990; publicação original em 1987). Entrevista feita por Mihaly Csikszentmihalyi (9-maio-1990). Idade: 64.

Konner, Joan Weiner. Gênero: F. n. 24-fev-1931; m. 18-abr-2018. Administradora universiária, executiva de televisão, produtora de televisão. Norte-americana. Professora e reitora da Graduate School of Journalism, Universidade Columbia. Produtora executiva do *Bill Moyers Journal* (1978-81). Ganhadora de doze Emmy; Edward A. Murrow Award, entre outros. Entrevista feita por Kevin Rathunde (19-maio-1992). Idade: 61.

Kurokawa, Kisho. Gênero: M. n. 8-abr-1934; m. 12-out-2007. Arquiteto, escritor, urbanista. Japônes. Ganhador de Medalha de Ouro da Academia Francesa de Arquitetura; Grande Prêmio Japonês de Literatura (1993). Arquiteto de Nakagin Capsule Tower (1972); Hiroshima City Museum of Contemporary Art (1986), entre outros. Autor de *Metabolism '60* (com outros, Tóquio, 1960); *The Philosophy of Symbiosis* (Londres, 1994), entre outros. Ver *Kisho Kurokawa — From Metabolism to Symbiosis* (Londres, 1992). Entrevista feita por Jeanne Nakamura (12-out-1994). Idade: 60.

Lanyon, Ellen. Gênero: F. n. 21-dez-1926; m. 7-out-2013. Artista, professora. Fundadora do Chicago Graphics Workshop (1952-5). Ganhadora de F. H. Armstrong Prize (1946, 1955, 1977); Fulbright Fellowship (1950); M. Cahn Award (1961); Casandra Foundation Grant (1971); bolsa da National Endowment for the Arts (1974, 1987); Herwood Lester Cook Foundation (1981). Mais de dez retrospectivas. Mais de quarenta exposições individuais. Inúmeras exposições coletivas. Representeda em dezenas de coleções permanentes, entre as quais as de The Art Institute of Chicago, The Museum of Contemporary Art; The Library of Congress, Denver Art Museum. Ver *Art: A Woman's Sensibility*, de A. Adrian. Entrevista feita por Carol A. Mockros (19-mar-1993). Idade: 66.

Lederberg, Joshua. Gênero: M. n. 23-maio-1925; m. 2-fev-2008. Biólogo, professor. Norte-americano. Ganhador do Nobel de Fisiologia e Medicina (1958) pela pesquisa sobre a genética das bactérias; National Medal of Science (1989). Presidente da Rockefeller University (1978-90). Autor de inúmeros artigos científicos. Ver "Genetic Recombination in Bacteria: a Discovery

Account" (em *Annual Review of Genetics*, 1987, v. 21, pp. 23-46). Entrevista feita por Keith Sawyer (15-jun-1992). Idade: 67.

L'Engle, Madeleine. Gênero: F. n. 29-nov-1918; m. 6-set-2007. Escritora. Norte-americana. Ganhadora de Newbery Medal (1963); Sequoya Award (1965); Regina Medal (1985); Alan Award, National Council of Professors of English (1986); Kerlan Award (1990). Autora de mais de quarenta títulos, incluindo *A Wrinkle in Time* (1962); *The Arm of the Starfish* (1965); *A Wind in the Door* (1973); *The Irrational Season* (1977); *A Swiftly Tilting Planet* (1978); *A Severed Wasp* (1982); *An Acceptable Time* (1989); *Certain Women* (1992); *Troubling a Star* (1994). Ver *A Circle of Quiet* (1972); *The Summer of the Great-grandmother* (1974); e *The Irrational Season* (1977) para informações autobiográficas. Entrevista feita por Nicole Brodsky (19-maio-1994). Idade: 75.

Levertov, Denise. Gênero: F. n. 24-out-1923; m. 20-dez-1997. Escritora. Norte-americana (n. Inglaterra). Ganhadora de Harriet Monroe Memorial Prize (1964); Lenore Marshall Poetry Prize (1975); Lannan Literary Award (1993). Autora de *Here and Now* (1956); *The Freeing of the Dust* (1975), entre outros. Ver *Understanding Denise Levertov*, de Harry Marten (1988). Entrevista feita por Jeanne Nakamura (27-fev-1995). Idade: 71.

LeVine, Robert A. Gênero: M. n. 27-mar-1932; m. ago-2023. Antropólogo, professor. Norte-americano. Membro da American Academy of Arts and Sciences. Ganhador de Research Career Scientist Award, National Institute of Mental Health (1972-6). Autor de *Culture, Behavior, and Personality* (1973); *Child Care and Culture: Lessons from Africa* (com outros, 1994), entre outros. Entrevista feita por Kevin Rathunde (22-fev-1991). Idade: 58.

LeVine, Sarah. Gênero: F. n. 14-ago-1940. Escritora, antropóloga. Norte--americana (n. Inglaterra). Doutorado em sânscrito e páli. Autora de *Mothers and Wives: Gusii Women of West Africa* (1979); *Dolor y Alegria: Women and Social Change in Urban Mexico* (1993). Romances publicados sob o pseudônimo Louisa Dawkins: *Natives and Strangers* (1985); *Chasing Shadows* (1988). Entrevista feita por Kevin Rathunde (22-fev-1991). Idade: 51.

Livi, Grazia. Gênero: F. n. 19-mar-1930; m. 18-jan-2015. Escritora, jornalista. Italiana. Ganhadora de Premio Viareggio de ensaio (1991). Autora de inúmeros romances e coletâneas de ensaios, incluindo *La distanza e l'amore* (1978); *L'approdo invisibile* (1980); *Le lettere del mio nome* (1991). Entrevista feita por Mihaly Csikszentmihalyi (15-maio-1991). Idade: 60.

Loevinger, Jane. Gênero: F. n. 6-fev-1918; m. 4-jan-2008. Psicóloga, pesquisadora, professora. Norte-americana. Professora da Washington University, St. Louis, Missouri. Formulou uma influente teoria sobre o desenvolvimento da personalidade. Autora de inúmeros livros e artigos acadêmicos, incluindo *Ego Development* (1976); "On the Self and Predicting Behavior", em R. Zucker, J. Arnoff e A. Rabin (Orgs.), *Personality and the Prediction of Behavior* (1984). Entrevista feita por Carol A. Mockros (6-nov-1992). Idade: 74.

MacCready, Paul. Gênero: M. n. 29-set-1925; m. 28-ago-2007. Engenheiro aeronáutico. Norte-americano. Ganhador de Edward Longstreth Medal, Franklin Institute (1979); Reed Aeronautics Award, American Institute of Aeronautics and Astronautics (1979). Engineer of the Century, American Society of Mechanical Engineers (1980). Líder da equipe que recebeu o Kremer Prize (1977) pelo voo a propulsão humana. Autor de artigos científicos. Entrevista feita por Jeanne Nakamura (13-jun-1993). Idade: 67.

Mahfouz, Naguib. Gênero: M. n. 11-dez-1911; m. 30-ago-2006. Escritor. Egípcio. Ganhador do Nobel de Literatura (1988); State Prize for Literature (Egito, 1957). Autor da Trilogia do Cairo (1956, 1957); *Zuqaq al Midaqq* (1947; traduzido para o inglês como *Midaq Alley*, 1981); *Miramar* (1967). Ver *Naguib Mahfouz: From Regional Fame to Global Recognition*, organizado por Michael Beard e Adnan Haydar (1993). Entrevista feita por Sherafoudin Malik (jun-1994). Idade: 82.

Mahoney, Margaret. Gênero: F. n. 24-out-1924; m. 2011. Norte-americana. Presidente da fundação do Commonwealth Fund. Ex-executiva associada da Carnegie Corporation. Trustee, John D. & Catherine T. MacArthur Foundation (1983-8); Dole Foundation. Membro do conselho de Alliance for Aging Research. Overseas Development Council (1988-). Ganhadora de Alpha Omega Alpha Award (1985); Women's Forum Award (1989); Frank H. Lahey Award (1992); Walsh McDermott Award (1992). Autora de inúmeros artigos. Entrevista feita por Carol A. Mockros (13-abr-1994). Idade: 69.

Maier-Leibnitz, Heinz. Gênero: M. n. 28-mar-1911; m. 16-dez-2000. Físico, professor, escritor. Alemão. Diretor do primeiro reator de pesquisa europeu em Grenoble, França. Ganhador de Otto Hahn Prize; Grosses Verdienstkreuz mit Stern; Pour le Merit. Autor de inúmeras publicações científicas. Autor de *Zwischen Wissenschaft und Politik* (1979), entre outros. Ver *Wie Kommt man auf einfaches Neues? der Forscher, Lehrer, Wissenschaftspolitiker und Hobbykoch*

Heinz Maier-Leibnitz, organizado por Paul Kienle (1991). Entrevista feita por Mihaly Csikszentmihalyi (29-ago-1990). Idade: 79.

Mayr, Ernst. Gênero: M. n. 5-jul-1904; m. 3-fev-2005. Zoólogo, curador, professor, escritor. Norte-americano (n. Alemanha). Ganhador de títulos honoríficos de dez universidades em sete países; Leidy Medal (1946); Wallace Darwin Medal (1958); National Medal of Science (1970); Gregor Mendel Medal (1980); Darwin Medal, Royal Society (1987). Integrante da expedição Rothschild à Nova Guiné Holandesa (1928). Conferiu a *Jesup Lecture* na Universidade Columbia (1941). Curador do American Museum of Natural History (1944-53); professor Alexander Agassiz de Zoologia da Universidade Harvard (1953-75); diretor do Museum of Comparative Zoology da Universidade Harvard (1961-70). Autor de *Systematics and the Origin of Species* (1942); *Animal Species and Evolution* (1963); *Principles of Systematic Zoology* (1969); *One Long Argument* (1991). Entrevista feita por Grant Rich (21-out-1994). Idade: 90.

McCarthy, Eugene. Gênero: M. n. 29-mar-1916; m. 10-dez-2005. Político, escritor. Norte-americano. Congressista (1949-59). Senador (1959-70). Candidato à presidência pelo Partido Democrata (1972). Candidato à presidência independente (1976). Autor de *The Limits of Power* (1967); *The Ultimate Tyranny* (1980), entre outros. Ver *Up 'Til Now* (1987). Entrevista feita por Kevin Rathunde (16-nov-1990). Idade: 74.

McNeill, William. Gênero: M. n. 31-out-1917; m. 8-jul-2016. Historiador, professor. Norte-americano (n. Canadá). Professor da Universidade de Chicago (1947-87). Bolsista das fundações Fulbright, Rockefeller e Guggenheim. Presidente da Demos Foundation (1968-80); American Historical Association (1985). Ganhador do National Book Award (1964). Autor de *The Rise of the West* (1963); *Plagues and Peoples* (1976); *The Pursuit of Power* (1982). Entrevista feita por Kevin Rathunde (10-ago-1990). Idade: 72.

Milner, Brenda. Gênero: F. n. 15-jul-1918. Neuropsicóloga. Canadense (n. Inglaterra). Contribuições à pesquisa sobre a função do lobo temporal, distúrbios da memória e sobre as consequências de lesões neurológicas unilaterais na organização cerebral. Ganhadora de Izaak Walton Killam Prize (1983); Hermann von Helmholtz Prize (1984); Ralph Gerard Prize (1987); Grand Dame of Merit, Ordem de Malta (1985). Autora de inúmeros artigos acadêmicos. Entrevista feita por Carol A. Mockros (5-jan-1994). Idade: 75.

Murphy, Franklin. Gênero: M. n. 29-jan-1916; m. 16-jun-1994. Administrador midiático, universitário e artístico. Norte-americano. Reitor da faculdade de medicina da Universidade do Kansas (1948-51); chanceler da Universidade do Kansas (1951-60); chanceler da UCLA (1960-8); presidente do conselho e CEO da Times Mirror Company (1968-81); presidente do conselho de National Gallery of Art, Los Angeles County Museum of Art; Carnegie Foundation for the Advancement of Teaching. Ganhador de Ordem do Tesouro da Felicidade Sagrada (Japão, 1982); Cruz do Mérito de Primeira Clssa da República Federal da Alemanha (1983); Oficial da Ordem Nacional da Legião de Honra (França, 1985); Andrew W. Mellon Medal, National Gallery of Art (1991). Entrevista feita por Keith Sawyer (24-set-1992). Idade: 76.

Neugarten, Bernice. Gênero: F. n. 11-fev-1916; m. 22-jul-2001. Cientista social, professora. Norte-americana. Pioneira no campo do desenvolvimento e envelhecimento adulto. Membro de inúmeros conselhos consultivos; Membro do American Council on Education (1939-41); ex-presidente da Gerontological Society. Ganhadora de International Association of Gerontology Kleemier Award (1972); Brookdale Award (1980); Sandoz International Prize (1987); American Psychological Association Lifetime Contribution Award (1994). Co-autora ou organizadora de *Society and Education* (1957); *Personality in Middle and Late Life* (1964); *Middle Age and Aging* (1968); *Adjustment to Retirement* (1969); *Social Status in the City* (1971); *Age or Need? Public Policies for Older People* (1982), entre outros. Entrevista feita por Carol A. Mockros (20-jan--1993). Idade: 76.

Noelle-Neumann, Elisabeth. Gênero: F. n. 19-dez-1916; m. 25-mar-2010. Pesquisadora em comunicação, empresária, professora. Alemã. Ganhadora de Grosses Bundesverdienstkreuz (Alemanha, 1976); Helen S. Dinerman Award, World Association for Public Opinion Research (1990). Professora de jornalismo da Universidade da Mogúncia. Fundadora e diretora do primeiro instituto de pesquisa da Alemanha, o Institut fur Demoskopie Allensbach. Autora de *The Germans: Public Opinion Polls, 1967-1980* (1981); *Die Schweigespirale: Offentliche Meinung — unsere soziale Haut* (1980), entre outros. Entrevista feita por Mihaly Csikszentmihalyi (28-abr-1990). Idade: 73.

Norman, Donald A. Gênero: M. n. 25-dez-1935. Cientista cognitivo, escritor. Norte-americano. Ganhador de Excellence in Research Award, Universidade da Califórnia (1984). Professor de psicologia da Universidade da Califórnia

402

em San Diego; professor e fundador do Department of Cognitive Science, UCSD (1988-). Presidente e membro-fundador da Cognitive Science Society. Autor de *Learning and Memory* (1982); *Human Information Processing* (2. ed., 1977); *The Design of Everyday Things* (1989); *Turn Signals Are the Facial Expressions of Automobiles* (1992). Editor da Cognitive Science Series (Lawrence Erlbaum Associates, 1979-); *Cognitive Science Journal* (1981-5). Entrevista feita por Keith Sawyer (25-set-1992). Idade: 56.

Offner, Frank. Gênero: M. n. 8-abr-1911; m. 1999. Engenheiro elétrico, inventor, empresário. Norte-americano. Seus feitos incluem o desenvolvimento de equipamentos de medição transistorizados e do amplificador diferencial; instrumentação médica que tornou possíveis as medições feitas pelo eletrocardiograma, pelo eletroencefalograma e pelo eletromiograma. Responsável pelos únicos mísseis guiados por calor desenvolvidos com êxito na Segunda Guerra Mundial. Ganhador de Professional Achievement Citation Award (1991). Entrevista feita por Mihaly Csikszentmihalyi, Carol A. Mockros e R. Keith Sawyer (19-fev-1992). Idade: 81.

Pais, Abraham. Gênero: M. n. 19-maio-1918; m. 28-jul-2000. Físico, professor. Norte-americano (n. Holanda). Um dos quatro fundadores da física de partículas. Ganhador de Oppenheimer Prize (1979); Physics Prize of the Netherlands (1992); Andrew Gemant Award (1993); Science Medal of the Royal Dutch Academy of Sciences (1993). Autor de inúmeros artigos acadêmicos, bem como de biografias de cientistas como Bohr e Einstein. Seus livros incluem *Inward Bound* (1986); *Niels Bohr's Times* (1991); *Subtle Is the Lord* (1983) e *Einstein Lived Here* (1994). Entrevista feita por Carol A. Mockros (13-abr-1994). Idade: 75.

Pauling, Linus. Gênero: M. n. 28-fev-1901; m. 19-ago-1994. Químico, ativista, professor. Norte-americano. Ganhador do Nobel de Química (1954) pela pesquisa sobre a natureza das ligações químicas e sua aplicação para a estrutura das substâncias complexas; do Nobel da Paz (1962). Autor de *The Nature of the Chemical Bond and the Structure of Molecules and Crystals* (1939); *Vitamin C and the Common Cold* (1971); *No More War!* (1958). Ver *Linus Pauling: A Man and His Science*, de Anthony Serafini (1989). Entrevista feita por Kevin Rathunde (20-nov-1990). Idade: 89.

Peterson, Oscar. Gênero: M. n. 15-ago-1925; m. 23-dez-2007. Pianista de jazz, compositor. Canadense. Fundador da Advanced School of Contemporary

Music; chanceler da Universidade de York (1991-4). Tocou na Johnny Holmes Orchestra (1944-9); apresentou-se em Jazz at the Philharmonic, Carnegie Hall (1949); excursionou pelos Estados Unidos e Europa (1950-2007); excursionou pela União Soviética (1974). Ganhador de inúmeros títulos honoríficos; prêmio de melhor pianista da revista *Down Beat* (treze vezes); *Metronome* magazine Award (1953-4); Edison Award (1962); Order of Canada (1974); Diplome d'honneur Canadian Conference of the Arts (1975); Grammy, quatro vezes. Fundador da Oscar Peterson Scholarship da Berklee School of Music, Boston (1982). Compositor de *Canadiana Suite, Hymn to Freedom, Fields of Endless Day, City Lights*. Autor de *Jazz Exercises and Pieces: Oscar Peterson New Piano Solos*. Entrevista feita por Grant Rich (20--set-1994). Idade: 69.

Prigogine, Ilya. Gênero: M. n. 25-jan-1917; m. 28-maio-2003. Químico. Belga (n. Rússia). Ganhador do Nobel de Química (1977) por suas contribuições à termodinâmica de não equilíbrio; Rumford Gold Medal, Royal Society of London (1976). Condecorado com a Ordre des Arts et des Lettres (França, 1984). Autor de inúmeros livros técnicos e artigos. Autor (ciências gerais) de *From Being to Becoming* (1980); *Order Out of Chaos* (com Isabelle Stengers, 1984). Entrevista feita por Jeanne Nakamura (29-out-1995). Idade: 78.

Rabinow, Jacob. Gênero: M. n. 8-jan-1910; m. 11-set-1999. Engenheiro elétrico, inventor. Norte-americano (n. Rússia). Ganhador de Edward Longstreth Medal, Franklin Institute (1959); Harry Diamond Award, Institute of Electrical and Electronics Engineers (1977). Detentor de mais de duzentas patentes em diferentes campos, incluindo a tecnologia de reconhecimento ótico de caracteres, equipamentos de triagem de correspondências, reguladores automáticos e motores. Ver *Inventing for Fun and Profit* (1990). Entrevista feita por Jeanne Nakamura (16-maio-1993). Idade: 83.

Randone, Enrico. Gênero: M. n. 21-dez-1910. Advogado, executivo do ramo de seguros. Italiano. Trabalhou na Assicurazioni Generali (1937-); presidente e diretor do conselho desde 1979. Ver *Il Leone di Trieste*, de C. Lindner e G. Mazzuca (1990). Entrevista feita por Mihaly Csikszentmihalyi (13-maio--1991). Idade: 80.

Reed, John. Gênero: M. n. 7-fev-1939. Banqueiro, filantropo. Norte--americano. CEO do Citicorp. Membro do conselho de Sloan-Kettering Cancer Center; MIT; Spencer Foundation; Russell Sage Foundation; Center for

Advanced Study in the Behavioral Sciences. Entrevista feita por Keith Sawyer (15-abr-1992). Idade: 53.

Riesman, David. Gênero: M. n. 22-set-1909; m. 10-maio-2002. Cientista social, advogado, professor. Norte-americano. Ganhador do Prêmio Tocqueville da Academia Francesa (1980). Professor de sociologia da Universidade Harvard. Autor de *The Lonely Crowd* (em colaboração com Reuel Denney e Nathan Glazer, 1950); *The Academic Revolution* (com Christopher Jencks, 1968); *The Perpetual Dream* (com Gerald Grant, 1978), entre outros. Ver "Becoming an Academic Man", em *Authors of Their Own Lives: Intellectual Autobiographies of Twenty American Sociologists*, organizado por Bennett M. Berger (1990, pp. 22-74). Entrevista feita por Mihaly Csikszentmihalyi (20-jun-1990). Idade: 80.

Rubin, Vera. Gênero: F. n. 23-jul-1928; m. 25-dez-2016. Astrônoma observacional. Norte-americana. Famosa por seu trabalho em determinar que a matéria visível responde por apenas uma fração da massa total do universo. Membro da National Academy of Sciences; Council of American Astronomical Society (1977-80); conselho editorial da revista *Science* (1979-87). Ganhadora da National Medal of Science (1993). Ex-presidente do Committee on Galaxies, International Astronomical Union. Editora associada de *Astronomical Journal* (1972-7); *Astrophysical Journal of Letters* (1977-82). Autora de mais de 125 artigos científicos publicados em periódicos especializados e em livros sobre as dinâmicas das galáxias. Entrevista feita por Carol A. Mockros (out-1992). Idade: 64.

Salk, Jonas. Gênero: M. n. 28-out-1914; m. 23-jun-1995. Biólogo, filósofo, escritor. Norte-americano. Ganhador de Congressional Gold Medal (1955); Presidential Medal of Freedom (1977). Criador da primeira vacina eficaz contra a poliomielite (1955). Autor de inúmeros artigos científicos. Autor (filosofia) de *The Survival of the Wisest* (1973); *Anatomy of Reality* (1983), entre outros. Ver *Breakthrough: The Saga of Jonas Salk*, de Richard Carter (1965). Entrevista feita por Kevin Rathunde (1-maio-1991). Idade: 76.

Sarton, May. Gênero: F. n. 3-maio-1912; m. 16-jul-1995. Escritora. Norte--americana (n. Bélgica). Ganhadora de Golden Rose Award For Poetry (1945); Levinson Prize for Poetry (1993). Autor de *Selected Poems of May Sarton* (1978); *Mrs. Stevens Hears the Mermaids Singing* (1965), entre outros. Ver *Plant Dreaming Deep* (1967); *Journal of a Solitude* (1973), entre outros. Entrevista feita por Jeanne Nakamura (25 e 26-abr-1994). Idade: 81.

Schuller, Gunther. Gênero: M. n. 22-nov-1925; m. 21-jun-2015. Compositor, maestro, escritor, educador. Norte-americano. Professor da Manhattan School of Music (1950-63); diretor do departamento de composição de Tanglewood; presidente do New England Conservatory of Music (1967-77); fundador de dois selos musicais. Compositor de *Quartet for Four Double Basses* (1947); *Seven Studies on Themes of Paul Klee* (1959); Spectra (1960); *The Visitation* (ópera, 1966); *Horn Concerto n. 2* (1976); *On Light Wings* (quarteto para piano, 1984); *A Bouquet for Collage for Clarinet, Flute, Violin, Cello, Piano, and Percussion* (1988). Ganhador de inúmeros títulos honoríficos; Creative Arts Award, Brandeis University (1960); bolsa Guggenheim (1962, 1963); Rodgers and Hammerstein Award (1971); Friedman Award (1988); Prêmio Pulitzer Prize de música (1994). Autor de *Musings: The Musical Worlds of Gunther Schuller* (1985); *The Swing Era: The Development of Jazz, 1930-1945* (1989). Entrevista feita por Grant Rich (17-nov-1994). Idade: 68.

Sebeok, Thomas. Gênero: M. n. 9-nov-1920; m. 21-dez-2001. Linguista, professor. Norte-americano (n. Hungria). Professor de linguistica da Universidade de Indiana. Ganhador de Distinguished Service Award, American Anthropological Association (1984). Presidente de Linguistic Society of America (1975); Semiotic Society of America (1984). Autor de *Perspectives in Zoosemiotics* (1972); *Structure and Texture: Selected Essays in Cheremis Verbal Art* (1974); *The Play of Musement* (1981), entre outros. Organizador de *Style in Language* (1960), entre outros. Entrevista feita por Keith Sawyer (28-ago-1992). Idade: 71.

Shankar, Ravi. Gênero: M. n. 7-abr-1920; m. 11-dez-2012. Citarista, compositor. Indiano. Diretor do conjunto instrumental da All-India Radio (1949- -56); excursionou diversas vezes pelo mundo todo; fundador da Kinnara School of Indian Music, Los Angeles. Ganhador de títulos honoríficos da Universidade da Califórnia e da Universidade Indira Kala Sangeet; Indian National Academy of Music, Dance, and Drama (1962); National Academy of Recording Arts and Sciences (1966); Unicef; Presidential Padma Bhushan Award. Compositor de dois concertos para cítara e orquestra (1970, 1976), de inúmeros balés e trilhas sonoras de filme. Ver *Raga* (longa-metragem sobre sua vida e música, 1972); *My Life, My Times* (autobiografia, 1978); *The Great Shankars: Uday, Ravi* (1983). Entrevista feita por Grant Rich (2-maio-1994). Idade: 73.

Smith, Bradley. Gênero: M. n. 30-jun-1910; m. 28-ago-1997. Fotojornalista, escritor. Norte-americano. Exposições de suas fotografias no MoMA, entre outros. Fotógrafo freelance para *Life, Paris Match, Time* e outras revistas (1942-65). Autor de *Japan: a History in Art* (1964); *Erotic Art of the Masters* (1974); *France: a History in Art* (1984), entre outros. Entrevista feita por Mihaly Csikszentmihalyi (17-abr-1991). Idade: 83.

Snow, Michael. Gênero: M. n. 10-out-1929; m. 5-jan-2023. Artista, jazzista, cineasta. Canadense. Professor de cinema na Universidade Yale (1970). Ganhador da bolsa Guggenheim (1972); títulos honoríficos da Brock University (Ontário, 1976) e do Nova Scotia College of Art and Design (1987); Order of Canada (1983). Pinturas expostas na Exposição Internacional de 1967, The Ontario Gallery of Art, The National Gallery of Art, entre outros. Solos de piano e perfomances coletivas gravadas pelo selo CCMC, entre outros. Ver *The Michael Snow Project* (1993); *Presence and Absence: The Films of Michael Snow, from 1956 to 1991* (1995). Entrevista feita por Mihaly Csikszentmihalyi (11-maio-1994). Idade: 64.

Spock, Benjamin. Gênero: M. n. 2-maio-1903; m. 15-mar-1998. Pediatra, psiquiatra, escritor, ativista. Norte-americano. Ganhador da medalha de ouro (coletiva) nas Olimpíadas de 1924; Family Life Book Award (1963); Thomas Paine Award, National Emergency Civil Liberties Committee (1968). Autor de *The Common Sense Book of Baby and Child Care* (1946; 6. ed. rev., 1992 [com Michael Rothenberg]); *A Better World for Our Children* (1994), entre outros. Candidato à presidência pelo Peoples Party (1972). Ver *Spock on Spock: A Memoir of Growing Up with the Century* (com Mary Morgan Spock, 1989). Entrevista feita por Kevin Rathunde (13-jul-1991). Idade: 88.

Spock, Mary Morgan. Gênero: F. n. 27-nov-1943; m. 9-fev-2004. Escritora, ativista. Norte-americana. Autora de *Stepparenting* (1986); *Spock on Spock: a Memoir of Growing Up with the Century* (com Benjamin Spock, 1989). Entrevista feita por Kevin Rathunde (13-jul-1991). Idade: 47.

Stern, Richard. Gênero: M. n. 25-fev-1928; m. 24-jan-2013. Escritor, professor. Norte-americano. Ganhador de National Institute of Arts and Letters Fiction Award (1968); American Academy and Institute of Arts and Letters Medal of Merit for the Novel (1985). Autor de *Golk* (1960); *Natural Shocks* (1978); *Noble Rot* (1990), entre outros. Ver *Richard Stern*, de James Schiffer (1993). Entrevista feita por Nicole Brodsky, Mihaly Csikszentmihalyi e Sean Kelley (11-fev-1994). Idade: 65.

Stigler, George. Gênero: M. n. 17-jan-1911; m. 1-dez-1991. Economista, professor. Norte-americano. Professor de economia da Universidade de Chicago. Ganhador do Nobel de Economia (1982) pelo trabalho sobre a teoria econômica da informação e sobre a teoria da regulamentação pública; National Medal of Science (1987). Autor de *The Organization of Industry* (1968); *Essays in the History of Economics* (1965), entre outros. Ver *Memoirs of an Unregulated Economist* (1988). Entrevista feita por Mihaly Csikszentmihalyi e Kevin Rathunde (7-jun-1990). Idade: 79.

Strand, Mark. Gênero: M. n. 11-abr-1934; m. 29-nov-2014. Escritor. Norte--americano (n. Canadá). Poeta laureado da Biblioteca do Congresso Norte--Americano (1990-1). Ganhador de Edgar Allan Poe Award, Academy of American Poets (1974); Bollingen Prize in Poetry (1993). Autor de *Sleeping With One Eye Open* (1964); *The Continuous Life* (1990), entre outros. Entrevista feita por Kevin Rathunde (4-jul-1991). Idade: 57.

Trachinger, Robert. Gênero: M. n. 26-nov-1923; m. 19-set-2010. Executivo de televisão, educador. Norte-americano. Vice-presidente da ABC-TV (1978-85). Vencedor do Emmy por diversos documentários (1966-8). Responsável pelo desenvolvimento e primeira transmissão da câmara lenta em videoteipe, câmeras portáteis e aquáticas. Professor de comunicação na UCLA por 23 anos. Palestrante e consultor. Professor Fulbright (1985-6). Entrevista feita por Kevin Rathunde (20-nov-1990). Idade: 67.

Weisskopf, Victor. Gênero: M. n. 19-set-1908; m. 22-abr-2002. Físico, escritor, professor. Norte-americano (n. Áustria). Ganhador de Max Planck Medal (Alemanha, 1956); National Medal of Science (1980); Enrico Fermi Award (1988). Diretor-geral da European Organization for Nuclear Research (1961-6). Autor de inúmeras publicações científicas. Autor (ciências gerais) de *Knowledge and Wonder* (1962), entre outros. Ver *The Joy of Insight* (1991). Entrevista feita por Kevin Rathunde (22-fev-1991). Idade: 82.

Wheeler, John A. Gênero: M. n. 9-jul-1911; m. 13-abr-2008. Físico, professor. Norte-americano. Famoso por seu trabalho sobre buracos negros. Guggenheim Fellow (1949-50). Ganhador de Morrison Prize (1947); Albert Einstein Prize (1965); Enrico Fermi Award (1968); Franklin Medal (1969); National Medal of Science (1971); Herzfeld Award (1975); Niels Bohr International Award (1982); Oersted Medal (1983); Oppenheimer Memorial Prize (1984). Além de inúmeros artigos profissionais, suas publicações incluem: *Geometrodynamics* (1962); *Spacetime Physics* (1966); *Gravitation* (com C. Misner e K. Thorne, 1972); *Frontiers of Time* (com W. Zurek, 1979); e *Quantum Theory and Measurement* (1983). Entrevista feita por Carol A. Mockros (17-nov-1992). Idade: 81.

Whitman, Marina. Gênero: F. n. 6-mar-1935. Economista, professora. Norte-americana. Vice-presidente economista-chefe (1979-85), e vice-presidente executiva (1985-92) da General Motors Corporation. Ganhadora de Catalyst Award (1976); Columbia University Award for Excellence (1984). Membro do Council of Economic Advisers (1972-3). Autora de *Government Risk-Sharing in Foreign Investment* (1965); *Reflections of Interdependence: Issues for Economic Theory and U.S. Policy* (1979), entre outros. Entrevista feita por Jeanne Nakamura (25-maio-1994). Idade: 59.

Wilson, Edward O. Gênero: M. n. 10-jun-1929; m. 17-dez-1999. Biólogo, professor. Norte-americano. Ganhador de National Medal of Science (1976); Crafoord Prize, Royal Swedish Academy of Sciences (1990); Gold Medal, World Wide Fund for Nature (1990); Pulitzer de não ficção geral (1979; 1991). Autor de *Sociobiology: The New Synthesis* (1975); *On Human Nature* (1978); *The Ants* (com Bert Hölldobler, 1990), entre outros. Ver *Naturalist* (1994). Entrevista feita por Grant Rich (2-dez-1994). Idade: 65.

Woodward, Comer Vann. Gênero: M. n. 13-nov-1908; m. 17-dez-1999. Historiador, escritor, professor. Norte-americano. Principal historiador do Sul norte-americano. Ganhador de Bancroft Prize (1951); National Academy Institute Arts and Letters Literature Award (1954); Pulitzer Prize (1982); Life Work Award, The American Historical Society (1986); Gold Medal for History (1990). Membro da American Academy of Arts and Letters. Autor de inúmeros artigos acadêmicos e de onze livros, incluindo *Tom Watson, Agrarian Rebel* (1938); *Origins of the New South* (1951); *The Strange Career of Jim Crow* (1955). Organizador de *Mary Chestnut's Civil War* (1981). Ver "C. Vann Woodward and the Burden of Southern Liberalism", de M. O'Brien, em *The American Historical Review* (1973). Entrevista feita por Carol A. Mockros (15-mar-1993). Idade: 84.

Yalow, Rosalyn. Gênero: F. n. 19-jul-1921; m. 30-maio-2011. Física médica. Norte-americana. Ganhadora do Nobel de Fisiologia e Medicina (1977, com Roger Guillemin e Andrew Schally) pelas contribuições à descoberta e ao desenvolvimento do radioimunoensaio; National Medal of Science (1988).

Presidente da Endocrine Society (1978-9). Autora de inúmeras publicações científicas. Entrevista feita por Mihaly Csikszentmihalyi (14-mar-1992). Idade: 70.

Zeisel, Eva. Gênero: F. n. 11-nov-1906; m. 30-dez-2011. Ceramista. Norte--americana (n. Hungria). Ganhadora de bolsa sênior NEA (1983); Ordem da Estrela (Hungria, 1987). Retrospectiva itinerante pelos Estados Unidos e Canadá organizada por Le Château Dufresne e Smithsonian Institution (1984). Baixela Castleton exposta no MoMA (1946). Instrutora de design em cerâmica do Pratt Institute (1939-53); diretora artística da A. T. Heisey [fábrica de vidro] (1953); instrutora de design industrial da Rhode Island School of Design (1959-60). Ver *Eva Zeisel: Designer for Industry*, de Martin P. Eidelberg (1984). Entrevista feita por Mihaly Csikszentmihalyi e Kevin Rathunde (28-jan-1991). Idade: 84.

Índice de entrevistados

(Várias pessoas podem ter sido listadas em mais de uma seção)

Artes e ciências humanas
Historiadores
Davis, Franklin, McNeill, Woodward
Mídia
Anderson, Gruenenberg, Konner, Noelle-Neumann, Trachinger
Músicos e compositores
Asner, Blackwood, Hart, Peterson, Schuller, Shankar
Filósofos e críticos
Adler, Booth, Sebeok
Poetas
Domin, Faludy, Hecht, Strand
Artistas visuais e arquitetos
Baskin, N. Holton, Johnson, Kurokawa, Lanyon, Smith, Snow, Zeisel
Escritores
Davies, Gordimer,* L'Engle, Levertov, S. LeVine, Livi, Mahfouz,* Sarton, Stern

Ciências

Biólogos e médicos

Commoner, Gould, Klein, Lederberg,* Mayr, Salk, B. Spock, Wilson, Yalow*

Químicos

Eigen,* I. Karle, J. Karle,* Pauling,** Prigogine*

Economistas

K. Boulding, Stigler,* Whitman

Físicos e astrônomos

Bardeen,** Bethe,* Burbidge, Butler, Chandrasekhar,* Dyson, G. Holton, Maier-Leibnitz, Pais, Rubin, Weisskopf, Wheeler

Psicólogos e cientistas sociais

Campbell, Coleman, R. LeVine, Loevinger, Milner, Neugarten, Norman, Riesman

Inventores

MacCready, Offner, Rabinow

Negócios e política

Ativistas

E. Boulding, Henderson, Honig, M. Spock

Empresários e filantropos

Galvin, Harris, Mahoney, Murphy, Randone, Reed

Políticos

Gardner, McCarthy

* Indica vencedor do Nobel.

Anexo B
Protocolo de entrevista utilizado no estudo

PARTE A: CARREIRA E PRIORIDADES DE VIDA

1. *Das coisas que você fez na vida, de qual você tem mais orgulho?*
   a. A que você atribui seu sucesso nessa empreitada? A alguma característica particular?

2. *De todos os obstáculos com que você se deparou na vida, qual foi o mais difícil de superar?*
   a. Como você superou?
   b. Algum não foi superado?

3. *Houve algum projeto ou evento em particular que influenciou de forma significativa o rumo de sua carreira? Se sim, poderia falar um pouco sobre isso?*
   a. Como isso despertou o seu interesse?
   b. Como isso repercutiu ao longo do tempo?
   c. Quão importante foi esse projeto/acontecimento para suas realizações criativas?
   d. Você continua a ter experiências interessantes e estimulantes como essa?

4. *Que conselho você daria a um jovem que está começando na [área da disciplina]?*

    a. Foi assim que você fez? Se não, como sua perspectiva atual difere da forma como você começou?

    b. Você recomenda [em relação à importância do campo]:

       – ter poucos contatos sociais ou muitos? Mentores, pares, colegas?

       – estabelecer sua própria identidade logo cedo ou mais tarde?

       – trabalhar com organizações de ponta?

    c. Você recomenda [em relação à importância do domínio]:

       – fazer especialização logo cedo ou mais tarde?

       – focar as ideias de maior destaque ou trabalhar na periferia?

    d. Você recomenda [em relação à importância do indivíduo]:

       – razões intrínsecas ou extrínsecas?

       – associar o trabalho aos valores pessoais ou separá-los?

5. *Que conselho você daria a um jovem sobre a importância se envolver com [área do assunto]?*

    a. É por isso que foi importante para você? Se não, como sua perspectiva atual é diferente?

6. *Como, a princípio, você se envolveu com ou se interessou por [área do assunto]? O que o manteve envolvido por tanto tempo?*

7. *Houve algum momento em que o que você estava fazendo se tornou menos intenso — em que pareceu menos interessante ou menos importante para você? Poderia descrever um momento emblemático?*

    a. Quais foram as circunstâncias?

    b. O que você fez?

PARTE B: RELACIONAMENTOS

1. *Se houve uma ou mais pessoas significativas em sua vida que influenciaram ou estimularam seu pensamento e sua postura em relação ao seu trabalho...*

    a. Quando você as conheceu?

b. Como você se interessou por elas (por exemplo, você foi atrás delas ativamente)?

c. Como elas influenciaram o seu trabalho e/ou sua postura (por exemplo, motivação, valores pessoais ou profissionais)?

d. De que forma ele/ela foi um bom e/ou mau professor(a)?

e. Sobre que tipo de coisas vocês conversavam (por exemplo, problemas pessoais, relacionados à carreira de modo geral, problemas específicos)?

f. O que você aprendeu com elas? Como escolher quais problemas abordar? Política de campo e autopromoção?

2. *É importante para você ensinar e trabalhar com jovens?*
   a. Por quê?
   b. O que você tem interesse em tentar transmitir a eles? Por quê?
   c. Como você faz isso?

3. *Quando você interage ou trabalha com um jovem aluno, consegue avaliar se ele/ela tem maior probabilidade de abandonar o campo ou de ter êxito nele?*
   a. Você consegue identificar pessoas que provavelmente serão criativas em seus futuros trabalhos? Como? Que características elas têm?

4. *Você percebe alguma diferença entre estudantes homens e mulheres jovens e entre colegas de campo do sexo masculino e feminino? Se sim,*
   – nos interesses?
   – na competência? Na criatividade?
   – na forma como abordam o aprendizado?
   – na forma como interagem com outras pessoas/colegas?
   – na forma como definem sucesso e realização?
   – nos objetivos e valores pessoais?
   – nos objetivos e valores profissionais?

5. *Que conselho você daria a um jovem sobre como conciliar a vida particular (ou seja, família, outras preocupações não relacionadas ao trabalho) com [área do assunto]?*
   a. Foi assim que você agiu? Se não, de que forma sua perspectiva atual é diferente?

– qual a importância de outros tipos de habilidades para a vida?

– qual a importância relativa da carreira no início ou mais tarde na vida?

Colegas e pares

1. *Em algum momento da sua vida seus colegas foram particularmente influentes na formação de sua identidade pessoal e profissional?*

2. *De que forma os colegas foram importantes para sua identidade e seu sucesso pessoal e profissional?*

Família

1. *De que forma você acha que seu histórico familiar foi importante para ajudá-lo(a) a se tornar quem você é?*

2. *Como você passava a maior parte do seu tempo livre quando criança? Que tipo de atividades você gostava de fazer? Com colegas? Pais? Irmãos? Sozinho?*

3. *De que forma(s) seu cônjuge e filhos influenciaram seus objetivos e sua carreira?*

PARTE C: HÁBITOS DE TRABALHO/INSIGHTS

1. *De onde costumam vir as ideias para o seu trabalho?*
   a. De:
   – leituras?
   – outras pessoas?
   – seus próprios trabalhos anteriores?
   – sua experiência de vida?
   b. O que determina (como você decide) o projeto ou problema para o qual você se volta depois de concluir um?
   c. Houve momentos em que foi difícil decidir o que fazer em seguida? O que você faz?

2. *Qual a importância da racionalidade versus intuição no seu trabalho? Descreva.*
   a. Existem dois estilos diferentes no seu trabalho (por exemplo, um mais "racional" e outro mais "intuitivo")?
   b. Você acha importante "confiar nos seus instintos"? Ou eles costumam estar errados?
   c. Você tem mais triunfos com uma abordagem metódica e rigorosa do seu trabalho?
   d. Você pensa em trabalho no seu tempo de lazer? Por exemplo, já teve algum insight importante durante períodos de "folga"?
   e. Quantas horas você costuma dormir? Você tende a trabalhar melhor de manhã cedo ou tarde da noite?
   f. Você já teve uma ideia aproveitável enquanto estava deitado na cama ou sonhando?

3. *Como você desenvolve uma ideia/projeto?*
   a. Você faz rascunhos? Esboços? Com que frequência os reescreve?
   b. Você publica seu trabalho imediatamente ou espera um pouco?

4. *Você pode descrever seus métodos de trabalho?*
   a. Como você decide qual e-mail responder, quais entrevistas dar etc.?
   b. Você prefere trabalhar sozinho ou em equipe?

5. *De modo geral, como a forma como você trabalha hoje difere da forma como trabalhava há vinte anos?*
   a. E se tiver havido alguma mudança ao longo dos anos na intensidade de seu envolvimento com [área do assunto]?
   b. E quanto a mudanças na forma como você pensa nos seus sentimentos em relação a isso?

6. *Você já testemunhou alguma mudança de paradigma no seu trabalho? Descreva.*

PARTE D: ESTRUTURAS DE ATENÇÃO E DINÂMICA

1. *Atualmente, qual tarefa ou desafio você considera pessoalmente mais importante?*
    a. É isso que toma a maior parte do seu tempo e de sua energia? Se não, o que é?

2. *O que você faz em relação a isso? [sonda em relação ao campo/domínio/ reflexão]*

3. *Você trabalha nele principalmente por causa de um senso de responsabilidade, ou porque gosta? Descreva.*
    a. Como isso mudou ao longo dos anos?

4. *Você planeja fazer alguma mudança na forma como trabalha ativamente em [área do assunto]?*

5. *Se tivéssemos entrevistado você trinta anos atrás, que diferentes visões do mundo e de si mesmo você teria?*

6. *Houve algum objetivo pessoal que foi especialmente significativo ao longo de sua carreira? Se sim, poderíamos falar sobre alguns dos mais significativos?*
    a. Como teve início o seu interesse por esse objetivo?
    b. Como isso se desdobrou ao longo do tempo? (Hoje?)
    c. Quão importante foi esse objetivo para suas realizações criativas?

Agradecimentos

A ideia deste livro surgiu em uma conversa com Larry Cremin, à época presidente da Spencer Foundation. Estávamos de acordo quanto à importância de se estudar a criatividade como um processo que se desenvolve ao longo da vida e quanto à ausência de estudos sistemáticos sobre indivíduos criativos vivos. A Spencer Foundation financiou então um projeto de pesquisa, com duração prevista de quatro anos, para suprir essa lacuna. Sem esse financiamento, a árdua tarefa de coletar, transcrever e analisar longas entrevistas teria sido impossível.

A outra contribuição fundamental foi a participação dos 91 entrevistados, cujas entrevistas constituem a maior parte do livro. Todos são indivíduos extremamente ocupados, por isso aprecio profundamente a disponibilidade deles. É realmente difícil expressar toda a minha gratidão por essa ajuda, e espero que eles achem que os resultados tenham valido a pena.

Diversos estudantes de pós-graduação ajudaram neste projeto e muitas vezes contribuíram de forma criativa. Vários foram autores ou coautores de artigos sobre o projeto em revistas acadêmicas. Especialmente importantes foram quatro dos meus alunos que estiveram envolvidos no projeto desde o início, e que desde então concluíram seus doutorados: Kevin Rathunde, Keith Sawyer, Jeanne Nakamura e Carol Mockros. Outros que participaram ativamente estão listados entre os entrevistadores no Anexo A, que detalha a amostra.

Enquanto coletávamos e analisávamos os dados, tive a oportunidade de consultar por diversas vezes colegas acadêmicos especializados em criatividade.

Menciono Howard Gardner, David Feldman, Howard Gruber, Istvan Magyari--Beck, Vera John-Steiner, Dean Simonton, Robert Sternberg e Mark Runco — dentre os quais todos contribuíram, conscientemente ou não, para o desenvolvimento das ideias contidas neste livro.

Vários colegas ajudaram com as primeiras versões do manuscrito. Fico particularmente contente em agradecer a inspiração e a crítica de meu velho amigo Howard Gardner, da Universidade Harvard. Como de costume, seus comentários acertaram o alvo em cheio. William Damon, da Universidade Brown, fez várias sugestões excelentes que ajudaram a reorganizar o conteúdo. Benö Csapó, da Universidade de Szeged, na Hungria, emprestou uma perspectiva cultural diferente à obra.

Três capítulos do livro foram redigidos enquanto eu era convidado da Fundação Rockefeller no Centro Bellagio, na Itália. O restante foi escrito enquanto eu era bolsista do Center for Advanced Studies in the Behavioral Sciences em Palo Alto, com apoio da bolsa #8900078 da John D. and Catherine T. MacArthur Foundation, e da bolsa #SBR—9022192 da National Science Foundation. Sou grato pela oportunidade de ter podido me concentrar no manuscrito sem as interrupções usuais — e em um ambiente tão maravilhoso.

Nos estágios finais do trabalho, Isabella Selega, que teve a bondade de aceitar se casar comigo décadas atrás, supervisionou a edição do manuscrito e muitos outros detalhes importantes. Ela havia feito o mesmo quando escrevi minha tese de doutorado em 1965 sobre o tema. É difícil mensurar o quanto de tudo o que conquistei nos anos seguintes se deve a sua ajuda amorosa, sem deixar de ser crítica.

Nenhuma das deficiências deste livro pode ser imputada a qualquer um dos aqui mencionados senão a mim mesmo. Por tudo o que há de bom nele, no entanto, agradeço-lhes profundamente.

Notas

1. PREPARANDO O PALCO [pp. 7-25]

1. Este livro é, em muitos aspectos, uma continuação de dois anteriores: *Flow: A psicologia do alto desempenho e da felicidade*, um estudo das condições que tornam a vida agradável e significativa, e *The Evolving Self*, que trata das implicações evolutivas da vida e da experiência humana. O presente volume descreve e interpreta a vida de vários indivíduos excepcionais que encontraram formas de fazer com que o flow se tornasse uma característica permanente da vida deles e, ao mesmo tempo, dar sua contribuição para a evolução da cultura.

Este livro também se insere na literatura contemporânea sobre criatividade. Gostaria de mencionar aqui alguns dos trabalhos de colegas que me influenciaram, para definir o contexto em que a presente contribuição se insere e fornecer um breve vislumbre do "estado da arte" no campo da pesquisa sobre criatividade. Devo deixar claro que este trabalho não tem a intenção ser uma revisão da já imensa literatura do campo, mas simplesmente uma introdução aos estudiosos e aos centros de estudos ativos que, de uma forma ou de outra, contribuíram para as minhas análises sobre este tema.

Para tornar essa imagem o mais vívida possível em minha mente — e, espero, na do leitor —, começo por um mapa mental dos locais onde a pesquisa sobre a criatividade tem maior vigor na atualidade, partindo do extremo noroeste dos Estados Unidos e seguindo em direção ao sul, depois ao leste e ao norte, antes de me voltar para os centros de fora do país.

Vou começar pelo reitor Keith Simonton, da Universidade da Califórnia em Davis, que há várias décadas desenvolve um estudo historiométrico da criatividade. Mais do que qualquer outro acadêmico, Simonton escreveu exaustivamente sobre as tendências quantitativas correlacionadas, ao longo do tempo, com os feitos criativos (por exemplo, Simonton, 1984, 1990a).

Alguns dos primeiros estudos sobre a personalidade de pessoas criativas — principalmente arquitetos e artistas — foram feitos na Universidade da Califórnia em Berkeley, por D. W. McKinnon e seus alunos. Essa linha de trabalho teve continuidade nas mãos de Frank Barron e depois de David Harrington na Universidade da Califórnia em Santa Cruz (MacKinnon, 1962; Barron, 1969; Harrington, 1990).

No Claremont Colleges, no sul da Califórnia, Robert Albert e Mark Runco fizeram estudos longitudinais sobre estudantes supostamente criativos. Runco também é editor-fundador do *The Creativity Research Journal*, um dos dois periódicos que dão os contornos do campo (Albert, 1983; Runco, 1994).

Na Universidade do Novo México, Vera John-Steiner acompanhou o desenvolvimento de ideias criativas por meio da análise de cadernos científicos e se concentrou na colaboração intrínseca aos grupos que conquistaram avanços (John-Steiner, 1985).

Indo em direção ao Meio-Oeste, a Universidade de Chicago também tem uma longa tradição no estudo da criatividade nas escolas (Getzels e Jackson, 1962), entre artistas (Getzels e Csikszentmihalyi, 1976), e atualmente em uma imensa variedade de campos, como o presente volume atesta.

Na Universidade Estadual do Michigan, Robert Root-Bernstein e sua equipe continuam a explorar entrevistas com eminentes cientistas, as quais Bernice Eiduson começou a coletar em 1958 (Eiduson, 1962; Root-Bernstein, 1989).

Na Universidade Carnegie-Mellon, Herbert Simon e seus colegas fizeram experiências com programas de computador que supostamente reproduzem os processos mentais envolvidos nas descobertas criativas (Langley, Simon, Bradshaw e Zytkow, 1987; Simon, 1988).

Paul Torrance, da Universidade da Geórgia, dirigiu um laboratório muito produtivo no que tange ao estudo da criatividade em crianças (Torrance, 1962, 1988). Na Carolina do Norte, o Center for Creative Leadership vem aplicando conhecimentos para estimular a criatividade em empresas e organizações.

Na Universidade Columbia, em Nova York, Howard Gruber e seus associados fizeram análises cuidadosas dos trabalhos criativos realizados por indivíduos solteiros ao longo da vida inteira (Gruber, 1981; Gruber e Davis, 1988).

Mais ao norte, em Buffalo, estado de Nova York, o Center for Creative Studies dá apoio a pesquisas, presta consultoria a empresas e publica outro periódico da área, *The Journal of Creative Behavior* (Isaksen, Dorval e Treffinger, 1994; Parnes, 1967).

Robert J. Sternberg, da Universidade Yale, é um dos teóricos e pesquisadores mais influentes e prolíficos no campo da cognição humana, incluindo a criatividade (por exemplo, Sternberg, 1986, 1988).

Como seria de esperar, a região de Boston está repleta de estudiosos envolvidos em pesquisas sobre a criatividade. Em primeiro lugar está Howard Gardner, de Harvard, cuja presença de longa data no campo foi recentemente coroada com um estudo magistral sobre sete gênios notáveis do nosso século (Gardner, 1988, 1993). David Perkins, do Project Zero, estudou durante muito tempo os processos cognitivos envolvidos no pensamento criativo (Perkins, 1981; Weber e Perkins, 1992). Também em Harvard está Teresa Amabile, que estudou exaustivamente a criatividade em crianças e começou a estudar a criatividade nos negócios e nas organizações (Amabile, 1983, 1990). A seguir vem David Feldman, da Universidade Tufts, que foi pioneiro no estudo dos prodígios e desenvolveu o conceito de domínios no estudo do desenvolvimento cognitivo (Feldman, 1980, 1994).

Por fim, fechando o círculo desse mapa imaginário dos Estados Unidos, na Universidade do Maine em Orono, o psicólogo Colin Martindale aplicou métodos historiográficos no estudo do crescimento e do declínio da criatividade nas artes; seu trabalho é semelhante ao de Simonton na Califórnia (Martindale, 1989, 1990).

Dentre os pesquisadores de fora dos Estados Unidos, tive a sorte de trocar muitas ideias com István Magyari-Beck, de Budapeste, que argumentava que precisamos de uma nova disciplina de "criaçãologia" para nos livrarmos das atuais abordagens unidimensionais, muitas vezes paroquiais, do tema (Magyari-Beck, 1988, 1994). As perspectivas de Fausto Massimini, da Universidade de Milão, tiveram profunda influência na minha compreensão da evolução cultural (Massimini, 1993; Massimini, Csikszentmihalyi e Delle Fave, 1988), assim como em muitas outras questões. Em Israel, Roberta Milgram deu continuidade à tradição psicométrica de testes de criatividade desenvolvida por Torrance (Milgram, 1990).

Claro, devo repetir que essas referências são apenas a ponta do iceberg e incluem somente os pesquisadores no campo cujos trabalhos eu conheço em primeira mão.

2. As estimativas de quanto de nossa composição genética compartilhamos com os chimpanzés variam de 94% a 99% (Dozier, 1992; Diamond, 1992).

3. Embora as pessoas tenham sido criativas ao longo da história, raramente se deram conta disso. Por exemplo, por muitos séculos a civilização egípcia foi líder nas artes e na tecnologia, mas sua ideologia enfatizava uma extrema fidelidade à tradição. Na Europa medieval, muitos santos e filósofos abriram novos caminhos de estilo de vida e de formas de pensar, mas tendiam a atribuir suas invenções a uma redescoberta da vontade divina, não à sua própria genialidade. De acordo com o pensamento cristão tradicional, somente Deus era criativo; os homens tinham sido criados, mas não podiam criar. A criatividade era uma preocupação muito menor da psicologia até bem pouco tempo atrás. Em 1950, quando J. P. Guilford virou presidente da American Psychological Association, sua palestra inaugural foi sobre a importância do estudo da criatividade para além da inteligência. Ironicamente, o envolvimento de Guilford com o assunto era resultado de um financiamento do Departamento de Defesa. Durante a Segunda Guerra Mundial, a força aérea chegou à conclusão de que os testes de inteligência não eram suficientes para selecionar os melhores pilotos, aqueles que poderiam responder de forma inovadora a situações de emergência. Assim, as necessidades da guerra estimularam a pesquisa de Guilford sobre originalidade e flexibilidade, que por sua vez estimularam décadas de estudo sobre a criatividade (Feldman, 1994, pp. 4-7).

4. Comecei a estudar a criatividade em 1962, com minha tese de doutorado sobre o processo criativo em um grupo de estudantes de arte. Isso deu origem a muitos artigos acadêmicos e ao livro *The Creative Vision*, que apresentou novos conceitos e métodos para o estudo da criatividade, principalmente o foco na "descoberta de problemas" (Getzels e Csikszentmihalyi, 1976). A "visão sistêmica" da criatividade foi algo que desenvolvi muito mais tarde, em 1988, e que desde então elaborei com a ajuda de alunos e colegas, especialmente David Feldman, da Universidade Tufts, e Howard Gardner, de Harvard (Csikszentmihalyi, 1988; Feldman, Csikszentmihalyi e Gardner, 1994; Gardner, 1994).

5. Que a criatividade está para a evolução cultural assim como a mutação genética está para a evolução biológica é um conceito que encontrei pela primeira vez ao ler o ensaio de Donald T. Campbell sobre a evolução do conhecimento (Campbell, 1960). Uma introdução mais antiga desse modo de pensar está no épico especulativo, mas estimulante, de Teilhard de Chardin, *O fenômeno humano* (Teilhard, 1965).

6. O conceito de meme, análogo no nível cultural ao gene no nível biológico, foi adotado por Richard Dawkins (1976). Essas questões são discutidas mais a fundo em Csikszentmihalyi (1993, 1994).

7. Vide o debate sobre a definição de criatividade — na última edição de 1995 do *Creativity Research Journal*. A questão é se uma ideia ou produto precisa de validação social para ser chamado de criativo, ou se basta que a pessoa que teve a ideia tenha a sensação de que a ideia ou o produto são

criativos. Este é um velho dilema, que há mais de meio século Morris Stein (1953) tentou resolver dividindo o fenômeno em uma fase *subjetiva* e outra *objetiva*. Apesar de antiga, a questão ainda não foi resolvida, e foram apresentados argumentos sólidos por ambos os lados. Eu preferiria abordar a criatividade como um fenômeno subjetivo, mas, infelizmente, não enxergo uma forma realista de fazê-lo. Não importa o quanto admiremos o insight individual, a iluminação subjetiva, não temos como dizer se é uma ilusão ou um pensamento criativo a menos que adotemos algum critério — de lógica, beleza ou utilidade —, e no momento em que fazemos isso introduzimos um componente de avaliação social ou cultural. Assim, fui levado a desenvolver a perspectiva sistêmica da criatividade, que aloca o processo criativo fora da mente individual.

Estou ciente de que fazer isso vai contra um poderoso axioma de nossa época. Hoje em dia, nos parece indiscutível que toda pessoa tem o direito de ser criativa, e que, se uma ideia parece surpreendente e nova para ela, deve ser considerada como tal, ainda que ninguém mais ache o mesmo. Peço desculpas ao zeitgeist, mas vou tentar demonstrar por que este não é um pressuposto muito útil.

8. Muitos psicólogos observaram o fato de que todo ato intencional requer atenção e que a capacidade de prestar atenção é limitada (por exemplo, Hasher e Zacks, 1979; Kahneman, 1973; Simon, 1969; Treisman e Gelade, 1980). Na minha opinião, esse fato é uma das restrições mais fundamentais do comportamento humano, o que explica uma grande variedade de fenômenos, desde o porquê de nos esforçarmos tanto para adquirir dispositivos que nos poupam trabalho, até o porquê de ficarmos magoamos quando temos a sensação de que nossos amigos não prestam atenção suficiente em nós (Csikszentmihalyi, 1978, 1990; Csikszentmihalyi e Csikszentmihalyi, 1988).

9. Estudos sobre os traços amplamente atribuídos a pessoas criativas incluem "impulsivo", "inconformista", "inventa as regras à medida que avança", "gosta de ficar sozinho" e "tende a desconhecer os próprios limites". Os traços menos típicos de pessoas criativas incluem "prático", "confiável", "responsável", "lógico", "sincero" (MacKinnon, 1963; Sternberg, 1985; Westby e Dawson, 1995).

10. Há tempos, as principais teorias psicológicas, como o behaviorismo e a psicanálise, pressupunham que o comportamento humano era dirigido exclusivamente por "necessidades deficitárias", como o desejo de se alimentar, fazer sexo e assim por diante. Mais recentemente, sob a influência de psicólogos "humanistas" como Abraham Maslow e Carl Rogers, a importância dos impulsos positivos para a autoestima e a autorrealização começou a ser levada mais a sério (por exemplo, Maslow, 1971; Rogers, 1951). É interessante notar que essa mudança foi possível em boa parte graças a estudos com macacos e ratos de laboratório, que se mostraram motivados a trabalhar pela oportunidade de explorar e experimentar novidades tanto quanto pela oportunidade de obter comida. Essas descobertas sugeriram a existência de "impulsos exploratórios" e de uma "necessidade de conforto", o que mudou para sempre a imagem do comportamento humano orientada para o déficit (White, 1959). Ver também Csikszentmihalyi (1975, 1990, 1993).

11. Um bom resumo desse problema foi feito por Gerhardt Casper, presidente da Universidade Stanford, em um discurso proferido na Cúpula Industrial do Fórum Econômico Mundial em Stanford, em 18 de setembro de 1994: "O governo e a indústria parecem estar cada vez mais preocupados com a busca de atalhos para transferência de tecnologia", disse ele, em vez de "apoiar as pesquisas originais de primeira linha e o investimento em educação e formação necessários. [...] A mediocridade pode ser adquirida de imediato, o que não levará a nada além de mais mediocridade".

12. A importância das atividades extraclasse para estimular adolescentes talentosos e manter sua motivação focada ficou evidente em um estudo longitudinal recente (Csikszentmihalyi, Rathunde e Whalen, 1993). Jovens que moram em regiões urbanas precárias dependem ainda mais de "ambientes de acolhimento" fora da escola, onde podem experimentar um senso de responsabilidade junto com liberdade (Heath e McLaughlin, 1993). Recentemente, Root-Bernstein, Bernstein e Garnier (1995) demonstraram que cientistas criativos relatam ter interesses significativamente mais amplos, e que praticam mais atividades físicas e artísticas (pintura, desenho, poesia, caminhada, surfe, vela etc.) do que seus colegas menos criativos.

13. Dada a idade avançada de alguns dos entrevistados, alguns faleceram entre o momento da entrevista e a redação do livro.

14. Uma limitação deste estudo é que a maioria dos entrevistados são caucasianos, norte-americanos, canadenses ou europeus, de modo que poucos membros de outros grupos étnicos ou culturas estão presentes. Por exemplo, há apenas dois afro-americanos e alguns asiáticos representados. Isso seria um problema se o processo criativo variasse fundamentalmente de acordo com a etnia. Minha impressão é que não o faz, exceto pelo fato de que o acesso a campos e domínios, e as formas como campos e domínios operam, variam de cultura para cultura, assim como variam no tempo e por classe social dentro de uma mesma cultura. Isso está em consonância com as conclusões do psicólogo japonês Maruyama (por exemplo, 1980), segundo as quais a variação nos índices de originalidade dentro de cada cultura é muito maior do que a variação entre culturas. Em termos do modelo de sistemas a ser apresentado no capítulo 2, eu diria que a contribuição original feita pelo *indivíduo* provavelmente será semelhante em todas as culturas, enquanto as contribuições do *campo* e do *domínio* terão a marca distintiva da cultura onde ocorre o processo criativo. O mesmo vale para as diferenças de gênero: dentro de qualquer disciplina, as mulheres usarão processos mentais semelhantes aos que os homens usam para alcançar resultados criativos, mas as diferenças de socialização, treinamento e oportunidades disponíveis para homens e mulheres em determinado sistema social podem afetar a frequência e o tipo de contribuições criativas feitas por cada um dos gêneros.

15. O exemplo do único corvo branco e suas implicações para a epistemologia científica obviamente derivam dos argumentos de Karl Popper, que, embora desacreditados como sendo uma *história* da ciência (o que Popper nunca afirmou estar fazendo de nenhum modo), são ainda insuperáveis enquanto *fundamentos lógicos* dela (Popper, 1959).

16. A aceitação dos relatos dos entrevistados — qualificada pelo ceticismo de praxe com que um cientista deve encarar um objeto de estudo — parte do mesmo preconceito que uso com a interpretação dos dados. Preconceito, que geralmente tem uma conotação pejorativa, é usado aqui no sentido desenvolvido pelo filósofo Jurgen Habermas, que defendia que nenhum de nós poderia evitar ser preconceituoso. Mas, sendo reflexivos, podemos até certo ponto superar os vieses que, de outra forma, resultariam de nossos preconceitos (Habermas, 1970; Robinson, 1988).

Durante o auge do otimismo vitoriano no século XIX, tornou-se uma suposição tácita amplamente compartilhada — ou preconceito — a ideia de que a humanidade, se já não era perfeita, estava a caminho da perfeição. A grande contribuição de pensadores críticos como Marx ou Freud foi mostrar que, pelo contrário, a ação humana era repleta de egoísmo, irracionalidade e negação. Os insights deles foram desenvolvidos e refinados pelas perspectivas do behaviorismo, da sociobiologia e de inúmeros outros "ismos". O pessimismo implícito nessas teorias ganhou ainda mais credibilidade diante do mal sem sentido que as guerras e as ideologias forjaram no século XX. Assim, o novo preconceito que permeia nossa cultura está agora 180 graus afastado do anterior e defende que toda ação humana é egoísta, irracional e indigna de confiança.

Na minha opinião, nenhuma dessas posições extremas é muito útil. Para reconciliar os polos opostos da dialética, precisamos admitir que nosso comportamento é amplamente determinado por antigas instruções genéticas projetadas para a autoproteção e a autorreplicação, e por instruções culturais mais recentes que aprendemos com o meio cultural de maneira acrítica. Ao mesmo tempo, não faz sentido negar que novos memes, ou ideias que surgiram ao longo do tempo — como os conceitos de humanidade, democracia e não violência — podem direcionar, e direcionam, o comportamento em direção a novos objetivos. Meu próprio preconceito é que essa relativa flexibilidade da adaptação humana, ou *criatividade*, torna possível evitar o pessimismo retrógrado das explicações reducionistas atualmente aceitas quanto ao comportamento e alimentar a esperança de uma genuína evolução da humanidade.

A tendência das ciências sociais de desmascarar as motivações humanas (juntamente com muitas outras observações sábias) é discutida por Hannah Arendt (1956).

2. ONDE FICA A CRIATIVIDADE? [pp. 29-57]

1. Uma coletânea recém-publicada de artigos que cobre basicamente a questão de em que consiste o insight — mas restrita a abordagens psicológicas, "dentro da cabeça", — é o volume editado por Robert Sternberg (1995). Ver, por exemplo, Csikszentmihalyi e Sawyer (1995) sobre insights especificamente criativos. O modelo de sistemas (às vezes chamado de DIFI — Domain, Individual, Field, Interaction framework, ou Domínio, Indivíduo, Campo, Estrutura de interação) foi originalmente desenvolvido por Csikszentmihalyi (1988a, 1990) e posteriormente elaborado em Feldman, Csikszentmihalyi e Gardner (1994).

2. Um dos preconceitos do nosso tempo é que uma pessoa que age de forma inusitada ou que se envolve com artes deve, então, ser criativa. Por exemplo, nas empresas de publicidade, o departamento encarregado de elaborar e produzir os anúncios geralmente é chamado de *criativo*, e aqueles que trabalham nele são conhecidos como *criativos*. Embora existam, sem dúvida, muitos artistas publicitários que são genuinamente criativos, sua frequência não é necessariamente maior do que a de contadores, técnicos ou bibliotecários criativos que trabalham nas mesmas empresas. Eles podem, no entanto, ser mais *brilhantes*, no sentido aqui empregado.

3. Nos círculos psicológicos e educacionais, o que se chama de criatividade é quase sempre desse tipo. Testes que medem a fluência ou a flexibilidade de pensamento, ou a avaliação dos professores em relação à originalidade dos desenhos das crianças, não medem a criatividade da forma como utilizo o termo neste livro, apenas a tendência a produzir respostas incomuns, que podem ou não levar ao que chamo aqui de criatividade genuína. Entre os psicólogos, Howard Gruber argumentou com eloquência diversas vezes que apenas geramos confusão ao aplicar o termo "criativo" a crianças inteligentes e a pessoas bem versadas em testes (por exemplo, Gruber e Davis, 1988).

4. O personagem de Leonardo foi inúmeras vezes dissecado (por exemplo, Reti, 1974); para Newton, ver Westfall (1980) e Stayer (1988), e, para Thomas Edison, Wachorst (1981). Não que esses e outros grandes gênios fossem tragicamente imperfeitos; em vez disso, para além de sua gama

particular de realizações, eles eram apenas comuns — em outras palavras, fora de seu trabalho não exibiam aquele brilho que a opinião popular lhes atribuía tão rapidamente.

5. Entre os cientistas do século XX, alguns — como, por exemplo, Richard Feynman e John von Neumann — ganharam a reputação de gênios entre seus pares. Essa reputação parece se basear não tanto na importância de suas contribuições, mas na excepcional facilidade com que conseguiam enxergar e resolver problemas que seus colegas tinham muito mais dificuldade em compreender. Normalmente, indivíduos considerados gênios têm também uma memória incomum, às vezes fotográfica. É provável que tais pessoas tenham raros talentos neurológicos. No entanto, esses talentos por si só não são garantia de criatividade. Gênios também costumam cultivar maneirismos que os diferenciam e que impressionam seu público por serem considerados sinais de singularidade (por exemplo, o fato de Feynman tocar bongô, ou de Picasso se esforçar seriamente para realizar em sua própria vida as fantasias eróticas da burguesia).

6. Brannigan (1981) foi um dos primeiros sociólogos que explorou sistematicamente a forma pela qual uma nova descoberta ou invenção tinha que ser legitimada por autoridades reconhecidas antes de que pudesse ser tida como válida. Ele argumenta, por exemplo, que a descoberta da América por Colombo teria sido um evento relativamente trivial, e que nem mesmo contaria como uma "descoberta", não fosse pelo reconhecimento oficial concedido a ela pelos administradores da Coroa espanhola, pelos cartógrafos, pela Igreja, por estudiosos e assim por diante. Kosoff (1995) levou a mesma ideia ainda mais longe — talvez longe demais, na medida em que vê a criatividade exclusivamente como um processo de atribuição e gerenciamento das impressões, negligenciando por completo a contribuição substantiva do indivíduo.

7. Para a lista de obras de arte executadas em Florença durante o primeiro quarto do século XV e uma avaliação da qualidade delas, ver, por exemplo, Burckhardt (1926). A discussão que se segue baseia-se fortemente nas observações sobre o período encontradas em Hauser (1951) e em Heydenreich (1974).

8. A citação é de Hauser (1951, p. 41). Heydenreich chega à mesma conclusão, escrevendo sobre o mesmo período histórico (1974, p. 13): "O mecenas começa a assumir um papel muito importante: na prática, a produção artística surge em grande parte graças a sua colaboração". O mesmo argumento vale para a produção criativa em outros domínios.

9. Baseio minhas ideias aqui principalmente no trabalho de Fausto Massimini. Um exemplo de instruções extrassomáticas são as leis contidas nas várias Constituições políticas que as cerca de duas centenas de nações soberanas do mundo adotaram. Massimini e Calegari (1979) analisaram essas Constituições como se fossem cromossomos contendo um grande número de instruções genéticas. Leis específicas se aninham nas Constituições como os genes no cromossomo. Eles também demonstram que é possível rastrear grupos de leis até suas "linhagens ancestrais" originais na Magna Carta e em documentos mais recentes, como a Constituição dos Estados Unidos. Em outras palavras, a informação codificada em ideias, em vez de genes, passou a direcionar o comportamento humano (ver também Massimini, 1979, 1993; Csikszentmihalyi e Massimini, 1985).

10. A relação entre idade e realizações criativas em vários domínios foi primeiramente estudada por Lehman (1953) e Dennis (1966). Para estudos mais recentes, ver Over (1989) e Simonton (1988, 1990c).

11. Quer venha a ser um domínio rigidamente estruturado ou não, a moralidade finalmente está recebendo a atenção que merece dos psicólogos. Até pouco tempo atrás, sob a influência de Jean Piaget e Lawrence Kohlberg, a maioria dos estudiosos se limitava a estudar os julgamentos morais

e a forma como as crianças aprendiam a fazê-los. O recém-desenvolvido domínio procura estudar o comportamento moral real (por exemplo, Damon, 1995; Gilligan, Ward e Taylor, 1988).

12. O argumento sugere que, ao contrário da crença generalizada, o que limita a criatividade não é a ausência de bons novos memes (ou seja, ideias, produtos, obras de arte), mas a falta de interesse por eles. A restrição não está na oferta, mas na demanda. Esta é, novamente, uma das consequências dos limites da atenção supracitados. Infelizmente, a maioria das tentativas de aumentar a criatividade está focada no lado da oferta, o que não só não deve dar certo, como provavelmente vai tornar mais infeliz a vida de um maior número de gênios negligenciados. Ainda temos muito pouco conhecimento formal sobre como potencializar o lado da demanda da criatividade, embora obviamente os empresários e filantropos sempre tenham tido bons conhecimentos práticos nesse assunto.

13. Todo mundo que estuda a criatividade faz observações sobre esse requisito (por exemplo, Simonton se referia a ele como *persuasão* [1988, p. 417]). Mas, geralmente, a necessidade de "vender" as ideias de alguém é vista como algo que vem depois que o processo criativo termina e que é apartado dele. No modelo sistêmico, a aceitação de um novo meme pelo campo é vista como parte essencial do processo criativo. Para um conjunto recente de artigos que levam a sério a importância do contexto social, ver Ford e Gioia (1995).

14. Estes são os números de que me lembro mencionados por meu amigo Nicola Cabibbo, que assumiu a cadeira de física em Roma nessa época. Um destino semelhante aguardava o campo da sociologia no final dos anos 1960 e início dos 1970, quando, após as manifestações estudantis e a Guerra do Vietnã, um grande número de universitários nos Estados Unidos decidiu se especializar em sociologia. Na época, eu lecionava no departamento de sociologia e antropologia do Lake Forest College e, em poucos anos, o número de alunos aumentou de menos de dez para mais de cem. Outras instituições experimentaram explosões semelhantes de interesse pelo domínio. Uma consequência foi que, para acomodar um aumento de dez vezes no número de alunos, as faculdades contrataram professores que muitas vezes não eram bem treinados e tinham apenas uma leve compreensão do domínio. Isso, por sua vez, resultou em um caos que quase acabou com o campo. Exemplo semelhante foi dado por Robert LeVine sobre a pesquisa do desenvolvimento infantil, a qual, no mesmo período, teve como consequência de sua expansão a incorporação de um grande número de acadêmicos mal treinados ao campo, que abraçaram acriticamente as teorias cognitivistas de Piaget e Chomsky (LeVine, 1991) em voga na época. A novidade não assimilada pode ser tão perigosa para a sobrevivência de um domínio quanto a ausência completa de novidade.

15. Um ex-aluno que passou vários meses na Transilvânia coletando material etnográfico na década de 1980 descreveu os esforços do Ministério da Cultura romeno, cujos representantes tentaram treinar aldeões húngaros, sículos, moldávios e alemães para tecer, decorar e cantar canções de acordo com os padrões romenos, em vez de suas formas tradicionais de expressão artística. Tais políticas são o equivalente cultural da "limpeza étnica". Aqui, não é o fenótipo dos genes que está sendo morto, mas apenas os memes estrangeiros.

3. A PERSONALIDADE CRIATIVA [pp. 58-83]

1. Um bom exemplo são dois pintores renascentistas que trabalharam para os Médici, Filippo Lippi (1406-69) e Giovanni Angelico (1400-55). Ambos começaram como frades e se tornaram

famosos por suas pinturas primorosamente espirituais de santos e madonas. Lippi, no entanto, abandonou o mosteiro e tornou-se um bêbado e libertino inveterado — acabou por fugir com uma freira e teve um filho com ela. A certa altura, seu patrono, Cosimo de'Médici, decidiu trancá-lo em seu estúdio para garantir que ele terminasse uma tela para a qual havia sido pago, mas Filippo escapou mesmo assim à noite, amarrando os lençóis para fazer uma corda e descendo pela janela para ir a uma festa. Porém, por mais dissoluto que fosse seu comportamento, ele continuou toda a sua vida pintando doces quadros religiosos. Giovanni, por outro lado, continuou a ser um monge tranquilo que rezava fervorosamente pedindo inspiração divina toda vez que pegava o pincel. Depois de sua morte, as pessoas começaram a se referir a ele como Beato Angelico, embora nunca tenha sido oficialmente canonizado pela Igreja. Pelo legado que os dois homens deixaram, poderíamos supor que eram gêmeos idênticos, em vez de pessoas com temperamentos diametralmente opostos.

Diferenças de temperamento podem ser responsáveis, no entanto, pelo motivo pelo qual duas pessoas expostas ao mesmo domínio acabaram por escolher diferentes aspectos dele para embasar seu trabalho, ou por que uma o abordará de modo reducionista, enquanto a outra terá uma abordagem mais holística.

2. A influente noção de "capital cultural" foi desenvolvida por este sociólogo francês (Bourdieu, 1980).

3. As mudanças no tipo de personalidade que os professores de arte pensavam ser apropriadas aos estudantes de arte, e o efeito que isso tinha sobre os alunos, estão descritos em Getzels e Csikszentmihalyi (1976).

4. Estudiosos (dentre os quais me incluo) tentaram descrever os traços de personalidade peculiares de pessoas criativas e algumas de suas conclusões são até certo ponto válidas, pelo menos dentro do nosso contexto histórico em particular. É provável que traços como sensibilidade, abertura à experiência, autossuficiência, falta de interesse por normas sociais e por aceitação social e, para artistas, uma tendência à depressão maníaca, possam ser úteis para aumentar a probabilidade de que a pessoa tente inovar em seu domínio (por exemplo, Albert e Runco, 1986; Andreasen, 1987; Barron, 1969, 1988; Cattell e Drevdahl, 1955; Cross, Cattell e Butcher, 1967; Csikszentmihalyi e Getzels, 1973; Getzels e Csikszentmihalyi, 1968, 1976; MacKinnon, 1964; Piechowski e Cunningham, 1985; Roe, 1946, 1952). No entanto, hoje estou convencido de que tais traços unipolares são menos precisos para descrever a personalidade de indivíduos criativos do que a noção dialética de complexidade.

5. O conceito de complexidade é central para muitos dos meus escritos anteriores, principalmente *The Evolving Self* (Csikszentmihalyi, 1993). Aqui, estou usando o termo em um sentido semelhante, mas muito mais restrito, sem as extensas implicações teóricas que normalmente pretendo transmitir. O estilo de personalidade flexível e adaptável que ele descreve compartilha semelhanças com outros traços descritos por psicólogos, mas não é idêntico a nenhum deles. Por exemplo, o conceito de *resiliência do ego*, de Jack Block (Block, 1971, 1981), que inclui uma tendência à adaptabilidade e à desenvoltura, pode ser visto como muito semelhante. As pessoas com ego resiliente são, no entanto, fortes em traços unidimensionais, como integridade, domínio e autoaceitação, o que pode não ser a melhor forma de descrever indivíduos criativos que também são propensos, às vezes, à insegurança e à hesitação.

Pesquisadores muitas vezes atribuíram traços aparentemente contraditórios a pessoas criativas, como "abertura à experiência" e "apreço pelo desafio e pela complexidade" (por exemplo, Russ, 1993, p. 12). Mas esses traços são vistos como separados, ou ortogonais entre si, em vez de representar variações ao longo de um continuum. Mais próximo da minha noção de complexidade está a visão de consciência de Dennett (1991) e o conceito de "multimente" de Ornstein (1986), ou a tendência do cérebro de integrar sequências neurais separadas e por vezes conflitantes, produzindo assim, com frequência, pensamentos e ações incongruentes ou contraditórios dentro da mesma pessoa. Talvez, indivíduos criativos, por alguma razão, sejam mais propensos a assimilar e tirar vantagem dessa característica da mente.

6. Ver, por exemplo, Jung (1969, 1973).

7. O primeiro estudo longitudinal de crianças excepcionalmente superdotadas foi conduzido por Lewis M. Terman na Universidade Stanford, que acompanhou as vicissitudes de mil crianças com QI muito alto ao longo da vida delas, um estudo que ainda está em andamento. Ver, por exemplo, Terman (1925), Oden (1968) e Sears (1980) para os resultados dessas pesquisas.

8. Jacob W. Getzels e Philip Jackson (1962) foram os primeiros a comparar crianças que obtiveram alta pontuação em testes de QI, mas não em testes de criatividade, com crianças que obtiveram alta pontuação em testes de criatividade, mas não em testes de QI. Eles descobriram que os dois grupos eram bem distintos. Por exemplo, as crianças de alto QI eram mais convencionais e extrinsecamente motivadas, enquanto as altamente criativas eram mais rebeldes e intrinsecamente motivadas. Como se poderia esperar, os professores preferiam as do primeiro tipo. Trabalhos mais recentes sobre este tópico foram resumidos por Westby e Dawson (1995).

9. Howard Gardner (1993) estudou sete gênios criativos emblemáticos do século XX.

10. A distinção entre pensamento convergente e divergente foi feita pela primeira vez por J. P. Guilford, pioneiro no estudo psicológico moderno da criatividade, que afirmou que o pensamento divergente era peculiar à criatividade e que desenvolveu os primeiros testes para mensurá-la, que são empregados até hoje (Guilford, 1950, 1967). Paul Torrance deu grande contribuição posteriormente para a medição do pensamento divergente (Torrance, 1988); para revisões recentes da relação entre pensamento divergente e criatividade, ver Baer (1993) e Runco (1991).

11. O primeiro conjunto de esboços biográficos de artistas foi escrito por este historiador florentino (que era também um artista razoável). Um ponto forte de seu trabalho é que Vasari (1550) conheceu pessoalmente muitos dos artistas renascentistas cuja vida relatou.

12. Para o artigo sobre John Reed, veja Levinson (1994).

13. Essa polaridade é uma das mais antigas da psicologia da personalidade. Foi adotada inicialmente por C. G. Jung e hoje é considerada um dos cinco traços básicos por meio dos quais os indivíduos diferem. O principal trabalho sobre esse conceito foi feito pelo psicólogo teuto-britânico Hans J. Eysenck (1952, 1973), e os estudos sistemáticos atuais sobre extroversão e introversão foram influenciados pela pesquisa de Costa e McCrae (1978, 1984).

14. Para um relato recente sobre a diferença que a capacidade de suportar a solidão faz no desenvolvimento de adolescentes talentosos, ver Csikszentmihalyi, Rathunde e Whalen (1993).

15. Existe ampla evidência de que indivíduos talentosos e criativos apresentam traços geralmente associados ao sexo oposto e expressam os traços de seu próprio sexo com menos intensidade do que o indivíduo médio. Em meu próprio trabalho, tais descobertas foram relatadas em Getzels e Csikszentmihalyi (1976) e em Csikszentmihalyi, Rathunde e Whalen (1993). Ver também Spence e Helmreich (1978). É provável que essa tendência seja responsável pela circulação de rumores sobre a homossexualidade de indivíduos criativos como Da Vinci e Michelangelo. Tais atribuições são sempre complicadas, pois dependem muito da interpretação e por vezes projetam significados atuais em comportamentos que no passado tiveram um sentido muito diferente. Embora possa

haver uma tendência à homossexualidade entre pessoas criativas em alguns campos sob determinadas condições socioculturais, a crença atualmente difundida de que as duas coisas estão ligadas é provavelmente um exagero.

16. Veja, por exemplo, os trabalhos recentes de Andreasen (1987), Claridge (1992), Cropley (1990), Jamison (1989) e Rothenberg (1990). Apesar da nítida relação encontrada hoje em dia entre algumas formas de criatividade e de patologia, estou convencido de que a ligação é acidental, e não essencial. Em outras palavras, se os músicos criativos com frequência são viciados em drogas e os dramaturgos tendem a ficar clinicamente deprimidos, isso é mais um reflexo das condições históricas em que têm de trabalhar do que do trabalho em si. Esse foi, em certa medida, também o argumento dos psicanalistas Ernst Kris (1952) e John Gedo (1990). Muitos artistas renomados parecem ter evitado a psicopatologia e até desfrutado de excelente saúde mental: os escritores Tchékhov, Goethe e Manzoni; os compositores Bach, Handel e Verdi; e os artistas visuais Monet, Raphael e Rodin.

4. O TRABALHO DA CRIATIVIDADE [pp. 84-114]

1. Como ilustra a declaração de Galvin, a forma pela qual os feitos criativos surgem pode ser abordada se baseando em duas direções principais. A primeira pergunta "como?" (nesse caso, *antecipação*), que se concentra nas etapas mentais ou cognitivas que conduzem a novidades por meio do enquadramento de novas perguntas. A maioria das pesquisas sobre criatividade adota essa abordagem. A segunda pergunta "por quê?" (nos termos de Galvin, *comprometimento*) lida com o afeto e a motivação que levam uma pessoa a inovar. Com exceção dos psicanalíticos, poucos estudiosos adotaram essa abordagem, embora todos estejam de acordo em relação à importância dela. Fico desconfortável em traçar uma distinção muito nítida entre os aspectos cognitivos e motivacionais da criatividade (ou de qualquer outro processo mental). Tenho a impressão de que os dois estão tão intimamente entrelaçados que separá-los interfere fortemente na real compreensão do que está acontecendo. Este foi o ponto crucial do meu desentendimento com Herbert Simon, que acreditava que uma sequência de pensamento racional, modelada por computador, representava adequadamente processos criativos históricos reais que, na minha opinião, são em grande parte não racionais (por exemplo, Csikszentmihalyi, 1988b; Simon, 1988).

2. A demarcação das etapas cognitivas envolvidas na produção de uma novidade (ou seja, o "como?" da criatividade) foi feita com clareza pela primeira vez por Wallas (1926). Alguns estudiosos admitem a existência de três etapas (preparação, incubação e insight), enquanto outros mencionam até cinco (preparação, incubação, insight, avaliação e elaboração). Outro conceito relevante é o de *intuição*, ou a "vaga percepção antecipatória que guia o trabalho criativo rumo a uma direção promissora" (Policastro, 1995, p. 99), processo que supostamente ocorre entre a fase de incubação e de insight.

3. Colegas europeus me dizem que a piada sobre a criatividade ser 99% transpiração foi feita pela primeira vez pelo poeta alemão Johann Wolfgang von Goethe, que morreu quinze anos antes de Thomas Edison nascer. Não tenho como comprovar essa afirmação, mas, embora Goethe tenha dito muitas coisas perspicazes sobre a criatividade, me parece que esse aforismo em particular se encaixa melhor na mentalidade de Edison.

4. Howard Gruber escreveu o clássico relato da psicologia do processo criativo de Darwin, baseado em uma análise minuciosa dos cadernos nos quais o naturalista registrou seus pensamentos à medida que foram se desenrolando durante sua vida ativa (Gruber, 1981).

5. O papel de Dyson no desenvolvimento da eletrodinâmica quântica é discutido no livro recente de Schweber (1994), que defende que Dyson deveria ter compartilhado o Nobel concedido a Tomonaga, Schwinger e Feynman em 1965.

6. Não são apenas os escritores que mantêm diários e cadernos com suas experiências cotidianas. Os cientistas também mantêm anotações de laboratório ou outros registros que os ajudam a refletir sobre suas descobertas e ideias. Um exemplo talvez extremo é o do virologista D. Carleton Gajdusek, que recebeu o Nobel em Fisiologia e Medicina em 1976, cujos cadernos ocupam cerca de 600 mil páginas datilografadas em espaço simples, um terço das quais já foi publicado (Gajdusek, 1995).

7. Há um bom conto de Italo Calvino, "A aventura de um poeta", sobre o quão difícil é escrever sobre a felicidade (Calvino, 1985). É fato que a literatura mundial está repleta de tragédias, enquanto o oposto da tragédia — ou seja, a história de uma pessoa merecedora que recebe o que lhe cabe — existe apenas em narrativas ao estilo de Horácio Alger, que não alcançam prestígio literário. (Há, no entanto, grandes comédias.) Tenho a impressão de que isso é assim porque a situação pode ser o oposto do que disse Tolstói, de que a felicidade é repetitiva, e a infelicidade, única. A felicidade é uma experiência tão particular e idiossincrática que é quase impossível comunicá-la, e o escritor precisa recorrer a clichês para descrevê-la. Por outro lado, a infelicidade é tão penetrante e uniforme que todos são capazes de identificá-la imediatamente, de modo que o escritor fica livre para usar o estilo e a imaginação para costurar tramas infelizes, confiante de que o leitor será capaz de simpatizar com o tema.

8. Ann Roe (1951, 1953) foi uma das primeiras psicólogas a estudar cientistas criativos, essencialmente de uma perspectiva motivacional (a questão do "por quê?"). Outra investigadora clássica na mesma linha foi Bernice Eiduson (1962). O matemático francês Jacques Hadamard fez um relato clássico dos aspectos cognitivos da criatividade em seu domínio (Hadamard, 1949). O bioquímico Hans Adolf Krebs, cuja pesquisa explicou como os organismos vivos produzem energia, descreveu o processo criativo na fisiologia e na medicina (Krebs e Shelly, 1975). Vários cientistas deixaram excelentes relatos de seus métodos de trabalho, incluindo alguns dos que participaram deste estudo; por exemplo, Freeman Dyson, Gerald Holton, John Wheeler e E. O. Wilson.

9. Dean Keith Simonton é o psicólogo que fez as pesquisas mais exaustivas sobre a relação entre condições históricas, como guerras e outras formas de conflito, e criatividade. Seus métodos historiográficos se baseiam na análise secundária e na compilação de milhares de fatos históricos, por um lado, e na frequência da produtividade criativa (por exemplo, livros, composições musicais, invenções) por outro. Ver, por exemplo, Simonton (1990b). Para uma abordagem ligeiramente diferente, que analisa a relação entre formas de poder político e criatividade, ver Therivel (1995).

10. A história da criatividade no século XX é bem ilustrada pelo relato biográfico de Howard Gardner de sete gênios emblemáticos do nosso tempo (Gardner, 1993).

11. O psicólogo Jacob W. Getzels, meu mentor na pós-graduação, ficou impressionado com os inúmeros relatos de indivíduos criativos que enfatizavam a importância da *descoberta* — em oposição à *resolução* — de problemas no processo criativo. Ele desenvolveu então um modelo de formulação de problemas baseado na distinção entre problemas descobertos e problemas dados (Getzels, 1964). O modelo foi posteriormente elaborado e aplicado à pesquisa com artistas criativos (por exemplo, Getzels, 1975, 1982; Getzels e Csikszentmihalyi, 1976). Essa perspectiva se mostrou útil ao estudo da criatividade. Ver, por exemplo, a recente coleção de estudos organizada por Runco (1994).

12. A ideia de que a incubação ajuda a fazer uma conexão entre uma experiência altamente promissora, mas reprimida, e sua expressão de uma forma aceitável pelo superego foi desenvolvida por Freud em seus ensaios sobre a infância de Leonardo da Vinci e a escultura de Moisés feita por Michelangelo (Freud, 1947, 1955). Esses ensaios deram origem a uma vasta literatura (por exemplo, Kris, 1952; Rothenberg, 1979). O tratamento clássico da criatividade por Arthur Koestler (1964) também foi fortemente influenciado por essa perspectiva.

De maneira análoga, os cientistas mais criativos entrevistados por Eiduson e Root-Bernstein diferiram dos menos criativos por terem relatado com maior frequência que suas ideias surgiam enquanto sonhavam ou trabalhavam em um problema diferente, mas relacionado (Root-Bernstein, Bernstein e Garnier, 1995). É difícil, no entanto, saber até que ponto tais relatos são moldados por noções difundidas sobre como o processo criativo "deveria" acontecer; uma dificuldade que, obviamente, também se aplica ao meu estudo.

A explicação alternativa para a importância do tempo ocioso se baseia em um modelo de processamento mental que dá ênfase a associações aleatórias de ideias que podem levar muito tempo para resultar em combinações úteis (por exemplo, Campbell, 1960, 1974; Johnson-Laird, 1988; Simonton, 1988) — algo semelhante aos milhões de macacos digitando aleatoriamente que seriam necessários para produzir ao acaso uma obra-prima de Shakespeare — ou que envolvem conexões que, apesar de inconscientes, não deixam de ser baseadas em associações lógicas (por exemplo, Dreistadt, 1969; Barsalou, 1982).

13. Para uma introdução a este tópico, ver Rumelhart et al. (1986).

5. O FLOW DA CRIATIVIDADE [pp. 115-34]

1. O fato de as pessoas optarem por descrever o que mais gostam de fazer com a frase "projetar ou descobrir algo novo" foi resultado do primeiro estudo de experiência otimizada que conduzi (Csikszentmihalyi, 1975). O sistema motivacional dual, programado para a sobrevivência de um lado e para a evolução do outro, é discutido em Csikszentmihalyi (1985, 1993).

2. Aqui, estou usando o termo em seu significado mais usual: a incapacidade de um sistema de realizar trabalho. É diferente da *entropia psíquica*, que é o estado de consciência caracterizado por desordem interna, emoções negativas ou simplesmente a incapacidade de se envolver em ações intencionais. Seu oposto é a *negentropia psíquica*, ou flow, que descreve um estado ordenado de consciência, emoções positivas e a capacidade de se envolver em ações intencionais (ver Csikszentmihalyi, 1978, 1982).

3. A descrição do estado de experiência comum relatado por pessoas que praticaram várias atividades, como escalada, xadrez, dança, e assim por diante, foi fornecida pela primeira vez em Csikszentmihalyi (1975). Uma ampla gama de estudos subsequentes sobre flow conduzidos por pesquisadores em muitas culturas diferentes foi relatada em Csikszentmihalyi e Csikszentmihalyi (1988). Ver também Csikszentmihalyi (1993), Csikszentmihalyi e Rathunde (1993), Massimini e Inghilleri (1986, 1993) e Inghilleri (1995). George Klein (1990) coletou uma série de ensaios elucidativos de artistas e cientistas descrevendo o flow que experimentaram em seus trabalhos criativos.

4. Sir Peter Medawar, o virologista britânico que foi um cronista perspicaz do processo criativo em seu campo, defendia que a habilidade central relacionada à criatividade era a identificação dos

problemas passíveis de solução (Medawar, 1967). Vários entrevistados em nosso estudo mencionaram o mesmo, às vezes fazendo menção à tese de Medawar, demonstrando assim como é difícil separar uma experiência direta de uma opinião aprendida.

5. O professor Frank Lambert, químico, argumentou que a dificuldade para entrar no flow apresenta uma semelhança interessante com a energia de ativação exigida por certos sistemas físicos metaestáveis para manter um estado de energia interna mais alto. Por exemplo, o ferro tende a se corroer em óxido de ferro, ou ferrugem, quando exposto ao ar ou à água, perdendo assim parte de sua energia interna. Mas manterá sua condição de energia mais alta e metaestável se antes de sua degradação for adicionada energia externa, por exemplo, se o ferro for pintado ou transformado em aço (Lambert, 1995). O paralelo fenomenológico é que, sem um investimento de energia psíquica para aprender a controlar a consciência, a mente tende a cair em estados aleatórios de baixa energia. Embora a pessoa precise fazer um esforço de modo a concentrar sua atenção para entrar no estado de flow, assim que estiver nele as distrações externas são muito menos propensas a interromper essa concentração e até mesmo grandes gastos de energia física e mental são experimentados como algo sem esforço. Resta saber se há mais semelhanças entre esses dois processos totalmente distintos do que a aparência superficial.

6. A importância das recompensas intrínsecas foi percebida há relativamente pouco tempo por psicólogos, que até a década de 1960 consideravam como recompensadora apenas a satisfação de necessidades geneticamente programadas. Entre os principais pesquisadores nessa área atualmente estão Amabile (1990) e Deci e Ryan (1985). Ver também Csikszentmihalyi e Rathunde (1993).

7. Ver, por exemplo, Csikszentmihalyi e Nakamura (1989), Csikszentmihalyi e Wong (1991), Wells (1988), Adlai-Gail (1994) e Moneta e Csikszentmihalyi (1995). Entretanto, se uma pessoa experimenta o flow em atividades que são destrutivas ou sem complexidade, ou se ela se torna viciada em uma única atividade de flow às custas de uma vida equilibrada, o flow pode ter consequências negativas. Ver Csikszentmihalyi e Larson (1978) e Csikszentmihalyi (1985b).

8. Em uma pesquisa atual sobre a transição dos jovens da escola para o trabalho, descobrimos que, em uma amostra nacional de mais de 4 mil adolescentes, 15% gostariam de se tornar atletas profissionais (a escolha número um), 4% gostariam de se tornar músicos e 6%, atores. Em outras palavras, se considerarmos os atletas profissionais como integrantes da indústria do entretenimento, pelo menos um em cada quatro adolescentes aspira a uma carreira nesse setor (Bidwell, Csikszentmihalyi, Hedges e Schneider, 1995).

6. AMBIENTES CRIATIVOS [pp. 135-55]

1. Para alguns dos efeitos do ambiente físico no funcionamento psicológico, ver Gallagher (1993).

2. A história desta cidade italiana na Lombardia e seus muitos visitantes criativos está em Gilardoni (1988).

3. Uma abordagem da relação entre variáveis estruturais sociais e criatividade é a série de análises historiométricas de Simonton (por exemplo, 1975, 1984). Outra é a análise qualitativa da relação entre criatividade artística e fatores socioculturais nos Estados Unidos contemporâneos por Freeman (1993).

4. Juhani Kirjonen, um colega da Universidade de Jyväskylä, na Finlândia, me contou sobre Pekka, que não tive a sorte de conhecer pessoalmente.

5. O estudo de mais de cem lares e dos objetos neles que eram especiais para seus proprietários é descrito em Csikszentmihalyi e Rochberg-Halton (1981).

6. Esta e outras conclusões sobre o lugar dos carros em nossa ecologia simbólica se baseiam em um estudo que realizei para a Nissan USA em 1991.

7. Em sua análise das biografias de grandes gênios, Howard Gardner (1993) chegou à conclusão de que seus trabalhos mais notáveis estavam separados por intervalos de dez anos. Supostamente, essas duas observações — mudança de carreira e a perspectiva de novas obras-primas — são reflexo do mesmo ciclo de trabalho criativo.

7. OS PRIMEIROS ANOS [pp. 159-91]

1. Dos muitos estudos voltados para as primeiras experiências de indivíduos criativos — a maioria, por necessidade, feita a partir de relatos biográficos de indivíduos mortos há muito tempo e, portanto, geralmente de autenticidade duvidosa —, podemos mencionar a reconstrução do nascimento e infância de Leonardo da Vinci por Freud (Freud, 1947); e o resumo das evidências biográficas sobre a infância de trezentas pessoas de destaque por Goertzel e Goertzel (1962). Algumas das análises da posição de indivíduos criativos entre os irmãos são de Zajonc (1976), Albert (1983) e Albert e Runco (1989).

2. O relato biográfico sobre Giotto é de Semenzato (1964, p. 7).

3. Como dito anteriormente, até pouco tempo atrás os psicólogos não estavam muito interessados no tema do interesse. Isso mudou, no entanto; ver, por exemplo, Renninger, Hidi e Krapp (1992) e Schiefele (1991). Ainda não sabemos quase nada sobre as diferenças individuais de interesse, isto é, se algumas crianças são mais interessadas do que outras em geral, nem por que algumas se interessam por determinado assunto e outras por outro.

4. Ver, por exemplo, Harrington, Block e Block (1992) e Csikszentmihalyi e Csikszentmihalyi (1993). Apesar do fato de que os estudos de família mais recentes abandonaram a noção de que os efeitos de pais e mães sobre os filhos são de maior impacto em favor de uma perspectiva sistêmica que vê a interação familiar como tendo o efeito mais importante (Grotevant 1991), ainda acredito que os pais influenciam os filhos mais do que o contrário, e em grande parte independentemente de quaisquer efeitos de interação.

5. O ensaio do qual a citação foi retirada está em Klein (1992).

6. O aforismo de Jean-Paul Sartre sobre o presente de um pai para seu filho está em *As palavras*, e é citado em Klein (1992, p. 162).

7. Muitas das pesquisas conduzidas por Elisabeth Noelle-Neumann (por exemplo, 1985) mostram que adultos satisfeitos com sua condição atual relatam ter tido infâncias mais idílicas. O jovem artista de sucesso que revisou seu passado foi descrito pela primeira vez em Getzels e Csikszentmihalyi (1976), quando sua infância ainda não era problemática.

8. A importância da ajuda de indivíduos isolados — pais, professores, colegas, mentores, cônjuges, alunos — ao longo da carreira de indivíduos criativos é examinada em Mockros (1995) e Mockros e Csikszentmihalyi (1995).

9. As lembranças de Eugene Wigner de seu professor de matemática do ensino médio são encontradas em sua autobiografia (Wigner, 1992). A influência dos professores no ensino médio luterano em Budapeste também foi descrita por Hersh e John-Steiner (1993).

10. Para os conflitos dos adolescentes talentosos em particular, ver Csikszentmihalyi, Rathunde e Whalen (1993).

Uma descrição completa dos valores defendidos por artistas em geral e a forma como eles se relacionam com os acadêmicos pode ser encontrada em Getzels e Csikszentmihalyi (1976).

8. A IDADE ADULTA [pp. 192-220]

1. Estou me referindo aqui em particular às pesquisas sobre comportamento sexual realizadas por colegas da Universidade de Chicago (Laumann et al., 1994).

2. A descrição clássica feita por Erikson dos oito estágios psicossociais de desenvolvimento está em Erikson (1950).

3. A citação é de Wigner (1992, p. 254)

4. O conceito de temas de vida, ou as representações cognitivas que desenvolvemos dos nossos objetivos e da narrativa sobre nossas vidas, foi desenvolvido pela primeira vez em Csikszentmihalyi e Beattie (1979). Ver também Csikszentmihalyi (1990, pp. 230-40).

9. ENVELHECER COM CRIATIVIDADE [pp. 221-44]

1. Os primeiros estudos sobre a influência da idade na criatividade foram feitos por Lehman (1953) e Dennis (1966). Ver também Simonton (1990c) e o breve resumo em Rybash, Roodin e Hoyer (1995).

2. As concretizações dos indivíduos mais velhos não são determinadas apenas — nem mesmo principalmente — pelas limitações do envelhecimento biológico, mas também pelas atitudes particulares e pelas oportunidades sociais em relação à velhice. Existem inúmeras evidências de que a longevidade, a saúde, o desempenho físico e as conquistas sociais na velhice podem ser extremamente melhoradas com a adoção de valores e comportamentos apropriados; ver, por exemplo, as conclusões do dr. Walter Bortz (1991).

3. A distinção entre inteligência fluida e cristalizada foi introduzida por Horn (1970). Algumas das pesquisas mais acuradas sobre mudanças no desempenho mental com a idade foram feitas por K. Warner Schaie e seus associados (por exemplo, Schaie, 1990, 1994). Ver também Labouvie--Vief (1985).

4. Tem sido dito que os problemas mais arriscados na ciência são mais tipicamente abordados por cientistas bem estabelecidos, que podem se dar ao luxo de fazê-lo, ou por aqueles não estabelecidos, que têm muito pouco a perder (Zuckerman e Lederberg, 1986; Zuckerman e Cole, 1994), uma tendência que se enquadra à teoria do investimento econômico da criatividade de Sternberg e Lubart (1991).

5. A citação é de Erikson (1968, p. 140). O psiquiatra George Vaillant sugeriu recentemente que um importante estágio de desenvolvimento entre a generatividade e a integridade é aquele que ele chama de "guardião do significado", uma tarefa que se apresenta ao indivíduo após a meia-idade e que envolve selecionar e transmitir à geração seguinte a sabedoria aprendida (Vaillant, 1993). As pessoas neste livro parecem bem preparadas para enfrentar esse estágio.

6. Para uma introdução ao conceito, ver Barrow e Tipler (1986) e Gribbin e Rees (1989).

10. O DOMÍNIO DA PALAVRA [pp. 247-74]

1. Concordo plenamente com Umberto Eco nesta questão: "[...] é fácil ver por que a ficção nos fascina. Ela nos oferece a oportunidade de empregar nossas faculdades de maneira ilimitada para enxergar o mundo e reconstruir o passado [...]; é por meio da ficção que nós, adultos, exercitamos nossa capacidade de estruturar nossa experiência passada e presente" (Eco, 1994, p. 131). Em suas entrevistas transculturais, a equipe de pesquisadores liderada por Fausto Massimini descobriu que a leitura era uma das fontes de flow mais citadas no mundo todo — muitas vezes, a principal fonte (por exemplo, Massimini, Csikszentmihalyi e Delle Fave, 1988).

2. Uma das diferenças mais marcantes entre os artistas cujo trabalho foi considerado criativo por especialistas e aqueles cujo trabalho foi considerado não criativo é que os primeiros abordaram uma tarefa de desenho experimental sem saber o que queriam desenhar, enquanto os artistas menos criativos começaram tendo uma ideia clara do que queriam fazer desde o início (Getzels e Csikszentmihalyi, 1976). Enquanto os primeiros "descobriram" seu problema no processo de desenhar, na interação com o meio e com a imagem em desenvolvimento, o segundo grupo trabalhou com um problema que já podia ser visualizado antes do início do processo criativo. Esse processo aberto, que leva à descoberta, é típico dos métodos de trabalho do grupo reunido nesse estudo e é bem descrito aqui por Mark Strand. Para uma atualização recente dos estudos sobre a relação entre descoberta de problemas e criatividade, ver Runco (1994).

3. Na verdade, ficar no estado de flow por longos períodos é quase impossível. As pessoas que têm a sorte de ter uma vocação ou um hobby agradável e envolvente podem experimentar o flow todos os dias e, às vezes, por longos períodos. Mas mesmo o mais bem acostumado deve fazer pausas ocasionais por causa de fome, sono, fadiga ou da pura exaustão que se segue à extrema concentração da experiência de flow.

4. É provável que, quanto menos vinculantes sejam as regras de um domínio, mais livre seja o campo para explorar os jovens que querem ser reconhecidos e avançar nele. Por essa razão, é mais provável que se espere que uma atriz durma com um produtor para progredir do que uma jovem cientista, porque na ciência o valor da contribuição de uma pessoa pode ser estabelecido de maneira mais clara de acordo com as regras do domínio. Mas, claro, isso não significa que mesmo os domínios mais rigorosamente organizados, como a matemática, possam manter o campo inteiramente livre de exploração, politicagens e vinganças pessoais.

5. Há uma história sobre Pablo Picasso, que em sua maturidade foi questionado por um entrevistador sobre o motivo pelo qual havia passado tanto tempo na juventude imitando o estilo dos grandes mestres da pintura. "Se eu não os tivesse imitado", supostamente respondeu Picasso, "teria que passar o resto da minha vida imitando a mim mesmo." É certo que Picasso não pode ser acusado de ser um tradicionalista, mas mesmo ele admitiu que, sem dominar os maiores feitos de um domínio, restaria apenas com seus talentos nus, tendo assim que reinventar a roda sem nenhuma ferramenta.

6. A afirmação de L'Engle de que o excesso de incentivo dos pais pode ser um obstáculo ao desenvolvimento do talento de uma criança faz sentido em dois aspectos: em primeiro lugar, o elogio tende a aumentar a autoconsciência, que, por sua vez, interrompe a experiência do flow. Por isso, é importante reservar qualquer elogio que se queira fazer até que o episódio de envolvimento da criança com a área do talento tenha acabado. Em segundo lugar, e mais importante, é o fato de que o incentivo dos pais muitas vezes aumenta a expectativa da criança por recompensas extrínsecas, minando assim

as recompensas intrínsecas da atividade. Por exemplo, se os pais insistem — "você tem que continuar a praticar piano, senão jamais vai tocar no Carnegie Hall" —, a criança assimila que a razão para tocar é obter reconhecimento e sucesso futuros, em vez do prazer presente da música. Infelizmente, elogios indiscriminados são frequentemente recomendados como uma técnica de criação de filhos que aumenta a autoestima das crianças (por exemplo, McKay e Fanning, 1988), como se valesse a pena ter uma autoestima baseada em elogios espúrios. Veja também Damon (1995, capítulo 4) para um argumento similar. Mas o feedback — incluindo os elogios — direcionado a detalhes concretos do desempenho pode ser muito útil. Veja a distinção de Dweck (1986) entre objetivos de "aprendizagem" e "desempenho" e a distinção de Deci e Ryan (1985) entre feedback "informacional" e "controlador".

7. L'Engle se refere aqui a um aspecto do recente ressurgimento do interesse pelo pensamento de Carl Gustav Jung, que inclui o conceito de "sombra", ou o oposto dialético dos traços que uma pessoa geralmente aceita e exibe (Jung, 1946, 1968). Esse lado sombrio da personalidade pode provocar graves conflitos internos se ficar reprimido. Para uma interpretação contemporânea da influência da sombra na consciência e no comportamento, veja o volume organizado por Abrams e Zweig (1991), bem como O'Neil (1993).

8. A citação de Stern na qual ele descreve a vaidade, o orgulho — as partes desprezíveis de si mesmo — como os maiores obstáculos na vida de alguém é uma boa ilustração do que significa "assumir a própria sombra", conforme mencionado na nota anterior.

11. O DOMÍNIO DA VIDA [pp. 275-301]

1. Sua descrição do cosmos em cinco volumes foi traduzida do alemão para o inglês na última década do século XIX (von Humboldt, 1891-3). Algumas pessoas afirmam que nossa compreensão da natureza tomou um rumo errado quando a visão da seleção natural de Darwin, que era muito compatível com a ideologia capitalista competitiva da Inglaterra vitoriana, prevaleceu sobre a visão mais sistêmica de Humboldt. Se isso é verdade ou não, a questão ilustra como os sistemas sociais podem influenciar os campos na formação de domínios. Nesse caso, o competitivo ambiente social vitoriano pode ter sido representado na teoria de Darwin e estimulado os naturalistas a adotá-la como dogma da biologia.

2. Essa perspectiva de explicação do comportamento humano, baseada na elaboração dos princípios darwinianos, talvez tenha sido a mudança de paradigma mais importante a afetar as ciências sociais na segunda metade do século XX. Enquanto os freudianos explicam nossas ações com referência ao desejo sexual reprimido, os marxistas o fazem em termos de conflitos causados pelo controle desigual dos meios de produção, os skinnerianos adotam as respostas aprendidas em reação a estímulos agradáveis e os sociobiólogos as explicam em termos das vantagens reprodutivas que diferentes ações proporcionam. Em outras palavras, em circunstâncias normais, optamos por fazer coisas que nos dão uma chance maior de deixar descendentes, que, por sua vez, irão crescer e deixar descendentes. Por mais simples que pareça, esse pressuposto pode ser aplicado a uma ampla gama de ações — e com algum grau precisão matemática. A ampla repercussão desse conceito se deve em grande parte ao trabalho de E. O. Wilson (1975).

3. Algumas das referências relevantes são Mayr (1947), James Watson (1980), Konrad Lorenz (1966), Ellsworth Huntington (1945) e William Hamilton (1964).

4. A descrição seminal das súbitas mudanças que provocam transformações nos domínios, as chamadas "mudanças de paradigma", está em Kuhn (1970). Antes, pensava-se que a ciência avançava lentamente, por passos lógicos baseados em conhecimento prévio, e não por meio de reformulações radicais.

5. A citação é do ensaio autobiográfico dos Klein (Klein e Klein, 1989, p. 7).

6. Ibid., p. 14.

7. Essa postura está bem ilustrada no conceito de "biofilia" (Wilson, 1984), assim como nos escritos de outros cientistas da vida tratados neste capítulo, por exemplo, Salk (1983) e Klein (1992).

12. O DOMÍNIO DO FUTURO [pp. 302-29]

1. Aqui, Commoner aborda um problema típico da história dos campos em geral. A princípio, eles são constituídos para resolver um problema genuíno: os sacerdotes existem para dar sentido à vida das pessoas, os médicos, para curar doenças, o exército, para nos proteger dos inimigos, as universidades, para ensinar conhecimentos especializados etc. Entretanto, conforme o tempo passa, cada instituição muda inconscientemente suas prioridades de modo a se enaltecer e autopreservar. Esse é o tipo de "exploração mimética" que discuto em Csikszentmihalyi (1993, pp. 109-14) e que devemos aprender a evitar para que a cultura não fique estagnada.

2. Um dos paradoxos da criatividade é que uma pessoa deve ser socializada em um campo, isto é, aprender suas regras e expectativas, mas ao mesmo tempo permanecer até certo ponto distante dele. Uma pessoa que se identifique muito fortemente com o campo e seus problemas não tem nenhum incentivo para desbravar um novo território e não está interessada em explorar o conhecimento que repousa além dos limites do domínio. É por isso que as pessoas criativas são tantas vezes marginais, mantendo um pé no campo e outro fora dele (ver também Therivel, 1993).

3. Segundo o filósofo pragmático Charles Sanders Peirce, um ato de *reconhecimento* é aquele em que o objeto é simplesmente assimilado a esquemas conceituais prévios e nada de novo acontece na mente, enquanto um ato de *percepção* é aquele em que o objeto estimula o surgimento de novos pensamentos ou sentimentos, que resultam na expansão da consciência (Peirce, 1931). Essa distinção encontra eco nos ensinamentos do feiticeiro yaqui Don Juan, descrito por Carlos Castañeda, cujas técnicas básicas envolviam quebrar as categorias conceituais convencionais da experiência (Castañeda, 1971).

4. A pesquisa de Dean Simonton sobre os antecedentes de figuras históricas sugere que os mais criativos chegaram ao segundo ano de educação universitária. Mais formação do que isso parece ser tão prejudicial quanto menos (Simonton, 1990a). Claro, em alguns domínios é impossível começar, menos ainda dar qualquer contribuição criativa, sem um grau avançado.

5. A citação de Henderson dá uma receita muito boa de como se pode obter flow e recompensas intrínsecas no plano de uma organização, um tópico importante sobre o qual infelizmente ainda sabemos muito pouco.

6. Ver, por exemplo, Massimini e Delle Fave (1991).

7. Uma revisão de como se desenvolveu a ideia de que a Terra é um organismo autocorretivo pode ser encontrada em Joseph (1990). A hipótese de Gaia original, que afirma que a temperatura do planeta e a química dos gases que o cercam são produzidas e mantidas pela soma dos organismos vivos, foi desenvolvida por James E. Lovelock (1979).

13. A FORMAÇÃO DA CULTURA [pp. 330-57]

1. Ver Burke e Ornstein (1995) e também Csikszentmihalyi (1993, capítulo 5).

2. As razões para o declínio da civilização maia foram discutidas em uma recente convenção de arqueologia, relatada no *San Francisco Chronicle* de 12 de abril de 1995, p. A7.

3. Róheim foi um etnógrafo de formação psicanalítica que estudou, entre outras culturas nativas, a dos aborígenes australianos. Ele se convenceu de que a condição ideal de existência era a da matéria inorgânica e de que as formas de vida, incluindo a vida humana, eram formas transitórias de irritação ou doença (Róheim, 1945). Nesse sentido, suas visões são diametralmente opostas às expressas por Wilson (1984). Esses modos conflitantes de interpretar os mesmos fenômenos são um bom exemplo do tipo de diferenças baseadas em suposições metafísicas conflitantes que Popper (1959) afirmou não poderem ser resolvidas cientificamente.

4. Para uma visão geral de uma dessas abordagens, ver Smith (1989) e Dobbs (1993).

5. Embora não haja evidências diretas sobre a relação entre práticas familiares e criatividade, as entrevistas retrospectivas coletadas por Benjamin Bloom (1985) com cientistas e artistas revelam um enorme investimento dos pais em seus filhos superdotados. Ver também Harrington, Block e Block (1992). Em geral, uma combinação de amor e disciplina por parte dos pais parece funcionar melhor para estimular o desenvolvimento do talento nas crianças (por exemplo, Baumrind, 1989; Rathunde e Csikszentmihalyi, 1993).

6. A crença popular é de que as minorias desfavorecidas sofrem de baixa autoestima e, se sua autoestima pudesse ser aumentada, seu desempenho acadêmico e seu sucesso melhorariam de modo geral. Mas os fatos parecem ser diferentes. Por exemplo, a autoestima dos estudantes afro-americanos tende a ser maior do que a dos caucasianos, que, por sua vez, é maior do que a dos estudantes asiáticos — em proporção inversa ao seu desempenho acadêmico (Bidwell, Csikszentmihalyi, Hedges e Schneider, no prelo). As razões para isso não são tão difíceis de ser compreendidas se tivermos em mente a fórmula de William James (1890) para a autoestima: a razão entre realizações e expectativas. Se as expectativas são altas demais, como costumam ser entre os asiáticos-americanos, é de se esperar que a autoestima seja baixa, mesmo quando suas realizações são relativamente altas.

7. A forma como as famílias asiático-americanas expressam altas expectativas de desempenho acadêmico é descrita em Sue e Okazaki (1990), Schneider et al. (1992), Stevenson e Stigler (1992) e Asakawa e Csikszentmihalyi (1995).

8. Essa é uma das conclusões de uma amostra nacional de adolescentes americanos (Bidwell, Csikszentmihalyi, Hedges e Schneider, no prelo).

9. Uma tradução para o inglês da autobiografia desse emblemático artista renascentista está em Cellini (1952).

10. A Educação Artística Baseada em Disciplina (ou DBAE, Discipline-Based Arts Education) é o método de ensino de arte nas escolas desenvolvido sob os auspícios do Getty Center. Ver, por exemplo, Alexander e Day (1991) e Dobbs (1993).

11. Um exemplo de criança com dons matemáticos extremamente precoces é descrito em Feldman (1986).

12. Eventualmente, afirma-se que as pessoas criativas não têm interesse em sucesso material. Na minha opinião, isso é um exagero romantizado da motivação intrínseca indiscutivelmente forte que essas pessoas possuem. Em consonância com a complexidade da personalidade delas, não se

deve esperar que a forte motivação intrínseca dos indivíduos criativos exclua o interesse por fama e dinheiro. Recentemente, Sternberg e Lubart (1991) propuseram uma teoria "econômica" da criatividade, baseada na máxima "compre na baixa, venda na alta". Em outras palavras, trata-se da noção de que a criatividade envolve, pelo menos em parte, o interesse pelo desenvolvimento de ideias impopulares que podem, talvez, se popularizar.

13. Ao passo que os alunos talentosos em música e artes relatam uma qualidade de experiência muito mais positiva do que a média quando envolvidos com música e arte, os alunos talentosos em matemática e ciências relatam uma qualidade de experiência muito inferior ao normal quando estão envolvidos com matemática e ciências. Em outras palavras, eles são menos felizes, menos motivados e têm uma autoestima menos positiva quando trabalham em sua área de talento do que quando fazem outras coisas (Csikszentmihalyi e Schiefele, 1992; Csikszentmihalyi, Rathunde e Whalen, 1993). Isso se deve, em parte, ao fato de que a arte e a música são mais imediatamente agradáveis do que a matemática e as ciências, mas também por causa das nossas atitudes em relação a assuntos acadêmicos "difíceis" e à forma como os ensinamos.

14. APRIMORANDO A CRIATIVIDADE INDIVIDUAL [pp. 358-88]

1. Muitos desses obstáculos internos resultam do fato de que nosso sistema nervoso não pode lidar com mais do que uma quantidade limitada de informações de maneira consciente ao mesmo tempo e, portanto, não podemos nos dedicar a mais do que algumas poucas coisas simultaneamente (ver Csikszentmihalyi, 1978, 1990; Hasher e Zacks, 1979; Kahneman, 1973; Simon, 1969; Treisman e Gelade, 1980).

2. Como sabemos, indivíduos criativos tendem a encarar a experiência com abertura, beirando o que Goethe chamou de "ingenuidade". Essa sugestão é semelhante à que Don Juan deu a seus aprendizes, uma prática que ele chamou de "parar o mundo" (Castañeda, 1971). Ela consiste em registrar estímulos sensoriais sem rotulá-los de acordo com convenções culturalmente definidas. Por exemplo: olhar para uma árvore sem pensar nela como uma "árvore" nem deixar que qualquer conhecimento prévio sobre árvores entre na consciência. Acontece que esse exercício é extremamente difícil, se não impossível de se realizar (compare com o conceito de *percepção* de Peirce). A sugestão de se deixar surpreender com aquilo que se encontra durante o dia é uma versão menos radical de "parar o mundo".

3. Claro, não estou defendendo que alguém deve se tornar desagradável nem agressivo. Alguns indivíduos precisam de tanta atenção para confirmar sua importância — ou mesmo sua existência — que farão qualquer coisa para obtê-la: falar alto, agir de forma extravagante, desafiar convenções, envolver-se em comportamentos de risco. A diferença entre tal comportamento e o que eu estou sugerindo é que este é uma ferramenta para aprender sobre si mesmo e sobre o mundo, uma forma de ampliar o repertório de experiências, um modo de gerar novidades.

4. A conclusão de que o estado natural da mente é o caos é baseada em meus estudos com o Método da Amostragem de Experiência, que mostram que quando as pessoas estão sozinhas, sem nada para fazer, seus pensamentos tendem a se tornar desordenados e seus humores, negativos (por exemplo, Csikszentmihalyi, 1992; Csikszentmihalyi e Larson, 1984; Kubey e Csikszentmihalyi, 1990). Como disse o neuropsicólogo George Miller: "A mente sobrevive pela ingestão de informação"

(Miller, 1983, p. 111). Quando não há informação para mantê-la em um estado ordenado, a mente começa a perder o controle da atenção, pelo menos temporariamente. Tal como acontece com a maioria dessas generalizações, essa regra não se aplica a todo mundo: indivíduos que aprenderam — por meio um sistema simbólico e suas práticas, como oração, meditação, matemática, poesia — a controlar sua mente mesmo na ausência de um fornecimento externo de informação são capazes de evitar a entropia da solidão ou até mesmo de aproveitá-la.

5. Em média, passamos quase 40% de nossa vida desperta fazendo atividades de "manutenção", como tomar banho, nos vestir, comer e limpar (por exemplo, Kubey e Csikszentmihalyi, 1990). Não são atividades produtivas que geram renda nem nenhum produto tangível, tampouco atividades de lazer que fazemos por serem inerentemente agradáveis. As atividades de manutenção envolvem rotinas que precisamos fazer repetidamente apenas para sobreviver (por exemplo, comer) e conviver com os outros (por exemplo, tomar banho e nos vestir). Muitas pessoas acham que essa parte da vida é "desperdiçada" porque não é divertida nem produtiva. Portanto, haveria uma grande melhoria de qualidade de vida caso alguém fosse capaz de transformar até mesmo uma pequena parte desse tempo perdido em uma experiência agradável.

6. Um bom exemplo de como a jardinagem proporciona flow está descrito no relatório de um estudo realizado na Alemanha por Dieter Reigber (1995).

7. Um dos comentários mais ouvidos sobre meu conceito de energia psíquica é que ele se aplica apenas às culturas ocidentais e que as maiores realizações das religiões e filosofias orientais não dependem do controle da atenção, mas, pelo contrário, de abrir mão dela. Acho que essa crítica é baseada em um mal-entendido sobre o que o processo de "renunciar" ou "abrir mão" do controle da atenção implica. Na minha opinião, esses processos de renúncia estão entre os mais difíceis atos de controle que a consciência é capaz de fazer. Dado o estado naturalmente caótico da mente, alcançar a consciência sem afeto e sem foco do místico requer um esforço enorme e uma longa prática. Portanto, acredito que pelo menos nesse aspecto o Oriente e o Ocidente sejam semelhantes: em ambas as culturas, as maiores realizações psíquicas dependem do controle da atenção.

8. A forma como o espaço pessoal que criamos e os objetos com os quais nos cercamos afetam o self de uma pessoa é discutida em Csikszentmihalyi e Rochberg-Halton (1981) e Rudmin (1991).

9. O uso terapêutico do Método da Amostragem de Experiência para registrar suas atividades e experiências é descrito em Delespaul (1995), Delle Fave e Massimini (1992) e deVries (1992). O método possibilita ao psiquiatra ou terapeuta (e, por extensão, ao paciente também) avaliar a qualidade de vida do paciente e propor mudanças nas atividades e nos hábitos que possam melhorá-la.

10. O argumento de que os artistas modernos expressam a falta de confiança nos valores e crenças outrora tidos como garantidos certamente não é novo. Minha pequena contribuição a esse argumento está em Csikszentmihalyi (1992b).

11. O melhor relato sobre crianças excepcionalmente superdotadas é de Feldman (1986). Um livro recente de Ellen Winner (1996) resume as verdades e os mitos sobre o desenvolvimento de crianças superdotadas.

Referências bibliográficas

ABRAMS, J.; ZWEIG, C. (Orgs.). *Meeting the Shadow*. Los Angeles: St. Martin's Press, 1991.

ADLAI-GAIL, W. *The Flow Personality and Its Correlates*. Tese de doutorado, University of Chicago, 1994.

ALBERT, R. S. (Org.). *Genius and Eminence*. Nova York: Oxford University Press, 1983.

ALBERT, R. S; RUNCO, M. A. The Achievement of Eminence: A Model Based on a Longitudinal Study of Exceptionally Gifted Boys and Their Families. In: STERNBERG, R. J.; DAVIDSON, J. E. (Orgs.). *Conceptions of Giftedness*. Nova York: Cambridge University Press, 1986, pp. 332-60.

ALEXANDER, K.; DAY, M. *Discipline-Based Art Education: A Curriculum Sampler*. Santa Monica, Califórnia: Getty Center for Education in the Arts, 1991.

AMABILE, T. M. *The Social Psychology of Creativity*. Nova York: Springer Verlag, 1983.

AMABILE, T. M. Within You, Without You: The Social Psychology of Creativity, and Beyond. In: RUNCO, M. A.; ALBERT, R. S. (Orgs.). *Theories of Creativity*. Newbury Park: Sage Publications, 1990, pp. 61-91.

ANDREASEN, N. C. Creativity and Mental Illness: Prevalence Rates in Writers and Their First--Degree Relatives. *American Journal of Psychiatry*, n. 144, pp. 1288-92, 1987.

ARENDT, H. *The Human Condition*. Chicago: University of Chicago Press, 1956.

ASAKAWA, K.; CSIKSZENTMIHALYI, M. Quality of Experience and Internalization of Values in Asian American Adolescents: An Exploration of Educational Achievements. *Taylor & Francis*, v. 8, n. 2, pp. 241-62, 1998.

BAER, J. *Creativity and Divergent Thinking*. Hillsdale: Lawrence Erlbaum, 1993.

BARRON, F. *Creative Person and Creative Process*. Nova York: Holt, Rinehart & Winston, 1969.

BARRON, F. Putting Creativity to Work. In: STERNBERG, R. J. (Org.). *The Nature of Creativity*. Nova York: Cambridge University Press, 1988, pp. 76-98.

BARROW, J. D.; TIPLER, F. J. *The Anthropic Cosmological Principle*. Nova York: Oxford University Press, 1986.

BARSALOU, L. W. Context Independent and Context Dependent Information in Concepts. *Memory and Cognition*, n. 10, pp. 82-93, 1982.

BAUMRIND, D. Rearing Competent Children. In: DAMON, W. (Org.). *Child Development Today and Tomorrow*. San Francisco: Jossey-Bass, 1989, pp. 349-78.

BIDWELL, C. et al. *Images and Experiences of Work in Adolescence*. No prelo.

BLOCK, J. *Lives Through Time*. Berkeley: Bancroft Books, 1971.

BLOCK, J. Some Enduring and Consequential Structures of Personality. In: RABIN, A. I. et al. (Orgs.). *Further Explorations in Personality*. Nova York: John Wiley and Sons, 1981, pp. 27-43.

BLOOM, B. *Developing Talent in Young People*. Nova York: Ballantine Books, 1985.

BORTZ, W. M. *We Live Too Short and Die Too Long*. Nova York: Bantam Books, 1991.

BOURDIEU, P. Le capital social. *Actes de la recherche en sciences sociales*, v. 31, pp. 2-4, 1980.

BRANNIGAN, A. *The Social Basis of Scientific Discoveries*. Nova York: Cambridge University Press, 1981.

BURKE, J.; ORNSTEIN, R. *The Axemaker's Gift*. Nova York: Putnam, 1995.

BURCKHARDT, J. *Die Kultur der Renaissance in Italien*. Leipzig, 1926.

CALVINO, I. *Difficult Loves*. Nova York: Harcourt, Brace, Jovanovich, 1985.

CAMPBELL, D. T. Blind Variation and Selective Retention in Creative Thought as in Other Knowledge Processes. *Psychological Review*, v. 67, pp. 380-400, 1960.

CAMPBELL, D. T. Evolutionary Epistemology. In: SCHLIP, P. A. (Org.). *The Philosophy of Karl Popper*. La Salle: Open Court, 1974, pp. 413-63.

CAMPBELL, D. T. In What Sense Does a Selectionist Model Provide Epistemological "Justification" for Scientific Belief? Artigo apresentado no encontro do Epistemology Group, The Evolution of Knowledge and Invention, Royal Society of Arts, Londres, Inglaterra, 24 maio 1995.

CASTAÑEDA, C. *A Separate Reality*. Nova York: Simon & Schuster, 1971.

CATTELL, R. B.; DREVDAHL, J. E. A Comparison of the Personality Profile (16PF) of Eminent Researchers with That of Eminent Teachers and Administrators. *British Journal of Psychology*, v. 46, pp. 248-61, 1995.

CELLINI, B. *The Autobiography of Benvenuto Cellini*. Tradução de D. B. Guralnik. Cleveland: Fine Editions Press, 1952.

CLARIDGE, G. Great Wits and Madness. In: ALBERT, R. S. *Genius and Eminence*. 2. ed. Nova York: Pergamon Press, 1992, pp. 329-50.

COSTA, P. T, Jr.; MCCRAE, R. R. Objective Personality Assessment. In: STORANDT, M.; SIEGLER, I. C.; ELIAS, M. F. (Orgs.). *The Clinical Psychology of Aging*. Nova York: Plenum, 1978.

COSTA, P. T, Jr.; MCCRAE, R. R. Personality as a Lifelong Determinant of Well-Being. In: MALATESTA, C. Z.; IZARD, C. E. (Orgs.). *Emotion in Adult Development*. Beverly Hills: Sage, 1984, pp. 141-58.

CROPLEY, A. Creativity and Mental Health in Everyday Life. *Creativity Research Journal*, v. 3, pp. 167-78, 1990.

CROSS, P. G., CATTELL; R. B.; BUTCHER, H. J. The Personality Pattern of Creative Artists. *British Journal of Educational Psychology*, v. 37, pp. 292-9, 1967.

CSIKSZENTMIHALYI, M. *Beyond Boredom and Anxiety*. San Francisco: Jossey-Bass, 1975.

CSIKSZENTMIHALYI, M. Attention and the Wholistic Approach to Behavior. In: POPE, K. S.; SINGER, J. L. (Orgs.). *The Stream of Consciousness*. Nova York: Plenum, 1978, pp. 335-58.

CSIKSZENTMIHALYI, M. Towards a Psychology of Optimal Experience. In: WHEELER, L. (Org.) *Review of Personality and Social Psychology: 3*. Beverly Hills: Sage Publications, 1982, pp. 13-36.

CSIKSZENTMIHALYI, M. Emergent Motivation and the Evolution of the Self. In: KLEIBER, D.; MAEHR, M. H. (Orgs.). *Motivation in Adulthood*. Greenwich: JAI Press, 1985a, pp. 93-113.

CSIKSZENTMIHALYI, M. Reflections on Enjoyment. *Perspectives in Biology and Medicine*, v. 28, pp. 469-97, 1985b.

CSIKSZENTMIHALYI, M. Society, Culture, Person: A Systems View of Creativity. In: STERNBERG, R. J. *The Nature of Creativity*. Nova York: Cambridge University Press, 1988a, pp. 325-39.

CSIKSZENTMIHALYI, M. Motivation and Creativity. Towards a Synthesis of Structural and Energistic Approaches to Cognition. *New Ideas in Psychology*, v. 6, pp. 159-76, 1988b.

CSIKSZENTMIHALYI, M. Flow: The Psychology of Optimal Experience. Nova York: HarperCollins, 1990. [Ed. bras.: *Flow: A psicologia do alto desempenho e da felicidade*. São Paulo: Companhia das Letras, 2020.]

CSIKSZENTMIHALYI, M. Öffentliche Meinung und die Psychologie der Einsamkeit. In: WILKE, J. (Org.). *Öffentliche Meinung: Theorie, Methode, Befunde*. Freiburg: Verlag Karl Alber, 1992a, pp. 31-40.

CSIKSZENTMIHALYI, M. Imagining the Self: An Evolutionary Excursion. *Poetics*, n. 21, pp. 153-67, 1992b.

CSIKSZENTMIHALYI, M. *The Evolving Self. A Psychology for the Third Millennium*. Nova York: HarperCollins, 1993.

CSIKSZENTMIHALYI, M. Memes vs. Genes: Notes from the Culture Wars. In: FELDMAN, D. H.; CSIKSZENTMIHALYI, M.; GARDNER, H. (Orgs.). *Changing the World*. Westport: Praeger, 1994, pp. 159-72.

CSIKSZENTMIHALYI, M.; BEATTIE, O. Life Themes: A Theoretical and Empirical Investigation of Their Origins and Effects. *Journal of Humanistic Psychology*, n. 19, pp. 45-63, 1979.

CSIKSZENTMIHALYI, M.; CSIKSZENTMIHALYI, I. S. (Orgs.). *Optimal Experience: Psychological Studies of Flow in Consciousness*. Nova York: Cambridge University Press, 1988.

CSIKSZENTMIHALYI, M.; CSIKSZENTMIHALYI, I. S. Family Influences on the Development of Giftedness. In: _____. *The Origins and Development of High Ability*. Chichester: Wiley (Ciba Foundation Symposium 178), 1993, pp. 187-206.

CSIKSZENTMIHALYI, M.; GETZELS, J. W. The Personality of Young Artists: A Theoretical and Empirical Exploration. *British Journal of Psychology*, n. 64, pp. 91-104, 1973.

CSIKSZENTMIHALYI, M.; LARSON, R. Intrinsic Rewards in School Crime. *Crime and Delinquency*, n. 24, pp. 322-5, 1978.

CSIKSZENTMIHALYI, M.; LARSON, R. *Being Adolescent: Conflict and Growth in the Teenage Years*. Nova York: Basic Books, 1984.

CSIKSZENTMIHALYI, M.; F. MASSIMINI, F. On the Psychological Selection of Biocultural Information. *New Ideas in Psychology*, v. 3, pp. 115-38, 1985.

CSIKSZENTMIHALYI, M.; NAKAMURA, J. The Dynamics of Intrinsic Motivation. In: AMES, R; AMES, C. (Orgs.). *Handbook of Motivation Theory and Research. v. 3, Goals and Cognitions*. Nova York: Academic Press, 1989, pp. 45-71.

CSIKSZENTMIHALYI, M.; RATHUNDE, K. The Measurement of Flow in Everyday Life. *Nebraska Symposium on Motivation*, n. 40, pp. 58-97, 1993.

CSIKSZENTMIHALYI, M.; ROCHBERG-HALTON, E. *The Meaning of Things*. Nova York: Cambridge University Press, 1981.

CSIKSZENTMIHALYI, M.; SAWYER, K. Creative Insight: The Social Nature of a Solitary Moment. In: STERNBERG, R. J.; STEVENSON, J. E. (Orgs.). *The Nature of Insight*. Nova York: Cambridge University Press, 1995, pp. 329-64.

CSIKSZENTMIHALYI, M.; SCHIEFELE, U. Arts Education, Human Development, and the Quality of Experience. In: REIMER, G.; SMITH, R. A. (Orgs.). *Arts in Education. The Ninety-First Yearbook of the Society for the Study of Education*. Chicago: University of Chicago Press, 1992, pp. 169-91.

CSIKSZENTMIHALYI, M.; WONG, M. The Situational and Personal Correlates of Happiness: A Cross-National Comparison. In: STRACK, F.; ARGYLE, M.; SCHWARTZ, N. (Orgs.). *The Social Psychology of Subjective Well-Being*. Londres: Pergamon Press, 1991, pp. 193-212.

CSIKSZENTMIHALYI, M.; RATHUNDE, K.; WHALEN, S. *Talented Teenagers*. Nova York: Cambridge University Press, 1993.

DAMON, W. *Greater expectations: Overcoming the Culture of Indulgence in America's Homes and Schools*. Nova York: The Free Press, 1995.

DAWKINS, R. *The Selfish Gene*. Nova York: Oxford University Press, 1976. [Ed. bras.: *O gene egoísta*. São Paulo: Companhia das Letras, 2007.]

DECI, E. L.; RYAN, M. *Intrinsic Motivation and Self-Determination in Human Behavior*. Nova York: Plenum, 1985.

DELESPAUL, P. A. E. G. *Assessing Schizophrenia in Daily Life. The Experience Sampling Method*. Maastricht: UPM, 1995.

DELLE FAVE, A.; MASSIMINI, F. The ESM and the Measurement of Clinical Change: A Case of Anxiety Disorder. In: VRIES, M. W. (Org.). *The Experience of Psychopathology: Investigating Mental Disorders in Natural Settings*. Cambridge: Cambridge University Press, 1992, pp. 280-99.

DENNETT, D. C. *Consciousness Explained*. Boston: Little, Brown, 1991.

DENNIS, W. Creative Productivity Between the Ages of Twenty and Eighty Years. *Journal of Gerontology*, v. 21, pp. 1-18, 1966.

DEVRIES, M. W. (Org.). *Experience of Psychopathology: Investigating Mental Disorders in Natural Settings*. Cambridge: Cambridge University Press, 1992.

DIAMOND, J. *The Third Chimpanzee*. Nova York: HarperCollins, 1992. [Ed. bras.: *O terceiro chimpanzé: A evolução e o futuro do ser humano*. Rio de Janeiro: Record, 2011.]

DOBBS, S. M. *The DBAE Handbook*. Santa Monica: The J. P. Getty Trust, 1993.

DOZIER, R. W., Jr. *Codes of Evolution*. Nova York: Crown, 1992.

DREISTADT, R. The Use of Analogies in Incubation in Obtaining Insight in Creative Problem Solving. *Journal of Psychology*, v. 71, pp. 158-75, 1969.

DWECK, C. S. Motivational Processes Affecting Learning. *American Psychologist*, v. 41, pp. 1040-8, 1986.

ECO, U. *Six Walks in the Fictional Woods*. Cambridge: Harvard University Press, 1994. [Ed. bras.: *Seis passeios pelos bosques da ficção*. São Paulo: Companhia das Letras, 1994.]

EIDUSON, B. T. *Scientists: Their Psychological World*. Nova York: Basic Books, 1962.

ERIKSON, E. H. *Childhood and Society*. Nova York: Norton, 1950.

ERIKSON, E. H. *Identity: Youth and Crisis*. Nova York: Norton, 1968.

EYSENCK, H. J. *The scientific Study of Personality*. Londres: Routledge & Kegan Paul, 1952.

EYSENCK, H. *Eysenck on Extroversion*. Nova York: John Wiley and Sons, 1973.

FELDMAN, D. H. *Beyond Universals in Cognitive Development*. Norwood, Nova Jersey: Ablex, 1980.

FELDMAN, D. H. *Nature's Gambit*. Nova York: Basic Books, 1986.

FELDMAN, D. H. Creativity: Proof that Development Occurs. In: FELDMAN, D. H.; CSIKSZENT-MIHALYI, M.; GARDNER, H. *Changing the World: A Framework for the Study of Creativity*. Westport: Praeger, 1994, pp. 85-102.

FELDMAN, D. H.; CSIKSZENTMIHALYI, M.; GARDNER, H. *Changing the World: A Framework for the Study of Creativity*. Westport: Praeger, 1994.

FORD, C. M.; GIOIA, D. A. (Orgs.). *Creative Action in Organizations*. Thousand Oaks: Sage Publications, 1995.

FREEMAN, M. *Finding the Muse: A Sociopsychological Inquiry into the Conditions of Artistic Creativity*. Nova York: Cambridge University Press, 1993.

FREUD, S. *Leonardo da Vinci: A Study in Psychosexuality*. Nova York: Random House, 1947. [Ed. bras.: *Leonardo da Vinci e uma lembrança de sua infância / O Moisés de Michelangelo*. Rio de Janeiro: Imago, 1997.]

FREUD, S. The Moses of Michelangelo. STRACHEY, J. (Org. e trad.). *The Standard Edition* 8, 1955, pp. 211-38. [*Ed. bras.: Leonardo da Vinci e uma lembrança de sua infância / O Moisés de Michelangelo*. Rio de Janeiro: Imago, 1997.]

GAJDUSEK, D. C. Early Inspiration. *Creativity Research Journal*, n. 7, pp. 341-9, 1995.

GALLAGHER, W. *The Power of Place: How our Surroundings Shape our Thoughts, Emotions, and Actions*. Nova York: Harper Perennial, 1993.

GARDNER, H. Creativity: An Interdisciplinary Perspective. *Creativity Research Journal*, n. 1, pp. 8-26, 1988.

GARDNER, H. *Creating Minds*. Nova York: Basic Books, 1993.

GARDNER, H. More on Private Intuitions and Public Symbol Systems. *Creativity Research Journal*, n. 7, pp. 265-75, 1994.

GEDO, J. More on Creativity and its Vicissitudes. In: RUNCO, M.; ALBERT, R. (Orgs.). *Theories of Creativity*. Newbury Park: Sage Publications, pp. 35-45, 1990.

GETZELS, J. W. Creative Thinking, Problem-Solving, and Instruction. In: HILGARD, E. R. (Org.). *Theories of Learning and Instruction* (63º anuário da National Society for Education). Chicago: University of Chicago Press, 1964, pp. 240-67.

GETZELS, J. W. Problem Finding and the Inventiveness of Solution. *Journal of Creative Behavior*, v. 9, pp. 12-118, 1975.

GETZELS, J. W. The Problem of the Problem. In: HOGARTH, R. M. (Org.). *Question-forming and Response Consistency*. San Francisco: Jossey-Bass, 1982, pp. 37-44.

GETZELS, J. W.; CSIKSZENTMIHALYI, M. On the Roles, Values, and Performance of Future Artists: A Conceptual and Empirical Exploration. *Sociological Quarterly*, v. 9, pp. 516-50, 1968.

GETZELS, J. W.; CSIKSZENTMIHALYI, M. *The Creative Vision*. Nova York: Wiley Interscience, 1976.

GETZELS, J. W.; JACKSON, P. *Creativity and Intelligence: Explorations with Gifted Students*. Nova York: J. Wiley and Sons, 1962.

GILARDONI, L. *Bellagio: An Historical Perspective*. Milão: A. Pizzi Editore, 1988.

GILLIGAN, C.; WARD, J. V.; TAYLOR, J. M. *Mapping the Moral Domain: A Contribution of Women's Thinking to Psychological Theory and Education*. Cambridge: Harvard University Press, 1988.

GOERTZEL, V.; GOERTZEL, M. G. *Cradles of Eminence*. Boston: Little, Brown, 1962.

GRIBBIN, J.; REES, M. *Cosmic Coincidences: Dark Matter, Mankind, and Anthropic Cosmology*. Nova York: Bantam, 1989.

GROTEVANT, H. D. Child Development Within the Family Context. In: DAMON, W. *Child Development Today and Tomorrow*. San Francisco: Jossey-Bass, 1991, pp. 34-51.

GRUBER, H. *Darwin on Man*. Chicago: University of Chicago Press, 1981.

GRUBER, H.; DAVIS, S. N. Inching Our Way Up Mount Olympus: The Evolving Systems Approach to Creative Thinking. In: STERNBERG, R. J. (Org.). *The Nature of Creativity*. Nova York: Cambridge University Press, 1988, pp. 243-70.

GUILFORD, J. P. Creativity. *American Psychologist*, n. 14, pp. 205-8, 1950.

GUILFORD, J. P. *The Nature of Human Intelligence*. Nova York: McGraw-Hill, 1967.

HABERMAS, J. On Systematically Distorted Communication. *Inquiry*, n. 13, pp. 360-75, 1970.

HADAMARD, J. *The Psychology of Invention in the Mathematical Field*. Princeton: Princeton University Press, 1949.

HAMILTON, W. D. The Genetic Evolution of Social Behavior. *Journal of Theoretical Biology*, n. 7, pp. 1-52, 1964.

HARRINGTON, D. M. The Ecology of Human Creativity: A Psychological Perspective. In: RUNCO, M.; ALBERT, R. S. (Orgs.). *Theories of Creativity*. Newbury Park: Sage Publications, 1990, pp. 143-69.

HARRINGTON, D. M., BLOCK, J. H.; BLOCK, J. Testing Aspects of Carl Rogers's Theory of Creative Environments: Child-Rearing Antecedents of Creative Potential in Young Adults. In: ALBERT, R. S. (Org.). *Genius and Eminence*. Nova York: Pergamon Press, 1992, pp. 195-208.

HASHER, L.; ZACKS, R. T. Automatic and Effortful Processes in Memory. *Journal of Experimental Psychology*, v. 108, pp. 356-88, 1979.

HAUSER, A. *The Social History of Art*. Nova York: Vintage, 1951.

HEATH, S. B.; MCLAUGHLIN, M. W. (Orgs.). *Identity and Inner City Youth: Beyond Ethnicity and Gender*. Nova York: Teacher's College, 1993.

HERSH, R.; JOHN-STEINER, V. A Visitor to Hungarian Mathematics. *Mathematical Intelligencer*, v. 19, n. 2, pp. 13-26, 1993.

HEYDENREICH, L. H. *Il Primo Rinascimento*. Milão: Rizzoli, 1974.

HIDI, S. Interest and Its Contribution as a Mental Resource for Learning. *Review of Educational Research*, n. 60, pp. 549-71, 1990.

HORN, J. L. Organization of Data on Life-Span Development of Human Abilities. In: GOULET, L. R.; BALTES, P. B. (Orgs.). *Life-Span Developmental Psychology: Research and Theory*. Nova York: Academic Press, 1970, pp. 423-66.

HUMBOLDT, A. von. *Cosmos: A Sketch of the Physical Description of the Universe*. Tradução de E. C. Otte. Londres: George Bell & Sons, 1891-3.

HUNTINGTON, E. *Mainsprings of Civilization*. Nova York: J. Wiley and Sons, 1945.

INGHILLERI, P. *Esperienza soggettiva, personalità, evoluzione culturale*. Turim: UTET, 1995.

ISAKSEN, S. G.; DORVAL, K. B.; TREFFINGER, D. J. *Creative Approaches to Problem Solving*. Dubuque: Kendall-Hunt, 1994.

JAMES, W. *Principles of Psychology*. v. 1. Nova York: Henry Holt, 1890.

JAMISON, K. R. Mood Disorder and Patterns of Creativity in British Writers and Artists. *Psychiatry*, v. 52, pp. 125-34, 1989.

JOHN-STEINER, V. *Notebooks of the Mind*. Albuquerque: University of New Mexico Press, 1985.

JOHNSON-LAIRD, P. N. Freedom and Constraint in Creativity. In: STERNBERG, R. *The Nature of Creativity*. Nova York: Cambridge University Press, 1988, pp. 202-19.

JOSEPH, L. E. *Gaia: The Growth of an Idea*. Nova York: St. Martin's Press, 1990.

JUNG, C. G. The Fight with the Shadow. *Listener*, 7 nov. 1946.

JUNG, C. G. *Analytical Psychology: Its Theory and Practice*. Nova York: Vintage, 1968.

JUNG, C. G. *On the Nature of the Psyche*. Princeton: Princeton University Press, 1969.

JUNG, C. G. *Memories, Dreams, Reflections*. Nova York: Pantheon, 1973.

KAHNEMAN, D. *Attention and Effort*. Englewood Cliffs: Prentice-Hall, 1973.

KLEIN, G. *Pietà*. Cambridge, Massachusetts: MIT Press, 1992.

KLEIN, G.; KLEIN, E. How One Thing Has Led to another. *Annual Review of Immunology*, n. 7, pp. 1-33, 1989.

KLEIN, G. (Org.). *Om Kreativitet och Flow*. Estocolmo: Brombergs, 1990.

KOESTLER, A. *The Act of Creation*. Nova York: Macmillan, 1964.

KOSOFF, J. Explaining Creativity: The Attributional Perspective. *Creativity Research Journal*, n. 8, pp. 311-66, 1995.

KREBS, H. A.; SHELLY, J. H. *The Creative Process in Science and Medicine*. Amsterdam: Elsevier, 1975.

KRIS, E. *Psychoanalytic Explorations in Art*. Nova York: International Universities Press, 1952.

KUBEY, R.; CSIKSZENTMIHALYI, M. *Television and the Quality of Life*. Hillsdale: Lawrence Erlbaum, 1990.

KUHN, T. S. *The Structure of Scientific Revolutions*. Chicago: University of Chicago Press, 1970. [Ed. bras.: *A estrutura das revoluções científicas*. São Paulo: Perspectiva, 2020.]

LABOUVIE-VIEF, G. Intelligence and Cognition. In: BIRREN, J. E.; SCHAIE K. W. *Handbook of the Psychology of Aging*. 2. ed. Nova York: Van Nostrand Reinhold, 1985.

LAMBERT, F. L. Thermodynamics Can Be Obstructed, the Second Law Be Damned. Los Angeles, Califórnia, 1995.

LANGLEY, P. et al. *Scientific Discovery: Computational Exploration of the Creative Process*. Cambridge: MIT Press, 1987.

LAUMANN, E. O. et al. *The Social Organization of Sexuality: Sexual Practices in the United States*. Chicago: University of Chicago Press, 1994.

LEHMAN, H. C. *Age and Achievement*. Princeton: Princeton University Press, 1953.

LEVINE, R. Cultural Environments in Child Development. In: DAMON, W. (Org.). *Child Development Today and Tomorrow*. San Francisco: Jossey-Bass, 1991, pp. 52-68.

LEVINSON, M. Citi Comes in from the Cold. *Newsweek*, p. 50, 26 setembro 1994.

LORENZ, K. *On Aggression*. Nova York: Harcourt, Brace and World, 1966.

LOVELOCK, J. E. *Gaia: A New Look at Life on Earth*. Nova York: Oxford University Press, 1979.

MACKINNON, D. W. The Nature and Nurture of Creative Talent. *American Psychologist*, n. 20, pp. 484-95, 1962.

MACKINNON, D. W. Creativity and Images of the Self. In: WHITE, R. W. (Org.). *The Study of Lives*. Nova York: Atherton, 1963, pp. 251-78.

MACKINNON, D. W. The Creativity of Architects. In: TAYLOR, C. W. (Org.). *Widening Horizons in Creativity*. Nova York: J. Wiley and Sons, 1964.

MAGYARI-BECK, I. New Concepts About Personal Creativity. In: *Creativity and Innovation Yearbook*, 1. Manchester: Manchester Business School, 1988, pp. 121-6.

MAGYARI-BECK, I. *Múzsák a Piacon*. Budapeste: Aula Kiadó, 1994.

MARTINDALE, C. Personality, Situation, and Creativity. In: GLOVER, J.; RONNING, R.; REYNOLDS, C. R. (Orgs.). *Handbook of Creativity*. Nova York: Plenum, 1989, pp. 211-32.

MARTINDALE, C. *The Clockwork Muse: The Predictability of Artistic Change*. Nova York: Basic Books, 1990.

MARUYAMA, M. Mindscapes and Science Theories. *Current Anthropology*, v. 21, n. 5, 1980, pp. 589-600.

MASLOW, A. *The Farther Reaches of Human Nature*. Nova York: Viking, 1971.

MASSIMINI, F. *I Presupposti teoretici e osservativi del paradigma della selezione culturale. Primo contributo: Il doppio sistema ereditario*. Milão: Ghedini, 1979.

MASSIMINI, F. I presupposti teoretici del paradigma della selezione culturale umana. In: MASSIMINI, F.; INGHILLERI, P. (Orgs.). *La selezione psicologica umana: Teoria e metodo di analisi*. Milão: Cooperativa Libraria Iulm, 1993.

MASSIMINI, F.; CALEGARI, C. *Il contesto normativo sociale*. Milão: F. Angeli, 1979.

MASSIMINI, F.; DELLE FAVE, A. Religion and Cultural Evolution. *Zygon*, n. 26, pp. 27-48, 1991.

MASSIMINI, F.; INGHILLERI, P. *L'Esperienza quotidiana: Teoria e metodo di analisi*. Milão: Angeli, 1986.

MASSIMINI, F.; INGHILLERI, P. *La Selezione psicologica umana: Teoria e metodo di analisi*. Milão: Cooperativa Libraria Iulm, 1993.

MASSIMINI, F.; CSIKSZENTMIHALYI, M.; FAVE, A. Delle. Flow and Biocultural Evolution. In: CSIKSZENTMIHALYI, M.; CSIKSZENTMIHALYI, I. S. (Orgs.). *Optimal Experience: Psychological Studies of Flow in Consciousness*. Nova York: Cambridge University Press, 1988, pp. 60-84.

MAYR, E. *Systematics and the Origin of Species*. Nova York: Columbia University Press, 1947.

McKAY, M.; FANNING, P. *Self-Esteem*. Nova York: St. Martin's Press, 1988.

MEDAWAR, P. *The Art of the Soluble*. Chicago: University of Chicago Press, 1967.

MILGRAM, R. Creativity: An Idea Whose Time Has Come and Gone? In: RUNCO, M. A.; ALBERT, R. S. *Theories of Creativity*. Newbury Park: Sage, 1990, pp. 215-33.

MILLER, G. A. Informavore. In: MACHLUP, F.; MANSFIELD, U. (Orgs.). *The Study of Information*. Nova York: J. Wiley and Sons, 1983.

MOCKROS, C. The Social Construction of Extraordinary Selves: A Lifespan Study of Creative Individuals. Tese de doutorado não publicada, Universidade de Chicago, 1995.

MOCKROS, C.; CSIKSZENTMIHALYI, M. The Social Construction of Creative Lives. In: PURSER, R.; MONTUORI, A. *Social Creativity*. v. I. Creskill: Hampton Press, 1995.

MONETA, G.; CSIKSZENTMIHALYI, M. The Effect of Perceived Challenges and Skills on the Quality of Subjective Experience. *The Journal of Personality*, 1995.

NOELLE-NEUMANN, E. 1985. Identifying Opinion Leaders. Artigo apresentado na 38ª edição da ESOMAR, Wiesbaden, Alemanha.

ODEN, M. H. The Fulfillment of Promise: 40-Year Follow-Up of the Terman Gifted Group. *Genetic Psychology Monographs*, n. 77, pp. 3-93, 1968.

O'NEIL, J. *The Paradox of Success*. Nova York: G. P. Putnam's Sons, 1993. [Ed. bras.: *O paradoxo do sucesso*. São Paulo: Cultrix, 1993.]

ORNSTEIN, R. *Multimind: A New Way of Looking at Human Behavior*. Boston: Houghton Mifflin, 1986.

OVER, R. Age and Scholar Impact. *Psychology of Aging*, n. 4, pp. 222-5, 1989.

PARNES, S. J. *Creative Behavior Guidebook*. Nova York: Scribners, 1967.

PEIRCE, C. S. *The Collected Works of Charles Sanders Peirce*. v. 1-6. In: HARTSHORNE, C.; WEISS, P. (Orgs.). Cambridge: Harvard University Press, 1931-35.

PERKINS, D. N. *The Mind's Best Work*. Cambridge: Harvard University Press, 1981.

PIECHOWSKI, M.; CUNNINGHAM, K. Patterns of Overexcitability in a Group of Artists. *Journal of Creative Behavior*, n. 19, pp. 153-74, 1985.

POLICASTRO, E. Creative Intuition: An Integrative Review. *Creativity Research Journal*, n. 8, pp. 99-113, 1995.

POPPER, K. *The Logic of Scientific Discovery*. Nova York: Basic, 1959. [Ed. bras.: *A lógica da pesquisa científica*. São Paulo: Cultrix, 2013.]

RATHUNDE, K. Family Context and Talented Adolescents' Optimal Experience in School-Related Activities. *Journal of Research in Adolescence*, n. 6, v. 4, pp. 605-28, 1996.

RATHUNDE, K.; CSIKSZENTMIHALYI, M. Undivided Interest and the Growth of Talent: A Longitudinal Study of Adolescents. *Journal of Youth and Adolescence*, n. 22, pp. 1-21, 1993.

REIGBER, D. *Glück im Garten — Erfolg in Markt*. Offenburg: Burd, 1995.

RENNINGER, K. A.; HIDI, S.; KRAPP, A. (Orgs.). *The Role of Interest in Learning and Development*. Hillside: Erlbaum, 1992.

RETI, L. (Org.). *The Unknown Leonardo*. Nova York: McGraw-Hill, 1974.

ROBINSON, R. Project and Prejudice: Past, Present, and Future in Human Development. *Human Development*, n. 31, pp. 158-72, 1988.

ROE, A. The Personality of Artists. *Educational and Psychological Measurement*, n. 6, pp. 401-8, 1946.

ROE, A. A Psychological Study of Physical Scientists. *Genetic Psychology Monographs*, v. 43, pp. 123-235, 1951.

ROE, A. *The Making of a Scientist*. Nova York: Dodd, Mead, 1952.

ROGERS, C. *Client-Centered Therapy*. Boston: Houghton Mifflin, 1951.

RÓHEIM, G. *The Eternal Ones of the Dream: A Psychoanalytic Interpretation of Australian Myth and Ritual*. Nova York: International Universities Press, 1945.

ROOT-BERNSTEIN, R. S. *Discovering, Inventing, and Solving Problems at the Frontiers of Science*. Cambridge: Harvard University Press, 1989.

ROOT-BERNSTEIN, R. S.; BERNSTEIN, M.; GAMIER, H. C. Correlations Between Avocations, Scientific Style, Work Habits, and Professional Impact of Scientists. *Creativity Research Journal*, n. 8, pp. 115-37, 1995.

ROTHENBERG, A. *The Emerging Goddess: The Creative Process in Art, Science, and Other Fields*. Chicago: University of Chicago Press, 1979.

ROTHENBERG, A. Creativity, Mental Health, and Alcoholism. *Creativity Research Journal*, n. 3, pp. 179-201, 1990.

RUDMIN, F. W. (Org.). *To Have Possessions*. Corte Madera: Select Press, 1991.

RUMELHART, D. E.; MCCLELLAND, J. L.; PDP Research Group (Orgs.). *Parallel Distributed Processing: Explorations in the Microstructure of Cognition*. v. 1, *Foundations*. Cambridge: MIT Press, 1986.

RUNCO, M. A. *Divergent Thinking*. Norwood: Ablex, 1991.

RUNCO, M. A. (Org.). *Problem Finding, Problem Solving, and Creativity*. Norwood: Ablex, 1994.

RUSS, S. W. *Affect & Creativity*. Hillsdale: Lawrence Erlbaum, 1993.

RYBACK, J. M.; ROODIN, P. A.; HOYER, W. J. *Adult Development and Aging*. 3. ed. Dubuque: Brown & Benchmark, 1995.

SALK, J. *Anatomy of Reality: Merging Intuition and Reason*. Nova York: Columbia University Press, 1983.

SCHAIE, K. W. The Optimization of Cognitive Functioning in Old Age: Prediction Based on Cohort-Sequential and Longitudinal Data. In: BALTES, P. B.; BALTES, M. (Orgs.). *Longitudinal Research and the Study of Successful (optimal) Aging*. Cambridge: Cambridge University Press, 1990, pp. 94-117.

SCHAIE, K. W. The Course of Adult Intellectual Development. *American Psychologist*, v. 49, pp. 304-13, 1994.

SCHIEFELE, U. Interest, Learning, and Motivation. *Educational Psychologist*, n. 26, pp. 299-323, 1991.

SCHIEFELE, U.; CSIKSZENTMIHALYI, M. Interest and the Quality of Experience in Classrooms. *European Journal of Psychology of Education*, n. 9, v. 3, pp. 251-70, 1994.

SCHNEIDER, B. et al. East Asian Academic Success in the United States: Family, School, and Community Explanation. In: GREENFIELD, P. M.; COCKING, R. R. *Cross-Cultural Roots of Minority Child Development*. Hillsdale: Lawrence Erlbaum, 1992, pp. 323-50.

SCHWEBER, S. S. *QED and the Men Who Made It: Dyson, Feynman, Schwinger, and Tomonaga*. Princeton, Nova Jersey: Princeton University Press, 1994.

SEARS, P. R. R. 1,528 Little Geniuses and How They Grew. *Psychology Today*, pp. 29-43, fev. 1980.

SEMENZATO, C. *Giotto*. Nova York: Barnes & Noble, 1964.

SIMON, H. A. *Sciences of the Artificial*. Boston: MIT Press, 1969.

SIMON, H. A. Creativity and Motivation: A Response to Csikszentmihalyi. *New Ideas in Psychology*, n. 6, pp. 177-81, 1988.

SIMONTON, D. K. Sociocultural Context and Individual Creativity: A Transhistorical Time-Series Analysis. *Journal of Personality and Social Psychology*, n. 32, pp. 1119-33, 1975.

SIMONTON, D. K. *Genius, Creativity, and Leadership: Historiometric Inquiries*. Cambridge, Massachusetts: Harvard University Press, 1984.

SIMONTON, D. K. Age and Outstanding Achievement: What do We Know After a Century of Research? *Psychological Bulletin*, v. 104, pp. 163-80, 1988.

SIMONTON, D. K. *Scientific Genius: A Psychology of Science*. Nova York: Cambridge University Press, 1990a.

SIMONTON, D. K. Political Pathology and Societal Creativity. *Creativity Research Journal*, n. 3, pp. 85-99, 1990b.

SIMONTON, D. K. Creativity and Wisdom in Aging. In: BIRREN, J. E.; SCHAIE, K. W. (Orgs.). *Handbook of the Psychology of Aging*. 3. ed. San Diego: Academic Press, 1990c, pp. 320-9.

SMITH, R. A. (Org.). *Discipline-based Art Education*. Urbana: University of Illinois Press, 1989.

SPENCE, J. T.; HELMREICH, R. L. *Masculinity and Femininity*. Austin: University of Texas Press, 1978.

STAYER, M. S. (Org.). *Newton's Dream*. Kingston: McGill-Queen's University Press, 1988.

STEIN, M. Creativity and Culture. *Journal of Psychology*, v. 36, pp. 311-22, 1953.

STERNBERG, R. J. Implicit Theories of Intelligence, Creativity, and Wisdom. *Journal of Personality and Social Psychology*, v. 49, pp. 607-27, 1985.

STERNBERG, R. J. A Triarchic Theory of Intellectual Giftedness. In: STERNBERG, R. J.; DAVIDSON, J. E. *Conceptions of Giftedness*. Nova York: Cambridge University Press, 1986, pp. 223-43.

STERNBERG, R. J. (Org.). *The Nature of Creativity*. Nova York: Cambridge University Press, 1988.

STERNBERG, R. J.; DAVIDSON, J. E. (Orgs.). *The Nature of Insight*. Cambridge: MIT Press, 1995.

STERNBERG, R. J.; LUBART, T. I. An Investment Theory of Creativity and Human Development. *Human Development*, n. 34, pp. 1-31, 1991.

STEVENSON, H. W.; STIGLER, J. W. *The Learning Gap: Why Our Schools Are Failing*. Nova York: Touchstone, 1992.

SUE, S.; OKAZAKI, S. Asian-American Educational Achievements: A Phenomenon in Search of an Explanation. *American Psychologist*, n. 45, pp. 913-20, 1990.

TEILHARD DE CHARDIN, P. *The Phenomenon of Man*. Nova York: Harper & Row, 1965. [Ed. bras.: *O fenômeno humano*. São Paulo: Cultrix, 1988.]

TERMAN, L. M. *Genetic Studies of Genius*. Stanford: Stanford University Press, 1925.

THERIVEL, W. A. The Challenged Personality as a Precondition for Sustained Creativity. *Creativity Research Journal*, v. 6, pp. 413-24, 1993.

THERIVEL, W. A. Long-Term Effect of Power on Creativity. *Creativity Research Journal*, v. 8, pp. 173-92, 1995.

TORRANCE, E. P. *Guiding Creative Talent*. Englewood Cliffs: Prentice-Hall, 1962.

TORRANCE, E. P. Creativity as Manifested in Testing. In: STERNBERG, R. J. *The Nature of Creativity*. Nova York: Cambridge University Press, 1988, pp. 43-75.

TREISMAN, A. M.; GELADE, G. A Feature Integration Theory of Attention. *Cognitive Psychology*, n. 12, pp. 97-136, 1980.

VAILLANT, G. E. *The Wisdom of the Ego*. Cambridge: Harvard University Press, 1993.

VASARI, G. *Lives of the Most Eminent Painters, Sculptors, and Architects*. Nova York: The Modern Library, [1550] 1959.

WACHHORST, W. *Thomas Alva Edison: An American Myth*. Cambridge: MIT Press, 1981.

WALLAS, G. *The Art of Thought*. Nova York: Harcourt-Brace, 1926.

WATSON, J. *The Double Helix: A Personal Account of the Discovery of the Structure of DNA*. Nova York: Norton, 1980.

WEBER, R. J.; PERKINS, D. N. *Inventive Minds*. Nova York: Oxford University Press, 1992.

WELLS, A. Self-Esteem and Optimal Experience. In: CSIKSZENTMIHALYI, M.; CSIKSZENTMIHALYI, I. S. *Optimal Experience: Psychological Studies of Flow in Consciousness*. Nova York: Cambridge University Press, 1988, pp. 327-41.

WESTBY, E. L; DAWSON, V. L. Creativity: Asset or Burden in the Classroom? *Creativity Research Journal*, n. 8, pp. 1-10, 1995.

WESTFALL, R. S. *Never at Rest: A Biography of Sir Isaac Newton*. Nova York: Cambridge University Press, 1980.

WHITE, R. W. Motivation Reconsidered: The Concept of Competence. *Psychological Review*, v. 66, pp. 297-333, 1959.

WIGNER, E. *The Recollections of Eugene P. Wigner*. Nova York: Plenum Press, 1992.

WILSON, E. O. *Sociobiology: The New Synthesis*. Boston: Belknap Press, 1975.

WILSON, E. O. *Biophilia: The Human Bond with Other Species*. Cambridge: Harvard University Press, 1984.

WINNER, E. *Gifted Children: Myths and Realities*. Nova York: Basic Books, 1996.

ZAJONC, R. B. Family Configuration and Intelligence. *Science*, v. 192, pp. 227-35, 1976.

ZUCKERMAN, H.; COLE, J. R. Research Strategy in Science: A Preliminary Inquiry. *Creativity Research Journal*, n. 7, pp. 391-405, 1994.

ZUCKERMAN, H.; LEDERBERG, J. Forty Years of Genetic Recombination with Bacteria: A Post-Mature Discovery. *Nature*, v. 324, pp. 629-31, 1986.

Índice remissivo

abertura e fechamento, 274, 376-7

abstração nas artes visuais, 380

Academia Alemã de Ciência, 189

Academia de Ciências de Nova York, 233

Academia Francesa de Ciências, 189

Academia Nacional de Ciências, 278

ação e reflexão, 328

ação política e social, 210-2

aceitação, grau observado no estudo, 17-9

acessibilidade do domínio, 44-5

Adenauer, Konrad, 142

Adler, Mortimer J., 389

administração, pressão na, 213-4

adolescentes criativos, 184-7

agenda, importância da, 368

Albert Lasker, prêmio, 205

alfabetização digital, 334

alimentos, desperdício de, 328

ambição na ciência, 278-9

ambiente: deterioração do, 210-1; impacto na criatividade, 135-48, 320, 340-1; mudanças durante o processo criativo, 110, 143, 154-5; personalizando um, 148-52, 154-5, 370

American Association for the Advancement of Science, 305

American Chemical Society, 233

American College of Nuclear Physicians, 233

American Medical Association, 336

American Nuclear Society, 82-3

American Psychological Association, 336

amor e trabalho, 236-8

amostra, entrevista, 17, 23

análise espectral, 8

Anderson, Jack, 231, 389

androginia, psicológica, 78

ansiedade, redução com a idade, 225

apagão elétrico, 304

aprendizado, 192; flow no, 356-7

Arendt, Hannah, 22

Argonne National Laboratories, 99, 137

Aristóteles, 275, 375

Arquimedes, 87

Arquivo Nacional, Ottawa, 215

arrogância, em pessoas criativas, 75-7, 290-2, 349

artes: disputas de poder nas, 257; ideologia e, 258

artistas: experiências de vida dos, 91-3; imagens opostas dos, 256

Asner, Edward, 211, 231, 389

Aspen, conferências de, 143

Assim falou Zaratustra (Nietzsche), 143

Associação Internacional de Pesquisa para a Paz, 319

associações multinacionais, 318

Atenas, 148

atenção: controle da própria, 367-8; enquanto recurso limitado, 12-3, 48, 167, 360; mudança nos padrões da, 374-5

Atheist and the Holy City, The [O ateu e a cidade sagrada], 285

atividades, padrões de, 152-5

Attila, József, 285

Auden, Wystan Hugh, 262

Auschwitz, 288

autoestima, de acordo com a etnia, 345

autotélica, definição, 121

avanços no processo criativo, 89-90, 97

Avedon, Richard, 18

Bach, Johann Sebastian, 35-6, 105, 147, 348

Bardeen, John: biografia de, 32, 139-40, 390; importância do professor para, 183; infância e juventude, 165, 184, 186; sobre a mudança para Illinois, 139-40; sobre o domínio enquanto fonte de significado, 44; sobre orgulho no trabalho, 238; momento e, 53

Baskin, Leonard, 390

Beethoven, Ludwig von, 32, 59, 147

Bell Research Laboratories, 99, 139-40, 148

Bellagio, 142

Bellow, Saul, 18, 270

benefícios de curto prazo e consumismo, 338

Berson, Solomon A., 204-5

Best O'Henry Stories, 270

Bethe, Hans: biografia de, 390; enquanto professor, 194; infância de, 165; sobre casamento, 197; sobre envelhecer, 224; sobre inspiração na natureza, 93; sobre perseverança, 68-9

biologia: evolucionária, 280; molecular, crescimento exponencial da, 279-80; origens do câncer, 284-5; política da, na década de 1960, 281; populacional, 280-1; tumoral *ver* câncer, origens do

biologia, evolução do domínio e do campo: enquanto sistema precoce, 275-6; na década de 1960, 279-80

biologia celular: crescimento exponencial da, 284-5; trabalho de L'Engle, 266-7; *ver também* biologia

Blackwood, Easley, 390

Bohr, Niels, 53

Booth, Wayne, 98, 176-7, 391

Boulding, Elise: ativismo pela paz e, 317, 319; biografia de, 316-20, 391; casamento de, 200, 316; crença religiosa e, 240; infância de, 317, 328; interconexões sistêmicas e, 327; sobre a solidão, 149; sobre *burnout*, 320

Boulding, Kenneth, 148, 200, 316

Bourdieu, Pierre, 60

Brahe, Tycho, 354

brâmanes hindus, 143

Brandeis, Louis, 270

brilhantismo e criatividade, 31

Bronx High School of Science, 148

Bronx Veterans Administration Hospital, 204

Brunelleschi, Filippo, 38-9, 41-2, 52, 348

Buda, precocidade e, 163

Budapeste, 182, 184

Burbidge, Margaret, 391

Burkitt, linfoma de, 291-2

burnout, 212, 315, 320

Butler, Margaret: Argonne National Laboratories e, 101, 137; biografia de, 391-2; enquanto cientista mulher, 196, 213-4; sobre a alegria da ciência, 82-3; sobre a importância de regras básicas, 97; sobre o apoio ao marido, 199

cálculo racional e paixão, 316

Califórnia, enquanto ambiente, 324

California Institute of Technology (Caltech), 140

Campbell, Donald: biografia de, 392; infância de, 65, 186; sobre a competitividade no ambiente universitáro, 140-1; sobre a influência dos pais, 170; sobre a manutenção do interesse, 93-94, 130; sobre período de incubação, 107

campo: aceitação pelo, 50-1, 90, 336; acesso ao, 50-1, 54-6, 61-2; características do, 336-9, 344; criatividade no, 49-51, 98-103; mudando o, 350; no contexto organizacional, 98-100; no modelo de sistemas, 11, 34; relacionamentos com o, 35, 96-7, 228, 282

câncer: origens do, 284-5; pesquisa sobre o, 298

capacidade física, mudanças na, 219, 222-5

capital, acesso global ao, 334-5

capital cultural, 60-1

Cardozo, Benjamin, 270

Carnegie Corporation, 77

carreira: criação de uma carreira artística, 201-3, 206-8; criação de uma carreira científica, 203-6; idiossincrasia de uma carreira criativa, 202; início de, 194-6; oportunidades de, 214, 347-8

carro, enquanto ambiente, 151-2, 372

Caspersson, Torbjörn, 289

Cellini, Benvenuto, 349

Center for the Biology of Natural Systems, 303

Chandrasekhar, Subrahmanyan: biografia de, 392; educação, 136, 218; infância de, 167-8; momento e, 53; Nobel e, 345; sobre motivação, 131

Chaucer, Geoffrey, 21

China, 335, 351

Churchill, Winston, 164

cidades árabes no século x, 148

ciência: educação, 61-2, 187; empreendedorismo, 285; enquanto desmascarador de crenças, 331; intuição e, 327-8; oportunidade de flow na, 301; políticas públicas e, 305-7; vida, 275-6

ciências sociais, relativismo nas, 380

cientistas: diferenças e semelhanças entre os, 299-300; experiências de vida dos, 92-3; responsabilidade e, 300

Cimabue, 162

Citicorp, 58, 72, 99

City University of New York, 303

civilização, evolução da, 331

civilização egípcia, 335, 351

civilização maia, 333

Clark, William, 248

colegas na adolescência, 286-7, 299

Coleman, James, 224, 392

College of Agricultural Sciences, 193

Comissão pela Construção da Paz no Oriente Médio, 319

Committee for Nuclear Information, 305

Committee on Science in the Promotion of Human Welfare, 305

Common Cause, 100, 211, 322, 325

Commoner, Barry: biografia de, 303-8, 392-3; florescimento tardio e, 165; marginalidade por ser judeu e, 307, 328; motivação de, 296; sobre a interação entre domínios, 96-7, 327; sobre as limitações da academia, 100, 306-7; sobre mudanças periódicas de carreira, 153; sobre o aprimoramento da terceira idade, 224, 308; sobre o flow, 128; sobre o processo de elaboração, 113-4; sobre problemas, 126, 211, 307

complexidade, 378

composição bizantina, 379

Comprimento de onda (filme), 208

comunicação, quebra na, 352-3

comunidade, perda do sentimento de, 331

comunidades harmônicas, 318

Confúcio, 259

conhecimento, organização do, 13-4, 43, 353-5

cônjuges, apoio dos, 129, 196-9

conquistas, influências nas, 159

consciência, evolução da, 133-4

Conselho Judaico, Budapeste, 288-9

consequências indesejadas, 304, 332

conservação ambiental, 303

conservadorismo e rebeldia na personalidade criativa, 78-9

continuidade, intergeracional, 189

contribuição ao domínio, 387-8

controle, enquanto uma questão, 279, 305

Copérnico, 192, 354

Cortina de Ferro, 290

Country Futures Indicators, 313

criatividade: aprimoramento da, 339-59; definição, 11-2, 34; elementos da, 29-33, 35-8, 76, 335-6, 379-88; enquanto forma de satisfação, 8-9, 115-8; enquanto sistema e, 10-1, 33-8; enquanto traço evolutivo, 7, 11, 202-3, 295; envelhecimento e, 221; futuro e, 10, 75, 330-1, 333, 335-6; razões para estudar a, 7-8, 15-6

Crick, Francis, 140

Crise de 1929, 100, 171, 307, 333

critérios estéticos, 353

Cruz Flechada, 289

cubismo, 380

cultura: conservadorismo intrínseco da, 48, 283; definição, 43, 330; desenvolvimento dialético da, 334; enquanto uma adaptação defensiva, 356; evolução da, 13-4; razões para criar uma, 356

Curie, Marie, 135, 203

Curie, Pierre, 135

curiosidade: como cultivar a, 361-3; desenvolvimento da, 340; infância e, 164-70; pessoas criativas e, 340, 361

custos da oportunidade e medidas econômicas, 310-1

Da Vinci, Leonardo, 31-2, 136, 142

Dante Alighieri, 21, 287

Dartmouth College, 319

Darwin, Charles, 67, 88, 105, 165, 201

Davies, Robertson: biografia de, 164, 393; enquanto figura pública, 214-5; infância de, 166, 184; sobre a compulsão de escrever, 123-4; sobre a influência dos pais, 65-6, 170, 174; sobre o ambiente de escrita, 149; sobre o casamento, 197; sobre o pessimismo, 24-5

Davis, Natalie: amor pelo trabalho, 239; biografia de, 393; casamento de, 199; impacto da experiência pessoal, 92, 211; sobre a curiosidade, 60; sobre a objetividade, 80; sobre o processo de elaboração, 113

decisões de mercado, elementos da, 337-8

defensividade, causas da, 360

Departamento de Saúde, Educação e Bem-Estar, 165, 320, 325

dependência mútua, natureza da, 317-8

"Deptford", trilogia, 123

descoberta, prazer na, 116-7

desigualdade entre ricos e pobres, 310

diários, uso de, 274

Die Zeit, 102

difusão no domínio, 387-8

dinheiro, enquanto fonte de motivação, 349

dioxina, 306

direito romano, função do, 333-4

dirigir, enquanto momento de reflexão, 151

disciplina, 225-6, 273

distrações, contornando, 359, 366

dobra no tempo, Uma (L'Engle), 263, 267-8

doenças autoimunes, pesquisas sobre, 298

Domin, Hilde: biografia de, 168, 254-6, 393; casamento de, 200, 256; Segunda Guerra Mundial e, 254-5, 257; sobre a arte enquanto refúgio, 255, 259, 271, 273-4; sobre começo de carreira, 254-6, 343; sobre o ciúme no meio artístico, 256-7, 272-3; sobre o materiais brutos de escrita, 91; sobre os pais, 257-8

domínio: acesso ao, 54-5, 59-61, 136-41, 341-3; alterações no, 90, 302-29, 353-4, 386-8; características do, 10-1, 33-4, 43-7, 94-5; definição, 34; interação entre, 96, 205, 274, 342-3; isolamento do, 213, 352; relação com a cultura, 34-5, 44-5; relação com o, 43-4, 75, 228-30, 273, 366, 387

Donatello, 38

Donne, John, 36, 262

Dostoiévski, Fiódor, 24

Drucker, Peter, 18-9, 84-5

Dyson, Freeman: biografia de, 393; educação de, 88, 136, 145; sobre a carreira de sucesso, 201; sobre a influência dos pais, 173; sobre a paternidade, 76; sobre a relação com o domínio, 153-4, 229; sobre o flow, 127; sobre o período de incubação, 106-7, 231; sobre o processo criativo, 88-90, 103, 125-6, 129, 138

Eddington, Sir Arthur, 218

Edison, Thomas Alva, 11-2, 31-2, 87, 163, 202

educação, defeitos no modelo atual, 343

ego, ameaças ao, 360

Eigen, Manfred: biografia de, 60-1, 393-4; infância de, 164, 173, 186; momento e, 53; música e, 152, 343; responsabilidades administrativas de, 100, 214, 228; sobre a solução de problemas, 68; sobre o domínio enquanto fonte de sentido, 44, 96; sobre o processo de sono, 107

Einstein, Albert: alheamento de, 147, 360, 366-7; avanços científicos e, 11-2, 31-2, 70, 103, 169; importância do período histórico para, 101, 348; música e, 361-2; primeiros anos de vida, 163-4, 182, 354

El Greco, 59

elaboração, processo de, 87, 89-90, 112-4

eletrodinâmica quântica, 88-9

Eliot, Thomas Stearns, 36, 182, 262

energia nuclear, promessas da, 332

energia, 223, 327, 359

engenheiros, carência de, 334

ensino médio, conquistas no, 186-7

entropia, 117-8, 132, 219, 271, 363, 366

Epstein-Barr (VEB), vírus, 292

Erikson, Erik, 208, 235

esclerose múltipla, pesquisa sobre, 298

escola luterana, Budapeste, 182, 184

escolas, enquanto motivadoras, 134, 182-4

escoteiros, 277, 287, 299

escritores: bloqueio, 252; métodos de trabalho dos, 247-74; semelhanças entre os, 273-4

espaço, criação do próprio, 371-2

Esperança, 344

espiritualidade, 327-9

estratégias para a criação de filhos, 342

estrutura de apoio: desenvolvimento da, 366-74; internalização da, 374-9

estrutura e clareza do domínio, 44-7

Euclides, 43

evolução, teorias da, 11, 88, 281, 293-5, 331

Excellence: Can We Be Equal and Excellent Too? [*Podemos ser iguais e excelentes ao mesmo tempo?*], 321

exotélica, definição, 121

expectativa, fontes de, 344-5

experiência: abertura à, 60, 248, 364-5; precoce, importância da, 340-1; restaurar a ordem à, 270-1

experiências ideais, 372-4

Exposição Universal de 1893, 188

expressionismo abstrato, 63, 94

expressionismo nas artes, 380

extroversão e introversão na personalidade criativa, 72-5

Fabriano, Gentile da, 38

faculdade, enquanto ponto alto, 192-6

Falstaff (Verdi), 221

Faludy, György: biografia de, 394; campos de concentração, 100, 147, 211; diário e, 91-2; infância, 65, 342; sobre a influência dos pais, 174, 181; sobre a vocação de poeta, 44, 123, 168; sobre o aprendizado de um domínio, 97

família, importância da, 180, 196-9, 314, 318, 340-1, 344

feedback e julgamento, 124-5

feridas psicológicas, 218

Fermat, Pierre de, 45

Feynman, Richard, 88-9, 136, 145

filhos: altas expectativas sobre os, 340-1; criados para serem pacificadores, 318; importância para as pessoas criativas, 209; modelos para os, 134

filosofia, desconstrução na, 380

física de partículas, 266-7

física, mudanças no pós-guerra, 353-4

físicos nucleares, 50

Fleming, Alexander, 293

flow: aprendizado e, 356-7; como cultivar o, 363-6; definição, 118, 329; elementos do, 119-21, 125-32; feedback e, 119, 124-5; medo do fracasso e, 120; metas e, 119, 122-4; variações na experiência do, 118-9, 321, 357

Franklin, Benjamin, 221

Franklin, John Hope, 172-3, 209, 217, 341, 394

Freud, Sigmund, 21-2, 34, 101, 108, 190-1, 202, 237

Fundação Alemã de Pesquisa, 214, 229

Fundação Rockefeller, 142

fundamentalismo religioso, 51, 333

fusão a frio, 30

Gaia, mito de, 328

Galeria de Arte de Ontário, 206

Galileu, 34, 51, 67, 192, 354

Galvani, Luigi, 202

Galvin, Robert: biografia de, 394; idade avançada, 216, 224, 233-4, 343-4; importância do campo para, 99; sobre a criatividade, 37, 84, 104, 385

Gardner, Howard, 67

Gardner, John W.: biografia de, 394-5; características, 77, 323-7; carreiras, 98, 164-5, 193, 320-7; Common Cause e, 100, 211, 322-3; interconexões sistêmicas e, 327-8; juventude e formação, 186, 198, 320, 323-4, 328; mudança de personalidade, 326, 375; sobre a realização do potencial, 320-1, 325-6

Generali, seguradora, 164

generatividade, 208-16, 235

gênero: diferenças, 78, 225, 227-8, 236-9, 264-5; distribuição na amostra, 17, 19; papéis de, 200, 256-7, 264-5, 341

genética molecular, política da, 281

genialidade, criatividade e, 33

geometria, 260-1

Getty Center for Education in the Arts, 355

Ghiberti, Lorenzo, 38, 41-2

Ginsberg, Allan, 261

Giotto, 162-3, 166

Goethe, Johann Wolfgang von, 67, 255, 293

Golk (Stern), 270

Gorbatchóv, Mikhail, 102

Gordimer, Nadine, 395

Gould, Stephen Jay, 395

Graham, Martha, 101

Greene, William V., 183

Grierson, Herbert, 36

Gruenenberg, Nina, 395

guardiões do domínio, 273

Guerra Civil, 188

Guerra do Vietnã, 211, 261, 308

guerra, ausência de sentido da, 271

guilda, mentalidade de, 351

Guilford, J. P., 101

Gutenberg, Johannes, 351

habilidades cognitivas, mudanças nas, 222-5

Hamilton, William D., 278

Handel, Georg Friedrich, 348

Hardy, Thomas, 262

Harper, William R., 138

Harris, Irving Brooks, 395

Hart, Kitty Carlisle, 395-6

Hauser, Arnold, 42

Hawking, Stephen, 220

Hebb, Donald O., 136-7, 210

Hecht, Anthony: biografia de, 396; educação de, 195, 260-2; escolha de carreira de, 168, 193; estilo de, 259-60, 273-4; infância de, 259-60; metodologia de, 91, 259-63; motivação de, 261, 270; sobre a vida universitária, 138; sobre o casamento, 197, 263; sobre o envelhecimento, 225; sobre reputações literárias, 36

Hegel, Georg Wilhelm Friedrich, 334

Heidegger, Martin, 242

Heisenberg, Werner, 93

Henderson, Hazel: ativismo de, 308-16; biografia de, 396; conflito parental e, 173-4, 328; empreendedorismo de, 309-10; enquanto economista, 308-9; estilo de vida de, 148-9, 152, 314-5; interconexões sistêmicas e, 311-2, 327; metodologia de, 47, 100, 312-4; sacrifícios pessoais de, 200-1, 308-10, 314-5; sobre a espiritualidade, 315-6; sobre a incubação de ideias, 107; sobre a riqueza das nações, 311; sobre regras e valores sociais, 311-2

herança biológica, 340

Herbert, George, 262

Heródoto, 248, 365
história natural e sociobiologia darwinianas, 280-1
Hitler, Adolf, 40, 104, 254, 333
Holton, Gerald, 95, 396
Holton, Nina: biografia de, 396-7; domínio com a idade e, 229; em Roma, 136; sobre a perseverança, 69; sobre extroversão e introversão, 74; sobre o casamento, 199; sobre o otimismo, 22-3
Homero, 29
honestidade: artes e, 257-9; exemplo dos pais, 174-5
Honig, William, 397
Humboldt, Alexander von, 276
Huntington, Ellsworth, 278

idade, mudanças vindas com a, 221-30
Idade Média, 38, 105, 136
ideias, volume e variedade de, 384-5
ideias ortodoxas, ceticismos em relação às, 328
identidade, desenvolvimento de, 235
identidade global, 318
ideologia, enquanto forma de corrupção da arte, 258
idiomas, nuances entre os, 255
igualdade social, éthos da, 321
inconsciente, motivação e o, 273-4
Independent Sector, 323
indivíduo: criativo, 52-4; no modelo de sistemas, 34-5; percepção das diferenças, 321
infância: continuidade dos interesses na idade adulta e, 187-9; importância da, 340-1; pessoas criativas na, 160-4, 179; problemática da, 299; revisionismo da, 180-2; vantagens competitivas na, 166-8
influência governamental, 51
informação: distribuição global da, 334-5, 351; processamento da, 108-10
insegurança, em indivíduos criativos, 349
insight no processo criativo, 86-90, 112
Institute for Cancer Research (ICR), 290-1
Instituto de Estudos Avançados, 143

Instituto Karolinska, Estocolmo, 100, 216, 285, 289
Instituto Max Planck, 100, 214
Instituto Rockefeller, 99
Instituto Salk para Pesquisas Biológicas, 143, 242-3, 294
inteligência: cristalizada e fluida, 223-5; ingenuidade e, 66-8; testes (QI), 66-7, 101
intimidade, desenvolvimento de, 235
iodo-131, isótopos de, 304
Iowa Writers' Workshop, 270
isolamento, 267, 331

jargão, função social do, 352
Jaspers, Karl, 254
Jenner, Edward, 292
Jesus, precocidade e, 163
Johnson, J. Seward, II, 397
Johnson, Lyndon Baines, 165, 320
Johnson, Robert A., 266
Johnson, Samuel, 147
Jordan, Michael, 33, 344-5
Journal of Political Economy, 48
jovens afro-americanos, expectativas dos, 345
jovens asiáticos, expectativas dos, 345
Joyce, James, 101-2
judaico-cristã, fé, 327
julgamento crítico, abertura e, 252, 274
Jung, Carl, 64, 273

Kafka, Franz, 164, 341
Kahn, Louis, 293-4
Karle, Isabella: biografia de, 397; enquanto cientista mulher, 195-6, 213; sobre a manutenção da acuidade mental, 224-5, 232; sobre o sucesso internacional, 239; sobre os pais, 171, 193, 241; sobre professores, 194-5
Karle, Jerome, 397
Kay, Alan, 350
Kekulé, August, 109
Kenyon Review, 195
Klein, George: biografia de, 284-92, 397-8; casamento de, 289-90; enquanto judeu, 286-9,

291; importância dos colegas, 183-5, 286-8; Instituto Karolinska e, 100, 216-7, 233, 289-92; morte do pai e, 176, 286-8; sobre o flow, 289-90, 300; sobre o reconhecimento, 291

Kohl, Helmut, 102

Konner, Joan Weiner, 398

Kramer, Jane, 168

Kuhn, Thomas, 280

Kurokawa, Kisho, 398

L'Engle, Madeleine: biografia de, 399; infância de, 263-4; motivação de, 31, 268; música e, 152, 263-4; sobre a responsabilidade na escrita, 266; sobre a televisão, 265-6; sobre idealismo e otimismo, 265-6; sobre o intelecto, 249; sobre o risco, 268; temas no trabalho de, 265-7, 273-4, 343

Laboratório Nacional Lawrence Livermore, 233

Lanyon, Ellen, 188-9, 229-30, 398

Lederberg, Joshua, 398-9

Leibniz, Gottfried Wilhelm, 189

leitura e escritores, 269-70, 273

Levertov, Denise, 399

LeVine, Robert A., 228, 399

LeVine, Sarah, 77, 399

Lewis, Clive Staples, 265

Lewis, Meriwether, 248

Lifestyles of the Rich and Famous (programa de TV), 159

Liga das Nações, 177

Ligeti, György, 18

Liszt, Franz, 142

literatura, usos da, 248-9, 273

Liubliana, prisão de, 147, 212

Livi, Grazia, 85-7, 91, 399

livre mercado, enquanto avaliador, 336-8

Loevinger, Jane, 400

Londres, no século XIX, 148

Lorenz, Konrad, 278

Lutero, Martinho, 195

MacCready, Paul, 400

macroambientes, 148

mães, impacto das, 299

Magritte, René, 206

Mahfouz, Naguib, 102, 115, 212, 400

Mahoney, Margaret, 400

Maier-Leibnitz, Heinz: biografia de, 400-1; continuidade intergeracional e, 189, 345; doença de, 65, 186; na terceira idade, 214, 224, 229; sobre a honestidade, 174-5; sobre o domínio enquanto fonte de sentido, 44; sobre os alunos, 45-6, 210

Mailer, Norman, 18

Malcolm X, 387

Mallarmé, Stephane, 256

Manchester Guardian, 178

Mann, Thomas, 242, 270

Mannheim, Karl, 254

marginalidade, sensação de, 324, 328, 340

Marx, Karl, 21, 280, 333-4

Masaccio, 38

Massachusetts Institute of Technology (MIT), 140

Matar ou morrer (filme), 282

Mayr, Ernst, 277, 401

McCarthy, Eugene, 211, 228, 343, 401

McLuhan, Marshall, 99

McNeill, William, 173, 219-20, 401

mecânica quântica, 53, 88, 267

mecenato, 38-41, 338-9, 347

Médici, 40-1, 61, 293

medicina de alta tecnologia, 336

medicina nuclear, 204-6

meio social, elementos do, 344

memes: definição, 11, 47-8; função dos, 11-2; longevidade dos, 334-5; mudanças nos, 332, 388

Mendel, Gregor, 35-6, 192

Mendelssohn, Felix, 36

mentores, papel dos, 290, 345-7

Mesopotâmia, 332, 351

metáfora e a lei natural, 328

462

metas, 365
metodologia de estudo, 18-21
Michelangelo, 32, 41, 59, 61, 63-4, 135, 221
microambiente familiar, 150
Mill, John Stuart, 66
Milner, Brenda: biografia de, 401; casamento fracassado de, 201; educação de, 136-7, 184, 186, 193-4; enquanto cientista mulher, 196; infância de, 166, 178; personalidade de, 76-7; sobre a empolgação da descoberta, 117; sobre os alunos, 210
Miłosz, Czesław, 18
Mitchell, Don, 104
mitos: do herói, 160-4; fundadores, 9-10
mobília, 371
mobilidade, avanços na, 331
modelos de conduta, 134
Montaigne, Michel de, 220
Morehouse College, 173
mórmons, 176-7, 345
mortalidade, enquanto tema da poesia, 250
Motorola, 99, 104, 216, 233-4
movimento dos direitos civis, na década de 1960, 322, 325
Mozart, Wolfgang Amadeus, 66-7, 163, 348, 369
mulheres: casamentos e carreiras, 199-201; na ciência, 54, 97, 174, 195-6, 213-4, 218-9, 238-9; nas artes e, 256
Muller-Hill, Benno, 285
Murphy, Franklin, 402
Museu de História Natural, 187
Museum of Modern Art (MoMA), 62, 79, 187
música, 152, 260-1, 263-4, 342-3, 347-8, 361
Mussolini, Benito, 333
mutação genética, 331

Nading, Lee, 92, 211
National Bureau of Standards, 30
National Geographic (revista), 277
National Urban Coalition, 322
Nature (revista), 292
nazismo, tragédia do, 271, 333

Neugarten, Bernice, 180, 199-200, 234, 402
New Coke, 49
New Yorker, The (revista), 259
Newbery, prêmio, 263
Newsweek (revista), 72
Newton, Isaac, 32, 61, 169
Nietzsche, Friedrich, 143
Nine Old Men, The, 270
nitratos, 306
Nobel, vencedores do, na amostra do estudo, 17, 410-1
Noelle-Neumann, Elisabeth: biografia de, 402; doença de, 65; estilo de vida de, 150, 152, 314; infância e educação, 166, 170-1, 184, 187, 342; na terceira idade, 216, 226, 233; sobre o apoio ao marido, 199; sobre o processo de sono, 107; sobre orgulho, 75
Norman, Donald A., 402-3
Nova York, no século XX, 62, 148, 343

objetividade e paixão, 328
obscurantismo defensivo, 352
Offner, Frank: biografia de, 218, 403; infância, 187-8; sobre a solução de problemas, 103-5, 122; sobre o aprendizado de um domínio, 54, 111; sobre o insight, 112; sobre o período de incubação, 106-7; sobre a perseverança, 70
oportunidade, 344-5, 347-9
orgulho, 236-9
orientação futura, 232, 239
Origem das espécies (Darwin), 179
originalidade, 31-2
Ornstein, Robert, 331
Owning Your Own Shadow (Johnson), 266
Oxford Book of English Verse, 36

pacifistas, traços comuns dos, 328-9
padrões de sono, controle dos, 370
pai, perda do, 380; *ver também* pais ausentes
pais: classe social dos, 179-80; enquanto motivadores, 38, 134, 341-2, 359; expectativas, 346; influência dos, 170-80, 257-8
Pais, Abraham, 403

pais ausentes, 176-80, 380

paixão e objetividade, 79-80, 273, 328

Panteão, 39

papel feminino, 91

paranoia, 360

Parini, Giuseppe, 142

Paris, no século XIX, 13, 137, 148

Partido Comunista, na União Soviética, 51

Pascal, Blaise, 272

Paschke, Ed, 92

Pasteur, Louis, 292, 294

Pauling, Linus: biografia de, 221, 403; educação, 164, 183, 193; infância de, 65, 93, 165-6, 178-9, 187, 342; sobre a ameaça nuclear, 211; sobre o casamento, 197-8; sobre o contexto, 126; sobre o feedback, 125; sobre o momento, 53

paz, abordagens à, 316-8

Peale, Norman Vincent, 240

Peirce, Charles Sanders, 309

Pekka, 149-50

pensamento: convergente, 67-8; divergente, 67-8, 81, 384-8; fluente, 384-5; linear, 310-2; original, 384-6; sistêmico, 311-2

pensamento ocidental, base do, 310-1

perda, impacto da, 218-20, 380

período histórico, importância do, 101-2

período romântico, 63, 80, 344

perseverança, desenvolvimento da, 340

personalidade: complexidade da criativa, 64-5; componentes da criativa, 58-62, 64-5, 328-9; definição, 64; extroversão e introversão na, 72-5; flexibilidade de, 64; mudança de, 374-5

perspectiva, nas artes, 379-80

pessoa criativa: definição, 34; energia e, 65; enquanto exemplo, 134; *ver também* indivíduo

Peterson, Oscar, 171-2, 403-4

Physical Review (revista), 90, 201

Picasso, Pablo, 31, 64, 101, 163, 182

Planck, Max, 44, 53, 93

planeta em seu giro veloz, Um (L'Engle), 267

Platão, 133, 293

poesia, enquanto realidade alternativa, 254

Polanyi, Karl, 187

Polanyi, Michael, 187

polaridade na personalidade, 375-6

política e financiamento de pesquisa, 339

políticas públicas e ciência, 305-7

positivismo lógico, 95

potencial não aproveitado, 325, 327-8, 344-5

prazer, 80-3, 133-4, 183

precocidade enquanto mito, 160-3

predisposição genética, 59

preguiça, 359

prêmio Nobel, 32, 46, 48-9, 53, 61, 89, 91, 99, 124, 131, 139-40, 152, 165, 167-8, 173-4, 182, 184, 205, 211, 238, 337, 345

Prigogine, Ilya, 168-70, 404

Primeira Guerra Mundial, 101-2, 296, 317, 353

primeiros anos, questões nos, 380-1

princípio antrópico, definição, 328

problemas: abordagem multifacetada aos, 381-2; dados e problemas descobertos, 103-5, 122-3; vida enquanto fonte de, 91-4

problemas, processo de descoberta de, 251, 307, 311-2, 379

processo, enquanto experiência autotélica, 130-1

processo criativo: enquanto recorrente, 87-8; etapas do, 86-8; evolução do, 331; fonte libidinal do, 108-9; período de incubação no, 86-90, 106-11, 282; prazer do, 79-80, 82; preparação no, 86, 89-90

processo de entrevista e agendamento, dos estudos, 19-21, 412-7

Produto Nacional Bruto (PNB), 47, 310, 313

professores, influência dos, 98, 182-4, 194, 269, 341

programas de apoio a estudantes, 51

proliferação nuclear, riscos da, 304, 308, 328, 336-7

proposição temática, noção de, 95

Proust, Marcel, 129, 147, 164

Pulitzer, prêmio, 259, 276

Quakers *ver* Society of Friends
questões, na terceira idade, 233-9
questões problemáticas, fontes de, 86, 91-4
questões sociais, 210-1
quinto da discórdia, O (Davies), 123

Rabinow, Jacob: biografia de, 404; casamento de, 198-9; infância de, 166, 342; sobre a ausência de distrações, 129; sobre a criatividade, 54-5, 80, 115; sobre a extroversão, 74-5; sobre a hesitação, 76; sobre a perseverança, 69; sobre o campo, 30, 56-7
Rafael, 35-6, 59
Randone, Enrico, 164, 186, 233, 404
Ransom, John Crowe, 195, 262
Rátz, László, 182, 184
realidade e fantasia, 70-2
recompensas e criatividade, 344, 348-50
reconhecimento, 344
recursos naturais, exploração, 47, 310
recursos para a criatividade, 344, 346
reducionismo, 96
Reed, John: biografia de, 164, 404-5; mudança intensificada e, 127; sobre a extroversão, 74; sobre a moderação do entusiamo com a idade, 225, 368; sobre a paternidade, 76, 198; sobre a realidade, 71-2; sobre a solução de problemas, 144-5; sobre o campo, 58-9, 99
refutação, estratégia de, 19-20
regras: consequências das, 261, 328; função das, 43-4, 333; importância das, 97, 312; simbólicas, 10
relaxamento, importância do, 368-9
religião, falta de interesse por, 240
Renascimento: criatividade no, 38-42; enquanto exemplo do modelo de sistemas, 42; florentino, 39-41, 50, 52, 61, 148, 339, 346-9, 379; mecenato no, 105, 338-9, 347
República de Weimar, 293
resíduos sólidos, descarte de, 305-6
responsabilidade, senso de, 68-70, 329
responsabilidade global, 327-9

revolução das comunicações, consequências da, 335
Riesman, David: biografia de, 405; infância e educação, 166, 186, 192-3; relações com o campo de acordo com a idade, 228; sobre o apego desapegado, 68
ritmo pessoal, 152-5, 368
ritual e estagnação cultural, 283
Rockefeller, John D., 138
Roe, Ann, 93
Róheim, Géza, 335
Röntgen, Wilhelm von, 90, 202
Rorschach, teste psicológico, 70
Roth, Philip, 270
rotina, importância da, 370-1
Rous, Peyton, 285
Rubin, Vera: amor pelo trabalho e, 8-9, 239, 347; biografia de, 405; domínio e campo de, 11; enquanto cientista mulher, 213, 219; infância, 165, 342; sobre o envelhecimento, 227; sobre o processo empírico, 8-9, 368

Salk, Jonas: biografia de, 292-301, 405; infância e educação, 168, 193, 296; métodos de trabalho de, 148, 298-300; pesquisa sobre a aids e, 234, 294; sobre a criatividade, 295; sobre a responsabilidade, 236, 296-7; teoria evolucionária e, 242-3, 294, 331
Sarton, May, 405
Sartre, Jean-Paul, 179, 286
Schuller, Gunther, 406
Schultz, Jack, 291
Schwinger, Julian, 88-9
Science and Survival (Commoner), 304
Sebeok, Thomas, 406
segregação cronológica, 267
Segunda Guerra Mundial: ameaça nuclear após a, 304; física após a, 50, 100, 306, 336; mulheres na ciência e, 101, 205, 344; na Hungria, 290; teste de criatividade na, 101
segurança financeira, ausência de, 314
Seitz, Fred, 140

seleção aleatória, 339

Semmelweis, Ignaz, 293-4

Sen, Amartya, 283

sentimentos, percepção dos, 372-3

serenidade, conforme a idade, 227

sexualidade das pessoas criativas, 66, 196

Shankar, Ravi: biografia de, 406; educação, 187, 344; infância, 164, 177-8, 342; síntese musical e, 343; sobre o casamento, 199; sobre o declínio de energia, 223; sobre os alunos e, 209-10

símbolos, função dos, 43, 110, 255

síntese, processo de, 293

sistema social, dependência do, 344

sistemas: análise da criatividade, 10, 33-42; simbólicos, criando novos, 281, 302

Smith College, 264

Smith, Bradley, 196, 211, 217, 406-7

Snow, John, 293

Snow, Michael: biografia de, 206-8, 293, 407; importância de Nova York para, 62; sobre a educação, 187; sobre a modéstia, 76; sobre a música, 207; sobre a sexualidade, 196; sobre os filmes, 207-8

sobrevivência, ameaças à, 331

Sociedade de Artistas de Ontário, 207

sociedade norte-americana, tendências da, 333-4

Society of Friends, 319

sociobiologia, controvérsia em relação à, 276

Sociobiology (Wilson), 276-7

sofrimento e personalidade criativa, 80-3

solução, processo de, 382-3

sombra, conceito de, 64

sorte, 52-3, 75, 159, 195, 388

Spock, Benjamin, 211, 240-1, 344, 407

Spock, Mary Morgan, 407

Stálin, Ióssif, 100, 333

Stern, Richard: biografia de, 407; enquanto romancista, 269-73; infância de, 269; influências de, 137, 269-70; sobre a admiração dos leitores, 272; sobre o estabelecimento de um ritmo pessoal, 152-3; sobre o flow, 128;

sobre os obstáculos à escrita, 271-2; sobre sentimentos, 271-2

Stevens, Wallace, 262

Stigler, George: biografia de, 408; sobre a agressividade, 76-7; sobre a Crise de 1929, 100; sobre a formação universitária, 61-2, 139; sobre correr riscos, 79; sobre intuição, 68; sobre o domínio, 48, 228; sobre o reconhecimento, 48-9, 238

Strand, Mark: biografia de, 250-1, 408; infância, 174, 253, 342; sobre a diversão, 152, 253; sobre a dor criativa, 80-1; sobre a prática da escrita, 250-4, 273; sobre o excesso de comprometimento, 251; sobre o flow, 129-30, 252; sobre ser uma testemunha, 241-2

Stravinsky, Igor, 101

Stuyvesant High School, 269

sucessão, questão da, 216-7

sucesso evolutivo, 72

superpopulação, 330-1

Systematics and the Origins of Species (Mayr), 277

Szilárd, Leó, 182, 187, 204

tecnologia: distribuição global da, 335; problemas da, 305, 308

televisão, vício em, 332, 338

Teller, Edward, 182

"tema de vida", 218

tempo, controle pessoal ao longo do, 153

teoria da relatividade, 267

teoria quântica, 54, 94-6, 139

terceira idade, potencial de pessoas na, 339

Terman, Lewis, 66

teste de apercepção temática, 70

testes, 347

Tibor, Kardos, 287

Tolstói, Lev, 24, 164

trabalho de campo enquanto base, 282

Trachinger, Robert, 234, 408

traços das pessoas criativas, 65-83

tradição judaica, impacto da, 286, 296, 299, 345

tradição sulista, 299, 334, 345

tradicionalismo, apelo ao, 335
tradições étnicas e alto desempenho, 345

Uccello, Paolo, 70
União de Cientistas Preocupados, 211
Universidade Cambridge, 61, 136
Universidade Carnegie-Mellon, 140
Universidade Columbia, 168, 177, 303
Universidade Cornell, 88, 136, 194
Universidade da Califórnia: em Berkeley, 98; em Los Angeles, 142
Universidade da Carolina do Norte, 270
Universidade de Auburn, 233
Universidade de Budapeste, 289-90
Universidade de Chicago, 112, 138, 180, 234, 270
Universidade de Heidelberg, 254
Universidade de Illinois, 139-40, 204
Universidade de Pittsburgh, 293
Universidade de Roma, 50
Universidade de Sussex, 142
Universidade de Utah, 250
Universidade do Estado de Nova York, 59
Universidade do Michigan, 173, 195
Universidade do Oregon, 198
Universidade do Sul, 233
Universidade do Sul da Califórnia, 101
Universidade do Texas, 138
Universidade Estadual Wayne, 195
Universidade Harvard, 95, 142, 270, 278, 281, 303
Universidade McGill, 136
Universidade Princeton, 139-40, 199
Universidade Roger Williams, 172-3
Universidade Stanford, 66, 98
Universidade Vanderbilt, 233
universo, inter-relação do, 266-7
universo newtoniano, 354
universo ptolomaico, mudanças no, 354

vacina Salk, desenvolvimento da, 293-4, 297-8
Van Gogh, Vincent, 37, 341
variáveis cognitivas na criatividade, 342
Vasari, Giorgio, 63, 70

vento à porta, Um (L'Engle), 267
Verdi, Giuseppe, 221
vida, etapas da, 235
vida, preservação do histórico da, 215
Viena, no século XIX, 148
Volta, Alessandro, 202
Von Neumann, John, 182

Wagner, 143
walkie-talkie, desenvolvimento do, 104
Walking Woman (Snow), 206
Warhol, Andy, 63
Watson, James, 278
Weisskopf, Victor, 93, 122-3, 211, 228, 408
Western Review (revista), 270
Wheeler, John A.: biografia de, 408-9; infância, 59-60, 166; sobre a consciência, 242; sobre a cooperação, 73; sobre a diversão, 68
Whitman, Marina, 409
Wigner, Eugene, 139-40, 182, 204, 215-6
Wilson, Edward O.: biografia de, 276-84, 409; controvérsia com o campo e, 277-82; infância, 277-8, 342; método de síntese de, 278-9, 283-4, 300; métodos de trabalho de, 282-4; sobre a intuição, 282; sobre a sociobiologia, 276-7, 280-2, 331
Woodward, Comer Vann, 131-2, 188, 226, 409
workaholics, 234, 262-3
Wright, Frank Lloyd, 221
Wright, irmãos, 202-3

Yalow, Rosalyn: biografia de, 203-6, 409-10; educação, 182, 186, 193-4; momento e, 137; sobre a hesitação, 76; sobre as mulheres na ciência, 195-6, 213-4; sobre o envelhecimento, 232-3

Zeisel, Eva: amor pelo trabalho e, 239, 241; biografia de, 410; enquanto historiadora, 343; hesitação e, 62, 91, 187, 345; na prisão de Liubliana, 147, 212; sobre a falta de tempo, 217; sobre a inovação, 79
zen-budismo, 31

ESTA OBRA FOI COMPOSTA PELA ABREU'S SYSTEM EM INES LIGHT
E IMPRESSA EM OFSETE PELA LIS GRÁFICA SOBRE PAPEL PÓLEN NATURAL
DA SUZANO S.A. PARA A EDITORA SCHWARCZ EM NOVEMBRO DE 2023

A marca FSC® é a garantia de que a madeira utilizada na fabricação do papel deste livro provém de florestas que foram gerenciadas de maneira ambientalmente correta, socialmente justa e economicamente viável, além de outras fontes de origem controlada.